D1723068

Michael Birkenbihl
TRAIN THE TRAINER

MICHAEL BIRKENBIHL

Train the Trainer

Arbeitshandbuch für Ausbilder und Dozenten
mit 21 Rollenspielen und Fallstudien

15. Auflage

verlag
moderne industrie

Die Deutsche Bibliothek – CIP-Einheitsaufnahme

Birkenbihl, Michael:
Train the trainer : Arbeitshandbuch für Ausbilder und Dozenten /
Michael Birkenbihl. – 15. Aufl. – Landsberg/Lech :
Verl. Moderne Industrie, 1999
ISBN 3-478-52284-6

15. Auflage 1999

© 1971 verlag moderne industrie, 86895 Landsberg/Lech
Internet: http://www.mi-verlag.de

Alle Rechte, insbesondere das Recht der Vervielfältigung und Verbreitung sowie der Übersetzung, vorbehalten. Kein Teil des Werkes darf in irgendeiner Form (durch Fotokopie, Mikrofilm oder ein anderes Verfahren) ohne schriftliche Genehmigung des Verlages reproduziert oder unter Verwendung elektronischer Systeme gespeichert, verarbeitet, vervielfältigt oder verbreitet werden.
Umschlaggestaltung: Hendrik van Gemert, Fuchstal-Leeder
Satz: abc Media-Services, Buchloe
Druck: Himmer, Augsburg
Bindung: Thomas, Augsburg
Printed in Germany 520284/09993
ISBN 3-478-52284-6

Dem Andenken
meines Vaters,

Prof. Dr. Michael Birkenbihl,

der ein hinreißender Pädagoge
war und mir die Freude am
Lehren hinterließ

Inhalt

9

Vorwort zur 12. Auflage

Von diesem Buch, das sich vom kleinen „Arbeitshandbuch" zum Standardwerk im deutschsprachigen Raum gemausert hat, sind mittlerweile über 33 000 Exemplare verkauft worden, vorwiegend durch Empfehlung von Trainer zu Trainer. Daneben gibt es bisher drei spanische Ausgaben. Dieser Verkaufserfolg wäre nicht zustande gekommen, wenn das Buch nicht einen echten Bedarf abdecken würde.

Der Grund für die überregionale Verbreitung dieses Trainer-Handbuches hat vermutlich zwei Wurzeln: Zum einen gehen immer mehr Großunternehmen dazu über, Fachleute als „Trainer" einzusetzen. Das sind Menschen, die bereits eine Funktion in der Firma haben, und „nebenbei" schulen sie, mehrmals pro Jahr und mit großem Enthusiasmus, neue Mitarbeiter; oder sie werden für die Fortbildung der Stammbelegschaft in Spezialbereichen eingesetzt, z.B. über den Zugang zum Internet.

Zum anderen wird „das Trainieren" immer schwieriger. Heutzutage finden kaum noch allgemeine Führungs- oder Verkaufs-Seminare statt. Deshalb kann man als Trainer keine 08/15-Seminare mehr „abspulen" wie in den „goldenen 60er Jahren". Die Regel ist in diesen Zeiten des Umbruchs und des immer härter werdenden Wettbewerbs, daß es in einer Firma eine ganze Reihe von psychologischen Problemen gibt. Und Teilnehmer, die in ein Seminar geschickt werden, erwarten vom Trainer auch eine Lösung ihres speziellen (menschlichen) Problems. Das heißt im Klartext: In einer Zeit, in der als Folge der „Rationalisierung" immer weniger Mitarbeiter ständig steigende Leistungen erbringen müssen, ist einfach keine Zeit mehr übrig, um Seminare zu besuchen, die außer „allgemeinem Führungs- und Verkaufs-Blabla" nichts bringen. Vor allem deshalb nicht, weil längst erwiesen ist, daß es weder ein Führungsstil- noch ein Verkaufsgespräch-Modell gibt, das allen Situationen gerecht wird. Menschen, die wir führen, motivieren oder überzeugen wollen, sind nun mal keine Roboter. Deshalb kann man ihnen, ganz speziell als Trainer, auch nicht gegenübertreten, als hätte man ein „Programm" parat, nach dessen Eingabe Seminarteilnehmer sich so verhalten, wie man es als „der große Guru" vorausgesagt hat. Wer dies als (angestellter oder freiberuflicher) Trainer erkannt und akzeptiert hat, sollte sich auch über die daraus resultierenden Konsequenzen klar sein:

- „Training" entwickelt sich immer mehr, über das Vermitteln von Wissen hinaus, zu einem „psychischen Aufbaukurs".

- Deshalb ist das psychologisch richtige Verhalten eines Trainers im Seminar viel wichtiger und folgenreicher als die Präsentation seines Wissens.

- Der Trainer ist in erster Linie Motivator und Moderator; das heißt, der Seminarteilnehmer muß überzeugt werden, daß er primär zu seinem eigenen Vorteil etwas Neues hinzulernt. Und lernen muß er alleine – das kann kein Trainer für ihn besorgen...

- Die didaktische Methode läßt sich, als Folge der Ergebnisse der Gehirnforschung, auf das „gehirn-gerechte" Darbieten des Stoffes reduzieren. Das heißt, der Stoff muß beiden Hemisphären gleichzeitig in Worten *und* Bildern angeboten werden.

Zu diesen Forderungen findet jeder Leser dieses Buches, auch jener „blutige Laie", der ohne Ahnung von Pädagogik zu schulen beginnt, wissenschaftlich fundierte und praxiserprobte Hinweise. Wieviele wertvolle Tips in diesem Buche stehen, merkt man erst, wenn man zum wiederholten Male suchend darin blättert.

Die Trainingsvariante des 8. Kapitels auf esoterischer Grundlage wurde mit professionellen Trainergruppen im Seminar erprobt und darüber hinaus als Manuskript-Druck an weitere 60 Kollegen verkauft. Die Aufnahme war positiv – allerdings nur bei intelligenten und geistig flexiblen Kollegen. Denn wer diese Variante für seine Seminare übernehmen will, muß sein bisheriges Konzept bis zu einem gewissen Grade ändern. Und zu einer Verhaltensänderung sind immer nur wenige bereit. Aber wem sage ich das …

Den Abschluß des 8. Kapitels bildet mein „Credo", in dem ich darzulegen versuche, wie in meinen Augen der Trainer des Wassermann-Zeitalters, der „Über-Trainer", aussehen sollte. Das bedeutet aus meiner Sicht: Man muß sich sehr hohe Ziele stecken, um beruflich erfolgreich zu werden *und zu bleiben*; und man sollte über all dem Erfolgs- und Gewinnstreben nicht aus den Augen verlieren, *daß wir auch eine Psyche haben, die ständiger Aufmerksamkeit bedarf*. Das verstehe ich unter der Lemniskate-Balance. Denn: Ein Trainer ohne innere Harmonie kann bei den immer härter werdenden Berufsbedingungen kein Identifikationsobjekt sein!

Ich wünsche mir, daß mein „Train the Trainer" auch künftig „Einsteigern" in diesen schönen Beruf eine gute Starthilfe sein möge; und daß dieses „Arbeitsbuch" darüber hinaus auch „alten Hasen" neue Anregungen vermitteln möge. Denn es gibt kein Gebiet des Lebens, dem man nicht, aus wechselnden Perspektiven, immer wieder neue „Spiel-Nuancen" abgewinnen könnte!

Odelzhausen, Februar 1993   Michael Birkenbihl

P.S. zur 13. Auflage

Auf den Wunsch meines Vaters werde ich seine Werke weiterhin betreuen. Deshalb halten Sie jetzt die aktualisierte 13. Auflage dieses Werkes in Händen. Es hätte ihn sehr gefreut, daß dieser Longseller nach wie vor Menschen helfen kann, die den Auftrag verspüren, andere Menschen weiterzubilden. Seines Erachtens ist dies eine der schönsten Aufgaben, die ein Mensch übernehmen kann.

Ich wünsche Ihnen viel Erfolg und Ihren Teilnehmern viel „Wachstum".

Odelzhausen, Januar 1997   Vera F. Birkenbihl

Vorwort zur 1. Auflage

Dies ist das Buch eines Praktikers für Menschen der Praxis. Geschrieben für all jene, die als Schulungsleiter, Seminarleiter oder Dozenten arbeiten, ohne unbedingt speziell dafür ausgebildet zu sein. Ihre Zahl ist stattlich ...

Denken wir nur einmal an all jene, die in der Industrie eine Schulungsfunktion ausüben. Da werden Lehrlinge, Meister, Verkäufer geschult und Führungskräfte »trainiert«. In der Regel von Menschen, die sich zunächst einmal »im Feld« ihre Sporen verdient haben. Aber besteht auch nur die geringste Gewähr dafür, daß ein ehemaliger »Star-Verkäufer« Neulinge zu erstklassigen Verkäufern umschulen kann? Die Praxis verneint diese Frage eindeutig.

Unbestritten ist der Idealismus, der gerade unter Schulungsleitern anzutreffen ist. Sie sind oft durchdrungen von ihrer Aufgabe, anderen »etwas beizubringen«. Und sie machen sich das Leben nicht leicht. Sie bereiten sich sorgfältig auf ihre Schulungsaufgaben vor, und vor jedem neuen Seminar haben sie Lampenfieber wie ein Bühnenschauspieler. Und trotz dieses konzentrierten Einsatzes bleibt ihnen oftmals der durchschlagende Erfolg versagt. »Unser Schulungsleiter? Ach ja, ein netter Mensch...«

Haben sie ihren Beruf verfehlt? Sind sie Versager? Nein! In den meisten Fällen wäre ein so hartes Urteil ungerecht. Wo liegen denn aber die Ursachen hierfür? Ganz einfach: diese Menschen machen Fehler, ohne es zu wissen. Fehler, die sich ohne weiteres vermeiden ließen, wenn man nur wüßte, daß man Fehler macht und welche ... Hier, genau an diesem neuralgischen Punkt, setzt dieses Buch an.

Was Ihnen hier vorliegt, ist eine »psychologische Pädagogik«. Keine Angst vor Fachausdrücken! Ich habe versucht, nur die unbedingt nötigen zu gebrauchen; nachdem sie eingeführt worden sind, versteht sich. Das Gelehrten-Chinesisch sei jenen überlassen, die nur für promovierte Fachkollegen schreiben. Es muß doch möglich sein – und es ist es in der Tat –, auch schwierige psychologische Zusammenhänge so darzustellen, daß sie jeder Laie begreift! Wobei ich unter einem »Laien« einen Menschen verstehe, der intelligent genug ist, das Lesen und Schreiben erlernt zu haben, und der irgendeine Berufsausbildung erfolgreich hinter sich gebracht hat. Wenn Sie bisher dazu in der Lage waren, für Ihre Firma hohe Umsätze zu erzielen, einer Gruppe vorzustehen oder aus Ihren Ideen Kapital zu schlagen, dann sind Sie auch intelligent genug, um dieses Buch mit Gewinn zu lesen!

Vielleicht hatte der eine oder andere von Ihnen beim Überfliegen des Inhaltsverzeichnisses den Eindruck, da sei »zu viel Psychologie« drin. Allein diese Meinung würde erweisen, daß Sie die Lektüre der folgenden Seiten nötig haben! Zuviel kann man über Psychologie überhaupt nicht wissen ... Und während viele Pädagogen sich auch heute nur darüber den Kopf zerbrechen, wie sie den Stoff möglichst geschickt vermitteln können, vergessen sie darüber das Wesentliche: daß der »Schüler« in erster Linie ein *Mensch* ist. Ein Mensch mit Bedürfnissen, Erwartungen, Hoffnungen, Ängsten. Jeder für sich ein Individuum – und dennoch an eingefahrene Verhaltensnormen gebunden! Doch was heißt denn das: »Unterrichten«? Unterrichten heißt, einen Mitmenschen zu bewegen, alte Verhaltensmodelle zugunsten neuer aufzugeben. Nur wenn mir das gelingt, kann ich sagen: die Schulung war von Erfolg gekrönt. Der Teilnehmer, der mein Seminar verläßt, ist nicht derselbe, als der er es betreten hat. Aus dieser Einsicht in das Wesen des Unterrichtens ergab sich der Aufbau dieses Buches zwangsläufig. Wenn ich das Verhalten anderer Menschen beeinflussen will, muß ich zunächst einmal Klarheit über eine Grundfrage gewinnen: was ist das überhaupt, »Verhalten«? Wodurch wird es bedingt? Wieso verhalte ich mich eigentlich so, *wie* ich mich verhalte? Wieso verhalte ich mich als einziger anders als im Rahmen der Gruppe? Und wenn ich es mir schon zur Aufgabe gesetzt habe, andere zu beeinflussen, andere, die mir niemals alleine gegenüber stehen, sondern stets nur als Gruppe: müßte ich da nicht auch wissen, nach welchen Gesetzen eine Gruppe agiert und reagiert?

Vielleicht hatten Sie beim Lesen dieses Fragenkatalogs bereits Ihr erstes »Aha-Erlebnis«! Vielleicht ist Ihnen schon klargeworden, warum Sie als Schulungsleiter nicht immer so erfolgreich waren, wie Ihnen dies als Wunschbild vorschwebte. Ja, ja – es ist schon so: »Wissen ist Macht!« Macht über andere, in unserem konkreten Fall. Macht, deren Wurzeln aus Autorität, d.h. aber aus Überlegenheit und Überzeugungskraft gespeist werden. Wohlan – werden Sie eine Autorität! Fangen Sie an zu lesen! Und fragen Sie sich bei jedem Satz: inwieweit trifft dies auch auf mich zu? Habe ich mich bisher als Dozent so verhalten, wie es in diesen Zeilen empfohlen wird? Wenn nein – warum nicht? Wo lagen die Wurzeln meines Fehlverhaltens? Ich garantiere Ihnen schon jetzt: Sie werden das Buch nicht als derselbe aus der Hand legen, als der Sie es aufgeschlagen haben!

Und vergessen Sie bitte nicht: dies ist das Buch eines Praktikers für Menschen der Praxis. Das Buch eines sog. »freien Dozenten«, der sich bei jedem Seminar in einer anderen Firma aufs neue bewähren muß. Die Erkenntnisse und Ratschläge, die ich Ihnen auf den folgenden Seiten vermittle, sind allesamt in der Praxis erprobt. Und nun viel Erfolg!

Michael Birkenbihl

1. KAPITEL

Vom Individuum und seinem Verhalten

Wir leben in einer Welt, zu deren hervorstechendsten Merkmalen die Kommunikationsschwäche gehört. In guter deutscher Umgangssprache heißt dies: es gelingt dem einzelnen immer weniger, eine fruchtbare Verbindung zu seinen Mitmenschen herzustellen. An diesem Zustand ist nicht etwa die oft bemühte Reizüberflutung durch die Massenmedien schuld, sondern eine Schwäche in der Persönlichkeitsstruktur jedes einzelnen. Denn wenn ich meiner selbst nicht sicher bin und nichts mit mir anzufangen weiß, dann kann ich mich auch nicht für andere engagieren. Da aber gerade das Lehren ohne ein starkes Engagement für die Lernenden undenkbar ist, kann man nicht über Pädagogik reden, ohne deren psychologische Grundlagen erarbeitet zu haben.

Psychologie heißt, wörtlich übersetzt, »Lehre von der Seele«. In der Psychologie unserer Tage handelt es sich praktisch um einen zweiteiligen Fragenkomplex, und zwar: um den Aufbau der Persönlichkeitsstruktur des Menschen und um seine daraus resultierenden Verhaltensweisen gegenüber seinen Mitmenschen. Dem Aufbau der Person widmet sich die sog. »Individual-Psychologie«. Mit ihr wollen wir uns in diesem Kapitel beschäftigen.

Wir haben uns daran gewöhnt, die menschliche Seele in zwei Abteilungen zu gliedern: das Ober- und das Unterbewußtsein. Obwohl natürlich innerhalb einer Person diese Zweiteilung nicht strikt stattfindet, weil Ober- und Unterbewußtsein sich wechselseitig bedingen, so hat sich doch diese Einteilung für pädagogische Zwecke ausgezeichnet bewährt. Uns geht es ja im Zusammenhang mit diesem Buch und im Hinblick auf seine Zielsetzung nicht darum, mit wissenschaftlicher Akribie spitzfindige Definitionen zu erarbeiten; vielmehr sollen die wesentlichen psychologi-

23

schen Zusammenhänge so dargestellt werden, daß sie von jedem intelligenten Laien erfaßt und in die Praxis des Berufsalltags übernommen werden können.

Das Oberbewußtsein ist jene Kategorie der menschlichen Persönlichkeit, die vor allem durch die Denkprozesse bedingt wird. Etwas überspitzt und sehr vereinfacht können wir auch formulieren: das Oberbewußtsein ist mit dem Denken identisch. Und obwohl wir uns alle auf unsere Intelligenz und unser Vermögen zum logischen Denken sehr viel einbilden, spielt das Oberbewußtsein im Ablauf des menschlichen Lebens eine recht bescheidene Rolle. Gesteuert werden wir durch unser Unterbewußtsein. Ihm wollen wir uns zunächst zuwenden, weil es in erster Linie für den charakteristischen Aufbau unserer Persönlichkeit zuständig ist.

Im Unterbewußtsein (oder, wie manche Autoren sagen: im Unbewußten) sind die Triebe und Antriebe lokalisiert. Ein Trieb ist psychologisch definiert als ein Bedürfnis, dessen Nichtbefriedigung zum Tode führt. Derartige Bedürfnisse kennt der Mensch drei: Hunger, Durst und Schlaf. Wobei, nebenher bemerkt, der Schlafentzug am schnellsten zum Exitus führt. Die sog. »Antriebe« sind jene Kräfte, die uns treiben, etwas ganz Bestimmtes zu »wollen«. Es seien hier nur einige wesentliche hervorgehoben: Selbsterhaltungstrieb, Geschlechtstrieb, Mutter- bzw. Bruttrieb, Machttrieb, Herrschsucht, Habgier. Schließlich entstehen im Unterbewußtsein auch die sog. »Aggressionen«. Auf sie kommen wir später noch zurück.

Ein ganz wesentlicher Tatbestand sei in diesem Zusammenhang ausdrücklich hervorgehoben, und zwar deshalb, weil er in der Praxis viel zu wenig berücksichtigt wird: *jeder Trieb bzw. Antrieb ist mit Energie besetzt!* Man kann den Menschen somit als lebendes Energiepotential betrachten. Und jeder, der einmal Gelegenheit hatte zu beobachten, wie ein Tobsüchtiger von mehreren kräftigen Männern gebändigt werden mußte, oder wer einen epileptischen Anfall bei einem Mitmenschen erlebte, hat eine schwache Vorstellung davon erhalten, wie ungeheuer groß dieses Energiepotential in uns ist! Dieses Potential hat der menschlichen Rasse (im Verein mit den Leistungen des Gehirns) nicht nur das Überleben auf diesem Planeten ermöglicht. Es stellt auch eine Garantie dafür dar, daß wir die Zukunftsaufgaben meistern werden – wenn wir diese Energie sinnvoll einsetzen! Tatsache ist jedenfalls, daß die meisten Menschen von ihrer seelischen Energie nur zu einem Bruchteil Gebrauch machen. Und das ganze Gejammere über den Leistungsdruck unserer Industriegesellschaft wirkt einfach lachhaft, wenn man weiß, *welches Potential wir brach liegenlassen!*

Energie hat, wenn sie erst einmal entstanden ist, die Tendenz, sich in Bewegung umzusetzen. Es gibt keine »ruhende Energie«. Deshalb treiben uns die mit Energie besetzten Triebe, etwas zu tun. Und dieser jedem Physiker selbstverständliche Tatbestand macht uns das Leben mit den Trieben so schwer. Denn alles, was im Unterbewußtsein angesiedelt ist – Triebe, Antriebe, Verdrängtes etc. – hat die Tendenz, sich rücksichtslos durchzusetzen – ganz gleich, wie unsere äußere Gesamtsituation beschaffen ist! Wir werden auf diese Gegebenheit noch zurückkommen.

Alles menschliche Handeln läßt sich durch folgendes Schema versinnbildlichen:

$$\text{Motiv} \longrightarrow \boxed{\text{Verhalten}} \longrightarrow \text{Ziel}$$

Das heißt: der Mensch hat ein Motiv (oder, mit einem deutschen Wort: ein Bedürfnis); jedes Motiv ist aber zielorientiert. Und danach richtet sich dann unser Verhalten.

Dazu ein paar ganz einfache Beispiele:

Der Mensch hat Hunger (das ist ein Motiv); sein Ziel heißt: Sättigung; sein Verhalten: er wird essen.

Oder: Ein Mensch hat ein sehr ausgeprägtes Geltungsbedürfnis; sein Ziel: Anerkennung durch seine Mitmenschen; sein Verhalten: besondere Leistungen auf irgendeinem Sektor.

Wenn wir also mehr über das menschliche Verhalten wissen wollen, über unser eigenes so gut wie über das unserer Mitmenschen; wenn wir, was ja noch wesentlicher ist, das Verhalten anderer Menschen richtig einschätzen, voraussagen oder verändern wollen – dann müssen wir mehr über die Bedürfnisse wissen. Ganz konkret gefragt: welche Bedürfnisse hat der Mensch?

Wir können die menschlichen Bedürfnisse zunächst einmal grob in drei Kategorien einteilen:

Physische Bedürfnisse
Soziale Bedürfnisse
Psychische Bedürfnisse.

Zu den *physischen Bedürfnissen* zählen jene Triebe und Antriebe, die unser Leben und die Erhaltung der Art sicherstellen: Hunger, Durst, Schlaf, Selbsterhaltungstrieb, Geschlechtstrieb.

Zu den *sozialen Bedürfnissen* zählen jene Antriebe, die dem Menschen das Leben mit seinen Mitmenschen, speziell in einer Gruppe, ermöglichen. Auf dieses Thema werden wir im 2. Kapitel näher eingehen.

Zu den *psychischen Bedürfnissen* zählen jene »höheren« Bedürfnisse, die der Mensch befriedigen muß, um sein Selbstwertgefühl zu steigern. Hierher gehören vor allem das Geltungsbedürfnis und der Drang nach Selbstverwirklichung.

Der amerikanische Psychologe A.H. MASLOW hat sich lange und eingehend mit den menschlichen Bedürfnissen beschäftigt. Seine Forschungsergebnisse schlugen sich in einer sog. »Bedürfnispyramide« nieder, die in vereinfachter Form wie folgt dargestellt wird:

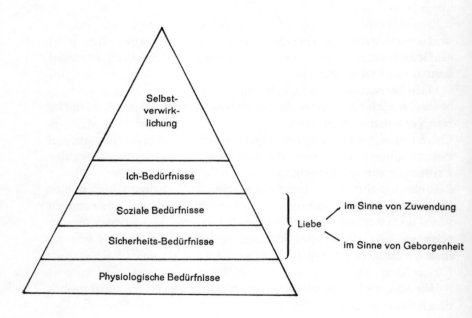

MASLOW – und das ist das Interessanteste an seiner Theorie – spricht von einer Bedürfnis-Hierarchie. D.h., die Stufen seiner Pyramide, von unten nach oben betrachtet, symbolisieren gleichzeitig die *Reihenfolge*, in der diese Bedürfnisse befriedigt werden müssen. Demnach hat für den Menschen zunächst einmal das Überleben absolute Priorität: er braucht zu essen und zu trinken, muß eine Schlafgelegenheit haben und die Möglichkeit, sich fortzupflanzen. Dann strebt er danach, seine Existenz abzusichern. Früher tat er das, indem er sich in Höhlen oder Baumkronen einnistete, Pfahlbauten über dem Wasser errichtete oder feste Burgen auftürmte. Heute geschieht diese Absicherung vorwiegend in monetärer Weise: der Mensch spart sich einen »Notgroschen« und schließt Versicherungen ab. Wenn nun die Existenz abgesichert ist, geht der Mensch daran, seine sozialen Bedürfnisse zu befriedigen: er baut sich einen Freundes- und Bekanntenkreis auf, tritt Vereinen bei oder betätigt sich politisch. Das heißt, er betont seine Zugehörigkeit zur Gesellschaft, er integriert sich in sie.

Es gibt keinen Zweifel darüber, daß die meisten Menschen zufrieden sind, wenn sie die ersten drei Stufen der Bedürfnispyramide hinter sich gebracht haben. Wer so viel verdient, daß er sich den Lebensstandard leisten kann, der ihm seiner Ansicht nach zusteht, ein Auto vor der Türe hat und jedes Jahr eine Urlaubsreise nach Spanien oder Nordafrika machen kann, will in der Regel nicht mehr. Und nichts fürchtet er mehr, als daß in dieses System Unordnung, d.h. Unsicherheit kommen könnte. Deshalb wählt auch der größte Teil unseres Volkes eine Partei, die unter dem Motto: »Keine Experimente!« verspricht, daß alles so bleibt, wie es ist. Denn Experimente auf politischer Ebene, wie z.B. Reformen aller Art, tragen stets das Risiko des Scheiterns in sich. Und ein derartiges Risiko möchten nur wenige eingehen. Die kleine »heile Welt«, bestehend aus Familie, Freundeskreis und gesichertem Arbeitsplatz, möchten die meisten ungefährdet sehen. Vom Standpunkt der Psychologie aus absolut verständlich.

Nun sieht MASLOW die 2. und 3. Stufe unter dem übergeordneten Aspekt »Liebe«. Und zwar einmal als Liebe im Sinne von »Geborgenheit«, zum andern als Liebe im Sinne von »Zuwendung« (siehe Grafik!). Diese Betrachtungsweise führt uns wieder in die frühkindliche Entwicklung zurück. Der Säugling (und das Kleinkind) empfindet die mütterliche Liebe in diesem doppelten Sinne: er braucht gleichermaßen das Gefühl des Geliebtwerdens wie das der Geborgenheit. Hat nun ein Mensch auf die-

sem Gebiet ein *Defizit,* d.h., ist er als Kind auf diesem Sektor zu kurz gekommen, agiert er mit zunehmendem Alter immer heftiger auf der 4. Stufe. Hier geht es um die Bedürfnisse des *äußeren Ich.* D.h., alles, was mit
dem *Status* zusammenhängt, gewinnt erhöhte Bedeutung. *Das Geltungsbedürfnis wird zum wesentlichen Motor unserer Handlungen!* Ein Mensch,
der ein zu großes Auto fährt, viel Geld in seine Wohnung (oder sein Haus)
steckt, seine Kinder auf exklusive Internate schickt und im Berufsleben
großen Wert auf ein eigenes Vorzimmer legt, versucht, das Defizit an
Liebe durch äußere Erfolge wettzumachen. Ein Tatbestand, den der
Volksmund durch den lapidaren Satz ausdrückt: »Wer angibt, hat's
nötig!«

Schließlich gibt es eine verschwindend geringe Anzahl von Menschen,
die nach Befriedigung der vierten Bedürfniskategorie den Aufstieg in
höchste Höhen planen: sie verschreiben sich der Selbstverwirklichung,
d.h. der Verwirklichung des »*Inneren Ich*«. Auf dem Fuße einer kritischen
Selbstanalyse verwirklichen sie sukzessive das Goethewort: »Was Du
ererbt von deinen Vätern hast, erwirb es, um es zu besitzen!« Mit anderen Worten: wer seine ererbten Anlagen und Dispositionen nicht gebraucht, läßt sie verkümmern. Was nützt einem Menschen angeborene
Musikalität, wenn er nie ein Instrument spielt? Ein gutes Gedächtnis,
wenn er nie eine Fremdsprache erlernt? Oder eine künstlerische Begabung, wenn er niemals zeichnet oder modelliert? Hinzu kommt der Aufbau eines ethischen Systems, das fürderhin zur Richtschnur allen Handelns wird. Es ist völlig klar, daß ein Mensch, der die Selbstverwirklichung
auf seine Fahne geschrieben hat, damit niemals zu einem Ende kommt;
er arbeitet an sich bis zum letzten Atemzug.

Zwei Erkenntnisse MASLOW's sind besonders relevant. Zum ersten:
der Mensch muß die Stufen dieser Pyramide *der Reihe nach* hinter sich
bringen; d.h., er kann keine Stufe überspringen. Und zum zweiten: wenn
es dem Menschen schlechtgeht, fällt er zunächst auf die unteren Stufen
zurück. Er verzichtet auf die psychischen und möglicherweise auch auf
die sozialen Bedürfnisse. Erst, wenn er die Stufen 1 und 2 von neuem bewältigt hat, interessiert er sich für »höhere« Motive (wenn überhaupt!).

»Ausnahmen bestätigen die Regel!« Denken wir an einen Künstler, der
vom »Schöpferwahn« durchdrungen ist. Er arbeitet fanatisch, um der
Welt »unsterbliche Werke zu schenken«. Es ist ihm völlig gleichgültig, was
er ißt – solange er nur die Kraft hat, weiterzuarbeiten; es ist ihm gleichgültig, wie seine Behausung beschaffen ist; und es schert ihn den Teufel,

was seine Mitmenschen über ihn denken – ob sie ihn für einen begnadeten Künstler oder schlicht für einen »Spinner« halten. Mit anderen Worten: es wird immer Menschen geben, die vorwiegend von psychischen Bedürfnissen motiviert sind. Doch ist ihre Zahl – statistisch gesehen – so irrelevant, daß wir unter 1000 Personen nur eine finden, die so vollkommen in MASLOW's 5. Stufe lebt.

Um Mißverständnissen vorzubeugen, sei eine weitere Bemerkung angefügt: es ist nicht so, daß ein Mensch kontinuierlich von Stufe zu Stufe steigt. Vielmehr befindet sich der Mensch *gleichzeitig in mehreren Stufen* der Pyramide: je nachdem, wie seine Bedürfnisse gerade liegen bzw. befriedigt sind. D.h., es müssen die Bedürfnisse einer Stufe *nicht hundertprozentig* befriedigt sein, ehe ich mich der nächsthöheren Stufe zuwende. Wenn ich beispielsweise ausgehungert bin, ist mein ganzes Trachten danach gerichtet, satt zu werden. Bin ich indessen zu – sagen wir – 70 bis 80% gesättigt, wende ich mich anderen Dingen zu. Wäre ich zu 100% gesättigt, hätte ich mich vermutlich überfressen und wäre so träge, daß mich ebenfalls nichts anderes interessierte (»Plenus venter non studet libenter«). Ist mein Sicherheitsbedürfnis zu einem großen Teil befriedigt, indem ich genügend verdiene, ein Dach über dem Kopf und eine kleine Reserve auf der Bank habe, wende ich mich der nächsten Stufe zu. Ich kann aber sehr wohl auch zu einer Zeit sehr starke soziale Kontakte haben, in der mein Sicherheitsbedürfnis weitgehend unbefriedigt ist: dann schließe ich mich möglicherweise mit anderen »Habenichtsen« zusammen, weil wir uns in der Gemeinschaft sicherer fühlen und uns in unserem Elend wenigstens gegenseitig trösten können. Doch auch dies ist nicht durchwegs der Fall. Wir wissen gerade von Getto-Bewohnern, daß diese Elenden absolut nicht wie ein Block zusammenstehen, sondern ängstlich darauf bedacht sind, sich statusmäßig von anderen zu unterscheiden (»Meine Tochter arbeitet als Bedienung in einem anständigen Lokal und ist nicht so eine Schlampe wie Ihre Tochter!«). Man sieht also: die Übergänge sind fließend.

Wer immer andere Menschen motivieren will, d.h., wer seine Mitmenschen dazu bringen will, eine bisher geübte Verhaltensweise zugunsten einer neuen Verhaltensweise aufzugeben, kommt ohne die Kenntnis der MASLOW'schen Pyramide nicht zurande. Wir werden auf diese wichtige These im Kapitel über Pädagogik erneut zu sprechen kommen.

Nun haben wir weiter oben festgestellt, daß alles, was im Unterbewußtsein lokalisiert ist, die Tendenz hat, sich rücksichtslos durchzusetzen.

Aus diesem Tatbestand ergibt sich folgerichtig die Frage: wer setzt eigentlich diesen unterbewußten Energien Widerstand entgegen? Oder, anders formuliert: wer hindert unsere Triebe daran, sich schrankenlos durchzusetzen?

Um diese Frage beantworten zu können, müssen wir uns zunächst mit zwei weiteren wesentlichen psychologischen Kategorien vertraut machen: mit dem »Ich« und dem »Über-Ich«. Eine symbolische Darstellung mag uns helfen, die Zusammenhänge besser zu durchschauen:

Der Mensch lebt, bildlich gesprochen, in drei verschiedenen Motivationsebenen. Die erste Ebene ist das »Es«. Das Es ist ein von Sigmund FREUD eingeführter Sammelbegriff für alles, was im Unterbewußtsein beheimatet ist: die Triebe, die Antriebe, das Verdrängte, die Aggressionen etc.

Nun scheidet sich, normalerweise während des dritten oder vierten Lebensjahres, von diesem unterbewußten Potential ein Teil ab, der zur Grundlage einer neuen seelischen Instanz wird: das »Ich«. Jeder von uns

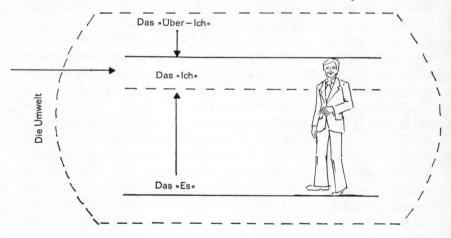

weiß um diesen Vorgang, da er ihn oft an Kindern beobachten konnte. Dazu ein Beispiel: Nehmen wir an, ein Vater besucht mit seinem dreijährigen Söhnchen Thomas einen Rummelplatz. Am Rande der Budenstadt steht ein Soft-Ice-Verkäufer, und Thomas bekommt eine Waffeltüte voll der begehrten Schleckerei. Wenn die Tüte leer ist, sagt der Junge zu seinem Vater: »Thomas will noch ein Eis!« Der Vater weiß aus Erfahrung, daß zwei Tüten Eis hintereinander seinem Sohne nicht guttun.

Er lenkt ihn von diesem Wunsche ab, indem er ihn auf das hölzerne Pferd eines Kinderkarussels setzt. Nach Beendigung der Tour, wenn der Vater den Kleinen wieder herunterhebt, sagt dieser:»Thomas will nochmal fahren!« Einige Monate später wird indessen der Junge in der gleichen Situation sagen:»*Ich* will noch ein Eis! *Ich* will nochmals Karussell fahren!« Jetzt weiß der Vater, wenn er psychologisch beschlagen ist, daß sich das Ich als selbständige Instanz in der Seele seines Sohnes etabliert hat. Von diesem Augenblick an empfindet sich der kleine Thomas als Individuum, und damit als eine»Persönlichkeit«, die Distanz zur Umwelt hat. Und nachdem das Kind seiner Eigenständigkeit gewahr geworden ist, will es sie auch erproben: es beginnt die erste Trotzphase. Wenn also ein Kind zwischen dem dritten und vierten Lebensjahr keine Trotzphase hat, ist dies ein Signal dafür, daß mit seiner seelischen Entwicklung etwas nicht normal verläuft!

Wenden wir uns nunmehr der dritten Instanz zu, ehe wir die Wechselwirkungen aller Motivationsebenen studieren: dem»Über-Ich«. Auch das Über-Ich ist ein von S. FREUD erfundener Terminus, der die Summe aller Gebote und Verbote umschreibt, denen der Mensch unterworfen ist. Betrachten wir uns diese Ge- und Verbote näher, so läßt sich feststellen, daß sie eine dreifache Wurzel haben. Da sind zunächst die ethischen Gebote, die uns in der Regel durch die Religion vermittelt werden, z.B.: »Du sollst nicht töten!« Dann gibt es die moralischen Gebote, die sich die Gesellschaft auferlegt hat, um das Zusammenleben in geordneten Konventionen ablaufen zu lassen, z.B.:»Mit seiner Schwester schläft ein Junge nicht!« Weil sich aber die meisten Menschen freiwillig weder an ethische noch an moralische Gebote halten, hat der Staat, in dem wir leben, Gesetze mit Strafandrohung erlassen, z.B.: »Wer in einer Weise, die geeignet ist, den öffentlichen Frieden zu stören, die Menschenwürde anderer angreift . . . wird mit Gefängnis nicht unter drei Monaten bestraft.«

Werfen wir nochmals einen Blick auf unsere Zeichnung, so wird sofort offenbar, daß das Ich zwischen den beiden anderen Ebenen steht, gewissermaßen als Pufferzone. Das Ich hilft uns, Wünsche hinauszuschieben, sie auf andere Ziele auszurichten oder auf ihre Erfüllung zu verzichten. Dieser Verzicht wird dem Menschen durch einen Vorgang erleichtert, den man mit»Internalisierung«, d.h. mit»Verinnerlichung«, bezeichnet. Auch dazu ein kleines Beispiel:

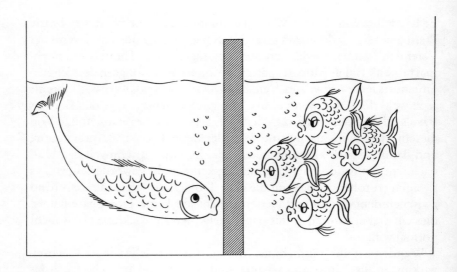

Setzt man in ein Aquarium eine Handvoll kleiner Fische und anschließend einen Hecht dazu, so passiert logischerweise folgendes: der Hecht stürzt sich auf die kleinen Fische und verschlingt sie. Wiederholt man diesen Versuch in einer geänderten Anordnung, indem man das Aquarium durch eine Glasscheibe in zwei Hälften teilt, und setzt wiederum kleine Fische ein, dann wird sich der Hecht von neuem auf die Fische stürzen. Bei jedem Angriff schwimmt er natürlich gegen die Scheibe; und nach einiger Zeit gibt er die Jagd auf. Nun kommt das Erstaunliche an diesem Experiment: entfernt man die Glasscheibe, wird der Hecht trotzdem keinen Angriff mehr auf die kleinen Fische unternehmen. Er hat das ihm von außen (mit Hilfe der Glasscheibe) auferlegte Verbot »internalisiert«. Mit anderen Worten: das Verbot wurde von ihm verinnerlicht und hat dadurch die Struktur seiner »Persönlichkeit« *verändert*. Der Hecht ist jetzt anders motiviert; er hat eine Verhaltensweise zugunsten einer neuen aufgegeben; er unterläßt nunmehr »freiwillig«, was er nicht tun darf!

Genau das Gleiche ereignet sich bei der Erziehung eines Kindes. Die Eltern vermitteln ihm die Ge- und Verbote des Über-Ichs. Durch die ständige Wiederholung und die Verstärkung bzw. Abschwächung des kindlichen Verhaltens durch Lob oder Tadel wird das Es bis zu einem gewissen Grade unterdrückt. Daher haben beispielsweise viele Erwachsene Schwierigkeiten mit der Sexualität: durch eine repressive Erziehung, in der alles Sexuelle als sündig, schmutzig und schädlich apostrophiert wurde, hat sich die Struktur ihres Unterbewußtseins so verändert, daß sich sich ihrem Sexualtrieb nie mehr mit Lust überlassen können. Versuchen sie es dennoch, verderben ihnen die anschließenden Schuldgefühle jeden Spaß. Hier kann nur ein Psychotherapeut unterstützend eingreifen.

Wir sehen also, daß das Ich einen außerordentlich schweren Stand hat. Es wird einerseits vom Es bedrängt, andererseits vom Über-Ich, und, last not least, von der Umwelt, in der ein Mensch lebt. Denn von der Umwelt her wird der Mensch ständig in Konflikte gestürzt, die Entscheidungen von ihm fordern. Aus dieser *dreifachen Bedrängnis des Ichs* ergibt sich die Tatsache, daß es so vielen Menschen nicht gelingt, ein starkes Ich zu entwickeln. Und aus einer rein psychologischen Sicht ist deshalb die Frage nach dem Glück ganz einfach zu beantworten: glücklich ist jener Mensch, dem es gelungen ist, trotz der Bedrängnisse durch Es, Über-Ich und Umwelt eine harmonische und ausbalancierte Mitte zu entwickeln!

Die Entwicklung des Ichs, die ein Mensch erreicht hat, manifestiert sich in seinem »Selbstwertgefühl«. Wer ich-schwach ist, fühlt sich minderwertig. Wir müssen uns deshalb mit dem Selbstwertgefühl und seinem Gegenspieler, dem Minderwertigkeitsgefühl, noch eingehender auseinandersetzen.

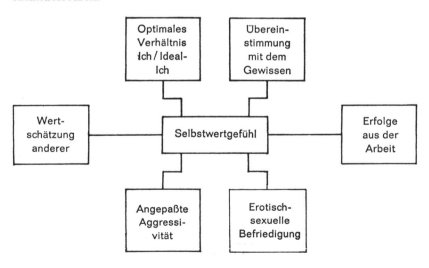

Das *Selbstwertgefühl* ist kein »Ding an sich«, sondern ein außerordentlich komplexes Gebilde. Um ein gesundes Selbstwertgefühl entwickeln zu können, müssen etliche Voraussetzungen erfüllt sein, von denen hier nur einige ganz wesentliche besprochen werden sollen:

1. *Ein optimales Verhältnis zwischen Ich und Ideal-Ich.* Um diese Forderung verstehen zu können, müssen wir zunächst Klarheit über den Begriff »Ideal-Ich« gewinnen (manche Autoren sagen auch: Ich-Ideal). Das Ideal-Ich wird uns zunächst einmal von den Eltern vermittelt, genau wie das Über-Ich. In jeder (intakten) Familie gibt es Personen, die als beispielhaft apostrophiert werden: Albert Schweitzer, Mahatma Gandhi, Robert F. Kennedy, Albert Einstein usw. Aus den Eigenschaften dieser Idole und anderer, die man aus Büchern, Filmen etc. kennenlernt, formt sich der Mensch sein Ideal-Ich. Mit anderen Worten: jeder von uns möchte kühn, mächtig, wahrheitsliebend, hilfsbereit und edel sein! Wenn nun dieses Wunschbild unserer Persönlichkeit, wie wir uns in unseren Tagträumen sehen, von dem Bild unseres realen Ichs gar zu weit entfernt ist, geraten wir in eine Krise; dies ist stets in der Pubertät der Fall, wo wir uns von alten Idolen, z.B. einem maßlos überschätzten und idealisierten Vater, ablösen. Wenn es uns nicht gelingt, uns neuen Idolen zuzuwenden und gleichzeitig das Ideal-Ich auf ein vernünftiges Maß zu reduzieren, ist unser Selbstwertgefühl bedroht.

2. *Übereinstimmung mit dem Gewissen.* Das Gewissen ist der innere Spiegel der gesellschaftlichen Moral. Und da sich die Moral immer wieder ändert, ist auch das Gewissen nichts Konstantes. Außerdem ist die Moral sehr stark von dem Kulturkreis beeinflußt, in dem ein Mensch lebt. Die Moral ändert sich also nicht nur von Jahrzehnt zu Jahrzehnt, sondern auch mit den Kontinenten unserer Erde.

Auch die Moral wird uns – als Bestandteil des Über-Ichs – zunächst von den Eltern übermittelt. Doch irgendwann beginnt der denkende Mensch, die übernommene Moral in Frage zu stellen. So wird sich beispielsweise ein junges Mädchen eines Tages die Frage vorlegen, ob es den § 218 als für sich bindend anerkennen will. Ob es, mit anderen Worten, das »Recht auf den eigenen Bauch« für sich in Anspruch nehmen oder dem Staat die Verfügungsgewalt darüber überlassen will. Oder, um ein Problem der sechziger Jahre anzureißen: ein junger Mann mußte sich entscheiden, ob er einen ungerechtfertigten Angriffskrieg à la Vietnam mitmachen oder als Kriegsdienstverweigerer ins Gefängnis wandern wollte. Das bedeutet aber: jeder kritische junge Mensch wird sich seine eigene Moral zusammenzimmern, gewissermaßen auf seine Persönlichkeit »maßgeschneidert«. Hat er diesen Prozeß hinter sich, so hat er ein für allemal definiert, was sein »Gewissen« ausmacht; es sei denn, es ergeben sich irgendwann neue gravierende Fakten, die ihn zu einer Modifizierung bewegen. Die Übereinstimmung mit *diesem* Gewissen macht einen Menschen weitgehend unempfindlich gegen Reaktionen seiner Umwelt; es ist ihm gleichgültig, was andere über ihn denken. Solange er sich an diese freiwillige Normierung seiner Verhaltensweisen hält, schläft er ruhig. Und diese Menschen sind es denn auch, deren ausgeprägtes Selbstwertgefühl durch Luthers Worte gekennzeichnet ist: »Hier stehe ich, ich kann nicht anders!«

3. *Erfolg aus der Arbeit.* Man sagt, jeder Mensch habe drei Lebensaufgaben: die Arbeit, die Liebe, die Gemeinschaft. Ohne Arbeit kann der Mensch nicht leben. Nun genügt es einem Menschen nicht, nur zu arbeiten und gute oder sogar überdurchschnittliche Leistungen zu erbringen. Er will für diese Leistung gelobt werden! Eine gute berufliche Leistung »an sich« ist ohne die Anerkennung durch die Umwelt wertlos! Deshalb drückt vorenthaltene Anerkennung auf das Selbstwertgefühl.

4. *Die Wertschätzung anderer.* Der Mensch möchte nicht nur als guter Arbeiter anerkannt sein. Er will vielmehr stets von seiner Mitwelt hören, was für ein »feiner Kerl« er doch ist: hilfsbereit, kameradschaftlich, edel, sympathisch ... Er möchte als *Person* geschätzt werden, nicht nur als Mitarbeiter oder als Ernährer seiner Familie. Dieses Motiv ist einer der Beweggründe, warum so viele Menschen öffentlich wohltätig werden: sie wünschen ihren Edelmut und ihre Hilfsbereitschaft plakatiert zu sehen! Was natürlich nicht ausschließt, daß Menschen aus ethischen Gründen Gutes tun; aber dies geschieht dann in der Stille!

5. *Die angepaßte Aggressivität.* Wir haben bereits festgestellt, daß der Mensch ein lebendes Energiepotential ist. Und da er von diesem Potential in der Regel nur zu einem verschwindend geringen Teil Gebrauch macht, besteht ein sog. »Triebüberschuß«. Dieser Überschuß trägt allein durch sein Vorhandensein stets die Gefahr in sich, in Aggressivität umzuschlagen. Das erweist sich immer wieder bei Demonstrationen oder in Paniksituationen. Nun muß der Mensch lernen, mit seiner Aggressivität umzugehen. Nämlich durch Einsicht in die Gefährlichkeit seiner latenten Aggressionsbereitschaft, eine klare Zielsetzung und Selbstdisziplin. Nur wer es durch ständiges Üben gelernt hat, seine seelischen Energien im

Zaume zu halten oder sie in von der Gesellschaft tolerierte Kanäle zu lenken, wird zu einer ausgeglichenen Persönlichkeit.

6. *Die erotisch-sexuelle Befriedigung.* Wir wissen seit FREUD, eine wie große Rolle die Liebe für unser Selbstwertgefühl spielt. Wobei der Begriff »Liebe« von FREUD in einem viel umfassenderen Sinne gebraucht wurde, als von vielen Kritikern angenommen wird, die seine Lehre nur vom Hörensagen kennen. Wenn wir also von der erotisch-sexuellen Befriedigung sprechen, so heißt dies: die seelischen Liebesbeziehungen zwischen zwei Menschen müssen genau so befriedigt werden wie die körperlichen. Wir alle kennen jene Don-Juan-Typen, die von Bett zu Bett eilen und bei willigen »Opfern« ihre Männlichkeit unter Beweis stellen. Trotzdem sind sie nicht glücklich. Denn nie widerfährt ihnen, wonach sie sich im Grunde ihrer Seele sehnen: daß sie um ihrer selbst willen geliebt werden! Umgekehrt aber gibt es Paare, die sich hervorragend verstehen; nur wenn sie intim werden, klappt es nicht.

Die Tiefenpsychologie hat offenbar gemacht, daß sexuelles Versagen auf dem Grunde einer Neurose entsteht. Das heißt, ein schwaches Ich scheut das bedingungslose Sich-hingeben an ein anderes Ich. Denn wenn ich mich schon – wenn auch unbewußt – irgendwie zu kurz gekommen fühle, kann ich von dem Wenigen, das mir blieb, nicht noch etwas abgeben. Doch nur wer gibt, wird auch empfangen; *deshalb* ist Geben seliger denn Nehmen. So wird der »Liebe Suchende« stets von neuem enttäuscht, was wiederum sein Geltungsbedürfnis niederdrückt. Eich echter circulus vitiosus also; ein Teufelskreis, aus dem ein Mensch ohne fremde Hilfe in der Regel nicht mehr entfliehen kann.

Fassen wir zusammen: *Das Selbstwertgefühl bzw. seine Stärkung ist das zentrale Anliegen jedes Menschen! Was immer wir tun oder unterlassen, geschieht – unbewußt – in der einzigen Absicht, unser Selbstwertgefühl zu stärken bzw. Angriffe auf unser Selbstwertgefühl abzuwehren!* Wobei es für die Alltagspraxis unerheblich ist, ob derartige Angriffe real oder nur eingebildet sind! Ist unser Selbstwertgefühl unterentwickelt, so äußert sich dies u.a. in folgenden Verhaltensweisen:

a) in einer übermäßigen Abhängigkeit von der Umgebung (»Jawohl-Sager« ohne eigene Meinung und ohne Initiative);
b) in einem quälenden Verlangen nach Sicherheit (keine Experimente, kein Risiko!);

c) in einem fast zwanghaften Bedürfnis nach sexueller Befriedigung; dabei weicht man oftmals auf perverse Praktiken aus, weil ein »normaler Verkehr« nicht zur gewünschten Befriedigung führt;

d) ein krankhaftes Geltungsbedürfnis und, damit verbunden, die Jagd nach Erfolgen; wobei man »Erfolge« oft auf sekundären Gebieten erstrebt, um nur überhaupt etwas vorweisen zu können.

Wenn wir abschließend überdenken, was hier über den Aufbau des Selbstwertgefühles erläutert wurde, so ergibt sich daraus eine Folgerung, die meistens ignoriert wird: *kein Mensch kann überhaupt ein Selbstwertgefühl aufbauen ohne die Resonanz seiner Mitmenschen. So, wie die ersten Objektbeziehungen zwischen dem Säugling und seiner Mutter die Grundstruktur seiner Persönlichkeit anlegen, genauso benötigt der Mensch während seines gesamten Lebens die Hilfe der anderen, um überhaupt zu einer Persönlichkeit, d.h. zu einem Menschen im Sinne des Wortes – als Gegensatz zum Tier – werden zu können. Auch wenn der Mensch, als Erwachsener, eine ganz bestimmte – und jeweils einmalige – Persönlichkeit geworden ist, so bedarf er bis zu seinem Tode der ständigen Kommunikation mit anderen, um diese Persönlichkeitsstruktur zu bewahren; wird er isoliert, z.B. in jahrelanger Einzelhaft, so verfällt diese Struktur sukzessive, und der Mensch macht eine sog. »Regression« durch: er fällt auf längst überwundene, kindliche Verhaltensweisen zurück.*

Die Grundforderung des christlichen Glaubens heißt: liebe Deinen Nächsten wie dich selbst! Das heißt, ich soll meinen Nächsten nicht deshalb lieben, weil er so ist, wie er ist, weil er also bestimmte liebenswerte Eigenschaften hat, sondern ich soll ihn alleine deshalb lieben, *weil er überhaupt da ist*. In diesem Sinne dient sogar ein Verbrecher der Stärkung meines Selbstwertgefühles; weil er mir nämlich durch sein asoziales Verhalten die Gewißheit verschafft, selbst auf dem »richtigen« Wege zu sein. Und wie immer man zu einer Religion überhaupt stehen mag, und woher immer man seine »letzten Weisheiten« bezieht, eines steht unwiderruflich fest: *ohne meine Mitmenschen bin ich ein Nichts!*

Wir müssen nunmehr noch einen Blick auf den Gegenspieler des Selbstwertgefühles werfen, auf die *Minderwertigkeitsgefühle*. Denn abgesehen davon, daß auch Minderwertigkeitsgefühl ein Gefühl mit zweifacher Wurzel ist, steht es in enger Beziehung zu jener Macht, die vielen von uns das Leben unerträglich macht: der Angst.

Der Mensch leidet an zwei Arten von Minderwertigkeitsgefühlen: das angeborene und das erworbene.

Nehmen wir an, ein Säugling wird von der Mutter alle vier Stunden gestillt. Sein gesamter Organismus stellt sich auf diesen Rhythmus ein. Ist nun die Mutter einmal verhindert, die Stillzeit pünktlich einzuhalten und verspätet sich beispielsweise um eine Stunde, so hat der Säugling sein erstes Trauma weg. Wobei wir unter »*Trauma*« eine seelische Verwundung verstehen, die nie mehr ausheilt; im Gegensatz zum »*Schock*«, der nach einiger Zeit überwunden wird. Der Säugling, wiewohl noch nicht in der Lage, seine Situation intellektuell zu bewältigen, fühlt zum ersten Male seine Abhängigkeit von der Umgebung. Im Laufe seiner Entwicklung macht der Säugling eine Reihe weiterer derartiger Erfahrungen; er kann nicht aus eigener Kraft stehen, geschweige denn laufen; es sind ihm keine Krallen gewachsen, mit denen er sich verteidigen könnte; es ist ihm kein Pelz oder Gefieder gewachsen, das ihn gegen Temperaturstürze schützt, usw. Mit anderen Worten: der Mensch ist ein Mängelwesen; physiologisch gesehen, und zwar im Vergleich mit anderen Säugetieren, ist er eine Frühgeburt – er müßte etwa 22 Monate ausgetragen werden, um nach der Geburt ohne massive Unterstützung lebensfähig zu sein.

Dieses *angeborene Minderwertigkeitsgefühl* hat natürlich auch Vorteile. Es ist die Wurzel aller bedeutenden kulturellen Leistungen der Menschheit. Denn was dem Menschen von Geburt aus versagt bleibt, hat er durch seine geistigen Leistungen kompensiert: weil er nicht so schnell und über weite Strecken laufen konnte wie viele Tiere, hat er Rad und Wagen erfunden; weil ihm keine Werkzeuge oder Waffen zugewachsen waren, hat er sie konstruiert; weil er nicht fliegen konnte wie die Vögel, hat er Flugzeuge gebaut, usw. All diese Leistungen wären nicht möglich gewesen, wenn der Mensch nicht von seiner angeborenen Minderwertigkeit überzeugt wäre.

Nun gehört Versagen zum Mensch-sein. Das heißt, jeder von uns definiert Probleme falsch und löst Konflikte durch Fehlentscheidungen. Aufgrund dieser Fehlentscheidungen ist ein Mensch weniger erfolgreich als andere Zeitgenossen, und das stört ihn. Je öfter ein Mensch solche Fehlentscheidungen trifft oder Konflikte überhaupt nicht löst, sondern vor sich herschiebt, desto mehr verstärkt sich in ihm die Gewißheit, daß er – im Verhältnis zu anderen gesehen – minderwertig ist. Er wird mit etlichen Problemen seines Lebens nicht fertig. Diesen Tatbestand und das daraus resultierende depressive Gefühl nennen wir *erworbene Minderwertigkeit.*

Nun summieren sich diese beiden Minderwertigkeiten, und wir haben einen Minderwertigkeits*komplex.* Das Wort »Komplex« sagt ja schon aus, daß es sich um einen Tatbestand handeln muß, der aus mehreren Komponenten zusammengesetzt ist. Was aber bewirkt ein Minderwertigkeitskomplex? Er drückt auf unser Selbstwertgefühl. Und dieser Druck auf das Selbstwertgefühl löst eine Grundstimmung aus, die das Leben vieler Menschen essentiell bedroht: *die Angst.* Graphisch könnte man diese Zusammenhänge so darstellen:

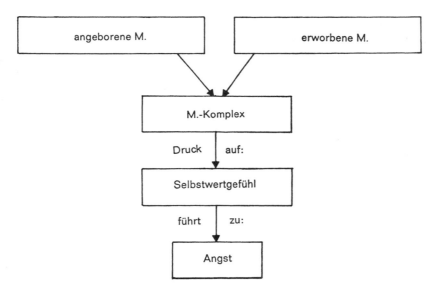

Kein Mensch kann auf die Dauer mit der Angst leben. Das Schlimme an der Angst ist, daß sie so indifferent ist: man weiß nicht, wovor man sich fürchtet. Und deshalb, weil diese Angst aus einer nicht auszulotenden Tiefe wirkt, gleicht ihre Wirkung einem »Holzhammereffekt«: man ist, als ob man einen Schlag auf den Kopf erhalten hätte, nicht in der Lage, seine Situation klar zu sehen oder nach Auswegen zu suchen. Deshalb reagiert der Mensch seine Angst oft in aggressiver Weise ab: durch Zorn, Wut und Haß. Wobei sich die Aggressionen nicht nur gegen die Umgebung, sondern sehr wohl auch gegen die eigene Person richten können.

Letzte Konsequenz: der Selbstmord. Oder der Mensch überkompensiert seine Angst durch eine pathologische Überhöhung seines Ich-Ideals. Dies führt zu angeberischem oder blasiertem Verhalten – immer ein sicheres Zeichen für ein angeschlagenes Selbstwertgefühl!

Bei allem, was das Verhalten eines Menschen vom Unbewußten her bestimmt, spielen die *Emotionen* eine große Rolle. Wir müssen also unbedingt noch untersuchen, was es mit den Gefühlen überhaupt auf sich hat und warum sie das Verhalten des Menschen so nachhaltig beeinflussen.

Man kann auch sehr intelligente Menschen in große Verlegenheit bringen, wenn man ihnen die simple Frage vorlegt: was ist das eigentlich, ein Gefühl? Diese Frage kann man nur zufriedenstellend beantworten, wenn man berücksichtigt, daß auch die Gefühle eine Doppelfunktion erfüllen. »Fühlen« heißt zunächst einmal, Signale aus der Umwelt oder Innenwelt aufnehmen, und zwar durch unsere Sinnesorgane. Zugleich aber, und das ist das gravierende Moment, werden die aufgenommenen Gefühle gewertet. Der Parameter für diese Wertung ist wiederum das Selbstwertgefühl. Das heißt, ich werde von den Signalen, die ich aufnehme, entweder positiv oder negativ *angemutet.* Werde ich positiv angemutet, so entstehen daraus Stimmungen wie Lust, Freude, Glück, Hoffnung, Zuversicht, Vertrauen usw. Werde ich negativ angemutet, so ergeben sich daraus Stimmungen wie Trauer, Unglück, Verzweiflung, Mißtrauen, Furcht etc. Die Summe dieser Anmutungen, die ein Mensch im Laufe seines Lebens, vor allem aber in der Kindheit, erfährt, ergeben die sog. »*Gestimmtheit*«. Die Gestimmtheit ist also die gefühlsmäßige »Dauerspannung«, unter der ein Mensch steht. Und es ist völlig klar, daß ein Mensch, der im Laufe seiner Entwicklung vorwiegend positiv angemutet worden ist, dadurch fast zwangsläufig zum Optimisten wird. Er hat nicht die geringsten Zweifel daran, daß ein Unternehmen, das er plant, gelingen wird.

Nun können die Gefühle aber auch aktiv eingesetzt, d.h. im Sinne eines Werkzeuges benützt werden. Stellen Sie sich einmal folgende alltägliche Situation vor: Ihrer Sekretärin ist ein Fehler unterlaufen, der schwerwiegende Folgen hat. Sie hat beispielsweise in einem Angebot eine Null zuviel getippt. Ihnen als Chef ist das nicht aufgefallen, da Sie die Briefe stets ungelesen unterschreiben. Als das Malheur offenbar wird, stellen Sie die Dame zur Rede. Sie sagen etwa: »Also Fr. Amann – jetzt erklären

Sie mir einmal, wie das passieren konnte!« Die Sekretärin beginnt mit einer Erklärung – doch beim dritten Satz bricht sie in hemmungsloses Schluchzen aus! Sofort werden Sie als Chef einlenken: »Aber so beruhigen Sie sich doch, Fr. Amann! Ich weiß ja, daß Sie sonst die Zuverlässigkeit in Person sind! usw.«

Was hat die Sekretärin getan? Sie hat – natürlich unbewußt – eine Situation, die rational nicht zu bewältigen war, auf die Ebene der Gefühle verschoben. Denn Gefühle wirken unmittelbar auf das Unterbewußtsein des Gesprächspartners und erreichen dadurch die gewünschte Wirkung. Auch Trauer, Zorn, Mitleid oder Enttäuschung werden oft nur »vorgespannt«, um damit etwas ganz Bestimmtes zu erreichen. Wobei sich Männer dieser Methoden genau so erfolgreich bedienen wie Frauen …

Es ist jedem einsichtigen Menschen klar, daß es keine Objektivität gibt. Sie ist, genau wie die Freiheit, eine Fiktion. Wir können nur versuchen, in unserem Verhalten dieser Fiktion so nahe wie möglich zu kommen. Das Studium der Gefühle demonstriert uns überzeugend, daß der Mensch gar nicht objektiv sein *kann*! Jeder von uns hat diesen Tatbestand schon festgestellt, wenn z.B. drei Personen dieselbe Situation beobachten und anschließend über ihre Eindrücke berichten. Drei Touristen, die von einem Berggipfel ins Tal schauen, werden dieselbe Landschaft ganz anders schildern. Aufgrund seiner »Gestimmtheit« sieht der eine das Farbenspiel von Hellrosa bis Dunkelviolett; dem zweiten imponiert die Perspektive; der dritte berauscht sich am grandiosen Panorama und wird davon an die Kleinheit und Vergänglichkeit des Menschen erinnert. Oder, um an ein weiteres alltägliches Beispiel zu erinnern: von den sich widersprechenden Zeugenaussagen nach Unfällen weiß jeder Verkehrsrichter ein Lied zu singen!

Zusammenfassend können wir also feststellen: jedes Signal, das der Mensch aus der Umwelt – oder aus seiner körperlichen Innenwelt – aufnimmt, wird gefühlsmäßig eingefärbt! Das gilt z.B. auch für Schmerzen: je nachdem wie ich gestimmt oder motiviert bin, werde ich Schmerzen bagatellisieren oder dramatisieren! Der Vollständigkeit halber sei hier angemerkt, daß die Objektivität des Menschen weiterhin durch sein Unterbewußtsein eingeschränkt wird. Jeder von uns hat seinen »blinden Fleck«; d.h., es gibt bestimmte Ereignisse, die ich nicht wahrhaben will und des-

halb übersehe bzw. in meiner Wahrnehmung verfälsche. Ein Tatbestand, den eine alte chinesische Weisheit so ausdrückt: »Keiner ist so blind, wie einer, der nicht sehen will!«
(Näheres darüber besprechen wir im 3. Kapitel!).

Haben wir uns bisher vorwiegend mit der Persönlichkeitsentwicklung des Individuums beschäftigt, so gilt es nunmehr zu untersuchen: wie verhält sich der einzelne als Gruppenmitglied? Diese Frage wird uns im nächsten Kapitel beschäftigen. Doch vorher empfehle ich Ihnen, die folgende kleine Test-Aufgabe Nr. 1 zu studieren. Denn Sie wollen doch aus diesem Buch Hinweise für die Praxis erhalten, oder nicht?

Test-Aufgabe Nr. 1

Der Wert eines Seminarleiters erweist sich spätestens in jenem Augenblick, in dem der erste Teilnehmer ein Problem aus der Praxis auf den Tisch wirft; mit der Bitte an Sie, verehrter Trainer-Kollege: »Wie soll ich mich diesem Mitarbeiter gegenüber in Zukunft verhalten? Was würden *Sie* an meiner Stelle tun?«
Hier ist die Erzählung eines Seminarteilnehmers, die sich vor der »Ölkrise« ereignete:
»Ich bin Haupt-Abt.-Leiter in einer Automobilfirma, und zwar im Sektor T2, d.h. in der Motorenkonstruktion. Einer meiner Abt.-Leiter, ein gewisser Herr *Friedrich,* macht mir seit etwa zwei Monaten Sorgen. Friedrich ist mit 34 Jahren einer unserer jüngsten und begabtesten Konstrukteure. Er kam vor drei Jahren zu uns, nachdem er die ersten zwei Jahre nach dem Studium in der Konstruktions-Abt. einer angesehenen Zahnradfabrik gearbeitet hatte. Seit etwa 18 Monaten haben wir ihn mit einer Sonderaufgabe betraut, nämlich mit der Verbesserung der Brennkammer im Zylinderkopf. Friedrich, der ungeheuer ehrgeizig ist, stürzte sich kopfüber in die Arbeit. Er ist übrigens unverheiratet und scheint nicht mal eine Freundin zu haben, obwohl er gut aussieht und bei uns exzellent bezahlt wird. Er verbrachte einen großen Teil seiner Freizeit im Werk; oft machte er bis abends zehn Uhr Überstunden, die ihm auch von mir immer kommentarlos genehmigt wurden. Ich war sicher, bei Friedrichs Arbeit kommt eines Tages etwas heraus. Und so war es auch: elf Monate nach Beginn dieser Sonderaktion brachte mir Friedrich den Entwurf eines

abgeänderten Zylinderkopfes, der bei einem Vier-Zylinder die PS-Leistung um 10% erhöhte, ohne erhöhten Kraftstoffverbrauch! Mittlerweile laufen mehrere Test-Motoren, und Friedrichs Behauptungen haben sich voll bestätigt: die Leistungssteigerung schwankt zwischen 9,4 und 9,8%. Als Friedrich dieser erste Durchbruch gelungen war, bat er mich, an diesem Projekt weiterarbeiten zu dürfen. Ihm unterstehen insgesamt neun Herren, davon zwei Konstrukteure mit Hochschulbildung, drei Detailkonstrukteure und vier technische Zeichner. Als Chef wird Friedrich von seinen Mitarbeitern einzig wegen seiner außerordentlichen konstruktiven Begabung geschätzt. Sie nennen ihn »Dandy«, weil er nur in Maßanzügen geht und einen teuren italienischen Sportwagen fährt.

Friedrichs Abteilung kostet mich an Gehältern rund 230 000 Mark pro Jahr. Das Problem für mich lautete also: übertrage ich Friedrich eine neue Aufgabe – und wir haben an derlei technischen Problemen keinen Mangel –, oder lasse ich ihn mit seiner Abteilung ein weiteres Jahr das Brennkammerproblem bearbeiten? Ich entschied mich für die zweite Lösung – und das war mein Fehler. Warum?

Friedrich überraschte mich nach weiteren sechs Monaten mit einer geradezu revolutionären Idee in der Umgestaltung von Zylindern, Brennkammern und Kolbenprofilen, die den Kraftstoffbedarf dieses Motors auf 50% drosseln würde! 50% weniger Kraftstoff bei gleicher Leistung!

Ich muß zugeben, daß mich dieses Projekt zunächst faszinierte; vor allem deshalb, weil ich ja selbst einmal Motorenkonstrukteur war. Aber ich mußte Friedrich diese Idee madig machen. Ich sagte ihm wörtlich, daß dieser Motor nie gebaut würde. Der Hauptaktionär unserer Gesellschaft sei gleichzeitig der größte Aktionär der neuen bayerischen Erdölraffinerien, auf die wiederum unser Wirtschaftsminister besonders stolz sei ... Kurz gesagt: die wirtschaftlichen Interessen und die Macht der Erdölkonzerne würden den Bau eines derartigen Motors auf jeden Fall verhindern.

Friedrich meinte, dann würde er seine Idee eben einer anderen Firma, z.B. einer japanischen, anbieten. Ich wies ihn darauf hin, daß er laut Anstellungsvertrag jede im Haus gemachte Erfindung erst anderweitig verwenden dürfe, wenn die Firma fünf Jahre lang keinen Gebrauch davon gemacht hätte. Diese fünf Jahre müsse er erst mal abwarten ... Mittlerweile habe ich Friedrich mit einer neuen Aufgabe betraut. Äußerlich hat er sich ein glattes, höfliches, dabei aber unpersönliches Benehmen zugelegt. Innerlich kocht es bei ihm, das ist mir klar. Und vergangene Woche hatte ich bei der routinemäßigen Montag-Besprechung aller Abt.-Leiter erstmalig den Eindruck, als ob der übermüdet wirkende Friedrich eine leichte Alkoholfahne mit sich führte. *Und nun frage ich Sie:* was könnte ich tun, um diesen erstklassigen Konstrukteur so zu motivieren, daß er weiterhin mit Volldampf für unsere Firma arbeitet?«

Welche Antwort würden Sie – aufgrund der im ersten Kapitel erworbenen psychologischen Kenntnisse – diesem Teilnehmer geben?
(*Meine* Antwort finden Sie auf Seite 489. Aber bitte, schlagen Sie nicht gleich dort nach!)

Zusammenfassung

1. Das Oberbewußtsein ist jene Kategorie der menschlichen Persönlichkeit, die vor allem durch die Denkprozesse bedingt wird.
2. Im Unterbewußtsein können wir uns die Triebe bzw. Antriebe lokalisiert vorstellen. Sie sind mit Energie besetzt, weshalb wir den Menschen auch als Energiepotential betrachten können. Tatsache ist, daß wir von diesem Potential nur einen Bruchteil aktivieren.
3. Jedes menschliche Handeln läßt sich durch folgendes Schema versinnbildlichen:

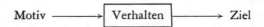

Motiv ⟶ Verhalten ⟶ Ziel

4. Wenn wir das Verhalten des Menschen besser verstehen oder wenn wir es verändern wollen, müssen wir mehr über seine Bedürfnisse (Motive) wissen. Grob gesehen gibt es drei verschiedene Arten:

Physische Bedürfnisse
Soziale Bedürfnisse
Psychische Bedürfnisse.

5. Die tiefsten Einblicke in das System menschlicher Bedürfnisse verdanken wir dem amerikanischen Psychologen A. H. MASLOW.

In seiner »Bedürfnispyramide« legte er dar, daß es im wesentlichen fünf Bedürfnisstufen gibt, nämlich:

Physiologische Bedürfnisse
Sicherheits-Bedürfnisse
Soziale Bedürfnisse
Ich-Bedürfnisse, und schließlich das
Bedürfnis nach Selbstverwirklichung.

6. MASLOW's Pyramide legt folgende Konsequenzen nahe:
   a) Die Bedürfnisse sind hierarchisch angeordnet, d.h., sie haben den Charakter von Prioritäten und müssen in einer bestimmten Reihenfolge befriedigt werden.
   b) Der Mensch hält sich stets *gleichzeitig* in verschiedenen Stufen auf.
   c) Defizite in den Stufen 2 und 3 bedingen besondere Aktivität in der Stufe 4.
   d) Nur etwa ein Promille der Menschheit strebt die Stufe 5 überhaupt an bzw. befindet sich mehr oder weniger total in ihr.

7. Der Mensch bewegt sich – bildlich gesprochen – ständig in drei sog. »Motivationsebenen«: dem »Es«, dem »Ich« und dem »Über-Ich«. Es und Über-Ich sind Antagonisten: fast immer, wenn das Es etwas »will«, verbietet ihm dies das Über-Ich. Das Ich steht zwischen diesen »feindlichen Brüdern« und muß ihrem Druck standhalten; außerdem wird es noch von der Umwelt bedrängt.

8. Ob der Mensch ein »gesundes« Ich entwickeln kann, hängt im wesentlichen von den Verhältnissen ab, die er in seinen ersten fünf Lebensjahren vorfindet. Insofern ist das Verhalten der Eltern für das Kind ausgesprochen schicksalhaft.

9. Ein »gesundes« Ich manifestiert sich in einem ausgeprägten Selbstwertgefühl. Es ist die zentrale Instanz unseres Seelenlebens, um die sich alles dreht, was wir tun oder lassen.

10. Um ein »gesundes« Selbstwertgefühl entwickeln zu können, müssen mindestens 6 Prämissen erfüllt sein:
    1) Ein optimales Verhältnis zwischen Ich und Ideal-Ich;
    2) Übereinstimmung mit dem Gewissen;
    3) Erfolg aus der Arbeit;

4) Die Wertschätzung anderer;
5) Eine angepaßte Aggressivität;
6) Die erotisch-sexuelle Befriedigung.

11. Ein Mensch kann ein Selbstwertgefühl nicht ohne die Resonanz seiner Mitmenschen aufbauen. D.h., ohne unsere Mitmenschen sind wir ein Nichts. Wir bedürfen deshalb auch der ständigen Kommunikation mit anderen. Wird diese Kommunikation zwangsweise unterbrochen, baut der Mensch seine Persönlichkeitsstruktur ab und erlebt eine sog. »Regression«: er fällt in kindliche Verhaltensweisen zurück.

12. Der Gegenspieler des Selbstwertgefühls ist das Minderwertigkeitsgefühl. Wird es übermächtig, bekommt der Mensch Angst. Und zwar eine indifferente Angst: er weiß nicht, wovor er sich fürchtet. Da kein Mensch auf die Dauer mit der Angst leben kann, reagiert er sie (auf meist aggressive Art) ab: wir nennen ihn dann einen »Neurotiker«.

13. Emotionen (Gefühle) spielen eine dominierende Rolle in unserem Leben. Alles, was wir aus der Außen- oder Innenwelt wahrnehmen, wird gefühlsmäßig eingefärbt. Zuweilen werden Gefühle auch aktiv eingesetzt, um Situationen zu meistern, die rational nicht bewältigt werden können.

2. KAPITEL

Das Individuum in der Gruppe

Der Gruppenpsychologie bzw. Gruppendynamik wird im neueren psychologischen Schrifttum immer breiterer Raum gewidmet; wobei teilweise ein theoretisches Fachchinesisch produziert wird, das jedem Praktiker die Haare zu Berge treibt. Ich habe in den vergangenen Jahren einige Psychologen scheitern sehen, die sich als freie Trainer versuchten. Alle kamen sie aus dem Stall jener lupenreinen Schulpsychologen, die jeden zweiten Satz mit den Worten »Wir Gruppendynamiker . . .« beginnen. Sie können mangels Praxis in der Wirtschaft nicht wissen, daß man die Ergebnisse aus sog. Laborgruppen nicht auf die Praxis einer Arbeitsgruppe (oder einer Seminargruppe von Teilnehmern aus der Industrie) übertragen kann. Hier wird wieder einmal offenbar, daß man bestimmte Probleme nicht intellektuell erfassen, sondern nur *erfahren* kann. Wer nie in einer Arbeitsgruppe steckte, nie im Gruppenakkord gearbeitet hat, nie den Kampf um die Führung erlebte oder selbst dem Gruppendruck ausgesetzt war, weil er die etablierten Normen der Gruppe nicht akzeptieren wollte – der weiß einfach nicht, was »Gruppendynamik« in der industriellen Praxis bedeutet. Und wer sich als Trainer, gleichgültig ob als »selbständiger« oder als angestellter »Schulungsleiter«, sein Brot in Industrie und Wirtschaft verdienen will, der muß gruppendynamische Prozesse in diesem Milieu am eigenen Leibe erlebt haben!

Wenn man über Gruppendynamik sprechen will, so besteht die wesentliche Schwierigkeit darin, daß sich die damit befaßten Wissenschaftler bis heute noch nicht einigen konnten, was eine »Gruppe« eigentlich ist. MANFRED SADER hat in jüngster Zeit in seinem Buch »Psychologie der Gruppe« diesen fatalen Zustand mit eindrucksvollen Beispielen demonstriert (Seiten 33/34). Ich zitiere:

»LINDGREN definiert in seiner Einführung in die Sozialpsychologie: wenn zwei oder mehr Personen in irgendeiner Beziehung zueinander stehen, bilden sie eine Gruppe.

OLMSTED definiert in einer Einführung in die Kleingruppenforschung: eine Gruppe kann definiert werden als eine Mehrheit von Individuen, die in Kontakt miteinander stehen, aufeinander reagieren und in wesentlichen Punkten Gemeinsamkeiten erleben.

Und schließlich McDAVID & HARARI, ebenfalls in einem Lehrbuchtext: eine sozialpsychologische Gruppe ist ein organisiertes System von zwei oder mehr Individuen, die so miteinander verbunden sind, daß in einem gewissen Grade gemeinsame Funktionen möglich sind, Rollenbeziehungen zwischen den Mitgliedern bestehen und Normen existieren, die das Verhalten der Gruppe und aller ihrer Mitglieder regeln.

Wenn zwei einander Fremde nebeneinander die Straße entlanggehen, dann sind sie offenbar nach keiner dieser Definitionen eine Gruppe. Werden diese beiden Personen jedoch gemeinsam von einem Dritten für eine Wohltätigkeitssammlung angesprochen, so sind sie nach LINDGREN eine Gruppe, nach OLMSTED und McDAVID & HARARI jedoch nicht. Bitten wir fünf Studenten, die einander unbekannt sind, gemeinsam zu einem sozialpsychologischen Experiment in einen Raum und verlesen eine Instruktion, so sind die fünf nach LINDGREN und OLMSTED eine Gruppe, nicht hingegen nach Mc DAVID & HARARI. Erst wenn die Teilnehmer eine Weile miteinander zu tun gehabt haben und sich Ansätze von Rollenspezifierungen bilden können und gemeinsame Normen entwickeln, dann erst würden die Autoren der drei Definitionen wieder miteinander übereinstimmen und von einer sozialpsychologischen Gruppe reden.

Es bringt uns in diesem Zusammenhang nicht weiter, aus der einschlägigen Literatur weitere Definitionen zusammenzutragen, um uns dann für die häufigste, die einleuchtendste oder die vom bedeutendsten Wissenschaftler stammende Definition zu entscheiden ... Wir sollten vielmehr akzeptieren, daß der Begriff der Gruppe ein (theoretischer) *Konstruktbegriff* ist, den wir an die Phänomene um uns herum herantragen, um etwas Ordnung in unsere Gedanken und Wahrnehmungen zu bekommen. Wenn wir dementsprechend Gruppen in unserer Umwelt nicht einfach *vorfinden*, sondern uns innerhalb gewisser Grenzen von Sprachgebrauch und Zweckmäßigkeit, je nach Lage der Dinge, entscheiden können, wie wir Gruppen definieren wollen, dann ist es völlig legitim, je nach Arbeitsbereich, Forschungsinteresse und Methode unterschiedliche Definitionen zu setzen.« (Ende des Zitats).

Damit wir, verehrter Leser, nicht aneinander vorbeidenken, darf ich Ihnen zunächst einmal *meine* Einteilung von möglichen Gruppen geben und diese Gruppen nach ihrer Art definieren bzw. beschreib en, wobei ich mich auf die Schriften von ARGYLE und DÄUMLING stütze.

Da gibt es zunächst einmal »natürliche« Gruppen; das sind Gruppen, denen ein Mensch zwangsläufig angehören muß, um sich unbeschadet durchs Leben zu bringen. Hierher gehören die Familie, die Gruppen Jugendlicher in der Zeit des Heranwachsens und die Arbeitsgruppen. Man könnte noch die Schulklasse als Gruppe hinzuzählen, vor allem dann, wenn es sich um Schülergruppen handelt, die jahrelang beisammenbleiben, wie beispielsweise in Internaten. Betrachten wir uns zunächst diese natürlichen Gruppen etwas näher.

Die wichtigste Gruppe ist für jeden Menschen die *Familie*. Sie wird meist »Primärgruppe« genannt, weil es die erste Gruppe ist, der ein Mensch angehört, und weil sie den nachhaltigsten Einfluß auf ihn ausübt. Der Ausdruck »Primärgruppe« wird im Schrifttum auch noch in einem erweiterten Sinne verwendet: nämlich als Bezeichnung für Gruppen, bei denen die Mitglieder einen engen persönlichen Kontakt haben (»face-to-face-Gruppe«); im Gegensatz zur (meist im hierarchischen Sinn) übergeordneten Gruppe, die dann als »Sekundärgruppe« bezeichnet wird. So gilt beispielsweise eine Schulklasse als Primärgruppe, während die ganze Schule, etwa eine Realschule, als Sekundärgruppe erscheint. Die Sekundärgruppe »Realschule« unterscheidet sich wieder von anderen Sekundärgruppen, etwa den Grundschulen oder Mittelschulen, die ihrerseits wieder aus Primärgruppen bestehen. Doch kehren wir zur »Primärgruppe Familie« zurück.

Die Familie als »erste Gruppe« ist deswegen so bedeutungsvoll, weil der Mensch dort in zweierlei Hinsicht nachhaltig »programmiert« wird: nämlich hinsichtlich ethisch-moralischer und hinsichtlich sozialer Normen. Außerdem lernt der Mensch in der Familie zum ersten Male, daß er eine bestimmte »Rolle« spielen muß, um das Zusammenleben (in einem oft sehr beengten Raum) erträglich zu machen. Und im Zusammenspiel von Vater, Mutter, Sohn, Tochter, älteren und jüngeren Geschwistern, Großeltern usw. erlebt der Heranwachsende die ersten gruppendynamischen Prozesse am eigenen Leibe. *Wie* er diese Prozesse erlebt, nämlich vorwiegend positiv oder negativ, bestimmt sein Verhalten in allen anderen Gruppen, denen er im Laufe des Lebens angehören wird.

In der Familie als erster natürlicher Gruppe lernt der Mensch (nach DÄUMLING) bereits Verhaltensmodelle, die er für die optimale Anpassung in *allen* natürlichen Gruppen benötigt:

● Er erwartet, daß ihm die Gruppe hilft, bestimmte Bedürfnisse zu befriedigen.

● Deshalb paßt er sich den etablierten Gruppennormen an.

● Er erwartet für die vollzogene Anpassung eine Belohnung in Form von Zuwendung (»Streicheleinheiten«) und Anerkennung seiner Leistungen.

● Er versucht, durch soziale Interaktion (d.h. durch effektive Kommunikation mit den anderen Gruppenmitgliedern) die langfristigen Ziele der Gruppe mitzubestimmen und, last not least, damit seinen Status zu erhöhen.

● Durch ein Mindestmaß an Anpassung beschwichtigt der einzelne seine tief im Unbewußten verwurzelte »Ur-Angst«, aus der Gruppe ausgeschlossen zu werden. Gelingt ihm diese Mindest-Anpassung nicht, wird er zum Außenseiter.

Wenden wir uns nunmehr der nächsten natürlichen Gruppe zu, die ebenfalls für das Leben eines jeden Menschen große Bedeutung hat: die *Gruppe Jugendlicher.*

Diese Gruppe wird erst mit dem Eintritt in die Pubertät wirklich wichtig. In jenem Zeitraum, zwischen dem 10. und 20. Lebensjahr, löst sich der Heranwachsende von der Elternbindung. In dieser Zeit fühlt er sich unverstanden und einsam; die Nestwärme des Familienverbandes wird mit der Nestwärme der Bezugsgruppe gleichgestimmter (»Peer group«) vertauscht. In der Gruppe Jugendlicher treten Phänomene auf, die *nur* für diese Gruppe charakteristisch sind. Sie lassen sich (nach DÄUMLING) wie folgt beschreiben:

● Es gibt keine gemeinsame, von außen gegebene Aufgabe, sondern es werden bedürfnismäßige Aktivitäten ersonnen.

● Ein solches Bedürfnis ist die Identitätsfindung außerhalb der Familie.

- Sexuelle Motivation ist ein Hauptfaktor für Entstehung und Strukturierung der Gruppe.
- Es gibt ein gewisses Trainingsziel: soziale Fertigkeiten mit dem anderen Geschlecht und mit Erwachsenen zu erwerben.

Wohlgemerkt: diese Phänomene treten neben den »normalen« gruppendynamischen Prozessen auf, die wir später noch besprechen wollen.

Die dritte natürliche Gruppe, die wesentlichen Einfluß auf ihre Mitglieder ausübt, ist die *Arbeitsgruppe.* Da sich jeder Mensch (ob im Beruf oder im Alltag) immer nur innerhalb eines »Umfeldes« entwickeln kann, entscheidet die Art seiner Integration in das »Umfeld Arbeitsgruppe« mit über seinen Erfolg im Beruf und damit über seinen gesellschaftlichen Status und die Höhe seines Lebensstandards. Das Leben in der Arbeitsgruppe wird vor allem durch den praktizierten Führungsstil des formalen Chefs, den informellen Gruppenführer und die Struktur der »Hackreihe« bestimmt. Auch auf diese Phänomene kommen wir noch zu sprechen.

Das Gegenstück zu den »natürlichen Gruppen« bilden die »Ad-hoc-Gruppen«. Das sind Gruppen, die zu einem ganz speziellen *Zweck* zusammengestellt werden und sich nach Erreichnung des Gruppenzieles wieder auflösen. Die wichtigsten dieser Gruppen sind: die Labor-Gruppe, der Ausschuß (Problemlösung bzw. Ideenfindung), die Therapiegruppe und die Seminargruppe.

Die *Labor-Gruppe* ist (nach DÄUMLING) eine »meist drei bis fünf Personen starke und kurzfristig für das Experiment zusammengerufene Gruppe, die etwa 30 bis 90 Minuten lang besteht und eine eng umrissene Aufgabe nach gewöhnlich festgelegten Arbeitsregeln erledigen muß«. Die Arbeit von Labor-Gruppen findet stets in einer unnatürlichen Situation statt. ARGYLE faßt die wesentlichen Nachteile dieser Arbeit wie folgt zusammen:

- Wichtige Elemente und Prozesse können fehlen.
- Die Ergebnisse können übertrieben sein.
- Die Ergebnisse können falsch sein.

Das Gegenstück zur Laborforschung ist die »Feld-Forschung«. Beispielhaft für diese Art des Experimentierens war u.a. LEWIN, als er seine Studien über die Führungsziele mit Hilfe industrieller Arbeitsgruppen durchführte. Die moderne Feld-Forschung vertritt den Standpunkt, daß Laborexperimente so unzuverlässig seien wie Forschungen über das Sozialverhalten von Tieren, die sich in der Gefangenschaft befinden.

Ich möchte hier nicht mißverstanden werden: Selbstverständlich haben die Ergebnisse aus Labor-Gruppen ihre Existenzberechtigung und ihren Wert. Erinnert sei hier nur an die Gehorsamsexperimente von MILGRAM. Aber: es ist unzulässig, die Ergebnisse von Labor-Gruppen einfach auf Arbeitsgruppen in Industrie und Wirtschaft zu übertragen – wie dies von jungen Psychologen immer wieder versucht wird, die auf der Hochschule nur die Arbeit in Labor-Gruppen kennenlernten. Und die in einer gewissen Selbstüberschätzung glauben, sie wüßten über gruppendynamische Prozesse Bescheid und könnten sie (z.B. im Seminar) *steuern*.

Der *Ausschuß* ist jene Gruppe, die für die Lösung einer ganz bestimmten Aufgabe zusammengestellt wird. Da ein Ausschuß offiziell aus lauter gleichberechtigten Mitgliedern besteht, spielen gerade hier Führungskämpfe eine wesentliche Rolle. Die einzelnen melden ihren Führungsanspruch in der Regel »sachlich verpackt« an; d.h., sie machen zunächst Vorschläge, wie denn überhaupt zu verfahren sei, um das angestrebte Ziel zu erreichen. So kann man in der Praxis immer wieder erleben, daß Ausschüsse monatelang tagen, ohne eine einzige Entscheidung zu erarbeiten: sie sind immer noch damit beschäftigt, die Verfahrensfragen zu »klären«.

Die *Therapie-Gruppe* entstand um 1900 und erlebte einen enormen Zuwachs an Bedeutung nach dem Zweiten Weltkrieg. Präzise gesagt: im Gefolge des Korea- und Vietnamkrieges. Als nämlich so viele neurotische Soldaten zurückkamen, daß sie von den vorhandenen Psychotherapeuten nicht mehr betreut werden konnten. Auch bei uns hat sich diese Therapieform schnell durchgesetzt, weil in unserer Wohlstandsgesellschaft die Zahl der Neurotiker von Tag zu Tag zunimmt. Nach Schätzungen führender Psychologen ist in unserer Gesellschaft bereits jeder fünfte, in Großstädten sogar jeder vierte behandlungsbedürftig. Diesem akuten Bedarf stehen in der Bundesrepublik ca. 6000 überlastete Psychotherapeuten gegenüber, bei denen man als Patient Wartezeiten bis zu zwei Jahren in Kauf nehmen muß. Über die gruppendynamischen Prozesse in Therapie-Gruppen sei hier nichts mehr angemerkt – das Thema ist zu komplex und gehört nicht in den Rahmen dieses Buches.

Bleibt als letzte wesentliche Ad-hoc-Gruppe die *Seminar-Gruppe* zu besprechen. Ich will hier, in einer »unwissenschaftlichen« Weise und ohne mich auf Fachautoren zu berufen, den Versuch unternehmen, eine Seminar-Gruppe *aus der Sicht des Praktikers zu definieren*. Also: Was ist eine Seminar-Gruppe?

Eine Seminar-Gruppe ist eine Gruppe
1. deren optimale Stärke bei 8–12 Personen liegt;
2. deren Ziel es ist, durch Vermittlung neuer Erkenntnisse und Einsichten das Verhalten der Teilnehmer in einer ganz speziellen Richtung zu verändern;
3. die sich zum Erreichen dieses Zieles nur für einen streng begrenzten Zeitraum zusammenfindet;
4. deren Mitglieder im Idealfall annähernd den gleichen Status haben und daher »gleichberechtigt« sind.

Der letzte Punkt ist m.E. besonders wesentlich, weil aus ihm stets Schwierigkeiten für den Seminarleiter erwachsen. So gibt es Seminar-Gruppen, die relativ homogen sind, weil ihre Mitglieder in etwa den gleichen Status haben und aus dem gleichen Arbeitsbereich kommen; z.B. Außendienstmitarbeiter *einer* Firma; neu Einzuschulende (Trainees), wie etwa künftige Ärztebesucher, etc. Mit derart homogenen Teilnehmergruppen hat es der Seminarleiter viel leichter als mit sehr heterogenen Seminar-Gruppen. Vor diese viel schwierigere Situation werden in der Regel freie Trainer gestellt, die »offene Seminare« veranstalten; beispielsweise ein »Seminar für Führungstechnik«. Da erscheinen dann als Teilnehmer Unternehmer, leitende Angestellte, Führungskräfte der mittleren Ebene, Meister und jüngere Leute, die noch keine Führungsfunktion ausüben, aber bereits »den Marschallstab im Tornister tragen«. So einen buntscheckigen Haufen dahin zu bringen, daß er als integrierte Gruppe funktioniert und gemeinsam arbeitet, erfordert Fingerspitzengefühl und Erfahrung. *Man versuche deshalb als Seminarleiter stets, so weit man darauf Einfluß nehmen kann, die Gruppe a priori möglichst homogen zusammenzusetzen.* Vor allem versuche man zu verhindern, daß einzelne, unmittelbare Vorgesetzte als »Beobachter« in der Gruppe »Platz nehmen«. Ist dies der Fall, hütet jeder seine Zunge, und echte Diskussionen kommen nicht auf. Damit ist das Seminar von der Eröffnungsminute an gestorben.

Kann man es nicht verhindern, daß Chefs teilnehmen, so halte man sich an die Regel: »In einem Seminar gibt es keine Zuschauer!« Das heißt: Chefs müssen alle Übungen mitmachen und erhalten somit die gleiche Chance sich zu blamieren wie die übrigen Teilnehmer.

Auch dem Punkt 3 in unserer obigen Definition (Dauer des Seminars) kommt erhebliche Bedeutung zu. Als »Faustregel aus der Praxis« könnte man sagen: Je länger ein Seminar dauert, desto mehr finden in ihm jene gruppendynamische Prozesse statt, wie sie in natürlichen Gruppen vorkommen. Das heißt: *mit längerer Dauer verschiebt sich der Charakter der Seminar-Gruppe von der »Ad-hoc-Gruppe« zur »natürlichen Gruppe«.*

Nach meinen Erfahrungen dauert es in der Regel volle zwei Tage, bis sich eine Seminar-Gruppe integriert hat. Das heißt: erst am dritten Tag steht fest, wer sich als informeller Führer etabliert hat, wie in etwa die »Hackreihe« aussieht und wer der »Gruppentrottel« ist. Geht dieser Integrationsprozeß schneller vonstatten, so hat man als Seminarleiter Glück gehabt: weil nämlich lauter »nette Menschen« in den Schulungsraum spaziert sind, die sich vom ersten Moment an »riechen konnten«.

Nun ein Wort zum Punkt 1 der obigen Definition (Stärke der Teilnehmergruppe): Man wehre sich als Seminarleiter mit Händen und Füßen gegen die Absicht der Geschäftsleitung, in einen Kurs mehr als maximal 12 Teilnehmer zu setzen; und zwar aus drei Gründen:

1. stärkere Gruppen zerfallen *immer* in mehrere Untergruppen, das heißt, es etablieren sich mindestens zwei informelle Gruppenführer.

2. Je mehr Teilnehmer im Seminar sitzen, desto weniger kommen die einzelnen dran, z.B. bei Rollenspielen oder bei Gesprächsübungen vor der Video-Kamera. Wenn zu wenig geübt wird, sitzen die Teilnehmer im Seminar und bekräftigen den Dozenten durch Kopfnicken (»Kopfnicker-Seminare«) – aber sie ändern ihr Verhalten nicht! Verhaltensänderungen bei Teilnehmern können *nur* erzielt werden, wenn diese Menschen das von ihnen geforderte neue Verhalten auch einüben können!

3. Für jeden Teilnehmer ist ein bestimmtes Zeitquantum nötig, um seine Leistungen im Seminar (nach Rollenspielen etc.) zu analysieren. Das heißt: je mehr Teilnehmer, desto mehr Zeitaufwand für die Verhaltensanalysen. Da man jedoch die Gesamtzeitdauer für das Seminar nicht strecken kann, bedeutet eine hohe Teilnehmerzahl a priori Zeitdruck,

der sich wiederum ungünstig auf die Lernleistung der gesamten Gruppe auswirkt.

Vor allem freie Trainer haben unter diesem Handicap zu leiden; wenn sie nämlich mit einem Partner zu verhandeln haben, der von Schulung nichts versteht. Diese Herren sehen oftmals nur die »enormen Kosten«, die aus der Schulung entstehen. Von diesem Standpunkt aus versuchen sie dann dreierlei:

1. das Honorar des Trainers zu drücken;
2. möglichst viele Teilnehmer in das Seminar zu setzen;
3. möglichst viele Punkte in das Programm zu stopfen, damit sie »für das viele Geld auch etwas bekommen«.

Ob sich freie Trainer so ein Vorgehen gefallen lassen, ist eine Sache der persönlichen Autorität. Angestellten Schulungsleitern, vor allem, wenn sie neu in einer Firma beginnen, kann ich nur die alte Maxime empfehlen: »Prinzipiis obsta!« (»Wehre den Anfängen!«). Man stemme sich als Trainer von Anfang an gegen die Zumutung, Seminare mit mehr als 10 bis 12 Teilnehmern zu beschicken. Wenn ein Trainer als »Schulungsleiter« fest angestellt ist, dann hat er ja das ganze Jahr für die Schulungsarbeit zur Verfügung. Und es ist lediglich eine Frage der Organisation, die Teilnehmer (z.B. einen zahlenmäßig starken Außendienst) in angemessenen Gruppen durch die Schulung zu schleusen.

Wollen wir uns nach diesem (absolut nicht unnötigen) Abstecher in die Alltagspraxis des Trainers wiederum unserem Thema »Gruppendynamik« zuwenden. Präzise gefragt: *Welche gruppendynamischen Prozesse spielen sich in jeder Seminar-Gruppe ab, die länger als drei Tage im Schulungsraum sitzt?* Die folgenden:

1. Der Kampf um die (informelle) Führung.
2. Der Kampf um den Platz in der »Hackreihe«.
3. Das Entstehen eines »Gruppenstandards«.
4. Die Paarbildung (»Pairing«).
5. Die Wahl der »Rolle«.

Beim *Kampf um die Führung* geht es immer um den »informellen« Gruppenführer. Denn die Stellung des Seminarleiters als »formeller« Gruppenführer wird ja (wenigstens zunächst) nicht in Frage gestellt. Sollte sich allerdings der Seminarleiter als Nicht-Autorität erweisen – was die Gruppe in der Regel am ersten Vormittag testet! –, dann sieht er sich ständigen, massiven Angriffen ausgesetzt. Schwache Seminarleiter wehren sich dann, indem sie die Teilnehmer (z.B. mit Hilfe des Video-Recorders) »fertig machen« und ihnen bei der »Manöverkritik« beweisen, was für Dummköpfe sie sind. Seminarleiter mit Minderwertigkeitskomplex – auch die gibt es! – gehen »prophylaktisch« vor: wie die »Steißpauker« unseligen Angedenkens, die ihren Schülern zunächst vorbeugend einige »Tatzen« verabreichten; solche neurotischen Trainer machen die Teilnehmer grundsätzlich zunächst einmal »fertig«, um sie – angeblich! – hinterher wieder »aufzubauen«. Wer solch ein Vorgehen nötig hat, disqualifiziert sich als Trainer selbst!

Ich empfehle jedem Seminarleiter dringend, das Erscheinen der einzelnen Teilnehmer am ersten Seminartag genau zu beobachten. Manche betreten den Raum schon in »Hoppla-jetzt-komme-ich-Pose«. Sie signalisieren damit unübersehbar ihren Führungsanspruch. Ein weiteres Indiz für das Dominanzstreben einzelner ist, *wann* sie sich im Seminar erstmalig zu Wort melden. Teilnehmer, die zu einem frühen Zeitpunkt *Vorschläge zum Seminarablauf* machen, melden damit in der Regel einen Führungsanspruch an. Beispiele: »Können wir nicht die Pause um 15 Minuten verlegen?« – »Sollten wir dieses Problem nicht zweckmäßiger in Kleingruppen diskutieren?« Mit solchen Fragen bezwecken Teilnehmer zweierlei: sie wollen die Autorität des Seminarleiters testen, und sie wollen wissen, wie viele Teilnehmer ihnen zustimmen, d.h. potentielle »Gefolgsleute« sind. In größeren Seminargruppen sind in der Regel zwei Personen da, die auf diese Weise einen Führungsanspruch anmelden und Parteigänger sammeln. Dies kann zu Schwierigkeiten führen, wenn der Seminarleiter derartige Gruppenprozesse nicht sieht und sie nicht zu steuern weiß.

Merke: *Der Kampf um die informelle Führung findet immer statt!* Und zwar gewinnt diesen Kampf immer jener Teilnehmer, der Dominanzstreben mit einem starken Energiepotential vereinigt. Also nicht etwa der, der am meisten weiß – sondern, wer die »stärksten Ellenbogen« besitzt! Der Seminarleiter muß diesen Kampf sehen und das Ergebnis, zu dem er führte! Da der informelle Führer als Meinungsbildner (»Opinion leader«) eine ganz wesentliche Rolle spielt, muß der Seminarleiter ein gedeihliches Verhältnis zu ihm haben. Vergessen sie nie, verehrter Trainer-Kollege: der informelle Führer sitzt *in* der Gruppe, auch nach

Feierabend im Hotel, *und deshalb immer am längeren Hebel!* Wenn Sie sich diese Person zum Feind machen, ist Ihr gesamtes Lehrvorhaben gefährdet!

Um gruppendynamische Prozesse besser in den Griff zu bekommen, empfehle ich für Seminare, die mindestens eine Woche dauern, folgendes Vorgehen:

1. Gleich beim »Eröffnungsritual« läßt man einen »Gruppensprecher« wählen. Seine offizielle Funktion ist es, alle Anliegen dem Seminarleiter vorzutragen, die sich im Laufe des Seminars ergeben könnten (z.b.: Änderung der Unterrichtszeiten, um Schwimmbad oder Sauna besuchen zu können; Verlegung des Unterrichts, damit die Teilnehmer während der Dienststunden auf die Bank oder die Post gehen können, etc.). Durch diese Maßnahme wird gewährleistet, daß der Seminarleiter nur *einen Verhandlungspartner* innerhalb der Gruppe hat. Das bedeutet für die Seminarpraxis, daß der Trainer konsequent jeden anderen Teilnehmer abweist, der »Gruppenwünsche" vortragen will.

2. Man lasse, ebenfalls bei der Eröffnung, noch einen »Mecker-Onkel« wählen. Dieser Teilnehmer hat die Aufgabe, Beanstandungen der Gruppe an den Seminarleiter weiterzugeben und Abhilfe mit ihm auszuhandeln (z.b.: Schlechter Service von Seiten des Personals im Tagungshotel; unschmackhaftes Essen; miserabler Unterricht von Co-Referenten, die sich nur unzulänglich auf ihre pädagogische »Halbtagsvorstellung« vorbereitet haben, etc.).

Kommen wir nunmehr zum nächsten gruppendynamischen Phänomen, dem *Kampf um den Platz in der »Hackreihe«.* Sie kennen vermutlich den Begriff »Hackreihe« aus der Tierpsychologie, der besagt: in jeder Tiergruppe (z.B. in einer Hühnerschar) wird vermittels (realer oder symbolischer) Zweikämpfe festgestellt, wer wen »hacken« darf. So ergibt sich eine Rangfolge vom stärksten Tier bis zum schwächsten. Diese Hackreihe bleibt solange (für »ewige Zeiten«) intakt, bis ein neues Tier zur Herde stößt. Dann herrscht in dieser Herde solange Unruhe, bis in einzelnen Zweikämpfen ermittelt worden ist, welcher Platz in der Hackreihe dem neuen Gruppenmitglied zusteht. Genau denselben Vorgang können wir in Arbeitsgruppen beobachten, wenn »ein Neuer« in die Gruppe kommt.

Die »Hackreihe« in Menschengruppen signalisiert, welchen *sozialen Status* der einzelne hat. Das heißt: der Platz in der menschlichen Hackreihe hängt nicht etwa von der körperlichen Stärke des einzelnen ab, auch nicht von seinem Energiepotential, sondern von etlichen Faktoren, die *zusammenspielen*, um jenen Gesamteindruck zu ergeben, den wir gemeinhin mit »Status« bezeichnen. Mit anderen Worten: das soziale Ansehen eines Gruppenmitgliedes wird u.a. von folgenden Faktoren bestimmt: Herkommen, Bildungsgrad, berufliche Leistung, Vermögensverhältnisse, außerberufliche Aktivitäten (z.B. in Verbänden oder in der Politik), Beziehungen innerhalb der Firma (»der hat den Papst zum Vetter!«) usw.

Je weniger sich die Seminarteilnehmer kennen, desto schwieriger ist es für den einzelnen, den ihm zustehenden Platz zu erringen. Besonders in »offenen Seminaren«, wo Teilnehmer aus verschiedenen Firmen sitzen, vergeht oft der ganze erste Tag mit dem gegenseitigen Abtasten und Beobachten. Wer zum Beispiel zu forsch auftritt und sich dabei lächerlich macht, wird damit oft automatisch zum »Schlußlicht« der Hackreihe und kann diesen schlechten Eindruck kaum mehr revidieren.

Der Seminarleiter sollte sich über folgende Zusammenhänge im klaren sein: *Solange die Gruppe mit den Kämpfen um Führung und den Platz in der Hackreihe beschäftigt ist, ist sie nur bedingt arbeitsfähig!* Ein Seminarleiter, der Menschenkenntnis besitzt, wird deshalb bestrebt sein, diese Kämpfe zu *steuern*, damit er sie so schnell wie möglich zum Abschluß bringt: indem er durch Verteilung von Lob und Tadel in diese Kämpfe eingreift und es den einzelnen erleichtert, ihren Platz in der Hackreihe zu finden. *Einen* Vorteil haben diese Kämpfe für den Seminarleiter: Die Gruppe ist (mindestens am ersten Tage) fast ausschließlich mit sich selbst beschäftigt und hat weder Zeit noch Energien übrig, um sie gegen den Seminarleiter einzusetzen.

Anders verhält es sich, wenn ein Trainer gut integrierte Gruppen in das Seminar bekommt, z.B. fest etablierte Gruppen von Außendienstmitarbeitern. Hier steht die Hackreihe fest. Die Gruppe hat keine nennenswerten Schwierigkeiten untereinander und kann sich voll ihrer Lieblingsbeschäftigung zuwenden: den Seminarleiter »aufs Kreuz zu legen".

Ein weiteres gruppendynamisches Phänomen ist die *Entstehung des »Gruppenstandards«.* Darunter versteht man einen (oft erstaunlich hohen)

Gleichklang von Denken und Fühlen innerhalb einer Gruppe. Es bilden sich Verhaltensnormen heraus, die für alle Gültigkeit haben – und deren Übertretung durch einzelne von der Gruppe mit Sanktionen geahndet wird. Solch eine »ungeschriebene Norm« legt zum Beispiel fest, »wieviel man tut«. So kann es einem Trainer passieren, der abendliches Studium im Hotel verlangt, daß die Gruppe geschlossen »mauert« und ihm durch den informellen Führer (oder den gewählten Gruppensprecher) klarmachen läßt, daß ein zusätzliches Abendstudium die Teilnehmer überfordere. Es ist ja nicht so, daß man nicht wolle! Aber . . .

In diesem Zusammenhang muß auch der vielzitierte »Gruppendruck« erwähnt werden. Es gibt ja immer einzelne Ehrgeizige in einer Seminar-Gruppe, die gute Leistungen erzielen wollen – für sich selbst, um ihr Selbstwertgefühl zu stärken oder im Hinblick auf ihre Karriere. Das heißt, sie stellen sich außerhalb des Gruppenstandards, der von der Gruppe beschlossenen Norm. In solchen Fällen kommt es in der Tat zuweilen zu ganz massiven Sanktionen von Seiten einzelner Gruppenmitglieder gegenüber dem »Abweichler«. Das Repertoire der Gruppe ist erstaunlich reichhaltig: es reicht von höhnischem Gelächter im Seminar über das »Schneiden« bis zu gut getarnten tätlichen Angriffen. Das Ergebnis so einer »konzertierten Aktion« kann nur *eine* Alternative sein: entweder der Betroffene paßt sich an oder er wird zum Außenseiter.

Ein weiteres Phänomen, das man ebenfalls in jeder Gruppe ab 6 bis 8 Teilnehmern beobachten kann, ist die *Paarbildung.* (»Pairing«). Das heißt, zwei (zuweilen auch drei) Gruppenmitglieder schließen sich eng zusammen. Zwei Gründe können so eine Paarbildung bewerkstelligen: eine starke Sympathie oder ein Gefühl der Schwäche; man tut sich zusammen, um sich gemeinsam gegenüber der Gruppe oder gegenüber dem Seminarleiter besser durchsetzen zu können. Derartige Paare denken und fühlen gewissermaßen gemeinsam. Und es kann dem Seminarleiter passieren, daß er den »Kastor« tadelt und deswegen hinterher von »Pollux« zur Rede gestellt wird!

Schließlich haben wir noch das (vielleicht wichtigste) Gruppenphänomen abzuhandeln: *die Wahl der Rolle.*

Es gibt »aktive« und »passive« Rollen. Das heißt, Rollen, die man anstrebt und Rollen, die einem zufallen oder in die man gedrängt wird.

In den meisten Gruppen, die mindestens eine Woche bestehen, findet man an aktiven Rollen

- den informellen Führer
- den Tüchtigsten
- den Oppositionellen;

an passiven Rollen

- den Beliebtesten
- den Gruppentrottel
- den Anpasser
- den Außenseiter.

Der *Tüchtigste* ist in der Regel nicht der Beliebteste. Denn er zeigt ja, was man leisten kann, wenn man nur will. Es gibt vor allem zwei Gründe, warum ein Gruppenmitglied zum »Tüchtigsten« wird: entweder so ein Mensch ist begabter als die anderen, er »spielt sich« gewissermaßen bei der Arbeit, und er ist nicht bereit, sein Licht unter den Scheffel zu stellen, nur weil ein paar Unbedarfte im Seminar sitzen, die nur mit Mühe folgen können. Eine andere Spezies des »Tüchtigen« ist jener Neurotiker, der »mit Gewalt« in möglichst allen Fächern die besten Leistungen bringen *muß* – um sein angeschlagenes Selbstwertgefühl zu stützen. Solche Menschen empfinden jede berechtigte und ganz sachlich vorgebrachte Kritik des Seminarleiters als persönliche Niederlage. Abendliches Sich-Einschließen im Hotelzimmer, oft verbunden mit Weinkrämpfen, sind zuweilen die Folge. Oder echte psychosomatische Krankheitssymptome.

Zu den aktiven Rollen zählt auch der »*Oppositionelle*«. Ihm »paßt die ganze Richtung nicht«, und er nützt jede Gelegenheit, sich an dem Seminarleiter zu reiben. Im Anfangsstadium eines Seminars ist so ein Mensch in der Gruppe sogar beliebt, weil er der einzige ist, der dem Seminarleiter ab und zu »die Meinung geigt«. Wie dieser Kampf ausgeht, hängt allein davon ab, welche Autorität der Seminarleiter genießt. Gewinnt er die übrige Gruppe Schritt für Schritt für sich, so hat der Oppositionelle bald ausgespielt. Ihm bleibt dann nur noch eine Alternative: Unterwerfung oder Außenseitertum; wobei er in letzterem Falle permanente Schwierigkeiten vom Seminarleiter *und* der Gruppe zu gewärtigen hat.

Der *Beliebteste* ist jenes Gruppenmitglied, das am besten kommunizieren kann. Er hat die besten »Antennen« und meist ein sehr ausgeprägtes Einfühlungsvermögen und mitmenschliches Verständnis. Er weiß nach kurzer Zeit alles über die Gruppe – weil die einzelnen Teilnehmer ihm mehr oder weniger ihr Herz ausschütten. Diese Menschen besitzen in der Regel kein Dominanzstreben. Sie sind als Ratgeber, aber nicht als Führer geeignet. Deshalb wird man es nur selten erleben, daß in einer Gruppe der informelle Führer zugleich der »Beliebteste« ist.

Als »*Gruppentrottel*« bezeichnet man in der amerikanischen Literatur vielfach jenes Gruppenmitglied, das die schwächsten *Leistungen* erbringt – trotz größter Anstrengung! So ein Mensch versucht oft, diese Schwäche auszugleichen, indem er sich bei den übrigen (mit Erfolg) anbiedert. Er übernimmt freiwillig »Aufräumungsarbeiten«, wie zum Beispiel das Tafelwischen oder das Aufräumen des technischen Gerätes. Er erreicht damit, daß er von der Gruppe als »netter Kerl« akzeptiert wird. Man kann als Seminarleiter einen schweren psychologischen Fehler begehen, wenn man den Gruppentrottel wegen seiner schlechten Leistungen »in die Pfanne haut«; damit kann man die gesamte übrige Gruppe gegen sich aufbringen, die sofort für diesen »netten Kerl« Partei ergreift. Übrigens: *massive Kritik* sollte man *nie* vor der Gruppe austeilen – nur unter vier Augen! Während Lob grundsätzlich vor anderen erteilt wird; denn was nützt das schönste Lob, wenn die anderen nichts davon erfahren?

Als »*Anpasser*« bezeichnet man jene Menschen, denen es sowohl an Urteilsvermögen wie an Energiepotential fehlt. Sie vermeiden es, Stellung zu beziehen oder den eigenen Standpunkt kämpferisch durchzusetzen. Im Seminar warten sie nur das Ergebnis des Führungskampfes ab und schließen sich dann als getreue Gefolgsleute dem informellen Führer an. Und selbstverständlich vermeiden sie jede Konfrontation mit dem Seminarleiter!

Auch der »*Außenseiter*« zählt in der Regel zum Typ »passive Rolle«, weil er nämlich in die Außenseiterposition gedrängt wird, die er a priori gar nicht suchte. Vielleicht ist er ein bißchen introvertiert; vielleicht stößt er mit Verspätung zur Gruppe und verletzt Tabus, die er nicht kennen kann. Die meisten Außenseiter leiden unter dieser Rolle und machen oft verzweifelte Anstrengungen, ihr zu entfliehen. In einem derartigen Fall sollte der Seminarleiter behutsam eingreifen und den Versuch eines Menschen, sich in die Gruppe zu integrieren, unterstützen.

Es gibt allerdings auch noch andere Außenseiter-Typen; z.B. Intriganten und Gerüchte-Erfinder, die solange Unruhe in die Gruppe tragen, bis sie entlarvt sind; dann werden sie geschnitten und sind für die Gruppe »gestorben«. Man versuche als Seminarleiter nie, die Gruppe mit einem derartigen Außenseiter wieder zu versöhnen – etwa mit dem Hinweis, er sei ja auch nur ein Mensch mit Schwächen. Dieser Versuch muß fehlschlagen und fällt – natürlich negativ! – auf den Seminarleiter zurück.

Es gibt noch einen Außenseiter-Typ, den man leider als Ausbilder immer wieder erlebt: jenen hochintelligenten Typ, der messerscharfen Verstand mit Arroganz paart und sich a priori nicht in die Gruppe integrieren *will*. Er hat bei aller Intelligenz nicht begriffen, daß sich jeder Mensch seinem Umfeld anpassen *muß!* Auch das Verhalten dieser Aussenseiter ist neurotisch; sie sind irgendwann in der Kindheit falsch programmiert worden, meist durch Liebesdefizit. Hier hilft von Seiten des Seminarleiters nur ganz massiver Druck! Man muß so einem Menschen unmißverständlich klarmachen, daß man den »Charakter« höher einschätzt als die Intelligenz. Bedauerlicherweise kann man derartige Typen, z.B. bei langen Einschulungskursen, nicht einmal »hinausprüfen«, da sie meist die besten Arbeiten schreiben.

Ich habe als Seminarleiter bei langdauernden Kursen zuweilen mit Erfolg darauf hingewirkt, daß derartige Außenseiter, die sich noch in der Probezeit befanden, vorzeitig entfernt wurden. Hat man diese Möglichkeit nicht, so verbleibt mit derartigen Menschen eine Quelle ständiger Spannungen im Seminar, die die gesamte Stimmung, damit aber auch die Motivation und den Lehrerfolg mindern.

Beleuchten wir, nach Abhandlung der wichtigsten Rollen, noch einmal den Terminus »Gruppendynamik«. Warum spricht man von Gruppen-*dynamik?*

Man spricht von Gruppen*dynamik,* weil auch eine gut integrierte Gruppe niemals eine Entität ist, das heißt, ein in sich geschlossen Seiendes. Eine Gruppe ist und bleibt ein Zusammenschluß von Einzelmenschen, die sich als getrennte Einheiten verstehen. Deshalb lasse man sich niemals von der »Ruhe« in einer Gruppe einschläfern – sie kann von einem Tag auf den anderen dahin sein!

Die Gruppendynamik spielt sich stets auf zwei Ebenen ab. An der Oberfläche geht es um das sichtbare, rational begründete Verhalten zwischen den Mitgliedern bzw. zwischen Mitgliedern und dem Gruppenleiter (GL). Auf der zweiten, weitgehend unbewußten Ebene dreht sich alles um die unausgesprochenen Erwartungen oder Befürchtungen jedes einzelnen. Konflikte liegen »in der Luft«, weil die Mitglieder ihre Beziehungen zueinander erproben: sie versuchen ihre persönlichen Interessen durchzusetzen und kämpfen um Status, Prestige und – last not least – um die Anerkennung durch den GL. Die Unabhängigkeitswünsche jedes einzelnen kollidieren mit seinem Gefühl der Abhängigkeit von der Gruppe. Dieses Tauziehen hält so lange an, bis jeder die Unvermeidbarkeit wechselseitiger Abhängigkeit, die sog. »Interdependenz«, begriffen und akzeptiert hat.

Bis eine annehmbare Integration der Gruppe erzielt ist, kommt es zu charakteristischen Reaktionen einzelner Gruppenmitglieder, die ein erfahrener Seminarleiter kennen und stets wahrnehmen sollte. Da haben wir beispielsweise die Problematik des »*Sündenbocks*«.

Wir wissen bereits, daß die Besetzung der Triebe mit Energien ein oftmals nur unzureichend ausgenütztes Potential aufbaut, von FREUD »Triebüberschuß« genannt. Dieser Energieüberschuß führt verständlicherweise oft zu aggressivem Verhalten. Die Gruppe vermeidet nun derartig aggressive Impulse durch gegenseitige Identifizierung: die Mitglieder erkennen sich als mehr oder weniger »verwandte Seelen« und eliminieren auf diese Weise negative Affekte wie Neid oder Rivalität. Gelingt diese »Anpassung durch Identifizierung« nicht, so ist der Zusammenhalt der Gruppe bedroht. Sie braucht einen Blitzableiter für ihre Aggressionen – und das ist allemal der Triebschwächste. Er wird, ohne etwas dazu getan zu haben, zum Sündenbock. Zuweilen wird so ein Unglücksrabe von der gesamten Gruppe so heftig und nachhaltig unter Druck gesetzt, daß er einen totalen Zusammenbruch erlebt! Das gleiche geschieht übrigens auch, wenn die Gruppe vom Leiter zu autoritär behandelt wird; weil man gegen den übermächtigen Leiter nicht ankommt, »bestraft« man den Schwächsten.

Ein weiteres interessantes Problem ist das der »*Distanz*«. Es wird wohl durch SCHOPENHAUER's Gleichnis von den Stachelschweinen am besten illustriert: rücken die Schweine in der Kühle der Nacht zu nahe aneinander, verletzen sie sich gegenseitig mit ihren Stacheln; rücken sie zu weit auseinander, frieren sie. Ihr Problem heißt, mit SCHOPEN-HAUER's Worten: » . . . die mäßige Entfernung herauszufinden, in der sie es am besten aushalten können«. Das gleiche gilt für eine Gruppe. Nähe, die zu nahe erlebt wird, fordert schmerzzufügende Abwehr heraus. Ferne hingegen ruft Sehnsucht nach Anlehnung und Wärme hervor.

Natürlich geht es bei dieser Problematik nicht nur um die Distanz der Gruppenmitglieder untereinander, sondern auch und vor allem um die Nähe des einzelnen zum GL. Stets ist die Furcht latent vorhanden, ein anderer könne dem GL näherkommen als man selbst.

Wenn der Versuch, die optimale Distanz untereinander zu ermitteln, fehlschlägt, greift die Gruppe zu einer List und macht dem GL ein »affektives Angebot«. Sie läßt erkennen, daß sie eine starke Führung wünscht. Dies ist eine Gefahr! Denn geht der GL auf das Angebot ein, ist Opposition die sofortige Folge: »Wir werden wie Kinder behandelt!« Deshalb kann das gesamte Distanzproblem jedem GL (oder Seminarleiter) eine »gußeiserne Regel« vermitteln: *der Leiter sollte niemals über die Rolle eines gemäßigten Moderators hinausgehen! Es ist nicht seine Aufgabe, die Probleme der Gruppe zu lösen! Das muß sie selbst besorgen!*

Und nun noch ein Wort zum sog. Gruppenstil: Der *Gruppenstil*, d. h. die Art und Weise, wie Probleme und Konflikte innerhalb einer Gruppe bewältigt werden, wird ausschließlich vom GL geprägt. Dazu trägt die sog. »nichtverbale Kommunikation« sehr viel bei. SCHILLER drückte diesen, von der modernen Psychologie jüngst wiederentdeckten und als Neuheit aufgeputzten Sachverhalt treffend in seinem bekannten Zweizeiler aus:

> »Wie er sich räuspert und wie er spuckt,
> Das habt ihr ihm gründlich abgeguckt.«

Mit anderen Worten: wer sich mit einer Bezugsperson identifiziert, übernimmt von ihr deren *gesamtes* Verhaltensmuster – nicht etwa ausgewählte Teile! Darin liegt eine Gefahrenquelle der Identifikation. Wenn beispielsweise ein Junge die Arbeitsgepflogenheiten seines tüchtigen und erfolgreichen Vaters übernimmt, so wird er in der Regel auch dessen Angewohnheit übernehmen, sich jede Woche einmal zu betrinken. Wenn ein Dozent während der Pause in der Klasse raucht, wiewohl das von der Schulleitung strikt verboten ist, wird dieses unerwünschte Verhalten von allen Rauchern nachgeahmt.

Noch schlimmer ist die Tatsache, daß falsches Verhalten oft zu momentanen Vorteilen führt. Wenn ein Vater mit seinem achtjährigen Jungen bei »Rot« über die Straße geht, »weil ja doch keiner kommt«, so ergibt dies im Moment einen Zeitgewinn oder gewährleistet vielleicht den Anschluß an eine Straßenbahn. Der Junge, der dieses Verhalten seines Vaters imitiert, bekommt somit niemals die Schutzfunktion der

Ampelregelung für den Fußgänger mit. Wird er eines Tages überfahren, ist es für den Vater zu spät, sich Vorwürfe zu machen ...

Man halte sich deshalb als Dozent stets vor Augen: *was immer man tut, wie man sich hält oder bewegt, wie man gestikuliert, welche Miene man zur Schau stellt: all das wird vom größten Teil der Anwesenden sorgfältig registriert und weitgehend imitiert.* Die meisten Dozenten, die vor einer Lehrgangsgruppe stehen, wissen häufig nicht, welche Wirkung sie auf die Klasse ausüben. Hier hat sich der Video-Recorder als eine segensreiche Einrichtung erwiesen; er macht jedem, der sich *und* die Gruppe auf dem Monitor in Aktion sieht, erbarmungslos klar, wo seine Stärken und Schwächen liegen.

Der Gruppenstil wird jedoch vorwiegend durch den persönlichen *Führungsstil* des GL geprägt. Wir wissen seit K. LEWIN, daß es grundsätzlich drei Führungsstile gibt, deren sich ein GL bedienen kann:

1. den autokratischen (bzw. autoritären) Führungsstil;
2. den demokratischen (oder co-operativen) Führungsstil; und
3. den Laissez-faire-Stil (in den USA auch als Lange-Zügel-Methode bezeichnet).

Ein gemeinsames Kriterium aller drei Führungsstile ist das Ausmaß an Kontrolle. Je autoritärer der Stil, desto strenger die Kontrolle; und vice versa. Im übrigen sei hier ausdrücklich auf einen Denkfehler verwiesen, der bei der Beurteilung dieser Führungsstile immer wieder gemacht wird: keiner dieser Führungsstile ist dem anderen a priori überlegen! Welchen Führungsstil man wann anwendet, hängt letztlich immer von der Situation ab, in der man sich mit seiner Gruppe befindet, und von der Qualität der Gruppenmitglieder. Daraus resultieren die zwei wesentlichen Forderungen unserer Zeit an jeden Führer: Fähigkeit zu analytischem Denken und Flexibilität.

Für die pädagogische Praxis sollte man folgende Erfahrungen beherzigen:
1. Der autoritäre Führungsstil ist als Allheilmittel ungeeignet, weil er die Lehrgangteilnehmer infantilisiert. Das Gefühl seitens der Klasse, wie unmündige Kinder gegängelt zu werden, zieht zwangsläufig Opposition nach sich.

2. Der Laissez-faire-Stil hat sich in der Unterrichtspraxis nicht bewährt,

weil er einer Tyrannis der Triebstarken gegenüber den Triebschwachen Vorschub leistet. Anders gesagt: die aggressiven, rücksichtslosen oder brutalen Gruppen innerhalb einer Lerngruppe erhalten Oberwasser, weil niemand ihrem Vorgehen wehrt.

3. Der demokratische Führungsstil, seiner Anlage nach ein ausgesprochener Kommunikations-Stil, hilft der Gruppe, die anstehenden Konflikte oder Probleme in Zusammenarbeit mit dem GL zu bewältigen. Insofern ist er gerade in der Erwachsenen-Schulung ohne Zweifel der optimale Führungsstil. Aber: er setzt beim Dozenten ein gerüttelt Maß persönlicher Reife voraus.

In der Wirtschaft ist die Situation ganz besonders schwierig. Wer immer als Seminarleiter vor einer Teilnehmergruppe fungiert, die aus »gestandenen Männern« besteht, mit zehn Jahren Abt.-Leiter-Praxis oder mehr, hat nicht die geringste Möglichkeit, Druck auszuüben. Wer nicht durch Persönlichkeit und Leistung überzeugt, ist verloren.

Schließlich sei noch auf den häufigsten Denkfehler verwiesen, der gerade in Dozenten-Kreisen immer wieder zu beobachten ist: *man vergißt, daß man jedes Wort vor Zeugen spricht!* Die Zwiesprache mit einem Lehrgangsteilnehmer ist in keiner Weise mit einem normalen Zwiegespräch zwischen zwei Individuen zu vergleichen! In der Seminargruppe sind stets Zeugen da, *die Stellung nehmen* – entweder für oder gegen den jeweiligen Einzelvorgang. Der einzelne Zuhörer *kann* nicht neutral bleiben! Denn hier kommen wieder sein persönlicher Beziehungsraster sowie die Summe seiner bisherigen Lebenserfahrungen ins Spiel. Von Bedeutung, und zwar im positiven Sinn, ist für den »unbeteiligten« Zuhörer in einer Lerngruppe nur, was mit seiner bisherigen Erfahrungs- und Erlebniswelt übereinstimmt. Alles andere hingegen, was mit der bisherigen Identität nicht übereinstimmt, mutet den Zuhörer negativ an und ruft Abwehr, möglicherweise sogar echte Aggressionen gegen den Seminarleiter hervor.

Wenn beispielsweise ein Dozent einen Lehrgangsteilnehmer zu heftig kritisiert, so indiziert dies bei vielen Zuhörern die Befürchtung, es könne ihnen jederzeit genau so ergehen. Die Folge kann eine Aufspaltung der Gruppe sein: ein Teil der Lehrgangsteilnehmer identifiziert sich mit dem Dozenten und behandelt den gemaßregelten Teilnehmer ähnlich; der andere Teil nimmt für den Kritisierten Partei und richtet seine Aggressionen gegen den Dozenten.

Wir erkennen aus dem bisher Gesagten, wie wichtig es für jeden Seminarleiter ist, Verhaltensweise und Kommunikation innerhalb einer Lehrgangsgruppe zutreffend einschätzen zu können. Es seien deshalb im folgenden einige Tips aus der Praxis vermittelt, deren Befolgung einen Dozenten vor Schaden bewahren kann. Die Frage lautet: »Welche Kriterien stehen mir für die Beurteilung des Gruppenverhaltens zur Verfügung?« Hier die Antwort:

1. Wird von einem Gruppenteilnehmer ein Problem angesprochen, so kläre man zunächst: *handelt es sich um ein echtes Sachproblem?* Oder wurde ein emotionales Bedürfnis nur sachlich »verpackt«, um es auf diese Weise – ohne Gesichtsverlust – zur Sprache bringen zu können?

2. *Wird der Sprecher von seiten der Gruppe nur benützt, um ein Signal zu geben?* Das würde bedeuten, daß sich alle anderen hinter dem Sprecher verstecken, ohne sich exponieren zu müssen (Windschatten-Prinzip).

3. Handelt es sich beim »Sprachrohr« um einen widerstandsschwachen oder widerstandsstarken Menschen?

   a) Im ersten Falle wird von der Gruppe eine *verborgene Opposition* signalisiert. Die Gruppe ist unsicher und wartet nunmehr, wie der Seminarleiter reagieren wird. Geht er auf das Problem überhaupt ein, so hat dies eine Diskussion zur Folge, in die sich immer mehr andere Teilnehmer einschalten. Dadurch wird das Problem bearbeitungsfähig und lösbar. Mißversteht der Dozent dieses Verhandlungsangebot und verfolgt es nicht weiter, so ist die Gruppe frustriert. Sie hält sich dafür am schwachen Sprecher schadlos, der die Aggressionen der Gruppe »für sein Versagen« zu spüren bekommt.

   b) Schickt die Gruppe das stärkste Mitglied vor, bedeutet dies: *offene Opposition.* Der Angriff auf den Seminarleiter hat damit »offiziell« begonnen. Jeder einzelne Lehrgangsteilnehmer ist bereit, dem Vorkämpfer beizustehen. Gelingt es dem Seminarleiter nicht, diese Situation zu entschärfen, dürfte er seine Autorität weitgehend einbüßen.

Reagiert der Dozent in einer solchen Situation hart, und ist er Persönlichkeit genug, dies auch durchzustehen, dann fällt der Konflikt in seiner vollen Schärfe auf die Gruppe zurück. Das Ergebnis ist katastrophal: die Gruppe erlebt eine Regression in infantile Verhaltensmodelle. Anders ausgedrückt: sie löst sich in Grüppchen und

Einzelgänger auf, die sich vehement befehden. Daß eine derartige Teilnehmergruppe das Lernziel nicht erreicht, ist klar: zum Lernen ist jetzt niemand mehr motiviert. Das bedeutet indessen, ganz nüchtern betrachtet: der Seminarleiter als solcher ist gescheitert.

Wer immer in der Erwachsenen-Bildung tätig ist, merke: *die Zeit eines Erwachsenen ist ungleich wertvoller als die eines Kindes, ideell und materiell. Wer als Berufstätiger einen Lehrgang besucht, freiwillig oder geschickt, hat Anspruch darauf, daß die im Seminar verbrachte Zeit mit Zinsen zu Buche schlägt. Wer als Seminarleiter nicht alles tut, um den Erfolg der Schulung nach menschlichem Ermessen sicherzustellen, handelt fahrlässig und unverantwortlich.* Deshalb muß man von Ihnen als Seminarleiter fordern, daß Sie nicht jahrelang ein einmal zusammengestelltes Konzept abspulen, sondern

a) stets an Ihrer eigenen Weiterbildung arbeiten, um wissensmäßig up to date zu sein;

b) Ihren Lehrstoff so einwandfrei beherrschen, daß Sie ihn frei vortragen und durch keine Rückfragen aus der Fassung gebracht werden können;

c) die oben entwickelten gruppendynamischen Gesetzmäßigkeiten kennen und in die Praxis übernehmen – weil sonst der Lehrgang bereits bei der Eröffnung zum Scheitern verurteilt ist;

d) sich auch als Nicht-Pädagoge jene didaktischen Kenntnisse aneignen, ohne die jeder Unterricht zu einer langweiligen und nutzlosen Zeitverschwendung wird.

Ehe wir uns dem nächsten Kapitel über »Kommunikation im Seminar« zuwenden, wieder einen kleinen Fall für Seminarleiter:

Test-Aufgabe Nr. 2

In einem Seminar über »Führungsstil auf der mittleren Ebene«, das von Herren verschiedener Firmen und Branchen besucht wird, meldet sich ein Teilnehmer zur Diskussion:

»Ich bin EDV-Abt.-Leiter und hatte in der letzten Zeit eine Menge Schwierigkeiten zu überwinden. Vermutlich hat mich mein Chef deshalb in dieses Seminar geschickt. Allerdings habe ich bisher noch nichts gehört, was ich als Rezept für die Eliminierung meiner persönlichen Schwierigkeiten ansehen könnte. Ich möchte Ihnen deshalb so kurz wie möglich meine Situation erläutern.

Wir sind in unserer EDV vier Programmierer; einer davon bin ich. Ich bin der Dienstälteste und offizielle Vertreter des Chefs. Dann gibt es noch eine Datenerfassungsabteilung mit einer Leiterin und vier full-time-Damen. Zusätzlich kommen zwei Damen an je zwei Tagen der Woche.

Nun laufen bei uns seit Monaten Reengineeringmaßnahmen. Zum einen haben wir eine neue Maschine bekommen, in deren Programmierung wir durch eine Unternehmensberater-Firma eingewiesen werden. Zum anderen hat der Vorstand vor kurzem eine grundsätzliche Änderung der Firmenstruktur beschlossen, die mit Wirkung vom 1. 1. 97 abgeschlossen sein soll. Ich weiß also oft nicht, wo mir der Kopf steht. Natürlich habe ich keine Zeit, mich um die Weh-wehchen der Mitarbeiter zu kümmern. Ihre Ausführungen über »Gruppendynamik« waren ja recht interessant! Aber eben doch Theorie! Entschuldigen Sie, wenn ich das so offen sage … Zum Beispiel Ihre These über den »Angriff auf den Chef« … Das ist ja nie derselbe, der auf mich losgeht! Die Damen scheinen sich geradezu verabredet zu haben, daß jedesmal eine andere zur Furie wird, wenn ich den Raum betrete! Und alle anderen sitzen – und warten, was passiert! Nein, – da ist nichts drin von wegen gruppendynamischen Studien! Beobachtung der Interaktionen … daß ich nicht lache! Ich bin jedesmal froh, wenn ich unverletzt den Flur erreicht habe!

Dabei passieren bei uns Dinge, die mir die Haare zu Berge treiben! Der eine Programmierer hat erst jüngst einen Fehler gemacht, wodurch alle Kreditoren falsche Zahlen auswiesen. Der zweite Programmierer, an und für sich ein erfahrener Mann, hat ebenfalls einen Wurm in sein Programm gebracht; als Folge gingen 15 000 Rechnungen mit falscher Belastung hinaus. Dieser Tatbestand machte nicht nur meinen Chef zum heulenden Derwisch, sondern auch unseren dritten Programmierer. Dieser Programmierer ist nämlich eine Frau, genauer gesagt: eine Ungarin, die früher wissenschaftliche Programme auf der TU machte. Sie war mir dauernd in den Ohren gelegen, wie uninteressant unsere EDV sei. Ich solle ihr das Kreditoren-Programm überlassen usw… Jedenfalls habe ich erst mal stark gebremst. Jetzt hat der Chef bestimmt, daß sie BAB neu programmiert – die haute bisher auch nie hin! Allein im letzten Jahr sind zwei Programmierer wieder gegangen, der eine hat nicht mal die

Probezeit durchgehalten. Das waren auch so renitente Burschen, die alles besser wußten ... Der eine ist jetzt bei der Pharmazie; wundert mich, daß er sich schon ein Jahr hält! Und der zweite ist zu einem der größten Bekleidungshäuser am Platz gegangen. Angeblich als Chef der EDV.

Als ich letztlich ein neues Verfahren bei einem neuen Programm anwandte, ist die Abteilungsleiterin frontal auf mich losgegangen: was ich mir dabei gedacht hätte? Jetzt müßten ihre Damen den Vorgang zweimal mehr auf- und zublättern, das koste Zeit!

Der Alte läßt sich kaum sehen. Der hockt im Vorderhaus in einem pikfeinen Büro, macht in Politik und überläßt mir die Verantwortung für den ganzen Laden. Wenn ich bei ihm anrufe und eine Entscheidung will, z.B., welches Programm wir für die Neu-Organisation zuerst machen sollen, sagt er ganz kühl: »Wieso fragen Sie da mich? Das ist doch Ihre Sache!«

Und jetzt frage ich Sie, Herr Seminarleiter: was kann man als überlasteter EDV-Leiter tun, um so unvernünftige Kollegen zur Raison zu bringen? Haben Sie da vielleicht ein Patentrezept bezüglich »Motivierung«? Wenn Sie mir das verraten können, dann hat sich der Besuch des Seminars für mich gelohnt!«

Wie würden *Sie* die Frage dieses Teilnehmers beantworten?

Meine Antwort finden Sie auf Seite 490.

Zusammenfassung

1. Man spricht von »Gruppendynamik«, weil auch eine gut integrierte Gruppe niemals eine Entität ist, das heißt, ein in sich geschlossen Seiendes. Eine Gruppe ist und bleibt ein *Zusammenschluß von Einzelmenschen*, die sich als getrennte Einheiten verstehen.
2. Man kann »natürliche Gruppen« von »Ad-hoc-Gruppen« unterscheiden. Zu den ersteren zählen vor allem die Familie, die Gruppen Jugendlicher in der Zeit des Heranwachsens und die Arbeitsgruppen. Zu den Ad-hoc-Gruppen zählen Gruppen, die für einen begrenzten Zeitraum für einen ganz speziellen Zweck zusammengerufen wurden und nach Lösung ihrer Aufgabe wieder auseinandergehen. Zu ihnen rechnet man in erster Linie die Labor-Gruppe, den Ausschuß, die Therapie-Gruppe und die Seminar-Gruppe.

3. Die Familie als »Primärgruppe« ist deshalb so wesentlich, weil in ihr der Mensch in zweierlei Richtung nachhaltig »programmiert« wird: er übernimmt ethisch-moralische und soziale Normen. Außerdem lernt er, sich durch Übernahme einer »Rolle« dem »Umfeld Familie« anzupassen.

4. Bereits in der Familie entwickelt der junge Mensch Einstellungen und Verhaltensnormen, die auch sein späteres Verhalten in Gruppen jeder Art bestimmen:
   ● Er erwartet, daß ihm die Gruppe hilft, bestimmte Bedürfnisse zu befriedigen.
   ● Der Preis, den er dafür bezahlt, heißt Anpassung. Durch ein Mindestmaß an Anpassung beschwichtigt der einzelne seine tief im Unbewußten verwurzelte »Ur-Angst«, aus der Gruppe ausgeschlossen zu werden. Gelingt ihm diese Mindestanpassung nicht, wird er zum Außenseiter.
   ● Für die vollzogene Anpassung erwartet er eine Belohnung in Form von »Streicheleinheiten« und die Anerkennung seiner Leistung als Gruppenmitglied.
   ● Er versucht, durch eine möglichst effektive Kommunikation sowohl mit den einzelnen Gruppenmitgliedern als auch mit dem Leiter die langfristigen Ziele der Gruppe mitzubestimmen und damit seinen Status (= Platz in der »Hackreihe«) zu erhöhen.

5. Labor-Gruppen bestehen in der Regel nur aus wenigen Mitgliedern, die kurzfristig für ein Experiment zusammengerufen werden. Die wesentlichen Nachteile dieser Arbeit sind: Wichtige Elemente und Prozesse können fehlen; die Ergebnisse können übertrieben oder falsch sein. Deshalb kann man Ergebnisse aus der Arbeit mit Labor-Gruppen nur mit größter Zurückhaltung auf Arbeits- oder Seminar-Gruppen übertragen.

6. Eine Seminargruppe ist eine Gruppe,
   ● deren optimale Stärke bei 8–12 Personen liegt;
   ● deren Ziel es ist, durch Vermittlung neuer Erkenntnisse und Einsichten das Verhalten der Teilnehmer in einer ganz speziellen Richtung zu verändern;
   ● die sich zum Erreichen dieses Zieles nur für einen streng begrenzten Zeitraum zusammenfindet;

● deren Mitglieder im Idealfall annähernd den gleichen Status haben und daher »gleichberechtigt« sind.

7. Je länger ein Seminar dauert, desto mehr finden in ihm jene gruppendynamischen Prozesse statt, wie sie in natürlichen Gruppen vorkommen. Das heißt: mit längerer Dauer verschiebt sich der Charakter der Seminar-Gruppe von der »Ad-hoc-Gruppe« zur »natürlichen Gruppe«.

8. In jeder Seminar-Gruppe, die länger als drei Tage im Schulungsraum sitzt, spielen sich folgende gruppendynamischen Prozesse ab:
   ● Der Kampf um die (informelle) Führung.
   ● Der Kampf um den Platz in der »Hackreihe«.
   ● Das Entstehen eines »Gruppenstandards«.
   ● Die Paarbildung (»Pairing«).
   ● Die Wahl der Rolle.

9. Die Hackreihe in Menschengruppen signalisiert, welchen *sozialen* *Status* der einzelne hat, das heißt: die »Platznummer« in der Reihe hängt nicht, wie bei Tieren, von der körperlichen Stärke ab; sondern von etlichen Faktoren, deren *Zusammenwirken* den »Status« ergeben; zum Beispiel: Herkommen, Bildungsgrad, berufliche Leistung, Vermögensverhältnisse, außerberufliche Aktivitäten, Beziehungen innerhalb der Firma.

10. Solange die Seminar-Gruppe mit den Kämpfen um die informelle Führung und um die Plätze in der Hackreihe beschäftigt ist, ist sie nur bedingt lernfähig.

11. Unter »Gruppenstandard« versteht man den (oft erstaunlich hohen) Gleichklang von Denken und Fühlen innerhalb einer Gruppe, der sich in ganz spezifischen Verhaltensnormen niederschlägt.

12. Die Gruppe erwartet, daß jedes Mitglied (sobald wie möglich) eine *Rolle* wählt, die das künftige Verhalten des einzelnen prognostizierbar macht. Wir können »aktive« und »passive« Rollen unterscheiden.

13. *Aktive Rollen* sind Rollen, die man sich bewußt auswählt. Dazu zählen:
   ● der informelle Führer;
   ● der Tüchtigste;
   ● der Oppositionelle.
   Passive Rollen sind Rollen, die einem zufallen oder in die man gedrängt wird. Hierher gehören:
   ● der Beliebteste;

- der »Gruppentrottel«;
- der Anpasser;
- der Außenseiter.

14. Die Gruppendynamik spielt sich stets auf *zwei Ebenen* ab. An der Oberfläche geht es um das sichtbare, rational begründete Verhalten zwischen den Mitgliedern bzw. zwischen den Gruppenmitgliedern und dem Seminarleiter. Auf der zweiten, weitgehend unbewußten Ebene dreht sich alles um die unausgesprochenen Erwartungen oder Befürchtungen jedes einzelnen.

15. Ein wichtiges gruppendynamisches Problem ist das der *Distanz*. Zu große Nähe ist schmerzhaft; Ferne ruft Sehnsucht nach Anlehnung und Wärme hervor. Wobei es bei dieser Distanz nicht nur um die Distanz der Gruppenmitglieder untereinander geht, sondern auch und vor allem um die Nähe des einzelnen zum Seminarleiter. Stets ist die Furcht latent vorhanden, ein anderer könne dem Seminarleiter näherkommen als man selbst.

16. Der »*Gruppenstil*«, das heißt die Art und Weise, wie Probleme und Konflikte innerhalb einer Gruppe bewältigt werden, wird ausschließlich vom Seminarleiter geprägt. Zum Ablauf des modus operandi trägt in erster Linie der persönliche *Führungsstil* des Seminarleiters bei.

17. Für die pädagogische Praxis sollte man folgende Erfahrungen beherzigen:
- Der *autoritäre Führungsstil* ist als Allheilmittel ungeeignet, weil er die Lehrgangsteilnehmer infantilisiert.
- Der *Laissez-faire-Stil* hat sich in der Unterrichtspraxis nicht bewährt, weil er einer Tyrannis der Triebstarken gegenüber den Triebschwachen Vorschub leistet.
- Der *demokratische Führungsstil*, seiner Anlage nach ein ausgesprochener Kommunikationsstil, hilft der Gruppe, die anstehenden Konflikte oder Probleme in Zusammenarbeit mit dem Leiter zu bewältigen. Insofern ist er in der Erwachsenen-Schulung ohne Zweifel der optimale Führungsstil. Aber: er setzt beim Dozenten ein gerütteltes Maß persönlicher Reife voraus.

18. In einer Lehrgangsgruppe gibt es kein zweiseitiges Gespräch zwischen Seminarleiter und einem Teilnehmer. Stets sind Zeugen zugegen, die Stellung beziehen. Ein Zwiegespräch im Seminarraum übt also stets Wirkung auf die gesamte Teilnehmergruppe aus.

19. Der »Angriff auf den Leiter« wird stets durch das Vorschieben eines starken Gruppenmitgliedes signalisiert. Ist sich andererseits die Gruppe nicht einig und bedarf der hilfreichen Führung, schickt sie ein schwaches Mitglied vor.

20. Es kann nicht Aufgabe des Seminarleiters sein, die Probleme zu lösen, die Gruppenmitglieder untereinander haben. Hat der Leiter derartige Probleme erkannt, kann er nur sehr vorsichtig in der Rolle eines Moderators versuchen, zur Problemlösung beizutragen.

3. KAPITEL

Kommunikation im Seminar

Mit den Ausführungen der vorangegangenen Kapitel über Individual-
und Gruppenpsychologie haben wir uns die Basis erarbeitet, verstehen
zu können, warum sich Menschen in bestimmten Situationen *so* verhalten, *wie* sie sich verhalten. Weil sie nämlich »programmiert« sind –
und zwar so nachhaltig, daß die meisten Menschen aus ihrem in der
Kindheit erworbenen Programm ohne äußeren Einfluß nie mehr heraus-
kommen. Mit anderen Worten: Menschen ändern ihr bisheriges Verhalten *erst dann* wesentlich, wenn irgendeine dritte Person auf sie ein-
wirkt. So eine Person kann beispielsweise ein Liebespartner, ein Seminarleiter oder ein Psychotherapeut sein. Das heißt, eine Person, von der man
»viel hält«, die für einen eine geliebte oder verehrte Autorität ist, mit der
man sich identifizieren kann. Auf das Problem der Identifikation werden wir noch zu sprechen kommen.

Das Medium, das gegenseitige Einwirkungen unter Menschen vermittelt, bezeichnet man heute allgemein mit »Kommunikation«. *Kommunikation findet immer dann statt, wenn ein Mensch das Verhalten eines
anderen beeinflußt – und zwar auch, wenn nichts gesprochen wird!* »Kommunikation« ist also viel umfassender, als dies gemeinhin angenommen
wird. Das gesprochene Wort ist nur ein *Teil* der Kommunikation – wenn
auch der wesentlichste.

Lassen Sie uns, verehrter Leser, nunmehr versuchen, gemeinsam dem
außerordentlich komplexen Thema »Kommunikation« beizukommen,
derart, daß die ihr zugrundeliegenden Gesetzmäßigkeiten schließlich
klar vor Augen liegen – mit ihren Auswirkungen für die Seminar-Praxis,
versteht sich! Am besten gehen wir dieses Vorhaben an, indem wir einem
der ältesten pädagogischen Grundsätze folgen: vom Einfachen zum

Schwierigen. Welches also sind derart einfache Gesetzmäßigkeiten der Kommunikation?

Man bezeichnet in der Informationstheorie zwei Menschen, die miteinander sprechen, übereinkommensgemäß mit A und B. »A« heißt der »Sender«, »B« der »Empfänger«. Graphisch sieht das so aus:

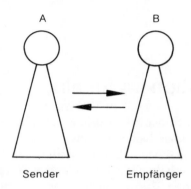

Wesentlich in der Zeichnung ist der Doppelpfeil: er deutet nämlich an, daß man von »Kommunikation« im Sinne des Wortes erst dann sprechen kann, wenn der Empfänger Gelegenheit hat, sich zur Nachricht des Senders zu äußeren (»Feedback«). Der ganze Prozeß kann, dies sei hier nochmals betont, auch non-verbal erfolgen; also, ohne daß ein Wort gesprochen wird. Diese Situation wird treffend durch einen alten Witz gekennzeichnet:

»Wenn ich so mit dem Finger winke« sagte eine Dame zu ihrem neuen Dienstmädchen, »dann kommen Sie her zu mir!«

»Und wenn ich den Kopf schüttele«, erwiderte das Mädchen, »komme ich nicht!«

Wir können nunmehr, mit der obigen Zeichnung vor Augen, das erste »gußeiserne« Grundgesetz jeder (verbalen) Kommunikation formulieren:

> Wahr ist nicht, was A sagt, sondern was B versteht.

Die Nichtbeachtung dieses Gesetzes ist die *Fehlerquelle Nr. 1* bei allen Kommunikationsschwierigkeiten. Weil der Mensch aufgrund seiner

Programmierung »Brillen« aufhat – und diese Brillen (Wertsysteme, Vorurteile, Ressentiments etc.) die Verarbeitung einer Nachricht beim Empfänger beeinflussen. Genauso, wie die Antwort des Empfängers (sein Feedback) beim Sender wiederum durch dessen Brillen eingefärbt wird. Außerdem weckt, aufgrund vergangener Erfahrungen, jede Nachricht beim Empfänger Gefühle. Dieses bedeutungsvolle Phänomen der »Einfärbung« jeder Nachricht durch alte Programme, Erfahrungen und die dadurch entstehenden Gefühle nennt man in der Psychotherapie »Übertragung«. Sie gehört dort zu den Schlüsselbegriffen überhaupt.

Auch im Unterrichtsbetrieb spielt das obige Grundgesetz eine erhebliche Rolle. Ich möchte allen Trainer-Kollegen, vor allem jenen, die noch weniger Praxis haben, dringend empfehlen, sich die aus obigem Grundgesetz resultierende Wahrheit *jeden Tag aufs neue* vor Augen zu halten: *Kein Mensch erfaßt und empfindet als »Empfänger« den Inhalt einer Nachricht genauso, wie dies der »Sender« beabsichtigte – auch wenn dieser sich »glasklar« ausdrückt!* Einzige Ausnahme von dieser Regel: die Übermittlung mathematischer Formeln. Hier ist wegen der digitalen Modalität der Übermittlung ein Übertragungsirrtum ausgeschlossen – sofern der »Empfänger« die notwendigen mathematischen Kenntnisse mitbringt, versteht sich! Auf das Problem der digitalen und analogen Modalitäten kommen wir später noch zu sprechen.

Vielleicht, verehrter Leser, sind Sie jetzt etwas schockiert. Vielleicht haben Sie bisher geglaubt, wenn Sie sich exakt ausdrücken, dann *müßten* Ihre Seminarteilnehmer Sie »richtig« verstehen. Ich bitte Sie inständig, sich von diesem Trugschluß zu befreien – und zwar auf der Stelle! Ein Beispiel mag Ihnen diesen, so außerordentlich wichtigen, Sachverhalt nochmals verdeutlichen.

Ich spiele in nahezu allen Seminaren eine Übung durch, die »Der Weg einer Nachricht« heißt. Dazu werden sechs Teilnehmer hinausgeschickt. Dem siebenten Teilnehmer wird dann, und zwar 1 Minute lang, das folgende Bild gezeigt:

Es irrt
der Mensch
so lang
er strebt!

Vorher bekommt er die präzise Anweisung: »Sie bekommen jetzt 1 Minute lang ein Bild gezeigt. Prägen Sie es sich genau ein, damit Sie es anschließend dem nächsten Teilnehmer beschreiben können!«

Dann wird (die Video-Kamera eingeschaltet und) der erste der draußen Wartenden hereingeholt. Auch dieser Teilnehmer wird von Ihnen präzise eingewiesen: »Herr X hat ein Bild gesehen, das er Ihnen jetzt beschreiben wird. Passen Sie bitte gut auf, damit Sie anschließend dem Nächsten erzählen können, was auf dem Bild zu sehen war!« Und jetzt kommt ein Trick, der das Feedback verhindert. Sofort, wenn der erste dem zweiten Teilnehmer das Bild vollständig beschrieben hat, sagen Sie:

»Dankeschön, Herr X! Setzen Sie sich bitte auf Ihren Platz! Der nächste, bitte!«

Wenn der letzte Teilnehmer vom vorletzten die Bildbeschreibung gehört hat, dann fordern Sie ihn auf: »Und jetzt, Herr Y, zeichnen Sie uns bitte das Bild an die Tafel, wie es Ihrer Vorstellung entspricht! Es kommt nicht auf die Schönheit der Zeichnung an!«

Das Bild, das der siebente Mann dann zeichnet, sieht beispielsweise so aus:

Was ist passiert? Jeder »Empfänger« der Nachricht, der ja am Feedback gehindert wurde, hat *(unbewußt)* die Nachricht verändert! Was einem wesentlich erscheint, mit dem eigenen, etablierten Wertsystem übereinstimmt oder positive Gefühle weckt, wird aufgebauscht. Was dem verinnerlichten Wertsystem zuwider ist, mit persönlichen Erfahrungen kollidiert oder negative Gefühle weckt, wird verkleinert oder verdrängt.

Die von mir entworfene Zeichnung (Sie können natürlich auch jedes x-beliebige Bild verwenden!) enthält absichtlich zwei Bilder, die nahezu zwangsläufig zu Fehlinterpretationen führen: den Grabstein und das nackte Mädchen.

Die meisten Menschen haben eine derartige Angst vor dem Tode, daß ihnen jeder Gedanke daran unangenehm ist. Und was unangenehm ist, verdrängt man gerne. Deshalb verschwindet in der Regel der Grabstein aus dem Bild.

Einen Nebeneffekt ergibt das Goethe-Zitat: »Es irrt der Mensch . . .«. Nur klassisch Gebildete geben es richtig weiter. Deshalb wird dieses Zitat immer verballhornt. Meistens verschwindet es mit dem Grabstein; schon deshalb, weil die meisten Menschen heutzutage ihr Gedächtnis nicht mehr trainieren und sich nicht einmal mehr über einen Zeitraum von drei Minuten einen Zweizeiler merken können!

Das nackte Mädchen indessen berührt die Einstellung zum Sexus. Wer sexuell mehr oder weniger verklemmt ist (und das ist die Mehrzahl), dem ist die Nackte vom Unbewußten her unangenehm. Und deshalb wird dieser Teil der Nachricht verändert. Der Teilnehmer sagt zum Beispiel: »Da ist ein Badestrand mit einer Frau, die an einer Palme lehnt.« Oder, er »vergißt« die Frau und sagt nur: »Da ist ein Urlaubsstrand mit Palmen, irgendwo im Süden; am Horizont zieht ein Schiff vorbei.«

Jedenfalls: in der Regel verschwinden von den vier Teilbildern zwei. Ich habe im übrigen das Bild deshalb in *vier* Teilbilder unterteilt, weil die lernpsychologischen Versuche in den USA ergeben haben, daß der »Durchschnittsmensch« innerhalb eines kurzen Zeitraumes *nur vier Fakten behalten kann!* Diese Erkenntnis ist für Ausbilder ganz wesentlich: Wenn Sie in eine Unterrichtsstunde von 45 Minuten beispielsweise zwölf wesentliche Fakten verpacken, so müssen Sie wissen, daß die Mehrzahl der Teilnehmer acht dieser Fakten sofort wieder vergißt. (Diese Erkenntnis ist auch für Außendienstmitarbeiter wichtig: Wenn man einem Kunden zuviele Fakten über ein Produkt um die Ohren schlägt, kann er sie nicht behalten. Deshalb wird ein guter Verkäufer diejenigen vier Fakten auswählen, die der Bedürfnislage des Kunden am besten entsprechen.)

Die »harmlose« Übung »Der Weg einer Nachricht« hat bei Seminarteilnehmern stets eine schockierende Wirkung. Einige Zuhörer sind geradezu entsetzt, wenn sie mitverfolgen, wie von einzelnen Übungsteilnehmern die Fakten verfälscht werden! Und alle, die im Seminar sitzen und in ihrer Firma Führungspositionen einnehmen, gehen sehr nachdenklich hinaus: Geben Sie doch täglich ihren Mitarbeitern Anweisungen – in der Überzeugung, daß diese (klaren) Anweisungen auch »richtig« durchgeführt werden!

Aus dem Grundgesetz Nummer 1 ergibt sich zwangsläufig das Grundgesetz Nummer 2 für effektive Kommunikation:

> Wenn B eine Nachricht des A falsch interpretiert, ist immer A schuld! Das heißt: beim »Sender« liegt die Verantwortung für exakte Kommunikation!

Mit anderen Worten: Wer immer einem anderen etwas mitteilt oder anschafft, *muß* sich davon überzeugen, ob ihn der »Empfänger« richtig verstanden hat. Unterläßt der »Sender« dieses Feedback, kann er den »Empfänger« nicht für falsches Verhalten verantwortlich machen! Wenn beispielsweise ein Schulungsleiter im Unterricht sagt: »In beiden Eierstöcken sind etwa 400000 Anlagen von Eibläschen, die sog. Primärfollikel, enthalten.« Und auf die Testfrage auf dem Prüfungsbogen: »Wieviele Eibläschen können in der geschlechtsreifen Zeit einer Frau reifen?« wird von einem Kandidaten geantwortet: »400000« – so liegt die Schuld dafür beim Ausbilder; weil er sich bei der Wiederholung des Lehrstoffes nicht davon überzeugt hat, ob die Seminarteilnehmer den Unterschied zwischen »Anlagen von Eibläschen« und »reifen Eiern« begriffen haben.

Wenden wir uns nunmehr einer weiteren Gruppe von Kommunikationsgesetzen zu, die von dem weltberühmten österreichischen Psychologen PAUL WATZLAWICK unter der Bezeichnung »Pragmatische Axiome« zusammengefaßt und beschrieben worden sind.

Das erste pragmatische Axiom WATZLAWICK's lautet:

> Man kann nicht *nicht* kommunizieren.

Eine Binsenwahrheit? Sicher! Aber – wieviele sind sich dieser Binsenwahrheit bewußt? Ein Beispiel möge diesen Sachverhalt zusätzlich illustrieren.

Nehmen wir an, verehrter Trainer-Kollege, Sie säßen im Wartezimmer eines Arztes. Sie sind sehr frühzeitig eingetroffen und sind der erste Patient. Sie fläzen sich in einen Sessel; nach einiger Zeit verspüren Sie möglicherweise das Bedürfnis, in der Nase zu bohren; Sie geben diesem Bedürfnis genußvoll nach – es ist ja niemand da, der Sie beobachtet. Vielleicht steht Ihnen auch ein Wind quer, den Sie bedenkenlos hinauslassen. Nach kurzer Zeit erscheint der zweite Patient. Vielleicht ist es so ein Stoffel, der nicht einmal »Guten Tag!« sagt. Aber: Allein der Umstand, daß dieser Mensch jetzt gegenwärtig ist, verändert Ihr Verhalten! Sie werden sich »anständig« hinsetzen und sich auch jene Freiheiten verkneifen, die Sie sich wenige Minuten zuvor noch herausgenommen hatten. Und dies alles, ohne daß ein einziges Wort gewechselt worden ist! Mit anderen Worten: Allein das Erscheinen eines anderen beeinflußt Ihr Verhalten – und Sie können sich dieser Kommunikation nicht entziehen! Das bedeutet, auf die Seminar-Praxis übertragen: *Wann immer der Seminarleiter den Schulungsraum betritt, beeinflußt er allein durch sein Erscheinen alle Anwesenden – und umgekehrt!* Und keine Partei kann sich dieser gegenseitigen Beeinflussung entziehen!

Betrachten wir uns nunmehr WATZLAWICKS zweites pragmatisches Axiom, das m.E. für die tägliche Praxis das Wichtigste ist:

> Jede Kommunikation hat einen Inhalts- und einen Beziehungsaspekt, derart, daß letzterer den ersteren bestimmt.

Graphisch sieht das so aus:

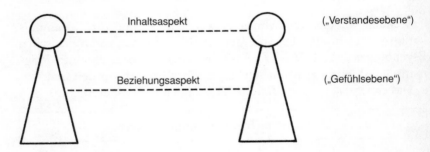

Mit anderen Worten: Jede zwischenmenschliche Beziehung findet auf zwei Ebenen *gleichzeitig* statt: auf einer Verstandesebene (hier geht es um die sachliche Argumentation) und auf einer Gefühlsebene (hier geht es um die Gefühle und damit um die menschliche Beziehung der Gesprächspartner). Und, das hat WATZLAWICK ganz klar herausgearbeitet: *der Beziehungsaspekt, also die Gefühlsebene, ist der wichtigere von beiden!* Bitte, vergessen Sie nie wieder: Der Beziehungsaspekt *bestimmt* den Inhaltsaspekt! Das bedeutet im Klartext: Wenn zwischen zwei

Gesprächspartnern nicht zunächst eine harmonische Atmosphäre hergestellt wird, ist es müßig, sich überhaupt dem sachlichen Inhalt zuzuwenden!

Das bedeutet für die Seminar-Praxis: *Wenn es einem Seminarleiter nicht gelingt, eine harmonische Atmosphäre im Seminar zu schaffen, braucht er mit dem Unterricht gar nicht zu beginnen!* An diesem Grundsatz scheitern all jene Seminarleiter, die die Teilnehmer auf Distanz halten und glauben, ihre Vorbildung (Diplom und Doktortitel) weise sie a priori als eine Autorität aus, von der die Teilnehmer den angebotenen Lehrstoff übernehmen *müßten. Nichts müssen die Teilnehmer!* Wenn der Seminarleiter sich nicht von der ersten Minute nicht nur als Fachmann, sondern auch als *Mensch* (mit Vorzügen und Schwächen) darstellt, wird man seine Weisheiten nicht übernehmen. Wir kommen auf diesen wesentlichen Punkt nochmals zurück, wenn wir uns dem Problem der »Identifikation« zuwenden.

WATZLAWICK bringt zur Illustration des ersten und zweiten Axioms ein wunderbares Beispiel: Zwei Damen, Frau A und Frau B, begegnen sich erstmals auf einer Party. Frau B trägt eine Perlenkette. Fragt Frau A: »Sind die Perlen echt?«

Abgesehen davon, daß die Frage an sich eine Unverschämtheit ist: Frau B kann sich der Kommunikation nicht entziehen! Denn selbst, wenn sie beschlösse, diese Frage einfach zu überhören, so wäre das ja auch eine Antwort! Aber: dieses Beispiel erleuchtet schlagartig auch die Gültigkeit des zweiten Axioms! Denn: die Art und Weise, *wie* Frau A ihre Frage stellt, der Ton und die Satzmelodie, lassen zweifelsfrei erkennen, wie ihre *Beziehung* zu Frau B ist! Allein schon die Tatsache, ob Frau A in ihrer Frage »Sind die Perlen echt?« das erste, zweite oder vierte Wort betont, läßt darauf schließen, welche Antwort sie erwartet. Und die Satzmelodie in Verbindung mit der Körpersprache signalisieren der Frau B deutlich, ob Frau A sie zum Beispiel für eine »arme Schluckerin« hält, deren falsche Perlen ja nur von Woolworth stammen können; oder für eine emanzipierte Frau, die sich aus eigenem Vermögen echte Perlen leisten kann; oder für die Frau eines wohlhabenden Mannes, der ihr echten Schmuck schenkt – um nur einige Interpretationsmöglichkeiten zu nennen.

Für die Seminar-Praxis bedeutet dies: *Wann immer der Seminarleiter im Schulungsraum den Mund auftut, definiert er damit seine Beziehung zur Teilnehmergruppe.* Nicht *was* er sagt, sondern *wie* er es sagt, zählt mehr! Sollte er beispielsweise die Meinung haben, es säße eine Gruppe von Dumm-köpfen vor ihm und er würde mit seinem Unterricht »Perlen vor die Säue« werfen – dann wird die Gruppe dies spüren –, auch wenn sich der Seminarleiter noch so sehr bemüht, diese negative Einstellung zu ver-bergen! Das gleiche gilt natürlich, wenn er sich mit einzelnen beschäftigt. Wir werden auf dieses Phänomen nochmals zurückkommen, wenn wir den »Pygmalion-Effekt« besprechen.

Das dritte pragmatische Axiom WATZLAWICK's ist für die Unter-richtspraxis nicht so bedeutungsvoll. Es sei hier nur aus Gründen der Vollständigkeit angeführt:

> Die Natur einer Beziehung ist durch die Interpunktion der Kommunikationsabläufe seitens der Partner bedingt.

Mit anderen Worten: jede Kommunikation verläuft in Phasen, sie un-terliegt einer Gliederung (Interpunktion). Die Art dieser Gliederung be-einflußt insofern den Kommunikationsablauf, als man die Phasen ver-schieden wichten bzw. bestimmte Phasen immer wieder als Basis des weiteren Gesprächsverlaufs benützen kann.

Auf den Inhalt des vierten pragmatischen Axioms wurde in anderem Zusammenhang bereits kurz verwiesen. Erschrecken Sie bitte nicht, wenn Sie den wissenschaftlich formulierten Text lesen – er ist auch nicht schwieriger zu deuten als die Aussagen der vorangegangenen Axiome! Hier also zunächst WATZLAWICK's viertes Axiom:

> Menschliche Kommunikation bedient sich digitaler und ana-loger Modalitäten. Digitale Kommunikationen haben eine komplexe und vielseitige logische Syntax, aber eine auf dem Gebiet der Beziehungen unzulängliche Semantik. Analoge Kommunikationen dagegen besitzen dieses semantische Poten-tial, ermangeln aber der für eindeutige Kommunikationen er-forderlichen logischen Syntax.

Diese Aussage muß für »nicht-gelernte Pädagogen« unverständlich sein, da ihnen der zugrundeliegende, streng definierte Wortschatz un-bekannt ist. Professor WATZLAWICK muß sich natürlich als Lehrstuhl-

inhaber und Wissenschaftler einer derartigen Sprache bedienen; würde
er sich »volkstümlich« ausdrücken, wäre er »unten durch«.

Analysieren wir nun den Text des vierten Axioms ganz systematisch,
indem wir zunächst die Fachausdrücke »eindeutschen«:

Syntax   = Art und Weise, wie Wörter in einem Satz zusammen-
              gestellt werden.
Semantik   = Lehre von der Bedeutung der Wörter.
digital   = nach dem Prinzip des Zählens arbeitend; also: mathe-
              matisch-korrekt.
analog   = sinngemäß, von übertragener Bedeutung; bildhaft.

Versuchen wir nunmehr, obige wissenschaftlich formulierte Aussage
in Umgangsdeutsch zu übertragen, so ergibt sich folgender Text:
»Menschliche Kommunikation läuft sowohl in mathematisch-korrekter
als auch in mehr bildhafter Weise ab. Mathematisch-korrekte, sachliche
Kommunikation enthält eine vielschichtige und vielseitige, streng folgerichtig aufgebaute Wortfolge; allerdings reicht die Bedeutung der hierzu
gebrauchten Wörter (bzw. Symbole oder Zahlen) nicht aus, gefühlsmäßige Beziehungen zu beschreiben. Andererseits beinhaltet die ana-
loge, d.h. vorwiegend mit Bildern arbeitende Kommunikation einen
bedeutungsreichen und gefühlsträchtigen Wortschatz, der indessen ungeeignet ist, streng sachliche, mathematische Tatbestände korrekt auszudrücken.«

Wenn wir diesen Text nunmehr »genial vereinfachen«, so besagt
WATZLAWICK's viertes Axiom:

> Den beiden Ebenen jeder Kommunikation, der Inhalts- und
> der Beziehungsebene, entspricht ein ganz spezieller Wort-
> schatz; nämlich ein mathematisch-korrekter und ein bildhaft-
> gefühlsbeladener.

Natürlich »pendelt« jede Kommunikation zwischen diesen extremen
Polen. Eine gesunde Mischung findet sich vor allem in der Kunst,
wo der Künstler oft versucht, gefühlsbeladene Vorstellungen mittels
eines »harten« Materials auszudrücken. (Beispiel: RODIN's »Kuß«).
Auch im täglichen Leben sind wir oft genötigt, Grenzbereiche der
Kommunikation abzudecken, die weder rein digital noch rein analog
bewältigt werden können. Hier haben wir »Ausdrucksschwierigkeiten«.

WATZLAWICK erwähnt dazu als treffendes Beispiel die Frage eines Mädchens an ihren Geliebten: »Wie sehr liebst Du mich?« Wäre »die Liebe« exakt meßbar und deshalb auch korrekt formulierbar, etwa innerhalb einer Skala von 1 bis 100, dann könnte er unumwunden antworten: »Meine Gefühle haben die Zahl 90 erreicht.«

Was bedeutet nun WATZLAWICK's viertes pragmatisches Axiom für die Seminar-Praxis? *Ein Seminarleiter sollte sich mathematisch-korrekt ausdrücken können, wenn es um Fakten und wissenschaftliche Zusammenhänge geht. Will er den Teilnehmern indessen emotionale Zusammenhänge klarmachen, dann sollte er nicht ewig versuchen, durch mehr oder weniger schiefe Bilder und hinkende Beispiele ein Aha-Erlebnis herbeizuführen. Derartige Situationen bewältigt man am besten durch Rollenspiele, wo die beteiligten Spieler durch eigenes Erlebnis erfahren, worum es auf der emotionalen Ebene geht.*

Wenden wir uns nunmehr dem letzten, dem fünften pragmatischen Axiom WATZLAWICK's zu:

> Zwischenmenschliche Kommunikationsabläufe sind entweder symmetrisch oder komplementär, je nachdem, ob die Beziehung zwischen den Partnern auf Gleichheit oder Unterschiedlichkeit beruht.

Bei diesem Axiom geht es in erster Linie um Macht und Einfluß, den die Kommunikationspartner besitzen. Stehen sich zwei Menschen gegenüber, deren Status etwa der gleiche ist, so handelt es sich (übereinkunftsgemäß) um eine »symmetrische«, d.h. spiegelbildliche, Kommunikation. Ist der Status der beiden Partner ungleich, spricht man von »komplementär«, d.h. sich ergänzender Kommunikation.

Hier ergibt sich, um wieder auf die Seminar-Praxis zu kommen, die Frage: Sollte das Verhältnis zwischen Seminarleiter und Teilnehmern symmetrisch oder komplementär sein?

Wenn der Ausbilder kein »amtsbekannter Versager« ist (solche Schulungsleiter gibt es leider auch), dann gilt m.E. folgende Maxime: Zunächst, d.h. am Beginn des Seminars, kann die Kommunikation nur komplementär sein. Das heißt: die Teilnehmer kommen in das Seminar, um etwas zu lernen. Und der Seminarleiter ist derjenige, der mehr weiß als die anderen und ihnen dieses Wissen vermittelt. *Es muß indessen das*

Bestreben eines Seminarleiters sein, das Verhältnis peu à peu von der komplementären zur symmetrischen Kommunikation zu verschieben. Ein gutes *Seminar ist ein Wechselgespräch zwischen gleichberechtigten Partnern, bei dem beide Partner etwas dazulernen!* Oder welcher Seminarleiter möchte ernsthaft behaupten, er hätte noch nie an den Erfahrungen aus der Praxis partizipiert, die die Teilnehmer in das Seminar einbringen? Durch ein derartiges Verhalten leidet die »natürliche Autorität« des Seminarleiters keineswegs – falls er eine aufzuweisen hat! Nur Versager unter den Ausbildern machen die Teilnehmer zu Beginn eines Seminars »fertig«, *um dadurch künstlich eine komplementäre Kommunikation zu erzeugen.* Eine derartige Einstellung läßt sich aber nicht lange aufrechterhalten; und es ist nur eine Frage der Zeit, wann die Teilnehmer »aufmüpfig« werden und jede Gelegenheit abpassen, dem Seminarleiter einen »Schuß vor den Bug« zu feuern!

Soviel zu WATZLAWICK'S pragmatischen Axiomen. Mehr darüber finden Sie im Buche des Autors, das im Literaturverzeichnis enthalten ist.

Wenden wir uns nunmehr einem Thema zu, das in der Regel nicht im Rahmen der Kommunikation abgehandelt wird, aber m.E. dorthin gehört: ich meine das Problem der *Identifikation.*

Kein Mensch kann etwas Neues hinzulernen, wenn er nicht eine Person hat, von der er dieses neue Wissen *gerne und freiwillig* übernimmt. Das gilt sogar für Bücher. Angenommen, verehrter Leser, Sie kaufen sich ein Fachbuch, um sich auf einem bestimmten Gebiet weiterzubilden. Wenn Sie nicht nach dem Lesen der ersten Seiten den Eindruck gewonnen haben, daß dieser Autor fachkundig ist und etwas weiß; das heißt, wenn Sie kein *Vertrauen* zu ihm entwickeln, werden Sie – je nach Stärke Ihres Gedächtnisses – zwar einige Fakten behalten, d.h. Wissen ansammeln: aber Sie *werden Ihr Verhalten nicht ändern!* Denn, das soll hier einmal ganz klar herausgestellt und festgehalten werden: *Ziel allen Lernens ist eine Verhaltensänderung des Lernenden!* Der Lernende soll nicht nur Wissen ansammeln, sondern er soll dieses Wissen und die damit verbundenen Einsichten dazu benützen, sich künftig anders zu verhalten als bisher. So gesehen *ist das Lernen letztlich ein Vorgang, der bis zu einem gewissen Grade die Persönlichkeitsstruktur des Lernenden verändert!*

Aus dieser Sicht gesehen haben sich die drillartigen Vorgänge beim Lernen mittels »programmierter Unterweisung« (PU) nach SKINNER nicht bewährt! Deshalb stehen heute die vielen, für teuere Steuergelder eingerichteten »Labors« in den Schulen unbenützt herum; nicht etwa, weil die Lehrkräfte nicht damit umgehen können. Sondern weil die Praxis erwiesen hat, daß die mit Hilfe der PU gelernten Fakten, d.h. angehäuftes Wissen, letztlich keine Verhaltensänderung bewirken. *Weil eine Maschine bzw. eine gedruckte PU nicht motivieren kann* – und die Motivation des Lernenden ist nun einmal *die Voraussetzung überhaupt* für erfolgreiches Lernen, das eine dauernde Verhaltensänderung nach sich zieht. Deshalb kann auch in Zukunft auf Lehrer nicht verzichtet werden. Ganz im Gegenteil: anzustreben sind mehr Lehrer, damit die Klassenstärken sinken und sich der Lehrer mehr mit den einzelnen, vor allem mit den schwächeren Gruppenmitgliedern, beschäftigen kann. Das gleiche gilt für Erwachsenen-Seminare: deshalb meine ständige Warnung, nicht mehr als 12 Teilnehmer in eine Seminar-Gruppe aufzunehmen!

Was hat es nun mit der »Identifikation« auf sich? Wir haben im ersten Kapitel gehört, daß der Mensch in früher Kindheit nachhaltig »programmiert« wird. Das heißt, er übernimmt ethisch-moralische Normen von seinen Eltern, die zur Basis seines Gewissens werden; und er übernimmt soziale Normen, die ihm als Richtschnur für sein Verhalten in jener sozialen Schicht dienen, in die er hineingeboren wurde. Aber: *wie* übernimmt das Kind dieses Normen? Indem es sich mit (mindestens) einem Elternteil identifiziert.

Der Säugling bzw. das Kleinkind baut während des Heranwachsens zwei verschiedene Beziehungen zu den Eltern (oder jenen Personen, die ihn großziehen) auf. Die erste Beziehung, nämlich zur Mutter, ist eine sog. *Objektbeziehung.* Das heißt: der Säugling will das »Objekt Mutter«, die Quelle von Milch und Liebe, für sich *haben.* Später, etwa vom 8. Lebensmonat ab, errichtet der Säugling weitere Objektbeziehungen, z.B. zum Vater oder anderen Familienmitgliedern. Etwa vom 3. Lebensjahr ab verwandelt das Kleinkind die eine oder andere Objektbeziehung in eine *Identifikation.* Sich mit einem Menschen identifizieren heißt aber *sein wollen* wie der andere. Mit anderen Worten: das Kleinkind ahmt die geliebte Person, mit der es sich identifiziert hat, nach – und übernimmt damit alle Verhaltensmodelle der geliebten Person, die positiven wie die negativen!

Der Vorgang der Identifikation bedeutet also: das Kind *lernt* sich nach ethisch-moralischen und sozialen Normen *zu verhalten* – aber *nur,* nachdem es sich mit einer oder mehreren Person(en) identifiziert hat.

Mit anderen Worten: *die Identifikation ist die Voraussetzung für jeden nach-haltigen Lerneffekt, die »conditio sine qua non«.*

Und jetzt sind wir schon wieder mitten im Seminar: Wenn ich von einem Ausbilder etwas übernehmen und damit etwas »lernen« soll, so muß dieser Mensch für mich eine Respektsperson sein, deren Autorität ich freiwillig anerkenne; nur dann werde ich mich mit dem Ausbilder iden-tifizieren und etwas lernen, d.h. mein Verhalten künftig so gestalten, wie dieser Ausbilder es empfohlen hat. *An dieser unbestrittenen Tatsache scheitern viele Seminarleiter: ihre Überlegenheit an Wissen nützt ihnen nichts, da sie von den Teilnehmern als Person nicht akzeptiert werden.*

Die Tatsache, daß Ausbilder nicht akzeptiert werden, ist oftmals ein reines Kommunikationsproblem: sie können sich der Gruppe nicht richtig »verkaufen«, d.h. aber: sie sind, nach WATZLAWICK'S zweitem Axiom, *nicht in der Lage, auf der Beziehungsebene zu kommunizieren!* Ich wiederhole: *Kein Mensch läßt sich von einem anderen Menschen nur durch Fakten überzeugen, also durch Argumentation auf der Inhaltsebene; die Beziehung zwischen zwei Menschen muß (mindestens) harmonisch sein – sonst übernimmt man die Fakten nicht!* Ergo: die Beziehungsebene ist die wichtigere Ebene!

Nun wollen wir uns gegenseitig nichts vormachen, verehrter Leser: Natürlich lernen Seminarteilnehmer auch, wenn sie den Seminarleiter nicht leiden können! Der Beweis dafür wird ja auch durch Tests er-bracht. Dies ist dann der Fall, wenn der Seminarleiter eine »Autorität kraft Stellenplan« ist, von dessen Beurteilung die weitere Karriere eines Teilnehmers abhängen kann. Diese Situation bezeichnet man in der modernen Pädagogik als *»Einwilligung«.* Von Einwilligung kann man sprechen, wenn ein Seminarteilnehmer Einflüsse akzeptiert, weil er hofft, damit vorteilhafte Reaktionen beim Seminarleiter oder den übrigen Gruppenmitgliedern zu erreichen. So ein Mensch paßt sich also nur an; *er übernimmt das empfohlene Verhalten nicht, weil er von dessen Inhalt überzeugt ist, sondern weil er glaubt, mit konformem Verhalten bestimmte Belohnungen und Anerkennungen erhalten und gewisse Strafen oder Mißbilligungen ver-meiden zu können.* Kaum ist das Seminar vorüber, »vergißt« er den Lern-stoff so schnell wieder, wie er ihn aus Vernunftgründen übernommen hatte.

Nach allem, was bisher über das Lernen gesagt wurde, kann ein der-artiges Verhalten der Seminarteilnehmer nicht Zweck eines Seminars sein. Jeder Seminarleiter sollte bestrebt sein, als *Vorbild* zu wirken und damit die *Identifikation* zu ermöglichen. Zum Terminus »Identifikation« sagt die moderne Pädagogik: Von »Identifikation« kann man sprechen, wenn ein Seminarteilnehmer Einflüsse akzeptiert, um eine befriedigende Beziehung zum Seminarleiter oder zur Gruppe aufzubauen oder zu erhalten; aber dieser Mensch ist *tatsächlich von dem Verhalten überzeugt,* das er durch die Identifikation übernimmt.

Es gibt aber auch ausgesprochene Glücksfälle in der Beziehung Seminarleiter – Teilnehmer. So einen Glücksfall bezeichnet man im neueren *pädagogischen* Sprachgebrauch als *»Internalisierung«.* Von »Internalisierung« spricht man, wenn ein Seminarteilnehmer Einflüsse akzeptiert, weil der Inhalt des angebotenen Verhaltens – die Ideen und Handlungen, aus denen es zusammengesetzt ist – von innen heraus belohnend wirkt. *Der Seminarteilnehmer übernimmt das Verhalten, weil es mit seinem eigenen Wertsystem übereinstimmt.* Dies ist, um nur *ein* Beispiel herauszugreifen, der Fall, wenn etwa Seminarleiter und ein Teilnehmer überzeugte Christen sind (oder die gleiche politische Richtung vertreten). Auf der Basis einer derartigen essentiellen Übereinstimmung kommt es sehr rasch zur Identifikation und in ihrem Gefolge zur Internalisierung.

> Fazit: Je mehr sich ein Seminarteilnehmer mit der Person des Seminarleiters identifiziert, desto williger übernimmt er den angebotenen Lehrstoff, und desto nachhaltiger wird die dadurch erzielte Verhaltensänderung sein!

Wir wollen uns zum Abschluß dieses Kapitels einem weiteren Phänomen zuwenden, das ebenfalls in die Rubrik »Kommunikation« gehört. Ich meine den sog. Pygmalion-Effekt. Zunächst möchte ich Ihnen indessen, gleichsam zur Einstimmung, die FRANCIS-GALTON-Story erzählen:

Vor etwa 100 Jahren lebte in London ein Mann namens FRANCIS GALTON. Er war ein Vetter DARWIN'S und einer der klügsten Köpfe seiner Zeit. Er begründete die moderne Erblehre und entdeckte im Zuge seiner Forschungen unter anderem, daß jeder Mensch auf den Fingerkuppen ein einmaliges und unverwechselbares Muster trägt; er erfand also, ohne es zu beabsichtigen, die Fingerabdruck-Methode, die heute zum Standardwerkzeug der Polizei gehört. Dieser FRANCIS GALTON befaßte sich auch mit psychologischen Problemen, obwohl zu jener Zeit von der Psychologie, außer ihrem Namen, noch nicht viel bekannt war. Und eines Tages machte er folgenden »Gedanken-Versuch«. Bevor er seinen alltäglichen Morgenspaziergang in London antrat, stellte er sich ganz fest vor: »Ich bin der bestgehaßte Mensch Englands!« Nachdem er sich einige Minuten auf diese Vorstellung konzentriert hatte – praktisch eine Selbsthypnose –, trat er seinen Spaziergang an wie immer. Doch das schien ihm nur so. Denn tatsächlich passierte folgendes: einige Passanten riefen ihm Schimpfworte zu oder wandten sich mit Gebärden der Abscheu von ihm; ein Stauer aus dem Hafen rempelte ihn im Vorbeigehen mit dem Ellbogen an, so daß er hinfiel. Sogar auf Tiere schien sich diese Animosität gegen ihn übertragen zu haben. Denn als er an einem Droschkengaul vorbeiging, schlug dieser aus und trat GALTON in die Hüfte, so daß er wiederum zu Boden ging. Als es daraufhin einen kleinen Volksauflauf gab, ergriffen die Leute auch noch für das Pferd Partei – worauf GALTON das Weite suchte und in seine Wohnung zurückeilte.

Diese Geschichte ist verbürgt und findet sich in etlichen englischen und amerikanischen Psychologiebüchern unter dem Titel: »FRANCIS GALTONS famous walk«. Warum, verehrter Leser, erzähle ich Ihnen diese Geschichte? Nicht nur, weil sie amüsant ist. Sie können aus ihr zwei Lehren ziehen – und ich möchte Sie bitten, diese beiden Lehren nicht nur nicht mehr zu vergessen, sondern Sie *bis an den Rest Ihres Lebens zu berücksichtigen*. Hier sind Sie:

1. Der Mensch ist, was er denkt.
2. Es ist nicht notwendig, der Umwelt seine innere Einstellung durch Worte mitzuteilen; die Menschen »erspüren« sie auch so.

Wollen wir nunmehr diese beiden Lehren etwas unter die Lupe nehmen. Lehre Nummer 1 wurde von den Weisen aller Zeiten gepredigt. So findet man, um nur ein einziges Beispiel zu zitieren, im alt-indischen DHAMMAPDA, der »Lehre von den Denksinnen«, folgende Aussage: »Alles, was wir sind, ist das Ergebnis dessen, was wir gedacht haben; es liegt in unseren Gedanken begründet, und es ist auf unseren Gedanken aufgebaut.« Die Lehre Nummer 1 aus der FRANCIS-GALTON-Story bedeutet also, in die Seminar-Praxis übertragen:

> Jeder Verhaltensänderung *muß* eine Änderung des Denkens vorausgehen. Wobei es zunächst sekundär erscheint, wodurch diese Änderung des Denkens erreicht wurde: durch intellektuelle Argumentation oder durch emotionale Erfahrung. Wir wissen allerdings aus den Forschungsergebnissen der modernen Psychologie (s. WATZLAWICK), daß eine Änderung des Denkens kaum ohne Beteiligung der emotionalen Ebene erreicht wird. Es sei denn, es handele sich um mathematisch ausdrückbare Problematiken.

Was, so läßt sich weiter fragen, kann die Lehre Nummer 2 für unsere Seminar-Praxis bringen? Lassen Sie mich, verehrter Leser, auch dazu eine kleine Geschichte erzählen:

Der große Clown GROCK erzählt in seinen Memoiren, daß er vor jeder Vorstellung durch das Guckloch im Bühnenvorhang spähte und zu sich selbst sagte: »Mein liebes, liebes Publikum! Ich danke Dir, daß Du so zahlreich erschienen bist, um mich zu sehen! Ich will auch alles tun, um Dich zu erfreuen!«

Was vermittelt uns diese Episode? *GROCK liebte sein Publikum.* Er hatte eine positive Einstellung zu jenen Menschen, die gekommen waren, ihn zu sehen. Welche Konsequenzen ergeben sich also aus der (durch GROCKS Episode illustrierten) Lehre Nummer 2 für unsere Arbeit im Seminar?

> Wenn Sie als Seminarleiter den Teilnehmern gegenüber keine positive Einstellung haben, im Innersten Ihrer Seele, werden Sie als Ausbilder scheitern – noch ehe Sie überhaupt den Mund aufgemacht haben!

Die beste Fachausbildung (einschließlich Sprech- und Rednerkursen) kann Sie nicht retten, wenn Sie etwa über Ihre Seminarteilnehmer denken: »Was seid ihr doch für kleine Würstchen! Ich werde euch jetzt mal was erzählen, damit ihr nicht weiterhin so unwissend durch die Gegend lauft!«

Maßlos übertrieben, sagen Sie? Oder haben Sie etwa vor Empörung aufgeschrien? Gemach, gemach ... selbstverständlich habe ich mir mit den obigen »Kernsätzen« eine kleine rhetorische Überspitzung erlaubt.

Aber – Hand aufs Herz! Unterscheidet sich vielleicht Ihre Einstellung gegenüber Ihren Lehrgangsteilnehmern von der obigen nur in der *Nuancierung?* Vielleicht sind Sie ein diplomierter und promovierter Trainer, der Meistern aus einer Betonfabrik etwas über »Menschenführung« erzählen soll. Haben Sie sich möglicherweise bei Annahme dieses Schulungsauftrages bei folgenden Gedanken ertappt: »Ach Gott – die haben alle bloß Volksschulbildung! Es sind in der Mehrzahl ehemalige Poliere – und welches Bildungsniveau auf dem Bau herrscht, wissen wir ja! Vermutlich werden sie kein Wort verstehen, wenn ich ihnen etwas über Gruppenpsychologie erzähle . . .« Oder haben Sie sich gerade auf dieses Seminar besonders sorgfältig vorbereitet? Haben Sie vielleicht eine Betonfabrik besichtigt, um die Problematik dieser Menschen kennenzulernen? Ist Ihnen klar, daß diese Menschen *Hilfe* von Ihnen erwarten; Hilfe bei der Lösung ihrer Tagesprobleme im Umgang mit ungelernten Kräften und ausländischen Arbeitnehmern?

Die Tatsache, daß die innere – das ist die *wahre!* – Einstellung eines Menschen immer auf seine Umgebung »durchschlägt«, wurde in jüngster Zeit durch zahlreiche Untersuchungen bestätigt, die sich mit dem Phänomen »Körpersprache« befaßten. So wissen wir beispielsweise heute aus der Anlayse von Filmen (mittels eines stark reduzierten Bewegungsablaufes), *daß die Körpersprache einer Person zuweilen genau das Gegenteil von dem ausdrückt, was diese Person sagt!* Wir alle analysieren auf einer unterbewußten Ebene genau die Körpersprache und den Klang der Stimme anderer Menschen und »wissen« damit oft um die Einstellung des anderen zu uns. Dieser Tatbestand ist indessen auch Teil jenes Phänomens, das man unter dem Terminus »Pygmalion-Effekt« beschreibt. Worum also handelt es sich beim »Pygmalion-Effekt«?

Vielleicht erinnern Sie sich aus Ihrer Schulzeit an OVIDS »Metamorphosen«, wo der Bildhauer Pygmalion eine weibliche Figur modelliert, in die er sich dann unsterblich verliebt und der er den Namen Galatea verleiht. Schließlich erbarmt sich Aphrodite, die Göttin der Liebe, des liebeskranken Pygmalion und erweckt seine Galatea zum Leben. Der tiefere Sinn dieser Fabel, der eine alte griechische Sage zugrunde liegt, ist folgender: Pygmalion hatte eine bestimmte Vorstellung von der »idealen Frau« – und genau nach seiner Vorstellung hat er sich ihr Bild geschaffen, aus Marmor. In übertragenem Sinne besagt deshalb der Terminus »Pygmalion-Effekt«, *daß sich ein Lehrer eine ganz bestimmte Vorstellung von einem Schüler macht – und ihn dann auch nach dieser Vorstellung formt! Das* bedeutet aber, jetzt wieder auf unsere obige Lehre Nummer 2 aus der FRANCIS-GALTON-Story bezogen: die Vorstellung, die ich von einem anderen habe, teilt sich diesem anderen mit – auch wenn ich sie nicht sprachlich artikuliere! Auf die Seminarpraxis übertragen, bedeutet dies:

> Die Macht der Erwartungen, die wir an einen anderen Menschen stellen, ist so groß, daß durch sie alleine schon dessen Verhalten beeinflußt werden kann. Wir nennen dies eine sich selbst erfüllende Prophezeiung: *Was wir einem Menschen zutrauen, entscheidet manchmal auch über seinen Werdegang.*

In der Unterrichtspraxis überträgt sich die Erwartung des Seminarleiters auf den Teilnehmer auf drei verschiedenen Wegen:

1. durch die Körpersprache;
2. durch die Stimme;
3. durch die Unterrichtsmethode.

Die entscheidenden Versuche zu diesem Phänomen stammen von ROBERT ROSENTHAL, Professor für Sozialpsychologie an der weltberühmten Harvard University, USA. Übrigens handelt es sich durchwegs um »Feldversuche« mit »echten« Schulklassen, deren Lehrer keine Ahnung hatten, daß sie Test-Objekte waren. Die Ergebnisse dieser Versuche können also getrost auf jede ähnliche Unterrichtssituation übertragen werden. Von den zahlreichen Experimenten ROSENTHAL'S seien hier nur drei beschrieben:

(1) In einer Grundschule in einem sozial schwachen Milieu wurde zu Beginn des Schuljahres ein non-verbaler IQ-Test abgenommen. Den Lehrern sagte Professor ROSENTHAL, daß man mit diesem Test die »intellektuelle Leistungsfähigkeit« eines Menschen vorhersagen könne. Die Schule hatte 18 Klassen, drei in jedem der sechs Schuljahrgänge. In eine Klasse hatte man jeweils die »überdurchschnittlichen«, in die beiden anderen die »durchschnittlichen« bzw. die »unterdurchschnittlichen« Schüler gesteckt.

Professor ROSENTHAL schaute sich die Testergebnisse zunächst gar nicht an. Er suchte aus den Klassenregistern *wahllos* 20% der Schüler in jeder Klasse heraus. Sie waren die »Schüler mit Zukunft«. ROSENTHAL gab den Lehrern diese Namen und erklärte ihnen, daß aufgrund des

Testes bei diesen Schülern erhebliche Lernfortschritte im laufenden Schuljahr zu erwarten seien. Ein solcher Unterschied zwischen der Versuchsgruppe und der Kontrollgruppe war aber nicht real; *er bestand danach einzig in der Vorstellung der Lehrer.*

Acht Monate später wurde derselbe Test bei allen Kindern noch einmal durchgeführt. Im Schnitt hatten die Kinder der Versuchsgruppe (jene also, die den Lehrern als »vielversprechend« geschildert worden waren), ihren IQ-Wert um noch vier Punkte mehr als die Kinder der Kontrollgruppe verbessert. Darüber hinaus zeigte sich: Für dieses Ergebnis war es unerheblich, ob ein Kind in einer Klasse mit »überdurchschnittlichen« oder mit »unterdurchschnittlichen« Schülern saß. *Wer als »vielversprechend« eingestuft worden war, machte auch im Klassenvergleich mehr Fortschritte – egal, in welchem Leistungskurs er saß.*

(2) Der Pygmalion-Effekt gilt genauso für Heranwachsende und Erwachsene wie für Schüler. Und zwar auch dann, wenn es sich *nicht um intellektuelle Lernziele* handelt. Beispiel: In einem Ferienlager waren 14-jährige Jungen und Mädchen zusammengefaßt, um das Schwimmen zu lernen. Der einen Hälfte der Schwimmlehrer hatte man zugesteckt, daß in ihren Gruppen alle Schwimmtalente zusammengefaßt worden waren – und tatsächlich konnten diese Jugendlichen am Ende des zwei Wochen dauernden Kurses besser schwimmen als die anderen.

(3) Sogar beim *Arbeiten mit Tieren* läßt sich der Pygmalion-Effekt beobachten. ROSENTHAL studierte u.a. den Einfluß bestimmter Erwartungen auf das Verhalten von Ratten. Er tischte einem Seminar von zwölf Studenten folgende Geschichte auf: Es sei möglich, durch Weiterzucht von Ratten, denen man schnelles Orientieren im Labyrinth beigebracht habe, intelligente Rattenstämme zu züchten. Um das zu demonstrieren, wurden jedem Studenten fünf Ratten zugeteilt. Diese Ratten sollten nun unter Anleitung des jeweiligen Studenten lernen, in den dunklen Arm eines T-förmigen Labyrinths zu laufen.

Sechs Studenten wurde erzählt, ihre Ratten seien bereits aus dem intelligenten, »Labyrinth-geschulten« Stamm; den anderen wurde bedeutet, daß ihre Ratten normale, dumme Versuchstiere seien. In Wirklichkeit gab es natürlich keinen Unterschied zwischen den Tieren.

Die Leistungen der beiden Gruppen unterschieden sich dann in der Tat voneinander. Jene Ratten, die von ihren Studenten für intelligent gehalten wurden, verbesserten ihre Leistungen von Tag zu Tag. Sie rannten schneller und sicherer durch das Labyrinth als die »dummen« Tiere. Die angeblichen dummen Ratten schnitten schlecht ab. In 29% der Versuche weigerten sie sich schon beim Start, sich von der Stelle zu rühren. Solche Widerspenstigkeit trat bei den »intelligenten« Ratten nur in 11% der Fälle auf.

Die *Auswertung* dieses Rattenversuches ergab im übrigen folgende interessante Einzelheiten: Jene Studenten, die glaubten, mit intelligenten Versuchstieren zu arbeiten, zeigten sich ihren Ratten mehr zugetan. Sie waren in Gegenwart der Tiere innerlich ruhiger als die Studenten mit den »dummen« Ratten. Sie gingen sachter mit ihnen um und waren von dem ganzen Versuch auch mehr angetan als jene Studenten, die annahmen, daß sie sich mit dummen Tieren abgeben mußten. Es zeigte sich seltsamerweise, daß die Studenten mit den »intelligenten« Ratten weniger mit ihren Tieren gesprochen, sie aber häufiger berührt hatten. Während die anderen Studenten ihre »dummen« Ratten kaum berührt, aber sie recht aggressiv beschimpft hatten, wenn sie ihre Aufgabe nicht lösten.

Als Quintessenz seiner Versuchsergebnisse entwarf Professor ROSENTHAL eine *4-Faktoren-Theorie,* die besagt:
Personen, die eine positive Erwartung in ihre Kinder, Schüler, Klienten (oder wen auch immer) setzen

- scheinen um diese Gruppe herum ein wärmeres sozio-emotionales *Klima* zu erzeugen;
- scheinen dieser Gruppe mehr Rückmeldung *(Feedback)* über ihren Leistungsstand zu geben;
- scheinen dieser Gruppe mehr Informationen *(Input)* zu geben und höhere Anforderungen an sie zu stellen;
- scheinen dieser Gruppe mehr Gelegenheit zu Frage und Antwort *(Output)* einzuräumen.

Als wichtige Ergebnisse aus ROSENTHAL'S Versuchen seien hier noch erwähnt:
(1) Lehrer, die glaubten, es mit einem guten Schüler zu tun zu haben, lächelten den Jungen eher an, machten zustimmende Kopfbewegungen, beugten sich zu ihm rüber und schauten ihm länger in die Augen (alles Symptome einer »positiven« Körpersprache!).
(2) Gute Schüler erhalten stets mehr Feedback – ganz gleich, ob ihre Antworten richtig oder falsch sind!

(3) Bei Schülern, von denen Lehrer mehr erwarten, fallen die Reaktionen – Lob wie Tadel! – stärker und eindeutiger aus.

(4) Begabte Kinder erhalten mehr Lob und weniger Tadel. Das heißt: Kritik sparen sich Lehrer für die »dummen« Schüler auf!

(5) Lehrer geben Schülern, von denen sie mehr erwarten, im wahrsten Sinne des Wortes *mehr Unterricht.*

(6) Lehrer spornen Schüler, von denen sie mehr erwarten, auch dazu an, häufiger Antworten zu geben. Sie rufen sie häufiger auf, geben ihnen schwierigere Nüsse zu knacken, räumen ihnen mehr Zeit für die Antwort ein und helfen ihnen, bis sie die richtige Lösung finden.

Zum Schluß sei noch ein Untersuchungsergebnis berichtet, das geradezu schockierend ist: Wenn Kinder, die vom Lehrer als unbegabt angesehen werden, gute Leistungen erbringen, so ziehen sie sich den Unmut des Lehrers zu. Mit anderen Worten: eine unerwartete Leistung ist für den, der sie erbringt, mit Risiko behaftet. *Weil der Lehrer den Schüler nicht für seine gute Leistung belohnt, sondern ihn bestraft, weil er den Erwartungen des Lehrers nicht gerecht wurde!*

Ich kann mir die Anmerkung nicht verkneifen, verehrter Leser, daß gegen ROSENTHAL'S Ergebnisse von deutschen Pädagogen, vor allem von Grundschullehrern, entrüstet Sturm gelaufen worden ist. Dieser Entrüstung lag vermutlich das berühmte Palmström-Motto zugrunde: »Weil nicht sein kann, was nicht sein darf!« Ein deutscher Lehrer, sowieso der Klasse »Übermensch« zugehörig, hat keine Vorlieben und behandelt stets jeden Schüler gleich fair! Basta!

Jeder von uns, verehrte Trainer-Kollegen, der in der Unterrichtspraxis steckt und sich selbst gegenüber ehrlich ist, weiß sehr wohl, daß auch wir Trainer unsere Vorlieben und Abneigungen haben. Einige Seminarteilnehmer sind uns sympathischer als andere; natürlich geben wir uns lieber mit den aufgeweckten Burschen ab als mit den etwas »unterbelichteten«. Und immer wieder einmal haben wir Klugscheißer oder Querulanten im Seminar, an denen wir uns (zum Beispiel mit der Beurteilung) subtil rächen... Wären wir nicht so, wären wir keine Menschen, sondern in der Tat Über-Menschen. Übrigens eine recht unsympathische Erscheinung, so ein fehlerloses Geschöpf... Wesentlich ist doch nur, *daß wir Ausbilder uns über unsere Schwächen und die daraus resultierenden Anfechtungen im klaren sind* und uns immer wieder selbst kontrollieren, ob unser Verhalten im Seminar wenigstens weitgehend fair und gerecht ist.

Zusammenfassung

1. Kommunikation findet immer dann statt, wenn ein Mensch das Verhalten eines anderen beeinflußt; und zwar auch dann, wenn nichts gesprochen wird.
2. Von »Kommunikation« im Sinne des Wortes kann man erst dann sprechen, wenn der »Empfänger« Gelegenheit hat, sich zur Nachricht des »Senders« zu äußern (»Feedback«).
3. Das erste Grundgesetz jeder Kommunikation lautet: Wahr ist nicht, was A sagt, sondern was B versteht.
4. Jeder Mensch hört und sieht selektiv. Eine Nachricht, die mit dem Wertsystem des »Empfängers« übereinstimmt oder dessen Selbstwertgefühl stärkt, wird vom Empfänger aufgebauscht. Im umgekehrten Fall werden Nachrichten verniedlicht oder verdrängt.
5. Das zweite Grundgesetz für effektive Kommunikation lautet: Wenn B eine Nachricht des A falsch interpretiert, ist immer A schuld! Das heißt: Beim »Sender« liegt die Verantwortung für exakte Kommunikation!
6. Das erste pragmatische Axiom WATZLAWICK'S lautet: Man kann nicht *nicht* kommunizieren.
7. Das zweite pragmatische Axiom lautet: Jede Kommunikation hat einen Inhalts- und einen Beziehungsaspekt, derart, daß letzterer den ersteren bestimmt.
8. Als »Nebeneffekt« des zweiten pragmatischen Axioms könnte man formulieren: Wenn immer ein Mensch zu einem anderen etwas sagt, definiert er damit zugleich seine Beziehung zu ihm.
9. Das dritte pragmatische Axiom besagt: Die Natur einer Beziehung ist durch die Interpunktion (= Gliederung) der Kommunikationsabläufe seitens der Partner bedingt.
10. Der Inhalt des vierten pragmatischen Axioms kann, in stark vereinfachter Form, wie folgt wiedergegeben werden: Den beiden Ebenen jeder Kommunikation, der Inhalts- und der Beziehungsebene, entspricht ein ganz spezieller Wortschatz; nämlich ein mathematisch-korrekter und ein bildhaft-gefühlsbeladener.
11. Das fünfte pragmatische Axiom WATZLAWICK'S lautet: Zwischenmenschliche Kommunikationsabläufe sind entweder symmetrisch oder komplementär, je nachdem, ob die Beziehung zwi-

schen den Partnern auf Gleichheit oder Unterschiedlichkeit beruht.

12. Unter »Identifikation« versteht man (im psychologischen Sinne) die freiwillige Anerkennung einer Autorität und das damit verbundene Bestreben, sein zu wollen wie diese (verehrte oder geliebte) Respektsperson.

13. Die Identifikation ist deshalb die Voraussetzung allen echten Lernens, das nämlich in letzter Konsequenz eine Persönlichkeitsveränderung des Lernenden nach sich zieht.

14. Von »Einwilligung« spricht man in der modernen Pädagogik, wenn sich ein Seminarteilnehmer nur anpaßt. Das heißt, er übernimmt das vom Ausbilder empfohlene Verhalten nicht, weil er von dessen Inhalt überzeugt ist, sondern weil er glaubt, mit konformem Verhalten bestimmte Belohnungen und Anerkennungen erhalten und gewisse Strafen und Mißbilligungen vermeiden zu können.

15. Unter »Identifikation« im *pädagogischen* Sprachgebrauch versteht man, daß ein Seminarteilnehmer Einflüsse akzeptiert, um eine befriedigende Beziehung zum Seminarleiter oder zur Gruppe aufzubauen oder zu erhalten; aber – dieser Mensch ist tatsächlich von dem Verhalten überzeugt, daß er durch die Identifikation übernimmt.

16. Von »Internalisierung« im *pädagogischen* Sinne spricht man, wenn ein Seminarteilnehmer Einflüsse akzeptiert, weil der Inhalt des angebotenen Verhaltens von innen heraus belohnend wirkt. Der Seminarteilnehmer übernimmt das Verhalten, weil es mit seinem eigenen Wertsystem übereinstimmt.

17. Fazit aus den Überlegungen zum Thema »Identifikation«: Je mehr sich ein Seminarteilnehmer mit der Person des Seminarleiters identifiziert, desto williger übernimmt er den angebotenen Lehrstoff; und desto nachhaltiger wird die dadurch erzielte Verhaltensänderung sein.

18. Aus FRANCIS GALTON'S Gedankenversuch lassen sich zwei Lehren ableiten:
    1. Der Mensch ist, was er denkt.
    2. Es ist nicht notwendig, der Umwelt seine innere Einstellung durch Worte mitzuteilen; die Menschen »erspüren« sie auch so.

19. Wer als Seminarleiter den Teilnehmern gegenüber keine positive Einstellung hat, wird als Ausbilder scheitern – noch ehe er den Mund aufgemacht hat!

20. Unter dem von Professor ROSENTHAL so benannten »Pygmalion-

Effekt« versteht man, daß sich ein Lehrer eine ganz bestimmte Vorstellung von einem Schüler macht – und ihn dann auch nach dieser Vorstellung formt.

21. Die Grundmaxime von ROSENTHAL'S »Pygmalion-Effekt« lautet deshalb: Die Macht der Erwartungen, die wir an einen anderen Menschen stellen, ist so groß, daß durch sie allein schon dessen Verhalten beeinflußt werden kann. Wir nennen dies eine sich selbst-erfüllende Prophezeiung: Was wir einem Menschen zutrauen, entscheidet manchmal auch über seinen Werdegang.

22. In der Unterrichtspraxis überträgt sich die Erwartung des Seminarleiters auf den Teilnehmer auf drei verschiedenen Wegen:
    1. durch die Körpersprache;
    2. durch die Stimme;
    3. durch die Unterrichtsmethode.

23. Der Pygmalion-Effekt gilt in gleicher Weise für die Unterrichtung von Schülern, Heranwachsenden und Erwachsenen. Er wurde auch bei der Arbeit mit Tieren bestätigt. Und er gilt auch, wenn es sich nicht um intellektuelle Lernziele handelt (z.B. um das Schwimmen).

24. Nach ROSENTHAL'S 4-Faktoren-Theorie
    a) erzeugten Personen, die eine positive Erwartung in andere setzen, ein wärmeres sozio-emotionales Klima;
    b) geben solche Personen der Gruppe mehr Feedback;
    c) geben solche Personen der Gruppe ein Mehr an Informationen (Input);
    d) geben solche Personen der Gruppe mehr Gelegenheit zu Frage und Antwort (Output).

25. Fazit: Lehrer geben Schülern, von denen sie mehr erwarten, im wahrsten Sinne des Wortes mehr Unterricht.

4. KAPITEL

Vom Lernen und Lehren

Wer lehrt, sollte auch etwas über das Lernen wissen. Wie kann ich von meinen Lehrgangsteilnehmern erwarten, daß sie sich einen bestimmten Stoff in einer vorgegebenen Zeit aneignen, ohne die Gesetze der Lernpsychologie zu kennen und ohne mich, wann immer möglich, in meiner Didaktik darauf einzustellen? Wir wollen deshalb zunächst einmal in die Gesetze erfolgreichen Lernens eindringen.

Angenommen, ich muß mir als Seminarteilnehmer einen völlig neuen Stoff aneignen, dessen Beherrschung am Ende des Lehrganges durch einen Test überprüft wird. Wie gehe ich am rationellsten vor? Gibt es vielleicht bestimmte Faktoren, die einen Lernerfolg gewährleisten? Jawohl – die gibt es! Es sind ihrer drei:

1. Intelligenz (bzw. Lernfähigkeit);
2. die Methode, nach der ich lerne;
3. die Motivation, die mich zum Lernen veranlaßt.

Bevor wir uns mit diesen Faktoren näher beschäftigen, sei eine wesentliche Erkenntnis vorweggenommen: *nur die Kombination aller drei Faktoren ermöglicht gute Ergebnisse!*

Wir alle erinnern uns an frühere Mitschüler, die hochintelligent waren und trotzdem kein Abitur schafften. Halten wir also fest: ein Mindestmaß an Intelligenz ist für jeden Lernerfolg Voraussetzung; aber Intelligenz *allein* ist für ihn nicht ausschlaggebend. *Deshalb vermeiden Sie als Dozent, hochintelligente Lehrgangsteilnehmer immer wieder lobend herauszuheben; Sie fördern durch diese Haltung die Lernleistung der Gelobten kaum – düpieren jedoch mit Sicherheit alle anderen, weniger intelligenten Teilnehmer.*

Beschäftigen wir uns nunmehr vorweg mit dem Punkt 3, so läßt sich einleitend feststellen: *alle Erfolge* im Leben haben eine gemeinsame Basis –

die Motivation! Wenn beispielsweise ein junger Mann einen berufs-
begleitenden Abendlehrgang besucht, »weil ihn ja das Arbeitsamt bezahlt« und weil er dann »ein Papier mehr hat, wenn er sich irgendwo
bewirbt« – so wird dieser Teilnehmer das Lehrgangsziel nur mit Schwierigkeiten erreichen, wenn überhaupt! Setzt sich andererseits ein Kfz.-
Meister das Ziel, eines Tages eine Werkstatt mit Neuwagenverkauf und
Service-Station als Geschäftsführer zu übernehmen und belegt deshalb
einen zehnmonatigen Abendkurs »Kaufmännisches Grundwissen«, so
wird er diesen Lehrgang ohne Zweifel mit Erfolg absolvieren. Er hat ein
Motiv – der andere nicht. Und wer von uns hat nicht schon einmal einen
Sprachkurs begonnen – »weil man als gebildeter Mensch eigentlich
Französisch sprechen sollte!« – ohne ihn jemals abzuschließen?

*Diese Erkenntnis von der Wichtigkeit der Motivation verpflichtet Sie als
Dozenten, alles daran zu setzen, während des Unterrichts keine aversiven Bedingungen entstehen zu lassen.* Oder, anders ausgedrückt: Sie sollten den
Unterrichtsstoff so sympathisch wie möglich erscheinen lassen bzw. darbieten. Es muß dem Lehrgangsteilnehmer Freude machen, sich mit der
anstehenden Thematik auseinanderzusetzen.

Und nun zur *Methode.* Wollen wir doch – zur Steigerung der Neugier –
das Problem der Lernmethode in eine Frage kleiden: »Wie lernt der
Mensch überhaupt?« Die Antwort liefern uns Wissenschaftler zweier
verschiedener Fachdisziplinen: die Gehirnforscher und die Lernpsychologen. Beschäftigen wir uns zunächst einmal mit jenen Vorgängen im
Gehirn, die ein »Lernen« überhaupt ermöglichen.

Anatomische Voraussetzungen des Lernens

Erfahrungen mit der Umwelt lösen stets angenehme oder unangenehme Gefühle aus; beispielsweise, wenn ein Kleinkind nach Berührung
einer heißen Platte Schmerz empfindet oder beim Verzehr eines
Schokoladenpuddings »süße Empfindungen« erfährt. Im Menschen entsteht also schon sehr früh eine Art *»Urbewußtsein«* im Sinne von ange-
nehmen und unangenehmen Gefühlen.

Anatomischer Sitz dieser Gefühlsreaktionen (»Lust- und Unlust-
areale«) ist eine aus dem ursprünglichen Riechhirn entwickelte Gehirn-
partie, die man das *»limbische System«* nennt. Es ist auf der Grenze zwischen Stammhirn und Neuhirn, oberhalb des Zwischenhirns, ange-

siedelt. In einem Teil des Zwischenhirns, im sog. Thalamus, werden alle durchgehenden Sinneswahrnehmungen nochmals ganz speziell mit Gefühlen wie Freude, Angst, Lust oder Schmerz ausgestattet. Von hier aus werden Lachen und Weinen dirigiert – alles Vorgänge, die auch großen Einfluß darauf ausüben, wie stark wir damit verbundene Sinneswahrnehmungen behalten. Festzuhalten ist, wenn wir das Lernen im Auge behalten, aus diesen anatomischen Erkenntnissen vor allem ein Prinzip: *jede Information, die wir aufnehmen, und jede Tätigkeit, die wir ausüben, ist mit Gefühlen verknüpft.* Weil nämlich alle Informationen aus der Außen- oder Innenwelt des Menschen zur Verarbeitung im Gehirn das limbische System und den Thalamus passieren *müssen.* Für die Praxis im Seminar sei deshalb nochmals, wie schon mehrfach an anderen Stellen dieses Buches, auf eine kardinale Grundvoraussetzung allen Lernens hingewiesen:

Wenn immer das Lernen mit unangenehmen (= aversiven) Gefühlen verbunden ist, wird letztlich nichts behalten. Der Trainer sollte deshalb stets bemüht sein, den Unterrichtsstoff so positiv zu präsentieren, daß bei den Teilnehmern »angenehme Gefühle« entstehen. Der positiven gefühlsmäßigen Präsentation des Stoffes kommt für den Lernerfolg im Seminar die gleiche Bedeutung zu wie der Unterrichtsmethode (Didaktik) und der Auswahl der verschiedenen Unterrichtsmedien.

Wie FREDERICK VESTER sehr anschaulich und gut verständlich beschrieben hat, enthält unser Großhirn etwa 14 Milliarden Nervenzellen (Neuronen), mit einer noch einmal zehntausendfachen Zahl von Querverbindungen. Daraus ergibt sich ein kompliziertes Netz von Verfaserungen, dessen Gesamtlänge etwa 500 000 km Länge aufweist. Noch interessanter ist indessen, daß eine einzelne Nervenzelle über tausend Faserleitungen von anderen Neuronen empfangen kann. Mit anderen Worten: Die Verfaserungen zwischen den einzelnen Nervenzellen im Gehirn ergeben ein *Grundmuster,* das in den ersten drei Lebensmonaten des Säuglings geprägt wird. *Wie* sich dieses Grundmuster entwickelt, hängt wiederum von den Sinneseindrücken ab, die der Säugling in dieser Zeit aufnimmt: Geräusche, Farben, Formen, Hautkontakte etc. *Von der Ausformung dieses Grundmusters hängt es also auch ab, wie ein*

Mensch später lernt; ob er ein mehr visueller oder mehr auditiver Typ ist; ob er besser lernt, wenn er etwas durch Be-greifen (= haptisch) erfährt oder in der Diskussion mit anderen.
Da ein Seminarleiter nie weiß, welche »Lerntypen« im Seminar sitzen, d.h., welche Art von Grundmustern im Gehirn die Teilnehmer in früher Kindheit entwickelt haben, muß er in der Auswahl der Unterrichtsmedien so vorgehen, daß möglichst alle im Seminar anwesenden Grundmuster-Lerntypen angesprochen werden. Das bedeutet für die Unterrichtspraxis:

> Bei den didaktischen Erwägungen des Seminarleiters, d.h. bei der Auswahl der verschiedenen Unterrichtsmedien, sollte so vorgegangen werden, daß möglichst allen Lerntypen eine Gelegenheit zum optimalen Einstieg in den Stoff angeboten wird. Die Forderung nach einem möglichst vielseitigen Unterricht ergibt sich also allein schon aus der anatomischen Struktur unseres Gehirns!

Nun ist Lernen im Seminar ein Kommunikationsprozeß. Da sitzen sich Menschen gegenüber, nämlich der Trainer und die Teilnehmer, und niemand weiß vom anderen, welches Muster die Nervenfaserungen seines Gehirns aufweisen (Gott-sei-Dank denkt auch niemand darüber nach!). Vom Gehirn gehen indessen ständig elektrische Ströme aus, deren Schwingungen vom Grundmuster dieser Verfaserungen beeinflußt werden.
Wichtig für die Verständigung zweier Menschen, also für die Kommunikation zwischen dem eigenen und dem fremden Muster, ist ihre *Resonanz*; d.h., daß beide Muster möglichst ähnliche Schwingungen aufweisen. Das können sie aber nur, wenn sie in ihrer Struktur ähnlich sind. Dazu schreibt VESTER: »Lernerfolg und gute Schulleistungen liegen also nicht nur an der absoluten Intelligenz des einzelnen (der Fähigkeit, zu behalten, zu kombinieren, Zusammenhänge zu erkennen), sondern oft an der *relativen* Übereinstimmung zweier Muster, an der Möglichkeit oder Unmöglichkeit einer Resonanz. Ein Kind lernt immer von einem ›Partner‹, sei es von dem Lehrer, von dem Schulbuch, von den Mitschülern. Und es lernt dann gut, wenn es in diesem Partner sich selbst wiedererkennt, d.h., wenn sein eigenes Assoziationsmuster mit dem des Partners im Einklang steht... Selbst der gleiche Wissensstoff, der gleiche

Informationsinhalt, kann deshalb ganz unabhängig von seinem Schwierigkeitsgrad, je nach Art des Denkmusters, in dem er angeboten wird, einmal sehr schwer und einmal sehr leicht erfaßt werden.«

Welche Konsequenzen kann diese wissenschaftliche Erkenntnis für die praktische Arbeit im Seminar haben?

> Es ist immer möglich, daß Teilnehmer im Seminar sitzen, die auch einen guten Trainer nicht verstehen, weil die Strukturmuster der beteiligten Gehirne zu verschieden sind. Ihre »Wellenlängen« differieren zu sehr, es findet keine Resonanz statt. *Ein* Ausweg aus dieser Problematik, für die niemand etwas kann, ist das Lernen in Kleingruppen.

Es ist statistisch erwiesen, daß alle Absolventen von Mittel- oder Hochschulen, die mit Note 1 abschnitten, »Einzellerner« waren. Trotzdem hat das Lernen in Gruppen Vorteile. *Einer* dieser Vorteile ist, daß der Unterrichtsstoff in der Gruppe nochmals »durchgekaut« und von verschiedenen Teilnehmern mit *ihren* Worten interpretiert wird – was bei anderen Gruppenmitgliedern oft ein Aha-Erlebnis auslöst! Jetzt, wo ein Kollege den gleichen Sachverhalt nochmals erläutert, verstehen sie auf einmal, was sie im Unterricht nicht kapiert hatten.

Bei längerdauernden Seminaren, z.B. bei Einschulungskursen für »Trainees« aller Branchen, ist das Lernen in Kleingruppen unabdinglich. Um eine möglichst hohe Effektivität beim Lernen in Gruppen zu erzielen, sollten folgende Voraussetzungen erfüllt sein:

- die Gruppe sollte *klein genug* sein, damit alle den Mut und die Gelegenheit zum Sprechen haben;
- die Gruppe sollte *groß genug* sein, damit genügend Wissen oder genügend Meinungen vertreten sind;
- alle Mitglieder sollten im gleichen Rang stehen;
- die Diskussionsleitung sollte abwechselnd übernommen werden;
- alle Teilnehmer müssen vorbereitet sein.

In meinen Seminaren haben sich *Vierer-Gruppen* als optimal erwiesen. Steht am Ende eines Stoffabschnittes eine Klausur ins Haus, empfehle ich den Teilnehmern, »Prüfung« zu spielen. Das heißt, jedes Gruppenmitglied übernimmt abwechselnd die Funktion des Prüfers und liest die Prüfungsfragen von vorbereiteten Kärtchen ab. In der Regel hat der vierte

Teilnehmer, der den Prüfer spielt, echte Schwierigkeiten, wesentliche Fragen zu formulieren, die nicht schon dran waren. Es ist unglaublich, wie diese simple Methode den Lerneffekt steigert – was sich an den Klausurnoten ablesen läßt!

Wenden wir uns nunmehr einem Sachverhalt zu, der in der neueren Pädagogik zwar oft diskutiert, aber m.E. in der Unterrichtspraxis zu wenig berücksichtigt wird; ich meine die Tatsache, daß der Mensch de facto drei Arten von Gedächtnis aufweist: das »Ultrakurzzeit-Gedächtnis«, das »Kurzzeit-Gedächtnis« und das »Langzeit-Gedächtnis«. *»Gelernt« haben wir nur, was im Langzeit-Gedächtnis gespeichert worden ist.* Was hat es nun mit diesen verschiedenen Gedächtnisarten auf sich?

Das Ultrakurzzeit-Gedächtnis speichert Informationen *nicht*. Vielmehr kreisen elektrische Impulse durch unser Fasernetz im Gehirn. Dieser Vorgang dauert zwischen 10 und 20 Sekunden. Das bedeutet u.a. für die Unterrichtspraxis:

> Ein Trainer, der zu lange Sätze baut, kommt bei den Seminarteilnehmern nicht an: weil diese den Anfang eines Bandwurmsatzes mit eingeschachtelten Nebensätzen bereits vergessen haben, wenn der Trainer den Satz beendet. Weil des Ultrakurzzeit-Gedächtnis mit seiner Kapizität von 10 bis 20 Sekunden Dauer überfordert ist!

Alles, was wir lernen wollen, muß, um endlich im Langzeit-Gedächtnis verankert zu werden, immer dieselbe »Route« durchlaufen: Ultrakurzzeit-Gedächtnis, Kurzzeit-Gedächtnis, Langzeit-Gedächtnis. Das bedeutet: *Jeder Lernvorgang* beginnt mit einer durch Informationen (von außen oder innen) verursachten elektrischen Erregung im Gehirn. Das bedeutet für die Unterrichtspraxis:

> Um den Mechanismus Ultrakurzzeit-Gedächtnis/Kurzzeit-Gedächtnis/Langzeit-Gedächtnis immer wieder »in Gang zu bringen«, empfiehlt es sich, ein und dieselbe Information im Verlaufe des Unterrichts mehrmals zu wiederholen.

Mit *Kurzzeit-Gedächtnis* wird eine zeitlich *bis zu 20 Minuten* dauernde Phase der Gehirntätigkeit bezeichnet, in der in den Zellkernen der Neuronen »Matrizen« angefertigt werden, die der Konstruktion von Eiweißmolekülen dienen; und zwar von ganz speziellen Eiweißmolekülen, in denen die aufgenommene Information »stofflich gespeichert« wird.

Ist eine Information erst einmal in Form von Eiweißmolekülen irgendwo im Gehirn deponiert, so ist sie im *Langzeit-Gedächtnis* angelangt und von dort – theoretisch – jederzeit wieder abrufbar.

Nun kann, wie viele interessante Tierversuche zeigten, der Übergang in das Langzeit-Gedächtnis beschleunigt, verzögert oder blockiert werden. *Beschleunigt* wird der Übertritt von Informationen vom Kurzzeit- in das Langzeit-Gedächtnis,

● wenn *Assoziationen* entstehen; d.h., wenn die neu eintreffende Information sich mit einem bereits im Gehirn gespeicherten »Bild« verknüpfen kann;

● wenn der Übergang der elektrischen Impulse an den Schaltstellen der einzelnen Neuronen (= Synapsen) durch hormonelle Einwirkung beschleunigt wird; dies geschieht unter »Eustreß« (= freudiger Streß);

● wenn dem Gehirn eine Pause genehmigt wird, in der keine zusätzlichen, neuen Informationen auf es einströmen.

Verzögert wird der Übertritt von Informationen in das Langzeit-Gedächtnis, wenn

● *zu viele Informationen,* oft gegensätzlichen Inhalts, innerhalb einer zu kurzen Zeitspanne angeboten werden;

● wenn *Distreß* (= schädlicher Streß), z.B. eine Aufregung, den Hormonhaushalt beeinflußt und dadurch den Übergang an den Synapsen beeinträchtigt.

Blockiert wird der Übergang in das Langzeit-Gedächtnis, wenn

● durch extremen Distreß (z.B. Examensangst) oder durch Schock (z.B. als Folge eines Unfalles) der Synapsen-Übergang gesperrt wird;

● die Eiweißsynthese im Organismus ganz allgemein gestört ist, z.B. bei Unterernährung oder bei sehr alten Menschen.

Was bedeuten diese wissenschaftlich gut fundierten Erkenntnisse für die Unterrichtspraxis?

Um den Lernprozeß, d.h. die Verankerung neuer Informationen im Langzeit-Gedächtnis, zu erleichtern, sollte ein Trainer den Unterrichtsstoff

- in einer *Eustreß-Atmosphäre* anbieten; d.h., die Teilnehmer sollten Freude am Unterricht haben;
- so vermitteln, daß möglichst viele *Assoziationen* zu schon vorhandenen Gedächtnisinhalten entstehen;
- durch »*Pausen*« auflockern, in denen etwas »getan« werden muß, so daß für diesen Zeitraum die Verarbeitung *neuer* Informationen entfällt; dadurch verläuft die Eiweiß-synthese ungestört, das Langzeit-Gedächtnis kann »aufholen«.

Schließlich sei ein weiterer Umstand erwähnt, der in der Praxis nicht unberücksichtigt gelassen sein sollte. Ich meine die Tatsache, daß wir Informationen aus der Umwelt »vielkanalig« aufnehmen, und, daß wir ja in der Regel nicht nur *eine* Information wahrnehmen, sondern ein Gemisch von Informationen – auch wenn uns dies nicht bewußt wird.

Nehmen wir einmal an, eine Teilnehmergruppe säße im »Seminar-Raum« eines sog. Tagungshotels. Während der Trainer spricht, hören die Teilnehmer nicht nur seine Worte. Zum gleichen Zeitpunkt nehmen sie, und zwar mit verschiedenen Sinnesorganen, diverse andere Informationen auf: leise Lautsprecher-Musik aus den Gängen; die Worte von Kellnern oder Hotelgästen, die am Raum vorbeigehen; das Geräusch an- und abfahrender Autos vor dem Fenster; den eigenartigen Geruch des Teppichbodens; die Farbmusterung der Tapete; das Geräusch einer sog. Klimaanlage; usw.

All diese Informationen erreichen *als Paket* das Gehirn der Seminarteilnehmer und geben dort, je nach nervösem Grundmuster, Anlaß zu verschiedenen Assoziationen. Sind die Informationen des »Pakets« in ihrer Summe vorwiegend positiv (hübscher, farblich gut abgestimmter Raum ohne störende Düfte oder Geräusche und mit angenehmer Temperatur), so werden vor allem die Lustareale des limbischen Systems aktiviert; d.h., Distreß tritt nicht auf. Und so wird die verbale Information des Trainers, quasi angenehm »verpackt«, auch leichter im Langzeit-Gedächtnis gespeichert. Das kann so weit gehen, daß ein Teilnehmer zu einem späteren Zeitpunkt, wenn er sich der »Trainer-Weisheit« erinnert, zugleich auch den Seminarraum mit seinen wesentlichen Attributen »vor sich sieht«. Dieser Tatbestand bedeutet für die Unterrichtspraxis:

> Da jeder Seminarteilnehmer »vielkanalig« aufnimmt und somit ganze Partien seines Grundmusters zum Schwingen bringt, sollte der Trainer dafür sorgen, daß der Seminarraum und dessen Umgebung möglichst nur »positive« Sekundärinformationen vermittelt. Also keine störenden Nebengeräusche, kein störender Geruch von verstaubten Teppichböden oder aufdringlichem Bohnerwachs, keine schweißtreibende Luft, weil die »Klimaanlage« nicht funktioniert. Das »Umfeld Seminar« kann so störende Einflüsse auf die Teilnehmer ausüben, daß der Lerneffekt mehr oder weniger zunichte gemacht wird!

Vice versa ergibt sich aus den gleichen Tatbeständen die nächste Forderung:

> Ein geschickter Trainer wird seine verbale Botschaft so »verpacken«, daß mehrere Kanäle angesprochen werden. So wird er seine Ausführungen durch visuelle Hilfsmittel unterstützen, sie vielleicht mit Musik untermalen oder den Teilnehmern Gelegenheit geben, eine Sache zu be-greifen. Die Vielzahl der verwendeten Unterrichtsmedien in Harmonie mit der postiven Ausstrahlung des Schulungsraumes ergeben den optimalen Einstieg für effektives Lernen.

Dies, verehrter Trainer-Kollege, sind also die anatomischen, bzw. physiologischen Voraussetzungen, die das Gehirn zum Lernen befähigen. Wenden wir uns nunmehr der Lernpsychologie zu; einem Wissenschaftszweig, der vor allem in den USA seit Kriegsende wesentliche neue Erkenntnisse zu Tage gefördert hat. Fragen wir also einen Lernpsychologen, wie der Mensch lernt, so wird er uns zur Antwort geben: *es gibt drei Arten menschlichen Lernens.*

Eine davon ist die sog. *»klassische Konditionierung«.* »Kondition« heißt »Bedingung«. Hinter diesem Terminus verbirgt sich nichts anderes als das Erlernen bedingter Reflexe. Der Pionier auf diesem Forschungsgebiet war der russische Physiologe IWAN PAWLOW.

Ein Reflex ist immer eine Re-Aktion auf eine Aktion. Nun gibt es

Reaktionen, die angeboren sind; beispielsweise der Saug- und Schluck-reflex. Ohne diese beiden angeborenen Reflexe würde der Säugling an der Mutterbrust verhungern.

Nun kann man Reflexe aber auch »setzen«, indem man sie an eine »Bedingung« knüpft. Genau dies tat PAWLOW. Er schlug jedesmal, wenn er seine Versuchshunde fütterte, auf eine Glocke. Nach einiger Zeit schlug er nur noch die Glocke an und ließ das Futter weg. Die Hunde reagierten genau so, als ob man ihnen Futter vorgesetzt hätte: sie sezer-nierten Speichel-, Magen-, Gallen- und Pankreassaft, um das nichtvor-handene Futter verdauen zu können. Somit hatte der tierische Organis-mus einen »Lernprozeß« durchlaufen. Allerdings – *ohne überhaupt lernen zu wollen!*

Diese passiven Lernvorgänge spielen im täglichen Leben eine große Rolle, auch wenn wir uns dessen in der Regel nicht bewußt sind. Gefühls-reaktionen, wie etwa Vorlieben und Abneigungen, kommen oft durch eine »klassische Konditionierung« zustande. Oder, anders ausgedrückt: der Mensch lernt es, auf ein bestimmtes Signal hin in einer ganz bestimm-ten Weise zu reagieren. Dies gilt auch für das Erlernen sozialer Normen.

Wenn früher auf dem Dorf das Ave-Läuten begann, unterbrachen die Kinder ihr Spiel sofort, um nach Hause zum Essen zu eilen; beim ersten Glockenschlag verspürten sie plötzlich »Hunger«. Wenn im Elternhaus vor der Weihnachtsbescherung geklingelt wurde, versetzt auch noch nach vielen Jahren das Ertönen einer ähnlichen Klingel den Erwachsenen sofort in Weihnachtsstimmung. Und so weiter . . .

Was bedeutet die Kenntnis bedingter Reflexe bzw. ihrer Entstehung für die Tätigkeit eines Dozenten? *Wann immer Sie als Dozent bei den Lehr-gangsteilnehmern nicht »ankommen«, weil Sie vielleicht zu autoritär sind, zu intolerant, zu hart im Zensieren, zu unpersönlich und zu distanziert – wird sich diese Aversion gegen Sie als Person auf den Lehrstoff übertragen. Ergebnis: die Teilnehmer lernen nicht nur nichts – sie haben von dieser Thematik zeit-lebens »die Nase voll«!*

Gehen wir einen Schritt weiter, zur »*operanten Konditionierung*«. Der Terminus läßt schon erkennen, daß der Lernende bei dieser Art Kondi-tionierung etwas »tun« muß. Tatsächlich verbirgt sich hinter diesem Na-men nichts anderes als die altbekannte »Versuch-und-Irrtum«-Methode. Auch hier wurden die bahnbrechenden Erkenntnisse im Tierversuch erarbeitet, und zwar von den amerikanischen Psychologen THORN-DIKE und SKINNER.

Setzt man beispielsweise eine hungrige Ratte in einen Käfig, vor dem Futter liegt, so wird die Ratte alle möglichen Versuche anstellen, aus dem Käfig zum Futter zu gelangen. Versah man den Käfig vor Versuchsbeginn mit einer speziellen Einrichtung, beispielsweise mit einer Taste am Fußboden, deren Berührung die Käfigöffnung freigibt, so ist es nur eine Frage der Zeit, bis die Ratte während ihres Herumirrens diese Taste berührt. Und das merkt sie sich. Warum? Sie hatte ein »*Erfolgserlebnis*«! Sie wird durch Futter belohnt, wenn sie die Taste berührt. Hat die Ratte dies einmal »gelernt«, wird sie auch bei einer Änderung der Versuchsordnung – z.B. Ersatz der Taste durch einen Klingelknopf in anderer Position – so lange herumprobieren, bis sie den neuen Auslöser entdeckt hat.

SKINNER führte diese Versuche u.a. mit Tauben fort. So brachte er einer Taube bei, sich um ihre eigene Achse zu drehen – und zwar nach links! Die Methode war simpel: immer, wenn sich die Taube zufällig nach links drehte, bekam sie ein Futterkorn; bei Rechtsdrehung bekam sie nichts. Was also hat SKINNER getan? Er hat das gesamte »Lernprogramm« für die Taube, nämlich eine komplette Linksdrehung, in einzelne »Lernschritte« aufgelöst. Diese Methodik übertrug er später auf den Menschen und wurde somit zum Erfinder der »Programmierten Unterweisung (PU)«. Was bedeutet das Wissen um die »operante Konditionierung« für den Dozenten? *Jeder Lernerfolg eines Seminarteilnehmers sollte sofort durch Lob belohnt werden. Dieses Lob verhilft dem Teilnehmer zu einem »Erfolgserlebnis«. Nur Erfolgserlebnisse wirken positiv motivierend und gewährleisten, daß das neu erworbene Wissen »sitzt«.* Derartige »Belobigungen auf dem Fuß« nennt man in der Psychologie »Verstärkungen«. Wir kommen auf die Spielregeln für das Verstärken am Ende dieses Kapitels zurück.

Erörtern wir schließlich noch die dritte Lernmethode, das »*Lernen durch Einsicht*«. Die exakten Ergebnisse auf diesem Sektor verdanken wir W. KÖHLER, der Schimpansen in folgende Situation versetzte: er hängte im sehr hohen Käfig der hungrigen Tiere eine Bananenstaude auf, die durch Hinaufhüpfen oder »Huckepack-Stellung« nicht zu erreichen war. Vor Versuchsbeginn hatte er außerdem zwei leere Holzkisten in den Käfig gestellt. Nun passierte folgendes: nachdem ein Schimpanse seine erfolglosen Luftsprünge eingestellt hatte, saß er in einer Ecke des Käfigs und schaute hinauf zu den begehrten Bananen. Er schaute hinauf und wieder hinunter, hinauf-hinunter . . . Plötzlich kam ihm die erleuchtende Idee, als er beim Hinunterschauen die Kisten erfaßte: die Verbindung zwischen Bananen und Kisten war hergestellt. Blitzschnell türmte der Affe die Kisten aufeinander und erreichte die Bananen.

Dieses »Lernen durch Einsicht« hatte nachhaltigen Erfolg. Denn als KÖHLER die Versuchsanordnung änderte und statt der Kisten zwei Bambusstäbe in den Käfig legte, die nur zusammengesteckt zu der Bananenstaude hinaufreichten, dauerte es nur kurze Zeit, bis die Schimpansen dieses Problem lösten. Sie hatten ein- für allemal erkannt, daß sie an die Bananen nur mittels eines Werkzeugs gelangten. Fehlte ein derartiges Werkzeug im Käfig, unternahmen sie gar keinen Versuch, die Bananen zu erreichen.

Das »Lernen durch Einsicht« weist gegenüber den anderen beiden Methoden große Vorteile auf:

1. die langwierige Versuch-und-Irrtum-Phase fällt weg; was einmal erkannt wurde, steht jederzeit wieder zur Verfügung.
2. Langes Üben und Einprägen erübrigt sich; ist der Überblick vorhanden, wird sofort zielsicher gehandelt.
3. Das neue Wissen wird rascher erworben, besser behalten und leicht auf ähnliche Situationen übertragen.

Welche Konsequenzen sollten Sie als Dozent aus diesen Erkenntnissen ziehen? *Jeder Stoff muß so dargeboten werden, daß sein Zusammenhang in einer größeren Konzeption augenscheinlich wird. Die großen Zusammenhänge und logischen Querverbindungen von zugehörigen Teilgebieten müssen klar erkennbar sein.*

Andere Forschungen im Bereich der Lernpsychologie beschäftigen sich mit der Problematik des gedächtnismäßigen Speicherns und Reproduzierens. So fand H. MADDOX heraus, daß es einige ganz wesentliche Faktoren gibt, die das Behalten beeinflussen:

1. *Die Art des Lernmaterials:* ist es sinnvoll oder sinnlos? Gegliedert oder ungegliedert? Einfach oder schwierig? Das Ergebnis von MADDOX' Untersuchungen war eindeutig und eindrucksvoll: je mehr ein Material in sich gegliedert ist und je mehr erkennbare Gesetzmäßigkeiten es enthält, um so weniger wird es vergessen.
   Folgerung für die Praxis des Dozenten: *Bieten Sie einen Stoff stets gegliedert an! Machen Sie etwaige, im Stoff enthaltene Gesetzmäßigkeiten* sichtbar! Je weniger strukturiert das Lernmaterial ist, um so schneller *wird es vergessen!*

2. *Verteilung der Lernperioden:* wird ein Stoff in Abschnitte aufgeteilt und seine Aneignung auf größere Zeiträume verteilt, ergibt sich ein doppelter Vorteil: Zeitgewinn bei der Aufnahme und dauerhaftes Behalten. Folgerung für den Dozenten: *große Stoffgebiete in viele kleine Abschnitte aufteilen und über längere Zeiträume verteilt darbieten!*

3. *Interferenz-Phänomen:* werden Stoffgebiete ähnlichen Inhalts hintereinander gelernt, so stören sie sich gegenseitig. Denn Vergessen ist weniger ein passives Verlieren von Kenntnissen als vielmehr eine Überlagerung durch neue Eindrücke. Man sollte deshalb die Stoffgebiete immer wieder wechseln. Folgerung für den Dozenten: *Verteilen Sie Stoffgebiete ähnlicher Thematik so, daß immer wieder ganz anders geartete Themen dazwischen geschoben werden!*

Auch das Problem der *Ermüdung* spielt für die Unterrichtspraxis eine erhebliche Rolle. Sie können der Ermüdung Ihrer Lehrgangsteilnehmer auf dreierlei Art entgegenwirken:

1. Durch häufiges Wechseln der Thematik: nach Möglichkeit sollte kein Einzelthema länger als 20 Minuten abgehandelt werden. Das Anschlußthema sollte im Inhalt möglichst konträr sein.

2. Durch häufigen Wechsel Ihrer didaktischen Maßnahmen. Nicht nur Vortrag des Dozenten an der Tafel (»Tafelunterricht«), sondern immer wieder »aktives Lernen«, bei dem die Teilnehmer etwas »tun« müssen: Gruppendiskussionen, Fallstudien, Rollenspiele, Einzelreferate, Gruppenübungen mit Wettkampfcharakter, usw.

3. Einschaltung häufiger Kurzpausen. Zum »Pausen-Problem« haben amerikanische Psychologen Versuche mit erstaunlichen Ergebnissen gemacht:

a) *Werden keine Pausen gemacht,* sinkt die Leistung der Teilnehmer signifikant und konstant ab.

b) *Die Erholung ist am Anfang einer Pause, d.h. in den ersten drei Minuten, am größten.* Lange Pausen ergeben keine Leistungssteigerung! Zu lange Pausen (über 30 Minuten) erhöhen die Gefahr, daß die Motivation zum Weiterarbeiten auf Null sinkt.

c) *Kurzpausen* von zwei bis drei Minuten haben, über den ganzen Unterrichtstag betrachtet, *eine leistungssteigernde Wirkung.* Das heißt:

Lehrgangsteilnehmer erbringen, entgegen den Kurvenwerten der sog. »Physiolog. Leistungsbereitschaft«, oft am Ende eines Unterrichtstages bessere Leistungen als an seinem Beginn! Es trifft nicht unbedingt zu, man könne Lehrgangsteilnehmern am Spätnachmittag weniger abverlangen als am Morgen!

Diese Erkenntnisse bedeuten für die Praxis eines Dozenten: *Machen Sie, wenn es sich einrichten läßt, alle 20 Minuten eine Kurzpause von 3 Minuten! Bieten Sie eine stark wechselnde Thematik an! Machen Sie so oft wie möglich vom »aktiven Lernen« Gebrauch!*

GEHIRNFORSCHUNG – UND DEREN KONSEQUENZEN FÜR DIE PÄDAGOGISCHE PRAXIS

Es ist unglaublich, wie sich das Wissen sowohl über den Aufbau als auch über die Funktion unseres Gehirns in den vergangenen drei Jahrzehnten erweitert hat. Wenn wir, umgangssprachlich, über »das Gehirn« sprechen, so ist das bereits ein Riesenirrtum – denn wir haben nicht *ein* Gehirn, sondern deren mindestens vier ...

Da ist, von unten her beschrieben, das verlängerte Rückenmark (Medulla oblongata), das zum »Stammhirn« gehört. Im Stamm- oder Althirn sind vor allem Reflex- und Animationszentren angesiedelt, die dem Überleben dienen; d.h. vor allem der Bewältigung von Kampf- oder Fluchtsituationen. Außerdem wird die Atmung und die Herztätigkeit in einer generellen Weise vom Althirn aus »vorprogrammiert«. Deshalb kann es passieren, daß Unfallopfer, deren Gehirn bis auf das Stammhirn zerstört ist, noch jahrelang im Koma »leben«.

Im Mittelhirn wird vor allem das Gefühlsleben erzeugt und gesteuert. Dieser Punkt wurde schon kurz erwähnt und daraus die Forderung für die Pädagogik abgeleitet, in einer angstfreien und lustbetonten Atmosphäre lernen zu lassen.

Es sei an dieser Stelle noch etwas ausführlicher auf die sog. Lernblockade eingegangen. Bekanntlich gibt es Menschen, die in einer Prüfung (oder in einer anderen angstbeladenen Situation) total versagen und ein »Black out« haben; d.h., sie sind unfähig, auch nur den geringsten Gedanken zu fassen. Der Verursacher dieser Denkunfähigkeit ist das Adrenalin.

Adrenalin, das »körpereigene Dopingmittel«, wird in »brenzlichen« Situationen aus den Nebennieren in den Kreislauf geschüttet und versorgt den Organismus mit einem zusätzlichen Energiepotential – zum Kämpfen oder Fliehen... Da in einer derartigen Situation das Denken oft von übel ist, weil es gefährdete Lebewesen, Mensch oder Tier, unentschlossen macht, hat das Adrenalin einen Nebeneffekt: es verhindert das Austreten der Transmitterflüssigkeit aus den Dendriten; deshalb wird der Spalt zwischen den Dendriten, die »Synapse«, nicht geschlossen – und die Überleitung von Impulsen von einem Nerv zum anderen verhindert. Wir können uns also merken:

> Wenn ein Mensch in einer Stress-Situation ist, weil er Angst hat, wird sein Organismus von Adrenalin überflutet, das den Körper zwar einerseits mit zusätzlichen Energien versorgt, aber andererseits durch eine »Synapsenblockade« das Denken unterbindet.

Es sei deshalb hier nochmals die Forderung wiederholt, daß das Lernen im Seminar in einer angstfreien Atmosphäre zu erfolgen hat!

Bevor wir uns jetzt dem Neuhirn zuwenden, der »Krone aller Schöpfung«, wie arrogante »Übermenschen« mit einem I.Q. über 130 gerne behaupten, darf ich Ihnen eine kleine Geschichte erzählen, verehrte Leser (die ich meiner Tochter Vera Felicitas verdanke):

Im Lande »Lamron«, das weitab von den verkehrserschlossenen Gebieten der Welt liegt, hüpfen die Bewohner seit Menschengedenken auf dem linken Bein – das rechte baumelt atrophiert vom Hüftgelenk. Käme nun einer von uns »Normalgehern« nach Lamron und würde seinen Bewohnern empfehlen, doch auf zwei Beinen zu laufen, würden dies die Alten empört zurückweisen; schließlich ist man ja – seit Menschengedenken! – nur auf dem linken Bein gehüpft, und hat sich daran gewöhnt... Nur ein paar Jüngere würden sich möglicherweise dazu überreden lassen, es doch wenigstens einmal zu versuchen, auf zwei Beinen zu laufen. Und siehe da – einige würden tätsächlich feststellen und auch zugeben, daß man auf zwei Beinen sicherer steht und schneller vom Fleck kommt als auf einem! Allerdings sollten wir uns nicht einbilden, daß bei einem derartigen Experiment alle, die einen »Zwei-Bein-Versuch« machten, auch besser vorankämen. Es ist im Gegenteil zu erwarten, daß einige bei dem Versuch, auf zwei Beinen zu laufen, kläglich scheitern würden. Denn sie hatten es ja bereits vorher gewußt, daß man auf einem Bein besser laufen könne als auf zweien...

Was hat diese Geschichte mit unserem Gehirn zu tun? Sehr viel, verehrte Leser! Wir gleichen nämlich den Lamron-Bewohnern: weil wir seit Jahrhunderten – seit Menschengedenken! – fast ausschließlich unsere linke Großhirn-Hälfte benützen, und die rechte verkümmern lassen ...

Das heißt: unser Großhirn ist in zwei Hemisphären unterteilt. Somit ist nicht nur eine räumliche Abgrenzung zwischen diesen beiden Hirnteilen vorhanden: es finden auch ganz verschiedene Denkprozesse statt! Fazit: Wir haben zwei Großhirnhälften, die ganz verschiedene Aufgaben wahrnehmen! Und wenn wir lehren oder lernen wollen, so sollten wir wissen, welche Aufgaben die beiden Hemisphären haben – und dies berücksichtigen!

Grundsätzlich kann gesagt werden, daß das linke Gehirn digital arbeitet, das rechte analog. Oder, anders formuliert: das linke Gehirn arbeitet mit Sprache, Formeln, Symbolen – das rechte Gehirn hat keine Sprache! Es »denkt« in Bildern! Die Kreativität steckt im rechten Gehirn. Und wenn sich so ein »Rechtshirnler« etwas ganz neues, »Verrücktes«, ausgedacht hat – dann muß er diese Idee zum linken Gehirn »hinüberschiessen«; und das linke Gehirn muß sich dann bemühen, das Neuartige sprachlich zu formulieren. Dieses Problem hatten alle großen Denker; Einstein hat in seinen Memoiren sehr beredt darüber berichtet.

Auflistung der Hemisphären-Funktionen:

DIGITAL	ANALOG
Worte/Symbole	Bilder
Kausal	A-kausal
Analytisch (Detail)	Synthetisch (Ganzes)
Linear	Nicht-Linear
Zeit	Raum/Körper
Rhythmus	Melodie
Sicherheit erwünscht	Sicherheit unnötig
Das Individium	Das Holon

Abgesehen von den ca. 5% Menschen, die eine Mischung aus Rechts- und Linkshirnlern darstellen und die wir hier vernachlässigen können, haben wir also zwei Menschentypen, die sich in ihren extremen Ausprägungen radikal unterscheiden.

Der »Linkshirnler« will alles mit dem Verstand machen. Er denkt kausal (»Jede Wirkung muß eine Ursache haben!«) und linear, d.h. »logisch«, Schritt für Schritt. Der Rechtshirnler, der »Kreative«, denkt »lateral« (wie

DE BONO sagte). Das heißt, er hüpft beim Denken wild im Kreise herum: ihn kümmert nicht das Gesetz von Ursache und Wirkung. Auch »bewährte Erfahrungen« bedeuten ihm nichts. Während der Linkshirnler weiß, daß Wasser bei 100 Grad Celsius siedet, geht der Rechtshirnler davon aus, daß Wasser auch bei 65 Grad sieden könnte … Die Wirkung, die diese beiden extremen Denkertypen im Laufe der Geschichte erzielt haben, liegt auf der Hand: Die Linkshirnler sagten immer, was schwerer ist als Luft, kann nicht fliegen. Aber die Rechtshirnler erfanden die Flugapparate! Das heißt: der »Fortschritt« wird auch in Zukunft von den Rechtshirnlern ausgehen. Die Linkshirnler, das sind die konservativen Menschen. Sie halten an dem fest, was sie als gesichert betrachten und was sich bewährt hat …

Die Linkshirnler sind, etwas überspitzt formuliert, Zeitfanatiker. Sie sind so pünktlich, daß man die Uhr nach ihnen stellen kann. Der Rechtshirnler sagt: »Komm' ich heut' nicht, komm' ich morgen …«.

Und schließlich sei noch ein signifikanter Unterschied zwischen den beiden Denk-Typen herausgearbeitet: Die Linkshirnler sind Individualisten. Sie fühlen sich als eine starke, unverwechselbare Persönlichkeit. Der Rechtshirnler ist kein »Massenmensch« – aber er empfindet sich immer als ein »Holon«; d.h., als ein in sich abgeschlossenes Ganzes in einem größeren Ganzen! Der echte Rechtshirnler fühlt sich seinen Mitmenschen verbunden – der Linkshirnler grenzt sich ab!

Es ist hier nicht der Platz, noch weiter auf die Unterschiede der Menschen einzugehen, die auf der verschiedenen Ausprägung ihrer Hemisphären beruhen. Für das Lehren und Lernen seien jedoch einige Grundsätze herausgearbeitet, die man als guter Seminarleiter beachten sollte:

- Der Lernstoff gehört so angeboten, daß beide Gehirnhälften gleichzeitig etwas zu tun bekommen: für die linke Hemisphäre bringt man den Stoff digital, d.h. mit Hilfe von Worten, Symbolen und Formeln. Der rechten Hemisphäre muß man gleichzeitig ein Bild anbieten: entweder durch visuelle Unterstützung mittels Folie, Film, Muster. Oder, indem man »mit Worten malt« und etwas so drastisch und plastisch schildert, daß jeder Zuhörer den geschilderten Menschen oder eine bestimmte Situation »leibhaftig« vor sich sieht. *Nur wenn ein Stoff beiden Hemisphären gleichzeitig angeboten wird, wird er sofort begriffen und – für alle Zeiten gemerkt! Jedes »Lernen« entfällt.*

- Da man als Seminarleiter davon ausgehen kann, daß mindestens 80 % Linkshirnler im Seminar sein werden, muß man seinen Stoff so vorbereiten, daß der visuellen Unterstützung die größte Bedeutung zukommt. Die Linkshirnler werden schon nach wenigen Übungen begeistert davon sein, wie leicht sie sich plötzlich auch schwierige Stoffe aneignen können.

● Man gebe als Seminarleiter den Arbeitsgruppen möglichst oft die Aufgabe, einen Kurzvortrag visuell zu unterstützen. Wenn Sie eine Gruppe mehrere Tage im Seminar haben und stellen immer wieder die Aufgabe, das Ergebnis einer Diskussion von einem Sprecher vortragen zu lassen – aber optisch untermalt! –, dann geht dieses Procedere den Teilnehmern in Fleisch und Blut über!

Wer sich über die Thematik »Rechts-/Linkshirnler« umfassend (aber leicht verständlich) informieren möchte, dem seien folgende Bücher empfohlen:
THOMAS R. BLAKESLEE: Das rechte Gehirn. AURUM Verlag, 4. Aufl., Braunschweig 1992. Und wer zum Teil verblüffende Übungen zu dieser Thematik sucht, die mit großem Erfolg im Seminar eingesetzt werden können, der lese:
B. EDWARDS: Garantiert zeichnen lernen, Reinbek 1982.
Und, last not least:
VERA F. BIRKENBIHL: Stroh im Kopf? Oder:
Gebrauchsanleitung fürs Gehirn. GABAL-Schriftenreihe, 22. Aufl., Fachhochschule Speyer, 1995.

Ehe wir uns, im nächsten Abschnitt dieses Kapitels, pädagogischen Ratschlägen für die bessere Bewältigung der Unterrichtspraxis nähern, wollen wir – gewissermaßen auf dem Schnittpunkt zwischen Lernen und Lehren – nochmal kurz unsere Situation als Lehrende überdenken. *Was bezwecken wir überhaupt?* Wir wünschen uns doch, daß ein Lehrgangsteilnehmer als Ergebnis unserer Anstrengungen
– mehr weiß, als er vorher wußte;
– etwas versteht, was er vorher nicht verstand;
– eine Fertigkeit entwickelt, die er vorher nicht besaß;
– anders über eine Sache denkt, als er vorher darüber gedacht hatte;
– etwas schätzen lernt, wozu er vorher keine Beziehung hatte.

(Zitiert nach: ROBERT F. MAGER: Motivation und Lernerfolg, Beltz Verlag Weinheim 1972)
Mit anderen Worten: *Ziel unseres Lehrens muß stets sein, daß die Wirkungen unseres Unterrichts in die Zukunft reichen,* daß also der Lehrgangs-

teilnehmer nicht nur zur Zeit seiner Anwesenheit im Seminar, sondern vor allem dann, wenn er wieder in der Berufspraxis steht, ein Verhalten zeigt, daß wir ihm als optimal vor Augen gestellt hatten. Oder, im Telegrammstil gesagt: *wir wollen sein Verhalten auf ganz bestimmten Sektoren ändern.*

Nun haben wir im ersten Teil dieses Kapitels bereits erörtert, daß es von der Einstellung des Lernenden zum Wissen abhängt, ob er es in die Praxis umsetzt oder nicht. Mit anderen Worten: Dinge, zu denen ich eine negative (emotionale) Einstellung habe, werden rasch vergessen. Nur Dinge, die mich positiv »anmuten«, behalte ich. Daraus ergibt sich eine Generalforderung für jeden Dozenten: *Ich muß alles versuchen, sowohl den Gegenstand des Unterrichts, die Art der Darbietung als auch meine eigene Person dem Lehrgangsteilnehmer so sympathisch wie möglich zu machen.*

Aus diesen Überlegungen ergibt sich so etwas wie ein *Anforderungsprofil für Ausbilder.* Wie also sollte ein guter Ausbilder »beschaffen« sein?

Erfolgreiche Ausbilder weisen ein *Bündel* von Eigenschaften, Fähigkeiten und Kenntnissen auf, das wie folgt umrissen werden kann:

- Intelligenz
- Natürliche Autorität
- Pädagogisches Talent
- Psychologisches Wissen
- Überlegenes Fachwissen
- Kenntnis didaktischer Methoden
- Enthusiasmus (Begeisterungsfähigkeit)
- Positive Einstellung zu den Seminarteilnehmern.

Wenn einem Ausbilder nur *eine* dieser Fähigkeiten fehlt, kann er auf Dauer nicht erfolgreich wirken!

Wenden wir uns wieder dem »Lehren« zu, verehrter Trainer-Kollege! Leider gibt es für kein Gebiet des Lebens Patentrezepte, obwohl dies viele Menschen glauben. Gerade wenn man in der Industrie Seminare abhält, gibt es immer wieder Teilnehmer, die sich von einer derartigen Veranstaltung »ewig gültige Wahrheiten« erwarten. Wenn es so einfach wäre, könnte man Mitarbeiter aller Branchen ein einziges Mal in ein Spezialseminar schicken, etwa für Führungs- oder Verkaufstechnik, und damit hätten sie den Schlüssel zum Erfolg in der Tasche.

Obwohl gerade auf dem Gebiet der psychologisch fundierten Pädagogik in den vergangenen drei Jahrzehnten bedeutsame neue Forschungsergebnisse veröffentlicht worden sind, *kann man immer noch nicht*

behaupten, es gäbe für das Unterrichten nunmehr absolut gültige Prinzipien.
Man kann allenfalls von Regeln sprechen, die sich in der Praxis bewährt
haben. Mit anderen Worten: wer diese Regeln berücksichtigt, wird mehr
Erfolg als Dozent haben als einer, der sie in den Wind schlägt.

Seit FREUD wissen wir, daß der Mensch dem Lustprinzip huldigt: er
sucht stets Lust zu erlangen und Unlust zu vermeiden. Auf das Lernen
übertragen bedeutet dies: wenn ein Lernprozeß mit Lustgefühlen verbunden ist, nimmt der Lernende den Stoff willig auf. Er muß also, wenn
er sich schon der Anstrengung des Lernens unterzieht, immer wieder
belohnt werden; d.h., er muß immer wieder ein Erfolgserlebnis haben.
Dieses Erfolgserlebnis bezeichnet man in der Pädagogik als Verstärkung.
Wir können also als Regel Nr. 1 festsetzen:

> Lernprozesse ohne Verstärkungen (d.h. wohldosiertes und zeit-
> gerechtes Lob) führen nicht zu der gewünschten Verhaltens-
> änderung: sie müssen scheitern.

Eine andere Frage ist, *wie oft* ich als Dozent loben soll. Auch darüber
gibt es mittlerweile klare Erkenntnisse: zu viel Lob ist ebenso von Schaden wie zuwenig. Wenn ein Lernender – ob Kind oder Erwachsener –
zu oft gelobt wird, verliert die Verstärkung ihre Wirkung. Man sollte also,
z.B. bei der Bewältigung eines völlig neuen Stoffgebietes, am Anfang
häufig loben, um dem Lernenden Mut zum Weitermachen zuzuspre-
chen. Dann sollten die Verstärkungen seltener werden; denn da der
Lernende mittlerweile auf das Verstärktwerden eingestellt ist, wird er in
der Erwartung des Lobes weiterarbeiten und das Lob dann dankbar
quittieren, wenn es endlich verteilt wird. Erfahrene Dozenten verteilen
deshalb ihr Lob *unregelmäßig* – keinesfalls nach einem starren Schema.
Wenn Lob erteilt wird, so ist es wesentlich, daß zwischen der guten
Lernleistung und der Verstärkung nicht zu viel Zeit verstreicht. Deshalb
können wir als Regel Nr. 2 formulieren:

> Die Verstärkung muß einer guten Leistung auf dem Fuße folgen;
> zu spät erteiltes Lob ist nicht nur wirkungslos, sondern kann
> u.U. einen negativen Effekt haben.

Nun kann man das Problem der Verstärkung auch von einem völlig gegenteiligen Gesichtspunkt betrachten. Denn als Dozent will ich ja meine Lehrgangsteilnehmer nicht nur dazu bringen, neue Verhaltensmuster zu entwickeln. Oft ist es gleichzeitig notwendig, negative Verhaltensmuster *abzubauen*. Wenn beispielsweise ein Abt.-Leiter Kommunikationsschwierigkeiten hat, weil er seinen Mitarbeitern ständig ins Wort fällt, so wird er dieses Verhalten auch im Seminar an den Tag legen: er wird sich als eine Art »Besserwisser« möglichst oft zum Wort melden und seine Weisheiten, von ihm als »Erfahrungen« deklariert, zum besten geben. Um bei einem Menschen dieses Verhalten allmählich abzubauen – wenigstens für die Zeit seiner Seminarzugehörigkeit –, hat der Seminarleiter das Mittel der *negativen Verstärkung* zur Verfügung: er nimmt die Ausführungen schweigend zur Kenntnis. Die übrigen Lehrgangsteilnehmer schließen sich, sofern sie nicht offen opponieren, in der Regel dem Verhalten des Leiters an. Da der Vielredner auf diese Weise nicht die geringste Verstärkung erfährt, wird er sich umstellen. Wir können also als Regel Nr. 3 für psychologisch fundiertes Lehren festhalten:

> Will man eine unerwünschte Verhaltensweise bei einem Lehrgangsteilnehmer zum Verschwinden bringen, läßt man ihr keinerlei Verstärkung angedeihen.

Nun haben wir dieses Kapitel mit der einleitenden Feststellung begonnen, daß es keine Patentrezepte gibt. Auf das Prinzip der Verstärkung angewandt bedeutet dies, daß auch die soeben entwickelten drei Regeln nicht immer zum gewünschten Lernerfolg, d.h. aber zu einer Verhaltensänderung, führen *müssen*. Der Grund dafür wird uns sofort klar, wenn wir uns an MASLOW's Bedürfnispyramide erinnern: ich kann einen Menschen nur dann optimal motivieren, wenn ich weiß, auf welcher Bedürfnisstufe er sich z.Zt. befindet. Denn die Anwendung von Verstärkungen läuft doch letzten Endes auf eine Motivierung der Seminarteilnehmer hinaus. Erfährt er genügend Verstärkung *in der richtigen Weise*, macht ihm das Lernen immer mehr Freude; es befriedigt seine – oft unbewußten – Bedürfnisse im wahrsten Sinne des Wortes. Deshalb sollten Sie als Dozent bemüht sein, den persönlichen »Background« Ihrer Lehrgangsteilnehmer zu ergründen. Diese Forderung trifft natürlich in erster Linie für längerdauernde Seminare zu. Wie wirkt sich diese Forderung auf die Praxis aus?

121

Es gibt Seminarteilnehmer, denen es völlig gleichgültig ist, ob sie vom Seminarleiter gelobt werden oder nicht. Oftmals sind sie gegen ihren Willen in ein Seminar geschickt worden; sie sind also a priori negativ motiviert und haben nur das eine Bestreben, die Veranstaltung ungeschoren hinter sich zu bringen. Dieser Tatbestand erschwert ohne Zweifel die Arbeit des Seminarleiters. Doch wer würde deshalb die Flinte ins Korn werfen? Wenn ich als Dozent der Überzeugung bin, daß ich den Teilnehmern etwas für die Praxis mitgeben kann, dann muß ich auf Mittel und Wege sinnen, ihnen ein derartiges Wissen – auch gegen ihren Willen! – zu vermitteln. Das kann ich nur auf einem einzigen Wege erreichen: *indem ich jene Bedürfnisse anspreche, die den Teilnehmer tatsächlich bewegen.*

Ein bewährter Weg dazu ist das Sich-vorstellen der Teilnehmer am Beginn eines Seminars. Wenn Teilnehmer etwas über ihr derzeitiges Arbeits- und Aufgabengebiet erzählen, liefern sie mir als Leiter damit einen ersten Hebel zur Motivation. Macht nun ein Teilnehmer während der Diskussion über eine bestimmte Problematik eine intelligente Bemerkung, so werde ich die ihm zustehende Verstärkung nicht etwa so ausdrücken: »Ausgezeichnet! Sie haben das Wesentliche erfaßt!«, sondern ich werde möglicherweise sagen: »Das ist genau die Einstellung, mit der Sie Ihre Vertriebskolonne zu freiwilliger Mehrleistung motivieren können!«

Mit anderen Worten: *es ist stets zu unterscheiden, ob eine Verstärkung persönlichkeits- oder aufgabenbezogen sein sollte.* Habe ich einen Angeber vor mir, dessen geschwächtes Selbstwertgefühl Anerkennung erhofft, dann werde ich mein Lob stets ganz persönlich einfärben: »Damit haben Sie genau den Punkt getroffen, auf den es ankommt! – Ich sehe, Sie können zwischen Wesentlichem und Unwesentlichem unterscheiden! – Auf diesen Punkt wollte ich erst später eingehen: es freut mich aber, daß Sie so weit vorausgedacht haben!« Und so weiter ... Handelt es sich bei einem Diskussionsteilnehmer jedoch um einen »gestandenen Mann«, der seit 15 Jahren Abt.-Leiter und absolut sachlich orientiert ist, so sollten Verstärkungen etwa folgendermaßen formuliert werden: »Genau hier liegt die eigentliche Problematik! Sie wissen offenbar aufgrund Ihrer langen Praxis, daß Sie mit der dargelegten Methode in dieser speziellen Situation nicht durchkommen! – Das ist richtig! Und warum? Weil, wie Sie sagen, die ständige Steigerung freiwilliger Überstunden auf die Dauer zu einem allgemeinen Leistungsabfall führt!«

122

Wir können also als Regel Nr. 4 festhalten:

> Verstärkungen an sich müssen keinen positiven Lerneffekt nach
> sich ziehen; nur wenn Verstärkungen die Bedürfnisse eines Men-
> schen treffen, wirken sie positiv motivierend.

Nun ist es jedoch nicht zu vermeiden, daß sich während eines Seminars
ein Teilnehmer blamiert. Manchmal war er unaufmerksam und sitzt
»auf dem falschen Dampfer«; manchmal hat er das anstehende Problem
nicht begriffen; zuweilen sieht er auch eine Problematik zu sehr im Lichte
seiner eigenen Berufserfahrung und will nicht einsehen, daß es auch
andere Möglichkeiten gibt, eine Lösung herbeizuführen. Was tut ein geschickter Seminarleiter in diesem Falle? *Er läßt zunächst einmal den Betreffenden von den übrigen Teilnehmern berichtigen, indem er die strittige Frage
an die gesamte Gruppe weitergibt.* In der Regel wird der »Abweichler« von
der Mehrheit eines Besseren belehrt, bis er klein beigibt. Dann aber ist der
Zeitpunkt gekommen, wo der Seminarleiter mit einer Verstärkung eingreifen muß, indem er etwa sagt: »Sehen Sie, meine Herren – auch so ein
erfahrener Praktiker wie Herr Baumann kann einmal daneben tappen.
Das ist mir schon oft passiert – und auch Ihnen werden in Zukunft derartige Erfahrungen nicht erspart bleiben! Ich halte es jedenfalls für besser,
ein Mensch setzt sich mit den Problemen auseinander, anstatt vor ihnen
davonzulaufen – auch auf die Gefahr hin, daß er sich einmal irrt!«
Wir können also als Regel Nr. 5 formulieren:

> Während eines Lernprozesses kann es sich zuweilen als not-
> wendig erweisen, sogar Fehlhaltungen zu verstärken, um da-
> durch eine Verhaltensänderung einzuleiten.

*Das Grundelend aller Erwachsenen-Schulung ist nach wie vor das Dozieren
des Seminarleiters,* das den Teilnehmer zur Passivität verurteilt. Abgesehen
davon, daß gerade Lehrgangsteilnehmer aus der Industrie und Wirtschaft
oftmals nicht gewöhnt sind, den ganzen Tag stillzusitzen, bedeutet das
Monologisieren des Dozenten geradezu eine Aufforderung zum Nichts-
tun. Warum? Weil ich eine Verhaltensänderung, die ich ja durch den
Lernprozeß herbeiführen will, *durch ein rein verstandesmäßiges Erfassen
nicht bewirken kann.* Ein Mensch, der bisher ein bestimmtes Verhaltensmuster praktizierte, kann nur zur Übernahme eines neuen Verhaltens-

musters bewegt werden, wenn er Gelegenheit hatte, dieses neue Verhalten *einzuüben!* Oder, ganz banal gesagt: er muß sich erst einmal so *verhalten können,* wie es gewünscht wird, um die Auswirkungen und die damit verbundenen Emotionen am eigenen Leib zu *erfahren.* Deshalb kann die Forderung nach dem sog. »aktiven Lernen« nicht oft genug wiederholt werden. Das heißt: weg vom Vortragen! Einübung des gewünschten Verhaltensmodells durch Gruppendiskussionen, Rollenspiele, Fallstudien, Planspiele etc. Wir können also als Regel Nr. 6 für das Lehren in Erwachsenengruppen festhalten:

> Das Lehren führt nur dann mit Sicherheit zum gewünschten Erfolg, wenn neue Verhaltensmuster durch »aktives Lernen« erarbeitet und eingeübt werden.

Es ist unter Pädagogen lange darüber diskutiert worden, wie oft ein Lernender üben, d.h., wie oft er das Gelernte wiederholen sollte, damit es möglichst gut »sitzt«. Auch dieses Problem ist mittlerweile durch zahlreiche Untersuchungen geklärt worden: *je mehr man übt, desto besser!* Auch einen Stoff, den man schon völlig beherrscht, sollte man immer wieder von neuem üben. Diesen Vorgang bezeichnet man als »Überlernen«. Aber – und nun kommt eine wesentliche Einschränkung: das Üben darf nicht langweilig werden! D.h., die Übungs*situation* sollte immer wieder geändert werden. Ein Dozent, der beispielsweise während eines fünftägigen Seminars am Beginn eines jeden neuen Seminartages eine kurze Wiederholung des bisher durchgearbeiteten Stoffes bringt, wird damit nichts als nackte Langeweile erzeugen, wenn er diese Wiederholung nicht in eine neue Situation kleidet, z.B. in eine Fallstudie. Deshalb ist diesem Buch eine Anzahl von Rollenspielen und Fallstudien eingegliedert, deren Nachvollzug dringend empfohlen wird! In den meisten dieser Rollenspiele geht es um die gleiche Grundsituation: wie präsentiere ich meiner Gruppe ein Problem? Wie lasse ich die Problemlösung durch die Gruppe erarbeiten? Wie fälle ich schließlich als Chef eine Entscheidung, die von der Mehrzahl akzeptiert wird? Mit anderen Worten: *es wird immer wieder das gleiche Verhaltensmuster eingeübt, aber in einer jeweils anderen äußeren Situation.* Dieses Vorgehen verhindert nicht nur das Aufkommen von Langeweile bei den Teilnehmern; es gibt ihnen vielmehr das Gefühl, *daß sie mit ihrem neu erworbenen Wissen jede Situation meistern werden, wie immer sie auch beschaffen sei!* Erst ein derartiges Erlebnis führt dazu, daß Lehrgangsteilnehmer ein Seminar mit stolzgeschwellter Brust und »moralisch aufgerüstet« verlassen; durchdrungen von der Überzeugung, hier etwas »fürs Leben« gelernt zu haben! Wir können also als Regel Nr. 7 festhalten:

> Neue Verhaltensmuster sollten immer wieder geübt werden, wobei jede Wiederholung in einer äußerlich anderen Situation stattfinden muß!

Eine Todsünde in Dozentenkreisen ist in der Tatsache zu sehen, daß man sich auf eine einzige Unterrichtsmethode festgelegt hat und diese Methode (oder: dieses didaktische Vorgehen) auf alle Stoffgebiete anwendet, die man zu übermitteln hat. So gibt es beispielsweise Dozenten, die aus irgendeinem Grund in den Overhead-Projektor verliebt sind. Das führt dazu, daß sie den gesamten Stoff auf eine Vielzahl von Folien übertragen. Der Unterricht besteht nun darin, mit einer gewissen Lässigkeit eine Folie nach der anderen auf die leuchtende Unterlage zu legen; kein Wunder, daß nach einer halben Stunde jeder Lehrgangsteilnehmer mit dem Schlaf kämpft.

Selbstredend soll hier keine Polemik gegen den Overhead-Projektor geführt werden. Dieses Gerät hat, richtig eingesetzt, unschätzbare Vorteile gegenüber dem Tafelunterricht. Worauf es bei der Auswahl sowohl der Lehrmethode (Didaktik) als auch der dazu benötigten Hilfsmittel allein ankommt, ist die sog. *Fachgerechtigkeit*. Sie müssen sich als Dozent stets überlegen: welcher Art ist der Stoff, den ich vermitteln muß? Und wie vermittle ich gerade diesen speziellen Stoff am besten? Lassen Sie uns einige Beispiele betrachten: Spreche ich über »Praktische Menschenkenntnis«, werde ich vorbereitete Folien mit verschiedenen Gesichtern oder Schädelformen auf den Projektor legen. Spreche ich über »Body-language«, werde ich die Teilnehmer während einer Diskussion mit dem Video-Recorder aufnehmen und anschließend die (unbewußten) körperlichen Reaktionen am Monitor besprechen. Muß ich ein Referat über Sexualkunde halten, besorge ich mir einige medizinische Wandtafeln über den Bau des männlichen und weiblichen Körpers. Geht es um das »elektrodynamische Prinzip«, leihe ich mir einen Lehrfilm aus der Landesbildstelle. Will ich eine »Entscheidungstabelle« erarbeiten, zeichne ich den Rahmen an die Tafel und fülle die einzelnen

Kästchen aufgrund der Zurufe aus dem Teilnehmerkreis aus. Stehe ich vor der Aufgabe, den gesamten Teilnehmerkreis möglichst rasch in ein bestimmtes Stoffgebiet einzuführen, bediene ich mich dazu einer »Programmierten Unterweisung (PU)«. Stehen moderne Führungsstile zur Debatte, lasse ich drei Gruppen dieselbe Situation durchspielen, wobei dem jeweiligen Gruppenleiter zur Auflage gemacht wird, sich »autoritär«, »demokratisch« oder entsprechend dem »Laissez-faire-Stil« zu gebärden. Und so weiter ... Wenn ein Dozent behauptet, es gebe nun einmal trockene Stoffgebiete, wie z.B. das Steuerrecht, und man könnte so ein Gebiet nicht anders vermitteln als durch das Vorlesen und Kommentieren von Gesetzestexten, dann hat er seinen Beruf verfehlt! Es gibt keine »trockenen Stoffe«! Es gibt aber eine Menge »trockener Dozenten«.

Wir können also als Regel Nr. 8 festhalten:

Jeder Unterricht muß fachgerecht sein; d.h., die Didaktik sollte in ihrer Dynamik dem Wesen des Stoffgebietes adäquat sein. Sich auf eine einzige Methode für alle Stoffgebiete festzulegen, ist ein Kardinalfehler.

In der Erwachsenenbildung stößt man immer wieder auf Dozenten, die folgenden Standpunkt vertreten: »Die Teilnehmer kommen aus der Berufspraxis und haben seit Jahren keine Schulbank mehr gedrückt; sie unterliegen eo ipso einem ständigen Leistungsdruck und können sich deshalb nicht auf den Unterricht konzentrieren usw. ... Fazit: man muß den Teilnehmern das Lernen so leicht wie möglich machen! Alles schön vorbereiten, in kleine Häppchen aufteilen, so daß der Stoff mühelos geschluckt werden kann.«

Schon die alten Griechen sagten: »Der nichtgeschundene Mensch wird nicht erzogen!« Mit anderen Worten: die Teilnehmer sollen gefordert werden! Und nicht nur das: die meisten Teilnehmer *wollen* auch gefordert werden! Ein Unterricht, der es den Teilnehmern zu leicht macht, führt zwangsläufig zur Infantilisierung. Das heißt, die Gruppe hat das Gefühl, man traue ihr nichts zu und wolle sie behandeln wie A-B-C-Schützen. In allen Institutionen der Erwachsenenbildung kann man – genau wie in den staatlichen Schulen – die Beobachtung machen, daß Dozenten, die von den Teilnehmern viel verlangen und schwierige Klausuren schreiben lassen, nicht nur am erfolgreichsten sind, sondern auch am meisten geschätzt werden. Auch wenn man, vor allem am Beginn eines Seminars, über sie schimpft.

Wir können deshalb als Regel Nr. 9 festhalten:

> Teilnehmer an Erwachsenen-Seminaren wollen gefordert werden. Je höher der Anspruch an sie, desto größer auch das Erfolgserlebnis. Man sollte deshalb die Lehrgangsteilnehmer eher bis an die Grenze ihrer Belastbarkeit führen als das Leistungsniveau zu tief anzulegen.

Der Verlauf eines Seminars gleicht einer Reise mit Zwischenstationen und einer Endstation. Man fährt am »Punkt 0« ab und erreicht schließlich den Zielbahnhof. So wie heute in den D-Zügen ein »Zugbegleiter« aufliegt, d.h. ein Informationsblatt mit der gesamten Streckeneinteilung und allen Aufenthalten, so sollte man auch den Seminarteilnehmern vor Beginn der Reise einen Streckenplan aufzeigen. Dann weiß jeder einzelne, welches Ziel das Seminar bezweckt, und auf welchen Wegen, d.h. durch welche Stoffgebiete hindurch, man sich diesem Ziel nähern wird. Gibt nun der Seminarleiter am Abend eines jeden Unterrichtstages anhand des zu Beginn erläuternden »Fahrplanes« bekannt, welche Teilstrecken man bereits hinter sich gebracht hat, so verhilft dieses Vorgehen den Teilnehmern wiederum zu einem Erfolgserlebnis: man hat das Gefühl, hart gearbeitet und etwas geschafft zu haben.

Natürlich ist der »Punkt 0« am Seminarbeginn in der Regel kein »weißer Fleck«. Besonders bei betriebsinternen Seminaren bringen die Teilnehmer bereits irgendwelche Vorkenntnisse mit. Hier sollte man unbedingt die alte Pädagogenweisheit berücksichtigen:»Vom Bekannten zum Unbekannten.« Will sagen: man mache zunächst eine Art Bestandsaufnahme, was die Teilnehmer schon wissen. Dann verbindet man das bereits Bekannte mit dem noch Unbekannten. Dieses Vorgehen hat den Vorteil, daß der einzelne Teilnehmer sich nicht gar so verlassen und klein vorkommt, angesichts der Fülle, die da neu auf ihn zukommt. Ein geschickter Seminarleiter wird deshalb nicht das »Neue an sich« hervorheben; sondern er wird vielmehr betonen, daß es sich in erster Linie um eine Erweiterung und Differenzierung eines Wissens handelt, das sich die meisten bereits in ihrer Berufspraxis angeeignet haben – allerdings ungeordnet und ohne theoretische Untermauerung. Diese Lücke solle jetzt geschlossen werden; wobei das Hauptgewicht des gesamten Seminars darauf liege, den Teilnehmern – neben den unabdingbaren theoretischen Grundlagen – Hilfen für die Praxis an die Hand zu geben.

Hier sei ein weiterer Rat aus der Praxis erlaubt: warum soll man immer nur an Bekanntes aus dem speziellen Fachgebiet anknüpfen, das gerade zur Debatte steht? EDISON, einer der größten Erfinder aller Zeiten, hat viele seiner Erfindungen deshalb gemacht, weil er Fakten aus ganz verschiedenen Gebieten miteinander verband. Mit anderen Worten: ein schöpferischer Mensch wird stets Assoziationen zwischen Gebieten herstellen, die anscheinend nichts miteinander zu tun haben. Und wer immer Gelegenheit hatte, Dozenten verschiedenster Provenienz beim Unterricht zu beobachten, wird festgestellt haben: die erfolgreichsten waren immer jene, die ihren Unterricht mit Beispielen aus vielen verschiedenen Lebensbereichen anreicherten.

Wir können deshalb als Regel Nr. 10 festhalten:

> Der Verlauf eines Seminars sollte in seiner Zielsetzung und Gliederung klar erkennbar sein. Man beginne mit dem bereits Bekannten und reichere den Unterricht mit Beispielen und Vergleichen aus verschiedenen Lebensbereichen an.

Ich möchte, verehrter Leser, am Schluß dieser pädagogischen Regeln für die Praxis nochmals ein Thema aufgreifen, das weiter oben schon anklang; und zwar geht es um den (schädlichen) Streß, der vor allem durch Angst hervorgerufen wird. Beschäftigen wir uns also zunächst mit der *Angst*, die Seminarteilnehmer empfinden können, und mit den biologischen Reaktionen auf diese Angst.

Die Angst eines Seminarteilnehmers kann vor allem drei Wurzeln haben:

1. Angst vor dem Seminarleiter, der als übermächtige »Vater-Figur« das Selbstwertgefühl des Teilnehmers stark lädieren kann.
2. Angst vor den übrigen Gruppenmitgliedern, die sein Versagen mit Hohn und Spott quittieren und damit wiederum sein Selbstwertgefühl vermindern.
3. Angst vor möglichen Konsequenzen aus einem schlechten Abschneiden im Seminar von Seiten der Geschäftsleitung; dadurch ist möglicherweise das Fortkommen und damit das Sicherheitsbedürfnis des Teilnehmers bedroht.

Wir müssen deshalb zunächst die Frage klären: Was passiert eigentlich im Organismus, wenn der Mensch Angst hat? Er steht, wie man heute so schön sagt, unter »Streß«. Und zwar, wie HANS SELYE, der Vater der Streßforschung, differenziert sagt: unter »Distreß«. Das ist der schädliche Streß. Es gibt auch einen nützlichen Streß (Eustreß), ohne den wir überhaupt nicht existieren könnten. Also, nochmals: *Welche biologischen Reaktionen laufen bei Distreß ab?*

Wenn beispielsweise von einem Seminarteilnehmer für ihn unerwartet eine besondere Leistung verlangt wird, empfindet er oftmals diese Aufforderung als Angriff, als Gefahr. Der Hypothalamus, die wichtigste Schaltstelle für das gesamte nervliche und hormonale Geschehen im Körper, veranlaßt blitzschnell die Nebennieren, die Hormone Adrenalin und Noradrenalin (die sog. Streß-Hormone) auszuschütten. Diese beiden Hormone bewirken u.a. eine Blockade der nervösen Schaltstellen im Gehirn (»Synapsen-Blockade«); dies hat wiederum zur Folge, daß keine Assoziationen mehr gebildet werden können. Mit anderen Worten: *Angst erzeugt eine Denk-Blockade!* Einem Menschen in einer derartigen Situation, z.B. während eines Examens, fällt einfach nichts mehr ein – auch wenn er sich sorgfältig auf die Prüfung vorbereitet hat.

Aus diesen fundierten wissenschaftlichen Ergebnissen, die u.a. von FREDERICK VESTER in dankenswerter Klarheit, auch für Laien verständlich, herausgearbeitet worden sind, ergibt sich unsere Regel Nr. 11:

> Angst ist der größte Feind des Lernens. Zum einen, weil sie demotivierend wirkt, zum anderen, weil sie im Gehirn eine Denkblockade erzeugt. Der Seminarleiter muß deshalb alles tun, um eine angstfreie Atmosphäre im Seminar zu erzeugen! Und er sollte den a priori Überängstlichen mehr positive Zuwendung schenken, um sie so schnell wie möglich von ihrer Angst zu befreien!

Freude hingegen stimuliert den gesamten Organismus zu höheren Leistungen, also auch das Denkvermögen und die Lernfähigkeit. Aus diesem Tatbestand ergibt sich unsere

Regel Nr. 12:

> Der Unterricht sollte, wo immer möglich, so gestaltet werden,
> daß die Teilnehmer Spaß an ihm haben. Er sollte nicht tierisch-
> ernst, sondern mit Humor gewürzt sein. Wer als Seminarleiter
> Neugier erzeugt, den Unterricht vielseitig gestaltet und ihn mit
> Humor anreichert, erreicht damit bei der Seminargruppe die
> beste Lernmotivation überhaupt: Faszination!

Wir haben bisher das Lehren und Lernen von verschiedenen Gesichtspunkten her beleuchtet und daraus 12 psychologisch und pädagogisch
fundierte Regeln abgeleitet. *Ein* Gesichtspunkt allerdings wurde zunächst
ausgeklammert, weil er einer differenzierteren Abhandlung bedarf:
das Lernen in der Gruppe. Wir wollen uns also nunmehr der sog.
Gruppenpädagogik zuwenden.

Über »Gruppenpädagogik« entstand in den vergangenen 10 Jahren
eine umfangreiche Literatur. Arbeitet man sich durch sie hindurch, legt
man meist die Bücher enttäuscht aus der Hand. Warum? Weil einem
bald klar wird, daß es für »die Gruppenpädagogik« noch kein einheit-
liches Konzept gibt. Es wurde auf diesem Sektor einfach noch zu wenig
geforscht, und deshalb gibt es auch kaum Forschungsergebnisse, aus
denen allgemein verbindliche Maximen für die Unterrichtspraxis abgeleitet werden könnten. Es bleibt einem, als bildungsbeflissenem Leser,
nur eines übrig: jene Ratschläge aus Fachbüchern zu übernehmen, die
mit den eigenen Erfahrungen am ehesten konform gehen.

Ich darf Ihnen, verehrter Trainer-Kollege, zunächst einmal eine Ge-
samtstruktur meiner Gedanken zum Thema »Gruppenpädagogik« un-
terbreiten, wobei ich dankbar Ideen und Anregungen von MAGDA
KELBER mitbenützt habe (s. Schema Seite 131).

Danach stellt sich die Problematik wie folgt dar: Wir haben eine
Seminargruppe vor uns, *die aus Individuen besteht.* Diese wesentliche Tatsache sollte bei allen gruppendynamischen und gruppenpädagogischen
Überlegungen niemals aus dem Auge verloren werden! Diese Individuen bringen, außer ihrer Lebens- und Berufserfahrung, etwas in das
Seminar ein: festgefügte ethisch-moralische, humanitäre und demokratische Überzeugungen. Diese »Überzeugungen«, die oft gar keine
echten Überzeugungen sind, sondern nicht wirklich internalisierte
elterliche Programme und sonstige Vor-Urteile, stehen zuweilen der

Denkschema zum Thema „Gruppenpädagogik"

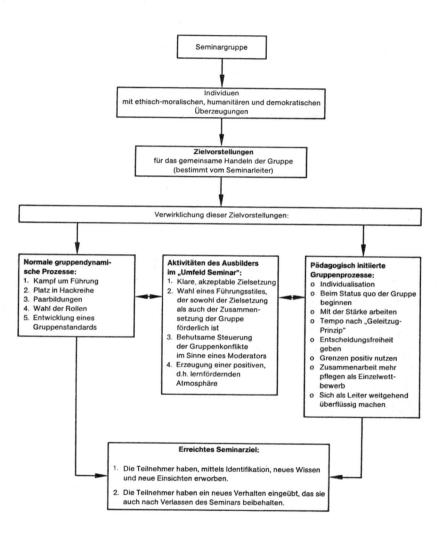

Seminargruppe

Individuen
mit ethisch-moralischen, humanitären und demokratischen
Überzeugungen

Zielvorstellungen
für das gemeinsame Handeln der Gruppe
(bestimmt vom Seminarleiter)

Verwirklichung dieser Zielvorstellungen:

Normale gruppendynamische Prozesse:
1. Kampf um Führung
2. Platz in Hackreihe
3. Paarbildungen
4. Wahl der Rollen
5. Entwicklung eines Gruppenstandards

Aktivitäten des Ausbilders im „Umfeld Seminar":
1. Klare, akzeptable Zielsetzung
2. Wahl eines Führungsstiles, der sowohl der Zielsetzung als auch der Zusammensetzung der Gruppe förderlich ist
3. Behutsame Steuerung der Gruppenkonflikte im Sinne eines Moderators
4. Erzeugung einer positiven, d.h. lernfördernden Atmosphäre

Pädagogisch initiierte Gruppenprozesse:
o Individualisation
o Beim Status quo der Gruppe beginnen
o Mit der Stärke arbeiten
o Tempo nach „Geleitzug-Prinzip"
o Entscheidungsfreiheit geben
o Grenzen positiv nutzen
o Zusammenarbeit mehr pflegen als Einzelwettbewerb
o Sich als Leiter weitgehend überflüssig machen

Erreichtes Seminarziel:
1. Die Teilnehmer haben, mittels Identifikation, neues Wissen und neue Einsichten erworben.
2. Die Teilnehmer haben ein neues Verhalten eingeübt, das sie auch nach Verlassen des Seminars beibehalten.

131

Absicht des Seminarleiters im Wege, seine für das Seminar entworfenen Zielvorstellungen zu realisieren. Die Seminarteilnehmer setzen als Individuen der Realisierung derartiger Zielvorstellungen Widerstand entgegen und suchen sich dazu Bundesgenossen unter den übrigen Gruppenmitgliedern. Der Teilnehmer ist also zu Beginn des Seminars einer zweifachen psychischen Belastung ausgesetzt: Einerseits muß er im Spannungsfeld »Sympathie – Gleichgültigkeit – Abneigung« Entscheidungen treffen, die sein Verhältnis zu den einzelnen Mitgliedern der Gruppe betreffen; gleichzeitig ist er in die Führungs- und Statuskämpfe verstrickt und muß zu »seiner Rolle« finden. Andererseits verlangt der Seminarleiter von ihm Verhaltensänderungen: er soll lieb gewordene Gewohnheiten aufgeben, seine Trägheit überwinden und freiwillig Ziele akzeptieren, von denen er zunächst nicht überzeugt ist.

Aus dem bisher Gesagten geht schon hervor, daß es *falsch* ist, wenn ein Ausbilder sein Augenmerk zu sehr bzw. nur auf den Aspekt »Gruppenpädagogik« begrenzt. *Nachdem stets eine Wechselwirkung zwischen gruppendynamischen und gruppenpädagogischen Prozessen besteht,* muß der Seminarleiter ständig in beiden Bereichen agieren. Wobei es notwendig sein kann, daß er seine Aufmerksamkeit mal mehr dem einen, dann wieder dem anderen Bereich zuwendet. Hat eine Gruppe, die a priori sehr heterogen ist, zunächst größere Integrationsschwierigkeiten, so muß sich der Seminarleiter in seiner Funktion als »Moderator« ebenfalls mehr jener Problematik zuwenden und seine Lehrziele zunächst etwas »zurücknehmen«. Integriert sich andererseits die Gruppe sehr schnell, kann er sich, zuweilen bereits vom ersten Seminartag an, mit Elan auf sein pädagogisches Wirken konzentrieren. In diesem Zusammenhang muß auf zwei Fakten hingewiesen werden:

1. Solange die Gruppe mit ihren persönlichen Problemen nicht fertig ist, lernt sie nichts.
2. Wie weit die Integration fortgeschritten ist, signalisiert die Gruppe dem Seminarleiter durch das Verhalten, das sie ihm gegenüber an den Tag legt. Erst dann, wenn die Gruppe »zu sich selbst gefunden« hat, wendet sie sich voll dem Seminarleiter zu und erprobt seine Stärke.

Der Seminarleiter muß also einen (intellektuellen und emotionellen) Standort beziehen, der genau *zwischen* den beiden sich wechselseitig beeinflussenden Prozessen liegt. (Siehe Zeichnung »Denkschema«). Man kann ihm dazu empfehlen, grundsätzlich folgende Aktivitäten im »Umfeld Seminar« zu entfalten:

1. Er sollte eine klare *Zielsetzung* haben, was, gemeinsam mit der Gruppe, im Seminar erreicht werden muß. Um zu erreichen, daß diese Zielsetzung von möglichst vielen Gruppenmitgliedern akzeptiert wird, muß er sie geschickt »präsentieren«. Das heißt im Klartext: Der Seminarleiter muß sich selbst und seine Lehrziele gleich zu Beginn des Seminars der Gruppe geschickt »verkaufen«. Gelingt ihm dies nicht, wird ihm die Gruppe Schwierigkeiten bereiten, wo immer sich eine Gelegenheit dazu bietet.

2. Der Seminarleiter sollte einen *Führungsstil* wählen, der sowohl der Zielvorstellung als auch der Gruppenzusammensetzung entspricht. Eine Gruppe aufmüpfiger »Einzelkämpfer« aus dem Außendienst muß straffer geführt werden als eine Gruppe Beamter, die sich normalerweise keine Freiheiten herausnehmen. Auch wenn das Seminar a priori unter Zeitdruck steht, muß die Gruppe straffer geführt werden. Der Laissez-faire-Stil, bei der man der Gruppe praktisch überläßt, was und wieviel sie tun will, hat sich im Seminar nicht bewährt. Zu viel Freiheit wird stets als Führungsschwäche ausgelegt und von der Gruppe sofort ausgenützt. Auch im Seminar gilt, was Industrie-Manager längst aus bitterer Erfahrung wissen: *im Zweifelsfall lieber ein bißchen zu autoritär als zu »menschenfreundlich«*. Nur praxisfremde Idealisten unter 30 behaupten das Gegenteil!

3. Wenn die Gruppe Integrationsschwierigkeiten hat, wendet sie sich an den Seminarleiter um Hilfe – natürlich mittels einer sachlich verpackten Anfrage, um überhaupt eine Diskussion mit dem Leiter in Gang zu bringen. Versucht der Seminarleiter dann, die von ihm erkannten Probleme der Gruppe zu lösen, muß er mit sofortigem Widerstand rechnen: die Gruppe fühlt sich »infantilisiert«, d.h. »wie Kinder behandelt«. *Deshalb muß sich der Seminarleiter stets auf die Funktion eines »Moderators« beschränken! Er darf Hilfen in Form von Hinweisen geben – aber er darf Gruppenprobleme niemals selbst lösen.*

4. Da Angst und Freude gleichermaßen »Streß« erzeugen, allerdings mit jeweils verkehrten Vorzeichen, hat der Seminarleiter von Anfang an sein Bestreben darauf zu richten, eine harmonische, d.h. vor allem angstfreie, Atmosphäre zu schaffen. Er erreicht dies vor allem durch folgende Einstellungen:

- *Freundlichkeit*, die den Teilnehmern eine positive Einstellung des Leiters zur Gruppe signalisiert;
- *Selbstdiziplin*, die sich vor allem dadurch äußert, daß sich der Seminarleiter keine Launen leistet;
- *Fairneß*, d.h. gleiche Behandlung aller;
- *Geduld*, vor allem mit schwächeren Teilnehmern;
- *Verstärkung* der Leistungen der Teilnehmer durch Körpersprache und verbales Lob.

Sie haben sicherlich mittlerweile erkannt, verehrter Trainer-Kollege, was im Seminar alles beachtet werden sollte, ehe man sich der Gruppen-pädagogik zuwendet. Wir wollen nunmehr untersuchen, was es mit dieser *»Gruppenpädagogik«* auf sich hat.

Die Überlegungen über Gruppenpädagogik wurden überhaupt notwendig, weil es zwei grundverschiedene Situationen gibt, in denen ein Mensch lernen kann: entweder allein, im »stillen Kämmerlein«, oder im Gruppenverband. Das Lernen in einer Gruppe ist deshalb viel problematischer als das Allein-Lernen, weil ich alles unter Zeugen tue! Ich fühle mich ständig einer doppelten Kritik ausgesetzt: der des Seminarleiters und der einzelnen Gruppenmitglieder. Nun kann kein Mensch ohne Resonanz leben: Isolation führt – im Sinne des Wortes! – zum Tode. Es kommt lediglich darauf an, ob diese Resonanz aus meiner Umwelt überwiegend positiv oder negativ ist! Aus diesem Sachverhalt ergibt sich eine »glasklare« Maxime für jeden Seminarleiter:

Der Seminarleiter hat – und zwar ständig! – dafür zu sorgen, daß die Resonanz aus der Gruppe gegenüber den Leistungen einzelner Mitglieder vorwiegend positiv ist! Er sollte ausgleichendes Lob beisteuern, wenn die gute Leistung eines Teilnehmers von der Gruppe nicht gewürdigt wird; und er sollte zu heftige Kritik der Gruppe gegenüber einem Mitglied durch eigenes Lob dämpfen. Vor allem, wenn die Gruppenkritik sich in Wirklichkeit gar nicht auf die Leistung bezieht, sondern Ausdruck nicht entschiedener Machtkämpfe ist oder ihre Wurzeln in sonstigen Abneigungen hat.

»Genial vereinfacht« könnte man also sagen, daß die *Steuerung* gruppenpädagogischer Prozesse in erster Linie auf eine gekonnte »Lob-Technik« hinausläuft!

Ganz so einfach liegen die Verhältnisse natürlich nicht. Um gruppen-pädagogische Prozesse in Gang zu bringen, *die dem einzelnen im Verband der Gruppe helfen, effektiv zu lernen,* gibt es gewisse »Spielregeln«, die ein Trainer beherrschen sollte. Ich darf im folgenden einige dieser Spiel-regeln, die allesamt als praxisnahe Hilfen zur Erreichung des Lehrzieles verstanden sein wollen, besprechen (wobei ich weitgehend den Aus-führungen von MAGDA KELBER zu diesem Thema folge):

»*Individualisation*« ist als terminus technicus nichts anderes als eine Umschreibung für den alten pädagogischen Grundsatz, *daß die Gruppe nicht als Kollektiv gesehen werden darf.* Kollektivierung bedeutet ja immer eine gleichmäßige Behandlung aller Mitglieder. Und eben dies ver-bietet sich, da die Individuen der Gruppe nun einmal nicht gleich, sondern sehr unterschiedlich hinsichtlich Begabung und Bildungshinter-grund sind. Dieser Unterschiedlichkeit muß von Seiten des Seminar-leiters Rechnung getragen werden: indem er sich den einzelnen, je nach aktuellem Anlaß, mehr oder weniger zuwendet und ihnen ganz spezielle Hilfen angedeihen läßt. *Die Gruppe muß dieses Vorgehen nicht nur akzep-tieren, sondern ihrerseits ebenfalls schwächeren Mitgliedern helfen, das gemein-same Lernziel zu erreichen.* Insofern gehört das durch das Etikett »Indivi-dualisation« gekennzeichnete Verhalten in den Bereich der »Gruppen-pädagogik«.

»Beim *Status quo der Gruppe* beginnen« bedeutet als Forderung für den Seminarleiter: ich kann die Lehrtätigkeit im Seminar nicht einfach von einem mir gewählten Punkt aus beginnen und damit quasi bestimmen, wie die »Plattform« beschaffen sein muß, von der aus der Start in Rich-tung Lehrziel zu geschehen hat. Vielmehr muß vom Ausbilder erst ein-mal eruiert werden: Wo steht »die Gruppe« überhaupt? Wie gleichartig oder verschieden ist die Vorbildung der einzelnen Gruppenmitglieder? Welche Interessen herrschen vor? Gibt es Gemeinsamkeit oder starke Differenzierung hinsichtlich moralischer oder sozialer Wertsysteme? Wie hoch ist der Anteil überdurchschnittlich intelligenter, wie hoch jener der langsam und träge denkenden Gruppenmitglieder? Wie sind die einzelnen für das Seminar motiviert: kamen sie freiwillig oder wurden sie geschickt? *Der Seminarleiter sollte also tunlichst zunächst den Status quo eruiren, bevor er »lospresht«.* Hat er für dieses Eruieren keine Zeit oder keine Gelegenheit, so sollte er durch vermehrtes Feedback im Unter-richt feststellen, ob die Gruppe »mitkommt«; und wenn nicht, warum nicht? Es muß ausdrücklich davor gewarnt werden, daß ein Seminarleiter der Gruppe seine eigenen Maßstäbe aufzwingt! Etwa nach dem Motto: »Man muß das Unmögliche verlangen, um das Höchstmögliche zu erreichen!«

»Mit der Stärke arbeiten« bedeutet als Forderung nichts anderes, als daß der Ausbilder Stärken der einzelnen Gruppenmitglieder aufspürt und diese Stärken – *ganz gleich auf welchem Gebiet sie liegen!* – für den Lernprozeß nutzbar macht. Weil der einzelne ermutigt und an »Image« erhöht wird, wenn seine Vorzüge lobend hervorgehoben werden. Dies macht ihm Mut zu Lernversuchen auch auf für ihn völlig neuen Gebieten. Denn wenn er auf *einem* Gebiet Stärken hat – warum sollte er eine derartige Stärke nicht auch auf einem *anderen* Gebiet entwickeln können? Auch die Gruppe sollte dahin gebracht werden, daß sie die Stärken eines einzelnen akzeptiert (anstatt sie neidvoll zu ignorieren); und einen Kollegen positiv motiviert, etwa in der Art: »Na, wenn Du das geschafft hast, schaffst Du dies hier auch!«

Die alte, aus Kriegszeiten stammende Metapher, daß das *»Tempo eines Geleitzuges* durch das langsamste Schiff bestimmt« wird, gilt auch für die Gruppenpädagogik. Aber: man kann als Seminarleiter dafür sorgen, daß sich dieses Tempo erhöht. Wie? Vor allem durch zwei Maßnahmen:

1. Man hilft persönlich den Schwächeren, daß sie schneller begreifen und leichter lernen.
2. Man fördert das Lernen durch Aufteilung des Plenums in Kleingruppen, die bestimmte Lernziele gemeinsam erarbeiten. Wobei man diese Kleingruppen so zusammenstellen muß, *daß gute und schlechte Lerner zusammen sind.* Man hüte sich als Seminarleiter vor dem Fehler, die Zusammensetzung solcher Mini-Arbeitsgruppen von drei bis vier Teilnehmern der Gruppe zu überlassen! Dann setzen sich nämlich alle »Supergescheiten« zusammen und in den Restgruppen quälen sich die Schwächeren ab, ohne vorwärtszukommen! Der Effekt ist dann, daß der Abstand zu den »Spitzenreitern« immer größer wird; was die Schwächeren so demotiviert, daß sie überhaupt nichts mehr lernen!

Man halte sich deshalb als Seminarleiter stets vor Augen: *die gesamte Gruppe muß das Lehrziel erreichen, und zwar möglichst gut!* Seminare in Industrie und Wirtschaft werden nicht durchgeführt, um die Spitzenkönner noch besser zu machen; die kommen eo ipso ohne Seminar zurecht! Sondern, *um das Gros der Mitarbeiter um eine Stufe im Niveau zu heben!* Wenn deshalb der Schlußtest eines Seminars ausweist, daß (sagen wir) drei Teilnehmer die Note 1 erreicht haben, die restlichen neun aber mit Noten zwischen 4 und 6 nach Hause gehen, dann läßt sich daraus nur eine Konsequenz ziehen: der Seminarleiter hat als Pädagoge versagt!

Im Zusammenhang mit dem »Geleitzug-Tempo« ist noch vor einem weiteren Fehler zu warnen, der zuweilen von Ausbildern gemacht wird: Es ist unzulässig, im Stoffplan weiterzugehen, wenn ein Abschnitt von der Gruppe noch nicht »verdaut« worden ist! Wenn die Gruppe »nicht mitkommt«, so gibt es für einen Seminarleiter zwei Möglichkeiten:

1. Er motiviert die Teilnehmer dazu, freiwillig »Überstunden« zu machen; so daß sie beispielsweise abends im Hotel in Arbeitsgruppen weitermachen.

2. Er läßt einige Punkte des Seminarprogramms »unter den Tisch fallen«.

Keineswegs darf es passieren, daß ein Seminar in der vorgesehenen Form und der vorgesehenen Zeit »durchgezogen« wird – auch wenn die Gruppe die einzelnen Lernziele nicht erreicht! Seminare werden veranstaltet, damit die Teilnehmer etwas lernen – nicht, damit der Punkt »Schulung« am Jahresende als »durchgeführt« abgehakt werden kann.

»Entscheidungsfreiheit geben« ist jener gruppenpädagogische Grundsatz, gegen den »Ausbilder der alten Schule« am meisten verstoßen. Der Mensch unserer Tage will nicht mehr gegängelt werden; Seminarteilnehmer aus Industrie und Wirtschaft, die bereits auf gute oder sehr gute berufliche Leistungen zurückblicken können, schon zweimal nicht! Auch in einem Seminar mit exakt definierten Unterrichtsabschnitten bleibt noch immer ein Freiraum, innerhalb dessen Gruppen »nach demokratischen Spielregeln« mitentscheiden können, wie man im einzelnen vorgehen will. Kluge Seminarleiter bauen solche Alternativen der Unterrichtsgestaltung a priori in ihr Programm ein, *ohne dies bekanntzumachen,* versteht sich! In solchen Fällen kann dann die Gruppe entscheiden, ob sie ein bestimmtes Stoffgebiet lieber in einer »stillen Arbeitsstunde«, in Kleingruppen, durch Diskussion im Plenum bewältigen will; vielleicht aber auch dadurch, daß ein Teilnehmer zunächst ein Referat über den neuen Stoff hält und anschließend darüber diskutiert wird. Ein derartiges Vorgehen hat zwei Vorteile:

1. Die Gruppe hat das Gefühl, den Seminarverlauf durch eigene Entscheidungen beeinflussen zu können.

2. Die Gruppe übt sich in der Behandlung von Verfahrensfragen. Dies erhöht die Toleranz und die Bereitschaft, sich demokratisch zustandegekommenen Mehrheiten zu beugen.

Die für den Gruppenunterricht erhobene Forderung »*Grenzen positiv zu nutzen*« meint nichts anderes, als daß uns allen überall im Leben Grenzen gesetzt sind – und daß dieser Zustand respektiert wird. Ein kluger Mensch hat einmal gesagt: »Freiheit beginnt mit Zwang.« Das heißt: es kann keine grenzenlose Freiheit geben; denn je mehr Freiheit ich mir herausnehme, um so mehr beschneide ich die Freiheit des oder der anderen. »Grenzen im Seminar« bedeutet, daß es bestimmte »Spielregeln« gibt, innerhalb derer das Seminar abläuft. Das gilt für die pünktliche Pauseneinhaltung, für das Rauchverbot im Schulungsraum, für die termingerechte Ablieferung schriftlicher Arbeiten, für die sorgfältige Vorbereitung auf Referate usw. Wer sich an derartige Grenzen nicht hält, handelt unloyal gegen den Seminarleiter und die Gruppe und stört den reibungslosen Verlauf des Unterrichts. Um diese Grenzen indessen in einem psychologischen Sinne positiv zu nutzen, sind von Seiten des Seminarleiters zwei Voraussetzungen zu erfüllen:

1. Die »Spielregeln«, einschließlich aller Beschneidungen der persönlichen Freiheit, müssen zu Beginn des Seminars klar dargelegt werden.
2. Die Regeln müssen psychologisch geschickt präsentiert werden; so daß klar und einsichtig wird, daß deren Einhaltung *allen* Seminarteilnehmern nützt und nicht etwa schadet.

Die Forderung »*Zusammenarbeit mehr pflegen als Einzelwettbewerb*« ist gerade in unserer Zeit der »Leistungsgesellschaft« mehr angezeigt denn je zuvor. Heutzutage, wo jeder gegen jeden kämpft, um ihn an Status und Einkommen zu übertrumpfen, ist es geradezu eine nationale Aufgabe für Trainer, in dieser Richtung zu arbeiten. Seminarteilnehmer müssen erkennen, daß die meisten Aufgaben unserer Zeit in Gruppen besser zu bewältigen sind als im Alleingang. Wenn es dem Seminarleiter gelingt, der Gruppe dieses Erlebnis zu vermitteln, dann ändern die einzelnen Teilnehmer oft ihr Verhalten am Arbeitsplatz. Mit anderen Worten: gut geleitete Seminare können dazu beitragen, die Kommunikation in den Firmen zu verbessern. *Man vermeide deshalb als Seminarleiter, Einzelwettbewerbe durchzuführen und die »Sieger« in irgendeiner Form zu ehren!* Hingegen veranstaltet man so oft wie möglich Wettbewerbe zwischen kleineren Teams, und belohne die jeweils siegreiche Gruppe mit einem mehr symbolischen Geschenk, z.B. einer Runde Schnaps nach Feierabend.

Die letzte Maxime für gruppenpädagogische Arbeit, die hier abgehandelt werden soll, gipfelt in der für manche Ausbilder etwas irritierenden Forderung: *»Sich als Leiter weitgehend überflüssig machen!*« Diese Forderung überschneidet sich mit dem Thema »Führungsstil«, das wir bereits besprochen haben. Was ist gemeint? Ein gut vorbereitetes und gut strukturiertes Seminar hat sowieso die Tendenz, »von selbst zu laufen« – besonders, wenn es sich über Wochen oder Monate hinzieht. Der Seminarleiter büßt durchaus nichts von seiner Autorität ein, *wenn er Anweisungen unterläßt, die sowieso unnötig sind,* weil die Gruppe ja weiß, was sie laut Unterrichtsplan zu tun hat. Wenn eine Gruppe auch im gruppenpädagogischen Sinn gut integriert ist und die Teilnehmer gelernt haben, sich gegenseitig zu helfen, dann genügt es, wenn der Seminarleiter »einfach da« ist. In diesem Stadium kommt es viel mehr darauf an, die Einhaltung der »Spielregeln« zu überwachen als unnötige Anweisungen hinauszuposaunen. Die viel größere Gefahr ist nämlich bei lang dauernden Seminaren, daß sich unmerklich »neue Sitten« einschleichen und daß damit das Seminar bis zu einem gewissen Grade »umfunktioniert« wird. Hier gilt es, jederzeit »den Anfängen zu wehren«! Im übrigen kommt es, je mehr sich ein länger dauerndes Seminar dem Ende nähert, darauf an, die Teilnehmer durch geschickte Motivation »bei der Stange zu halten« und den Eindruck zu erwecken: »Ich bin stets für Sie da, wenn Not am Mann ist!«

Versuchen wir nunmehr, verehrter Leser, am Ende dieses Kapitels ein Fazit zum Thema »Gruppenpädagogik« zu ziehen, so könnte man vielleicht sagen:

Der Terminus »Gruppenpädagogik« beinhaltet die Kunst eines Seminarleiters, gruppendynamische Prozesse mit pädagogischen Prinzipien unter einen Hut zu bringen. Das bedeutet, daß der Schwerpunkt seiner Bemühungen mal auf dem einen, mal auf dem anderen Bereich liegen kann. »Gruppenpädagogik« schließt weiterhin mit ein, daß die Teilnehmer einer Seminargruppe die pädagogischen Maßnahmen des Ausbilders akzeptieren und sie ihrerseits anwenden, um schwächeren Gruppenmitgliedern zu helfen. Auf daß letztlich *die gesamte Gruppe das Seminarziel erreicht* und ihre höchste Befriedigung daraus zieht, *es gemeinsam geschafft zu haben.*

Zusammenfassung

1. Der Lernerfolg hängt vor allem von drei Faktoren ab: der Intelligenz des Lernenden (bzw. seiner Lernfähigkeit); der Methode, nach der gelernt wird; und der Motivation, die zum Lernen veranlaßt. Der dritte Faktor ist der wichtigste!

2. Alle aufgenommenen Informationen werden in zwei Regionen des Gehirns, dem limbischen System und dem Thalamus, gefühlsmäßig eingefärbt. Deshalb sollte es das Bestreben eines Trainers sein, den Unterrichtsstoff so zu präsentieren, daß möglichst positive Gefühle beim Lernenden entstehen. Wenn immer das Lernen mit unangenehmen Gefühlen verbunden ist, wird letztlich nichts behalten.

3. Die in den ersten drei Lebensmonaten entstehenden nervlichen Verfaserungen zwischen den etwa 15 Milliarden Neuronen des Gehirns ergeben ein Grundmuster, von dessen Ausformung es u.a. abhängt, wie ein Mensch später lernt (mehr visuell, auditiv, haptisch usw.). Deshalb sollte bei Auswahl der Unterrichtsmedien so vorgegangen werden, daß möglichst allen Lerntypen ein optimaler Einstieg in den Stoff angeboten wird.

4. Kommt keine Resonanz zwischen den Grundmustern zweier Menschen zustande, ist die Kommunikation gestört. Trifft dieser Tatbestand auf den Trainer und einen oder mehrere Seminarteilnehmer zu, so empfiehlt sich als Ausweg das Lernen in Kleingruppen.

5. Sollen Lerngruppen effektiv arbeiten, müssen folgende Voraussetzungen erfüllt sein:

   ● die Gruppe sollte *klein genug* sein, damit alle den Mut und die Gelegenheit zum Sprechen haben;

   ● die Gruppe sollte *groß genug* sein, damit genügend Wissen oder genügend Meinungen vertreten sind;

   ● alle Mitglieder sollten im gleichen Rang stehen;

   ● die Diskussionsleitung sollte abwechselnd übernommen werden;

   ● alle Teilnehmer müssen vorbereitet sein.

6. Das *Ultrakurzzeit-Gedächtnis* speichert Informationen *nicht.* Vielmehr kreisen elektrische Impulse durch unser Fasernetz im Gehirn. Dieser Vorgang dauert zwischen 10 und 20 Sekunden.

7. Alles, was wir lernen wollen, muß, um endlich im Langzeit-Gedächtnis mit Hilfe von Eiweißmolekülen verankert zu werden, *immer dieselbe »Route« durchlaufen:* Ultrakurzzeit-Gedächtnis, Kurzzeit-Gedächtnis, Langzeit-Gedächtnis. *Es gibt keinen anderen »Einstieg« in das Gedächtnis.*

8. Um den Mechanismus Ultrakurzzeit-Gedächtnis/Kurzzeit-Gedächtnis/Langzeit-Gedächtnis immer wieder »in Gang zu bringen«, empfiehlt es sich, ein und dieselbe Information im Verlaufe des Unterrichts mehrmals zu wiederholen.

9. Um den Übergang einer Information in das Langzeit-Gedächtnis zu erleichtern bzw. zu beschleunigen, empfiehlt es sich, *den Stoff in einer Eustreß-Atmosphäre zu präsentieren* (hormonelle Beeinflussung) und ihn so zu gliedern, daß beim Lernenden *möglichst viele Assoziationen* (Verknüpfungen innerhalb des Grundmusters) entstehen.

10. Um Verzögerungen beim Übertritt in das Langzeit-Gedächtnis zu vermeiden, empfiehlt es sich, *nicht zu viele Informationen verschiedenen Inhalts innerhalb eines zu kurzen Zeitraumes anzubieten; und* jede Distreß-Atmosphäre zu vermeiden, *weil Distreß eine hormonelle Synapsen-Blockade erzeugt.*

11. Da jeder Mensch die Eindrücke aus der Umwelt *»vielkanalig«* aufnimmt, sollte der Trainer dafür sorgen, daß das »Umfeld Seminar« möglichst nur positive Sekundärinformationen vermittelt.

12. Die verbale Botschaft des Trainers sollte so »verpackt« werden, daß *möglichst mehrere Kanäle gleichzeitig* angesprochen werden.

13. Es gibt *drei Arten menschlichen Lernens:*
    ● die klassische Konditionierung;
    ● die operante Konditionierung;
    ● das Lernen durch Einsicht.

14. Jeder Stoff sollte so dargeboten werden, daß sein *Zusammenhang in einer größeren Konzeption* augenscheinlich wird. Die großen Zusammenhänge und logischen Querverbindungen von zugehörigen Teilgebieten müssen klar erkennbar sein.

15. Je mehr der Lehrstoff in sich gegliedert ist und je mehr erkennbare Gesetzmäßigkeiten er enthält, um so weniger wird er vergessen.

16. Werden Stoffgebiete ähnlichen Inhalts hintereinander gelernt, so stören sie sich gegenseitig *(Interferenz-Phänomen).* Denn Vergessen ist weniger ein passives Verlieren als vielmehr eine Überlagerung durch neue Eindrücke. Man sollte deshalb die Stoffgebiete immer wieder wechseln.

17. Der Ermüdung beim Lernen wird durch zahlreiche *Kurzpausen* entgegengewirkt. Auch das »aktive Lernen«, bei dem der Teilnehmer »etwas tun muß«, verhindert schnelle Ermüdung. Fazit: Machen Sie alle 20 Minuten eine Kurzpause! Bieten Sie eine stark wechselnde Thematik an! Machen Sie so oft wie möglich vom »aktiven Lernen« Gebrauch!

18. Ziel unserer Ausbilder-Tätigkeit muß stets sein, daß die Wirkungen unseres Unterrichts in die Zukunft reichen. Mit anderen Worten: Wir wollen beim Lernenden eine dauernde Verhaltensänderung auf ganz bestimmten Sektoren erreichen.

19. Der auf Dauer erfolgreiche Ausbilder entspricht einem »Anforderungsprofil«, dessen wichtigste Faktoren sind: natürliche Autorität, überlegenes Wissen, psychologisches Einfühlungsvermögen und Enthusiasmus.

20. *Lernprozesse ohne Verstärkung* (d.h. wohldosiertes und zeitgerechtes Lob) führen nicht zu der gewünschten Verhaltensänderung: sie müssen scheitern.

21. *Verstärkungen an sich müssen keinen positiven Lerneffekt nach sich ziehen;* nur wenn Verstärkungen die Bedürfnisse eines Menschen treffen, wirken sie positiv motivierend.

22. Das Lehren führt nur dann mit Sicherheit zum gewünschten Erfolg, wenn neue Verhaltensmuster durch »aktives Lernen« erarbeitet und eingeübt werden.

23. Neue Verhaltensmuster sollten immer wieder geübt werden, wobei jede Wiederholung in einer äußerlich anderen Situation stattfinden muß.

24. *Jeder Unterricht muß fachgerecht sein;* d.h., die Didaktik sollte in ihrer Dynamik dem Wesen des Stoffgebietes adäquat sein. Sich auf eine einzige Methode für alle Stoffgebiete festzulegen, ist ein Kardinalfehler.

25. Teilnehmer an Erwachsenen-Seminaren wollen gefordert werden. Je höher der Anspruch an sie, desto größer auch das Erfolgserlebnis. Man sollte deshalb die Lehrgangsteilnehmer eher bis an die

Grenze ihrer Belastbarkeit führen, als das Leistungsniveau zu tief anzulegen.

26. Der Verlauf eines Seminars sollte in seiner Zielsetzung und Gliederung klar erkennbar sein. Man beginne mit dem bereits Bekannten und reichere den Unterricht mit Beispielen und Vergleichen aus verschiedenen Lebensbereichen an.

27. *Angst ist der größte Feind des Lernens.* Der Seminarleiter muß deshalb alles tun, um eine angstfreie Atmosphäre im Seminar zu erzeugen.

28. Der Unterricht sollte, wo immer möglich, so gestaltet werden, daß die Teilnehmer Spaß an ihm haben. Wer als Seminarleiter Neugier erzeugt, den Unterricht vielseitig gestaltet und ihn mit Humor anreichert, erreicht damit bei den Teilnehmern die beste Lernmotivation überhaupt: *Faszination!*

29. Der Terminus »*Gruppenpädagogik*« beinhaltet die Kunst eines Seminarleiters, gruppendynamische Prozesse mit pädagogischen Prinzipien unter einen Hut zu bringen. Das bedeutet, daß der Schwerpunkt seiner Bemühungen mal auf dem einen, mal auf dem anderen Bereich liegen kann. »Gruppenpädagogik« schließt weiterhin mit ein, daß die Teilnehmer einer Seminargruppe die pädagogischen Maßnahmen des Ausbilders akzeptieren und sie ihrerseits anwenden, um schwächeren Gruppenmitgliedern zu helfen. Auf daß letztlich *die gesamte Gruppe das Seminarziel erreicht* und ihre höchste Befriedigung daraus zieht, es gemeinsam geschafft zu haben.

30. Für gruppendynamische Prozesse im Seminar gelten *zwei Grundsätze:*

1. So lange die Gruppe mit ihren persönlichen Problemen nicht fertig ist, lernt sie nichts.

2. Wie weit die Integration fortgeschritten ist, signalisiert die Gruppe dem Seminarleiter durch das Verhalten, das sie ihm gegenüber an den Tag legt. Erst dann, wenn die Gruppe »zu sich selbst gefunden« hat, wendet sie sich voll dem Seminarleiter zu und erprobt seine Stärke.

31. Der Seminarleiter sollte einen *Führungsstil* wählen, der sowohl der Zielvorstellung als auch der Gruppenzusammensetzung entspricht. Im Zweifelsfall sollte er *lieber etwas zu autoritär als zu »menschenfreundlich«* agieren. Zuviel Freiheit wird stets als Führungsschwäche ausgelegt und von der Gruppe sofort ausgenützt.

32. Wenn die Gruppe Integrationsschwierigkeiten hat, muß sich der

Seminarleiter auf eine »*Moderator-Funktion*« beschränken. Er darf Hilfen in Form von Hinweisen geben – aber er darf Gruppenprobleme niemals selbst lösen!

33. Der Seminarleiter hat dafür zu sorgen, daß die Resonanz aus der Gruppe gegenüber einzelnen Mitgliedern vorwiegend positiv ist. Er sollte ausgleichendes Lob beisteuern, wenn die gute Leistung eines Teilnehmers von der Gruppe nicht gewürdigt wird; und er sollte zu heftige Kritik der Gruppe gegenüber einem Mitglied durch eigenes Lob dämpfen. Vor allem, wenn die Gruppenkritik sich in Wirklichkeit gar nicht auf die Leistung bezieht, sondern Ausdruck nicht entschiedener Machtkämpfe ist oder ihre Wurzeln in sonstigen Abneigungen hat.

34. Letzter Sinn gruppenpädagogischer Prozesse ist es, dem einzelnen Teilnehmer zu helfen, *im Verband der Gruppe effektiv zu lernen*. Zur Steuerung dieser Prozesse steht dem Seminarleiter ein bewährtes Arsenal pädagogischer Praktiken zur Verfügung. Zum Beispiel: die individuelle Betreuung; der Start beim Status quo der Gruppe; die Stärken einzelner Mitglieder, ganz gleich, auf welchem Sektor, für den Lernprozeß einzuspannen; das Lerntempo nach dem »Geleitzug-Prinzip« zu bestimmen; der Gruppe Freiheiten in Verfahrensfragen einzuräumen; die gegebenen Grenzen positiv interpretieren; Zusammenarbeit der Gruppe pflegen, auf Einzelwettbewerbe verzichten; die Autonomie der Gruppe fördern, damit man als Leiter weitgehend überflüssig wird.

5. KAPITEL

Lernzielbestimmung

Zur Klassifikation von Lernzielen (Taxonomie).

Seit einigen Jahren wird auch von Pädagogen unseres Landes ein Begriff verwendet, der zum ersten Mal 1956 in den USA von BENJAMIN S. BLOOM und Mitarbeitern in die Diskussion gebracht wurde: *die Taxonomie.*

Was bedeutet Taxonomie? Ursprünglich verstand man darunter ein *Klassifikationssystem* für Tiere und Pflanzen unter Berücksichtigung ihrer natürlichen Verwandschaften. Es ist also, wenn man so will, wieder einmal »ein neuer Name für einen alten Hut« erfunden worden. Die erste Taxonomie, die – zu Recht – weltberühmt wurde, war die Klassifikation der Tiere und Pflanzen durch den schwedischen Naturforscher KARL VON LINNÉ.

Was hat nun eine Gruppe von 34 amerikanischen Pädagogen und Psychologen veranlaßt, ein weiteres Klassifikationssystem aufzubauen, für das sie den in Zoologie und Botanik gebräuchlichen Namen entliehen? Es war die Tatsache, daß sich Pädagogen über ihre *Lernziele* bzw. deren Bewertung nicht einigen konnten. Hier bestand in der schulischen Praxis eine echte Kommunikationslücke; weil jeder Lehrer das Wort »Lernziel« gebrauchte – aber meistens etwas anderes darunter verstand als sein Kollege.

BLOOM, dem dieser »Sprachenwirrwarr« genau so auf die Nerven ging wie bereits vielen anderen vor ihm, war der erste, der auf Abhilfe sann. Er organisierte in den Jahren 1949 bis 1953 eine Reihe von Symposien. Nachdem er das Problem abgeklärt hatte, veröffentlichte er, zusammen mit vier Kollegen, 1956 sein wegweisendes Buch: »Taxonomy of Educational Objektives«. (Die deutsche Übersetzung ist 1972 im Beltz Verlag erschienen unter dem Titel: »Taxonomie von Lernzielen im kognitiven Bereich«.) 1964 erschien in den USA der Teil II dieses Werkes, der sich mit der Taxonomie im affektiven Bereich beschäftigt. Die deutsche Übersetzung liegt seit 1975 vor, ebenfalls im Beltz Verlag.

Zum besseren Verhältnis für jene Leser, für die dieses Buch in erster Linie geschrieben ist: nämlich für Leser ohne psychologische und pädagogische Vorbildung, seien einige klärende Worte angefügt.

Unter »kognitiv« schließt man intellektuelle Fertigkeiten, wie Denken, Problemlösen, Erinnern und Reproduktion von Wissen, ein. »Affektiv« bedeutet so viel wie emotional, d.h. gefühlsbetont bzw. von Gefühlen gesteuert.

Das Gebiet der kognitiven und emotionalen Verarbeitung von Problemen spielt in der Management-Entscheidungstheorie schon lange eine große Rolle. Verschärft wurde die Diskussion dieser Thematik noch durch die Tatsache, daß die Teilnehmer an Management-Seminaren nach ihrer Rückkehr in die Betriebe vielfach die gleichen Entscheidungs- und Führungsfehler wie vorher machten – obwohl ihnen erstklassige (kognitive) Entscheidungsmodelle vermittelt worden waren. An einer Entscheidung ist eben *der ganze Mensch* beteiligt, nicht nur sein Verstand!

Das gleiche gilt für den Bereich der Pädagogik. Die beste wissenschaftliche Ausbildung auf einer pädagogischen Hochschule bietet keine Gewähr dafür, daß ein Absolvent in der Tat ein guter Lehrer wird. Darüber entscheiden seine Persönlichkeitsstruktur, seine Motivation für den Lehrberuf und seine Einstellung gegenüber den Schülern. Hinsichtlich dieser drei Kriterien ist die wissenschaftliche Ausbildung der Lehrer zweitrangig. Oder, um es noch krasser zu formulieren: der »Mensch im Lehrer« ist für sein erfolgreiches erzieherisches Wirken viel wesentlicher als die Ausbildung, die der »Funktionär Lehrer« erhalten hat! An dieser psychologisch fundierten Tatsache ändern auch die subjektiven und oft sehr willkürlichen Beurteilungen unserer Schulräte nichts, die aus eigenen Gnaden entscheiden, ob ein deutscher Lehrer »gut« ist oder nicht ...

Der Trainer in der Industrie wird nach einem viel härteren, aber dennoch gerechteren Maßstab beurteilt: nämlich nach dem Erfolg, den seine Seminarteilnehmer in der Praxis erzielen. Wenn Verkäufer nach einem Verkaufstraining höhere Umsätze erzielen, oder wenn Führungskräfte nach einem Seminarbesuch mit ihren Mitarbeitern besser kommunizieren und bessere Entscheidungen treffen als vorher, so kann überhaupt kein Zweifel darüber bestehen, daß der Trainer »gut« war, und umgekehrt.

Wenn Sie diese Gedankengänge akzeptieren, verehrter Leser, dann werden Sie auch begreifen, warum in den vorhergegangenen Kapiteln dieses Buches so großer Wert auf »die Psychologie« gelegt worden ist. Dieses Buch soll Ihnen helfen, ein besserer Trainer zu werden. Doch werden Sie dieses »Lernziel« nur erreichen, wenn Sie ständig an der Verbesserung Ihrer Persönlichkeitsstruktur arbeiten. *Ein guter Trainer imponiert den Seminarteilnehmern zuallererst als Mensch, mit dem sie sich identifizieren können. Und diese Identifikation ist die erste Voraussetzung für den Lernerfolg.*

Ob nun ein »Schüler«, Jugendlicher wie Erwachsener, das von mir als Lehrer oder Trainer anvisierte Lernziel erreicht hat, kann ich nur an seinem *Verhalten* messen. Beides, die Festsetzung der Lernziele wie die spätere Bewertung (Evalution) des durch den Lernprozeß Erreichten verlangt aber eine klare, hierarchisch gegliederte Klassifikation eben dieser Lernziele. Womit wir wieder bei der BLOOM'schen Taxonomie angelangt wären.

Wir können also nunmehr den Begriff »Taxonomie«, wie er seit BLOOM in der Pädagogik benützt wird, wie folgt definieren: *Unter »Taxonomie« versteht man die exakte, hierarchisch gegliederte Klassifikation von Lernzielen.*

Nach BLOOM enthält eine kognitive Taxonomie sechs Hauptklassen, die ich der besseren Übersicht wegen in Form einer Pyramide darstellen will:

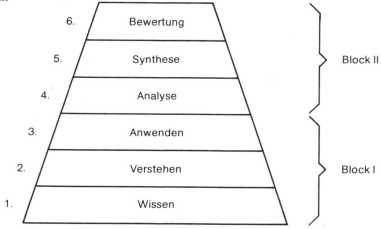

Das heißt: diese Pyramide intellektueller Fähigkeiten und Fertigkeiten stellt eine echte Hierarchie dar, weil keine Stufe ohne die Bewältigung der vorhergehenden realisiert werden kann.

Um Ihnen zu verdeutlichen, worum es bei dieser sechsstufigen Klassifikation geht, wollen wir ein Beispiel aus der Praxis herausgreifen. Nehmen wir an, Sie seien selbständiger Trainer (oder festangestellter »Schulungsleiter«) bei der pharmazeutischen Industrie. Ihre Aufgabe sei es, neu eingestellte Ärztebesucher zu schulen.

Das übergeordnete Lernziel, d.h. das Ziel der ganzen Schulung, könnte dann wie folgt definiert werden: »Die Seminarteilnehmer sollen durch das Training in die Lage versetzt werden, Ärzten bestimmte Präparate so überzeugend nahezubringen, daß die besuchten Ärzte diese Präparate auch verschreiben; was sich am Umsatz zeigen muß.«

Wenn Sie nunmehr eine Taxonomie für den kognitiven Bereich dieses Trainingsprogrammes erarbeiten, d.h. also ohne Berücksichtigung von Emotionen und irgendwelchen Motivationsfaktoren, so könnte diese Klassifikation entsprechend der Pyramide so aussehen:

Stufe 1: Den Seminarteilnehmern ist jenes *Wissen* beizubringen, das die Grundlage dieses Berufes bildet: medizinisches und pharmakologisches Basiswissen sowie das sog. »Präparatewissen« einschließlich der dazugehörigen Indikationen. In dieser ersten Stufe geht es also letztlich um ein »Eintrichtern« von Fakten; wobei es Ihnen als Trainer überlassen bleibt, den Teilnehmern diese Einpaukerei durch geeignete didaktische Maßnahmen zu erleichtern.

Stufe 2: Wenn der Teilnehmer diese Fakten in seinem Gedächtnis gespeichert hat, d.h. sich ihrer jederzeit erinnern kann, so muß das Training nunmehr gewährleisten, daß er auch *versteht*, was er da von sich gibt. Daß er beispielsweise, und zwar auf der niedrigsten Ebene des Begreifens, folgendes erfaßt hat: »Cor pulmonale« heißt »Lungenherz«; hierbei dreht es sich vor allem um eine Erweiterung der rechten Kammer infolge eines Blutrückstaues aus dem Lungenkreislauf; d.h.: weil das Blut am freien Passieren durch die Gefäße der Lunge gehindert wird, kommt es zu einem krankhaft veränderten Herzen.

Man erlebt als Trainer immer wieder Seminarteilnehmer, die ein gutes Gedächtnis haben. Sie leiern das neue Wissen bei Bedarf herunter wie ein Papagei; aber wehe – man fragt nach dem »Warum?«! Dieses Wissen um das »Warum?«, d.h. das Verstehen des Gelernten, muß das Lernziel der Stufe 2 sein.

Stufe 3: Schließlich muß das neue Wissen vom Seminarteilnehmer in ganz bestimmten Situationen auch richtig *angewandt* werden können. Es muß sich jene spielerische geistige Beweglichkeit einstellen, die es dem Ärztebesucher erlaubt, sein verstandenes Wissen jederzeit, der speziellen Situation beim Arzt entsprechend, an den Mann zu bringen.

Es sei hier wieder ein Sachverhalt aus der Praxis als Beispiel beschrieben. In den meisten pharmazeutischen Firmen lernen die Ärztebesucher für jedes Präparat einen sog. »roten Faden«. Das ist eine Aufzählung der wichtigsten pharmakologischen und medizinischen Fakten in einer bestimmten Reihenfolge: Worum handelt es sich bei diesem Präparat? Was tut es? Welche Nebenwirkungen sind zu erwarten? Für welche Krankheitsbilder ist es kontraindiziert? Warum ist es »besser« als vergleichbare Substanzen (der Konkurrenz)? Wie wird es dosiert? Was kostet es? und so weiter.

Nun sind ja Ärzte keine Roboter, die, einer wie der andere, gleich reagieren. Manche hören sich den Vortrag des Ärztebesuchers geduldig an; andere unterbrechen an einem Punkt, der sie interessiert, wieder andere reagieren indessen in einer für den unerfahrenen Ärztebesucher bestürzenden Weise: nach Nennung des Präparatenamens sagt so ein Arzt beispielsweise: »Ja – von Ihrem ‚Aditdormal' habe ich schon gehört! Kann man es auch Kleinkindern verabreichen? Und in welcher Dosierung?«

Und jetzt kommt unser Ärztebesucher ins Schwimmen. Die Dosierung – das war doch erst Punkt 7 des »roten Fadens«. Wieso fragt der Arzt jetzt schon danach? Und schon ist unser Greenhorn so konfus, daß ihm überhaupt nichts mehr einfällt.

Das Ziel der Stufe 3 unserer kognitiven Taxonomie muß also sein: das neu erworbene und verstandene Wissen auch situationsgerecht anwenden zu können.

An dieser Stelle tritt, quasi ganz natürlich, eine Cäsur ein. Sie sollten als Trainer Ihre Lernziele gemäß der oben gezeigten Pyramide in zwei Blocks unterteilen: Block I enthält die Stufen 1 bis 3; Block II die Stufen 4 bis 6.

In der Praxis ist es so, daß die meisten Berufstätigen, also nicht nur die Ärztebesucher unseres Beispiels, über die Stufe 3 nie hinauskommen. Denn die Stufen 4 bis 6 verlangen schon hohe bis sehr hohe intellektuelle Fähigkeiten; diese sind aber beim Gros der Berufstätigen nicht vorhanden (bzw. nicht entwickelt) und werden auch vom »Durchschnittskunden« nicht erwartet. Ein guter Trainer, der sein Brot vorwiegend in der

Industrie oder im Handel verdient, wird deshalb bestrebt sein, die Lernziele der Stufen 1 bis 3 im Seminar zu realisieren. Ist ihm dies gelungen, werden seine Seminarteilnehmer als Führungskräfte oder Verkäufer bedeutend erfolgreicher sein als vorher – und dieser Erfolg fällt auf den Trainer zurück.

Wenden wir uns nunmehr den Stufen 4 bis 6 (bzw. dem Block II) unserer Taxonomie des kognitiven Bereiches zu:

Stufe 4: Das Leben besteht aus Kommunikation. D.h., wir empfangen ständig Nachrichten von anderen oder senden Nachrichten an andere. Wenn ich, z.B. während eines Arztgespräches als Repräsentant einer pharmazeutischen Firma die Fragen oder Einwände des Arztes empfange, muß ich in der Lage sein, diese Nachricht zu *analysieren.* Woraus besteht diese Nachricht eigentlich? Welche Ideen liegen ihr zugrunde? In welcher Richtung könnte diese Nachricht wirken?

Es ist offensichtlich, daß ein beschränkter Mensch diese intellektuelle Leistung der Analyse nicht zustande bringt. Viele Menschen empfangen Nachrichten von anderen, ohne wirklich zu erfassen, was der andere meint. Denn der Vorgang der Analyse umfaßt, wie BLOOM sehr klar herausgearbeitet hat, drei wesentliche Aktivitäten:

1. Das Identifizieren von Elementen, die in einer Nachricht enthalten sind;
2. die Fähigkeit, die Zusammenhänge zwischen den Elementen einer Nachricht zu erkennen;
3. das Erkennen der Struktur, die eine Nachricht zusammenhält.

Menschen, denen diese analytische Fähigkeit fehlt, sind beispielsweise nicht in der Lage, stillschweigende Annahmen aus der Nachricht eines anderen herauszuhören, Tatsachen von Hypothesen zu unterscheiden, die Zusammenhänge zwischen den Ideen im Absatz eines Buches oder einer Rede zu erkennen, Techniken der Manipulation in Werbung und Propaganda zu durchschauen usw.

Um wieder auf unser Beispiel der Ärztebesucher-Schulung zurückzukommen: Mir sagte einmal ein Teilnehmer eines Refresher-Seminars bei der Pharmazie, an dem nur »alte Hasen« teilnahmen: »Es ist geradezu deprimierend, wie niedrig das Gesprächsniveau bei den meisten Ärzten ist!« Natürlich war ihm nicht klar, wie er sich mit dieser Bemerkung entblößte. Denn daß seine Arztgespräche so niveaulos verliefen, lag nicht an der Ignoranz der Ärzte, sondern an seiner Unfähigkeit, die Nachrichten der Ärzte während des Gespräches zu analysieren.

Fazit: Das Lernziel der Stufe 4 muß sein, die Teilnehmer dahingehend fit zu machen, Probleme aller Art klar zu erkennen und zu analysieren. Das wertvollste didaktische Hilfsmittel dazu ist ohne Zweifel die Fallstudie.

Stufe 5: Es gibt eine Menge Menschen, die in der Lage sind, ein Problem zu erkennen und zu analysieren; viele von ihnen wenden sich der Jurisprudenz zu, weil die Fähigkeit des Analysierens eine ganz wesentliche Grundlage der Rechtswissenschaft ist. Aber: gerade jene analytisch begabten Menschen sind oftmals nicht in der Lage, eine *Synthese* vorzunehmen. D.h., Elemente und Teile zu einem Ganzen zusammenzufügen. Zu einer geglückten Synthese gehört außerdem, daß ein Mensch fähig ist, einzelne Teile in einer bestimmten Ordnung aneinanderzureihen, so daß eine klar erkennbare *Struktur* zum Vorschein kommt.

Sie alle, verehrte Leser, kennen Menschen, die nicht zur Synthese befähigt sind, aus dem Alltag: ich meine jene unglücklichen Figuren, die niemals einen Witz erzählen können. Die Tatsache, *ob* ein Mensch einen Witz erzählen kann, ist geradezu ein Test für seine Fähigkeit zur Synthese. Denn worum geht es bei einem guten Witz? Daß eine Reihe von Elementen in der Erzählung so geordnet wird, daß sich die Richtung der gesamten Nachricht zwangsläufig auf einen dramatischen Höhepunkt hinentwickelt: eben auf die Pointe.

Mit anderen Worten: Menschen, die zur Synthese fähig sind, können eine Nachricht so gestalten, daß sie damit ihre Ideen, Gefühle, Erfahrungen etc. anderen mitteilen können; sie sind weiterhin in der Lage, so zu sprechen oder zu schreiben, daß anderen die Struktur des Gedankengutes unmittelbar einsichtig wird; und sie sind schließlich dafür gut, planmäßige Operationen vorzubereiten.

Kehren wir erneut zum Beispiel des Ärztebesuchers zurück. Der Teilnehmer an einem derartigen Seminar sollte durch das Training in die Lage versetzt werden, die einzelnen Fakten seines Präparatewissens mit den Nachrichten, die vom Arzt kommen, so einleuchtend zu verbinden, daß sich der Arzt durch den Einsatz von »Antidormal« bessere Therapieerfolge verspricht. Hat der Ärztebesucher diese Fähigkeit zur Synthese nicht, werden die Einzelfakten über das Präparat (Zusammensetzung, Wirkung, Nebenwirkung, Dosierung usw.) beziehungslos »im Raum stehen«. Ergebnis: der Arzt wird nicht einsehen, warum er dieses Präparat einsetzen soll.

Stufe 6: Zu den schwierigsten Aufgaben im menschlichen Leben gehört der Aufbau eines Wert-Systems. Wir kommen ohne derartige Maßstäbe nicht aus – man denke nur an die Moral. Moralische Maßstäbe sind für ein reibungsloses Da-Sein innerhalb einer Gemeinschaft unabdinglich. Nun gibt es neben moralischen Maßstäben noch eine ganze Reihe weiterer Wert-Kategorien; denken Sie nur an den Bereich der Naturwissenschaften. Mit anderen Worten: kein denkender Mensch kommt um eine *Bewertung (Evaluation)* jener Nachrichten herum, die ihm stündlich aus der Umgebung zufließen.

Ein Mensch, der es gelernt hat, Nachrichten zu bewerten, ist in der Lage, die Richtigkeit einer Nachricht nach klaren Kriterien zu bewerten. Wie beispielsweise: logische Richtigkeit, Übereinstimmung der einzelnen Elemente, Zusammenpassen der Einzelelemente im Rahmen einer klar erkennbaren Struktur oder vorgegebenen Theorie, Beurteilung eines Werkes unter Zugrundelegung bekannter Standards usw.

Auf unser Seminar-Beispiel übertragen, könnte dies etwa bedeuten: der Ärztebesucher muß in der Lage sein, die Nachrichten, die während des Gespräches vom Arzt kommen, richtig zu bewerten. Nehmen wir einmal an, der Ärztebesucher hätte dem Arzt ein Präparat empfohlen, das nach einmaliger Gabe eine Frau drei Monate vor Schwangerschaft schützt. Und der Arzt würde folgendes entgegnen:»So lange die Meldungen über erhöhte Thrombosegefahr nicht einwandfrei widerlegt sind, werde ich keine antikonzeptionellen Mittel verschreiben!« Nunmehr hat der Ärztebesucher zu bewerten, und zwar aufgrund des bisherigen Gesprächsverlaufes oder nach gezielten Zusatzfragen, ob der Arzt wirklich wegen dieser möglichen Nebenwirkungen besorgt ist, oder ob er antikonzeptionelle Mittel aus moralischen Gründen ablehnt und das erhöhte Thromboserisiko nur als Vorwand gebraucht.

Fazit: Wenn Sie, verehrte Leser, nochmals einen Blick auf unsere Klassifikationspyramide werfen, werden Sie einsehen, daß die »Bewertung« wirklich der Gipfel unserer intellektuellen Fähigkeiten ist. Ein Mensch, der gut bewerten (evaluieren) kann, muß in der Tat die ersten fünf Stufen dieser Hierarchie erfolgreich bewältigt haben. Was bedeutet das für die Seminarpraxis?

Wenn ein Seminarteilnehmer das richtige Bewerten nicht zustandebringt, kann es dafür zwei Gründe geben:

1. es fehlt ihm a priori die intellektuelle Kapazität;
2. er hat das Denken, das ja eine Tätigkeit darstellt, nicht gelernt.

Im ersten Falle ist »Hopfen und Malz verloren«. Ein solcher Teilnehmer wird das Lernziel »Bewertung« nie erreichen. Man sollte ihn deshalb
von weiteren Seminaren dieser Art ausschließen; sie belasten ihn nur unnötig, frustieren ihn und mindern sein Selbstwertgefühl, so daß er nach
dem Besuch derartiger Seminare eher weniger denn mehr leisten wird.
Im zweiten Falle lohnt sich die Mühe, den Seminarteilnehmer langsam und geduldig von Stufe zu Stufe weiterzuführen. Doch sei auch in
diesem Zusammenhang nochmals an die alte Trainererfahrung erinnert:
mit *einem* Seminar schafft man eine derartige intellektuelle Umstellung
nicht! Dazu bedarf es eines wohlausgeklügelten, mittel- bis langfristigen
Schulungsprogrammes.

Ich möchte Ihnen in der folgenden Tabelle zwei Beispiele geben, wie
man die BLOOM'sche Taxonomie an Hand der Schulungspraxis erläutern kann. Wobei ich absichtlich zwei ganz verschiedene Schulungsprogramme nebeneinander gestellt habe; quasi um zu beweisen, daß
sich die kognitive Taxonomie auf jedes Schulungsthema anwenden
läßt.

Beispiele für die Anwendung der kognitiven Taxonomie beim Verkaufstraining:

für / Stufe	Ärztebesucher	Schuhverkäufer
1	Erwerben von **Wissen:** a) medizinisches Basiswissen b) pharmakologisches Basis- wissen c) Präparatewissen	Erwerben von **Wissen** über Schuhe a) Verwendetes Material b) Qualitätskategorie c) Paßform d) Modetrend

2	**Verstehen** des erworbenen
	Wissens:
	Angenommen, die Untersuchung
	ergibt eine signifikante Ver-
	größerung des rechten Her-
	zens. Was könnte die Ursache
	sein? Welche Folgen können
	sich für den Patienten aus
	diesem Befund ergeben?
		Verstehen des erworbenen
		Wissens:
		Kann ich den unter (1) er-
		lernten Schuh verwenden zum
		a) Bergsteigen
		b) Tanzen
		c) Bedienen (als Kellnerin
		   oder Verkäuferin, d.h. wenn
		   ich den ganzen Tag auf
		   den Beinen sein muß)?

für Stufe	Ärztebesucher	Schuhverkäufer
3	**Anwendung** des erworbenen Wissens: Angenommen, ein Patient hat ein „Cor pulmonale". Kann ich dem Arzt zur Therapie ein Digitalispräparat empfehlen? Was passiert, wenn der Patient „digitalisiert" wird?	**Anwendung** des erworbenen Wissens: Erklärung der wesentlichen Merkmale und Eigenschaften eines Schuhs während des Verkaufsgespräches **im Hinblick auf die Bedürfnisse der Kundin.**
4	**Analyse** einer Situation: Angenommen, der Arzt hält den Einsatz eines empfohlenen Präparates bei einer Niereninsuffizienz für zu riskant. Frage: Wo wird das Präparat metabolisiert? Belastet es überhaupt die Niere? Habe ich den Arzt nicht ausreichend informiert oder ist sein Einwand nur ein Vorwand?	**Analyse** einer Situation: Angenommen, die Kundin behauptet während des Verkaufsgespräches, der angebotene Schuh erscheine ihr nicht strapazierfähig genug. Frage: Hat sie meine Informationen über den Schuh nicht verstanden? Wird der Schuh, den sie vielleicht fünfmal pro Jahr zu einem „großen Ball" trägt, überhaupt sehr strapaziert? Ist ihr Einwand nur ein Vorwand?
5	**Synthese** aus Einzelfakten zu einem strukturierten Ganzen: Angenommen, der Arzt erzählt von einem Patienten, der schwere Rheumaanfälle hat, aber dabei arbeiten muß. Corticoide will der Arzt wegen der Auswirkungen auf den gesamten Hormonhaushalt nicht mehr geben; Opiate auch nicht, wegen der Suchtgefahr. Der Ärztebesucher empfiehlt aufgrund dieser Fakten ein Präparat, das kein Opiumderivat ist und keine un-	**Synthese** aus Einzelfakten zu einem strukturierten Ganzen: Angenommen, die Kundin wünscht einen strapazierfähigen Wanderschuh; sie hat aber sehr empfindliche Füße und »knickt immer um«, wenn sie länger läuft. Die Verkäuferin empfiehlt eine Wildlederstiefelette mit weicher Sohle, die gut abrollt, „Gesundheitseinlagen" und gepolsterter Knöchelpartie. Damit hat sie die Fakten (= Bedürfnisse) der Kundin mit den Fakten des Schuhs

für / Stufe	Ärztebesucher	Schuhverkäufer
5	erwünschte Sedierung zeigt, weil es nicht zentral angreift, sondern die peripheren Synapsen blockiert. Damit hat er die Fakten des Arztes mit den Fakten des Präparates zu einem optimalen Ganzen synthetisiert.	zu einem optimalen Ganzen synthetisiert.
6	**Evaluation:** Der Arzt lehnt ein empfohlenes Kontrazeptivum wegen der angeblich erhöhten Thrombosegefahr ab. Hat er wirklich nur medizinisch-fachliche Bedenken? Oder verbietet ihm etwa seine moralische Einstellung die Applikation? Der Ärztebesucher schiebt vorsichtig die Frage nach: „Auf welche Veröffentlichungen stützt sich ihr Verdacht hinsichtlich des erhöhten Thromboserisikos?" Antwortet der Arzt nicht präzise, ist anzunehmen, daß sich seine Abneigung gegen Kontrazeptiva auf Vorurteile stützt. In diesem Fall hat es keinen Sinn, weiter zu argumentieren.	**Evaluation:** Angenommen, die Kundin ist eine ärmlich gekleidete Rentnerin und will sich Maßschuhe bestellen. Die Verkäuferin nennt drei Möglichkeiten der Verarbeitung mit verschiedenen Lederqualitäten und fügt gleich die Preise hinzu: von DM 200,–– bis DM 600,––. Dann fragt sie, welche Preisvorstellung die Kundin hätte? Diese antwortet, der Preis spiele keine Rolle: sie werde demnächst 68 Jahre alt, und die Familie hätte beschlossen, ihr zum Geburtstag Maßschuhe zu schenken. Jetzt, nachdem die Verkäuferin die Situation „evaluiert" hat, arbeitet sie zielstrebig auf den Verkauf der „besten" Schuhe hin.

Nun haben wir, bei unserer bisherigen Lernzieldefinierung, einen Aspekt noch nicht berücksichtigt. Jedes Ausbildungsziel hat nämlich zwei Seiten: einen *Inhalts*-Aspekt und einen *Leistungs*-Aspekt. Mit anderen Worten: Der Ausbilder sollte sich bei der Unterrichtsplanung immer zwei Fragen vorlegen – und sie durch die adäquaten Lernziele beantworten:

1. Was muß der Teilnehmer am Ende des Seminars *wissen?*
2. Was muß der Teilnehmer am Ende des Seminars *können?*

Wir hatten vorhin als übergeordnetes Lernziel für das Ärztebesucher-

155

Training definiert: »Die Seminarteilnehmer sollen durch das Training in die Lage versetzt werden, Ärzten bestimmte Präparate so überzeugend nahezubringen, daß die besuchten Ärzte diese Präparate auch verschreiben; was sich am Umsatz zeigen muß.«

Wie Sie jetzt sicherlich erkennen, beinhaltet dieses »übergeordnete« Lernziel (= Richtziel) zwei Teilziele:

1. Der Ärztebesucher muß ein ganz bestimmtes *Wissen* abrufbereit gespeichert haben: medizinische Grundkenntnisse (Kreislauf, Nervensystem, Hormonhaushalt etc.) + das sog. Präparatewissen (Pharmakologische Wirkung, Indikationen, Kontraindikationen, Nebenwirkungen, Dosierung, Tagesbehandlungspreis etc.). Dies ist der Inhalts-Aspekt.

2. Der Ärztebesucher muß indessen auch etwas *können:* nämlich, dieses Wissen so geschickt und der Situation beim Arzt entsprechend »über die Rampe zu bringen«, daß der Arzt von der Wirksamkeit des Präparates überzeugt wird und es einsetzt. Dies ist der Leistungs-Aspekt.

Hinsichtlich des Leistungsaspektes ist in der Wirtschaft bei der Schulung in den vergangenen zwei Jahrzehnten schwer gesündigt worden. Verkäufer aller Sparten wurden mehr oder weniger auf Fachwissen »gedrillt«. Für das sog. Verhaltenstraining (einschließlich Gesprächstechnik) wollte man kein Geld ausgeben. Langsam, unter dem immer härter werdenden Konkurrenzdruck, wandelt sich die Einstellung der Firmen zur »Schulung«. Leider werden zuweilen die für Schulung aufgeschlossenen Firmen von den Trainern enttäuscht: weil diese oft nichts von Lernzielbestimmung wissen oder halten, sondern den im Augenblick bequemsten Weg gehen: sie »spulen« ein (oft vor Jahren) entwickeltes Schulungskonzept »ab«, ohne sich über die Zusammensetzung der Zielgruppe, deren Bedürfnisse und die hierzu notwendigen Lernziele Gedanken zu machen. Natürlich spricht sich so ein Vorgehen herum. Und plötzlich sind solche Trainer »nicht mehr ausgelastet« und geben die Schuld dafür der »bösen Regierung«, die für die Rezession verantwortlich sei. Bei sich suchen diese Herren keine Schuld. Warum sollten sie auch? Schließlich sind sie ja erfahrene »Profis«, die wissen, wie man ein Seminar »durchzieht«. Tatsache ist indessen: Der Bedarf an guten Trainern seitens der Wirtschaft ist viel höher als das Angebot! Weil es zu wenig *gute* Trainer gibt, wird von den Firmen zwangsläufig auf den sog. objektivierten Unterricht ausgewichen, d.h. auf Lehrsysteme, die einen Trainer weitgehend entbehrlich machen (z.B. programmierte Unterweisungen, Lehrmaschinen, Lehrfilme etc.).

Der Pionier auf dem Gebiete des Leistungs-Aspekts bei der Lernzieldefinierung ist der Amerikaner ROBERT MAGER. Er nannte das von ihm vorgeschlagene Verfahren »*Operationale Definition von Lernzielen*«. Vom englischen »operatio« = Wirksamkeit, Tätigkeit. Der Lernende muß also nicht nur Wissen ansammeln, sondern *dieses Wissen in Tun umsetzen* können.

Um nicht theoretisch zu werden, wollen wir die Zusammenhänge zwischen kognitiver Taxonomie und operationaler Definition wieder an einem Beispiel aus der Praxis erläutern. Wählen wir dazu die Ausbildung von Foto-Verkäufern:

Übergeordnetes Lernziel („Richtziel"):
Der angehende Foto-Verkäufer soll durch Schulung das Wissen über Aufbau und Funktion jener Kameras erwerben, die in seiner Firma hauptsächlich verkauft werden.

Kognitive Taxonomie (Was muß er wissen?)	Operationale Lernzieldefinition (Was muß er können?)
Aufbau der wichtigsten Kamera-Typen (z.B. Pocket, Kleinbild, Spiegelreflex, Filmkamera)	Muß die im Gedächtnis gespeicherten Daten jederzeit abrufen können.
Funktion der einzelnen Kamerateile: Wie arbeitet die Blende? Was passiert beim „Zoomen"? Wo bleibt in der einäugigen Spiegelreflex-Kamera der Spiegel, wenn ich auslöse?	Muß auf entsprechende Fragen (im Test oder durch einen Kunden) die verschiedenen Funktionen kurz und exakt erklären können.
Für welche Zwecke sind die einzelnen Kameras besonders geeignet? Z.B.: Pockets für Schnappschüsse unterwegs. Hochwertige Kleinbildkameras für Sportaufnahmen. Balgkameras für Aufnahmen in Technik und Werbung usw. Welche Zusatzausstattung ist möglicherweise notwendig?	Er muß z.B. auf die Frage eines Kunden, ob er mit einer Pocket auch „künstlerische Aktaufnahmen" machen könne, überzeugend darstellen können 1. daß dies nicht möglich ist; 2. warum es nicht möglich ist.

Ich hoffe, verehrter Trainer-Kollege, es ist Ihnen nunmehr klar, was man unter »kognitiver Taxonomie« bzw. unter »operationaler Lernziel-Definition« versteht und wozu man diese beiden Techniken gebrauchen kann, nämlich zu einer exakten Lernzielbestimmung. *Ein Trainer, der sich über die Lernziele eines Seminars nicht hundertprozentig im klaren ist, muß scheitern.* Das steht fest.

Dennoch möchte ich hier ein »ketzerisches Geständnis« ablegen: ich habe jahrzehntelang erfolgreich als Ausbilder gearbeitet, ohne eine Ahnung von Taxonomie zu haben! Vielleicht habe ich »zufällig« das Notwendige richtig getan, weil ich ein ausgeprägtes pädagogisches Talent und eine sehr lange Erfahrung im Schulen habe. Für besonders wesentlich halte ich allerdings meine Erfahrungen, die ich in zehn Jahren Außendiensttätigkeit gesammelt habe. Dort habe ich vor allem eins gelernt: *mich auf die Bedürfnisse des Kunden einzustellen.* Und genau dies ist der »springende Punkt«, wenn ein Trainer ein Schulungsprogramm konzipiert. Welche Bedürfnisse, d.h. welche Nöte und Probleme haben eigentlich jene *Menschen*, die demnächst als »Teilnehmer« in meinem Seminar sitzen werden?

Aus dieser Fragestellung ergeben sich, wenn wir die Seminarteilnehmer in unsere Überlegungen einbeziehen, drei *Hauptkriterien* für die Lernzielbestimmung:

1. Wie ist der gegenwärtige »menschliche Reifegrad« der Seminarteilnehmer? Welches sind ihre Bedürfnisse? Wofür interessieren sie sich? Kommen sie positiv oder negativ motiviert in dieses Seminar?
2. Welche Probleme ihrer beruflichen Umwelt machen den Seminarteilnehmern zu schaffen? Wie sehen die Tätigkeiten aus, die man von den einzelnen in ihrer beruflichen Position verlangt? Welchen Problemen werden sie in naher Zukunft mit Wahrscheinlichkeit begegnen? Inwieweit kann ich als Seminarleiter diesen Menschen helfen, mit den auf sie zukommenden Problemen optimal fertigzuwerden?
3. Welche Struktur weist jenes Wissen auf, das ich den Teilnehmern vermitteln will? Welche didaktische Methoden sollte ich einsetzen, um den Seminarteilnehmern dieses neue Wissen so leicht und so schnell wie möglich beizubringen? Durch welche Testmethoden sollte ich eruieren, inwieweit dieser Wissenstransfer gelungen ist? Welche Übungen sollte ich auswählen, um den Seminarteilnehmern den Übergang in neue Verhaltensmodelle zu erleichtern?

Meine praktische Tätigkeit als freier Trainer spielt sich wie folgt ab: Ich werde in eine Firma gerufen, wo man mir (mehr oder weniger feierlich) eröffnet, daß man mich für eine Schulung vorgesehen habe (meist aufgrund einer mündlichen Empfehlung). Jetzt lasse ich mir erst einmal erzählen, *was* die Firma tut und *wie* der »Laden läuft«. Dann komme ich auf die spezielle Problematik zu sprechen – denn gäbe es keine Probleme, so hätte man nicht gerufen. Bei diesen Stand der Gespräche hake ich mit (oft sehr direkten und teilweise unangenehmen) Fragen so lange nach, bis ich genau weiß, wo die Nöte der Firma bzw. ihrer Mitarbeiter liegen. Jetzt fällt die erste Entscheidung: *Was für eine Art Seminar wollen wir abhalten?* Ein Management-Seminar? Ein Verkaufs-Training? Ein Kommunikationsseminar? Eine Rhetorik-Schulung? Eine Schulung für Gesprächstechnik? Ein ausgesprochenes Verhaltens-Training? Oder mehrere dieser Seminare, und in welcher Reihenfolge? Oder eine Kombination?

Nehmen wir einmal an, das Grundproblem einer Firma sei folgendes: Die Firma hat eine neue Marketing-Konzeption kreiert – und der Außendienst zieht nicht mit! Im Augenblick »mauern« die »alten Hasen«; möglicherweise steht sogar eine »Palastrevolution« ins Haus. Mein Vorschlag heißt in diesem Falle: »Offiziell« machen wir ein »Verkaufstraining«. Richtziel des Seminars muß es aber sein, den Außendienst zu motivieren, daß er die neue Marketing-Konzeption anerkennt und nach dem Seminar »moralisch aufgerüstet« an die Front zurückeilt, um höhere Umsätze denn je zuvor zu erzielen. Denn an den erzielten Umsätzen wird letztlich *mein* Erfolg gemessen!

Jetzt hole ich möglichst detaillierte Auskünfte über »den Außendienst« ein. Und zwar auf zweierlei Weise: zum einen lasse ich mir von meinem Verhandlungspartner (meist Vertriebs- und/oder Außendienstleiter) erzählen, was er von »seinem« Außendienst hält. Und dann gehe ich, mit mindestens zwei Außendienstmitarbeitern, einige Tage auf die Reise. *Erst dann* entscheide ich endgültig über Zeitdauer und Lernziele des Seminars und übersende der Firma einen Programm-Vorschlag. *Meine »private« Taxonomie sieht also so aus:*

1. Eruierung der Marktsituation
2. Eruierung der Firmensituation in diesem Markt, national und international; Konkurrenzverhalten.
3. Eruierung der Firmenpolitik, Besprechung des Organigramms.
4. Eruierung der speziellen Probleme, die sich aus 1)–3) für die Firma ergeben haben. Dazu gehört der »Reise-Test«, wenn immer möglich.
5. Entscheidung über den Seminartyp und Fixierung des »Richtzieles«, d.h.: was soll – ganz konkret – durch die Schulung erreicht werden.
6. Ausarbeitung eines Programmes, das folgenden Aspekten gerecht wird:
   a) Was müssen die Teilnehmer über die Marktsituation wissen?
   b) Was müssen die Teilnehmer über die Firmensituation wissen?
   c) Was müssen die Teilnehmer über die Firmenpolitik wissen?
   d) Was müssen die Teilnehmer über ihre Produkte (bzw. Dienstleistungen) wissen?
   e) Auf welche Art lernen sie am besten, dieses Wissen anzuwenden?
   f) Welche Schulungsdauer und Didaktik (= Wahl der Unterrichtsmedien) ergeben sich aus a) bis e)?
   g) Wie kontrolliere ich, ob das Richtziel des Seminars erreicht wurde (Testmethoden)?

Mit anderen Worten: Ich habe mich, nachdem ich die BLOOM'schen Taxonomien gründlich studiert hatte, nicht entschließen können, bei der Erstellung eines Seminarprogrammes darüber nachzudenken, in welche Stufen (nach BLOOM) meine Lernziele »fallen«; und ich werde dies auch mit Sicherheit in Zukunft nicht tun. Ich werde immer mißtrauisch, wenn ich Schulungsprogramme von Kollegen sehe, die eine lange Liste nach dem dekadischen System aufgesplitteter Lernzieldefinitionen enthalten. Eine derartige Akribie löst bei mir stets die Assoziation »Buchhalter« aus . . .

Falls Sie, verehrter Trainer-Kollege, ein Neuling in der Branche sind: sich also noch nie mit »Taxonomien« beschäftigt haben, und glauben, jetzt wüßten Sie Bescheid, dann muß ich Sie leider enttäuschen. Den schwierigeren Teil des Themas »wissenschaftliche Taxonomie« haben wir noch vor uns. Lassen Sie sich indessen durch diese Ankündigung nicht erschrecken! Sie wissen ja: nichts wird so heiß gegessen...

Zunächst einmal muß ich gestehen, daß ich Ihnen – aus pädagogischen Gründen – zwei Teile der dreiteiligen Taxonomie nach BLOOM unterschlagen habe. Danach kann jedes einzelne Lernziel drei Bereiche berühren. Grafisch sieht das so aus:

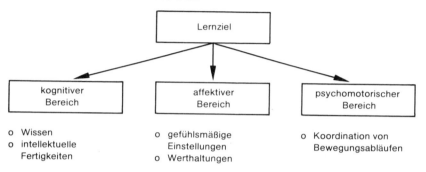

kognitiver Bereich	affektiver Bereich	psychomotorischer Bereich
o Wissen o intellektuelle Fertigkeiten	o gefühlsmäßige Einstellungen o Werthaltungen	o Koordination von Bewegungsabläufen

Am besten transferieren wir dieses Schema wieder auf ein Schulungsbeispiel: »Fahrunterricht«.

Lernziel: Ein Mensch soll das Autofahren erlernen.		
kognitiver Bereich	affektiver Bereich	psychomotorischer Bereich
☐ Technisches Grundwissen, warum bzw. wie ein Auto fährt. ☐ Kentniss der Strassenverkehrsordnung	☐ Entspanntes, d. h. nicht-nervöses Fahren. ☐ Fahren soll Spaß machen.	☐ Optimale Koordinierung der Bewegungen: z. B.: langsames Einkuppeln und gleichzeitiges langsames Gasgeben; Einkuppeln, Gasgeben und Lösen der Handbremse beim Anfahren am Berge.

Den »psychomotorischen Bereich« wollen wir nicht näher betrachten. Hier handelt es sich doch nur darum, dem Lernenden genügend Zeit zum

Üben zu geben. Eines Tages kann er es oder er kann es nicht, dazu muß ich keinen Test entwickeln.

Wenden wir uns also der »affektiven Taxonomie« BLOOM's zu, über die in letzter Zeit sehr viel geschrieben wurde – immer ein verdächtiges Zeichen! Denn was klar ist, das muß man doch nicht immer wieder neu interpretieren. Oder?

Tatsächlich bereitet die affektive Taxonomie erhebliche Schwierigkeiten. Nicht hinsichtlich ihrer Definition; alle Interessierten wissen mittlerweile, was darunter zu verstehen ist. Aber der Transfer in die Praxis – da hapert's! Und daran wird sich auch so schnell nichts ändern...

Bevor wir weitere Überlegungen anstellen, wollen wir definieren. Exakter formuliert: wir wollen uns die Definition von BLOOM und seinem Mitarbeiter KRATHWOHL vor Augen halten. Ich zitiere (nach der deutschen Ausgabe):

»*Affektive Lernziele:* Lernziele, die ein Gefühl, eine Emotion oder ein bestimmtes Maß von Zuneigung oder Abneigung betonen. Affektive Lernziele reichen von der einfachen Beachtung bestimmter Phänomene bis zu komplexen, aber in sich konsistenten Qualitäten des Charakters und des Bewußtseins. In der Literatur finden wir eine große Zahl von solchen Lernzielen, dargestellt als Interessen, Einstellungen, Wertschätzungen, Werte oder emotionelle Haltungen.«

KRATHWOHL spricht (an dieser Stelle) nur davon, daß es sich um Lernziele handle, die ein Gefühl ... *betonen.* Doch wird aus seinem Buch klar, daß es sich in vielen Fällen darum handelt, bestehende »negative« Einstellungen zu *verändern,* nämlich in »positiver« Richtung. Der umgekehrte Fall ist natürlich auch möglich und kann im täglichen Leben häufig beobachtet werden: wenn beispielsweise eine Mutter versucht, die positiven Gefühle ihrer Tochter für einen jungen Mann in negative zu verändern, weil ihr der mögliche »Zukünftige« nicht paßt!

Ein Beispiel aus der Schulpraxis mag diese Zusammenhänge nochmals illustrieren: Angenommen, ein Lehrer müßte mit einer Klasse von Sechzehnjährigen »Faust I« lesen. Einige wenige Schüler stehen diesem Unterfangen positiv gegenüber, weil sie im Elternhaus bereits dahingehend programmiert worden sind: Goethe war unser bedeutendster Dichter und einer der klügsten Menschen, den unser Volk überhaupt hervorgebracht hat. Affektives Lernziel ist hier, diese positive Einstellung zu *betonen,* d.h. zu vertiefen.

Die Mehrzahl der Schüler wird vermutlich Goethe als »altmodischen

Klassiker« ablehnen und für die »nicht mehr zeitgemäße Problematik« dieser Dichtung kein Verständnis aufbringen. Affektives Lernziel ist hier, diese negative, rein gefühlsmäßige Einstellung zu *verändern*. Auf daß diese Schüler (oder wenigstens ein Teil von ihnen) nach der Lektüre feststellen: »Donnerwetter – da ist doch was dran! Goethe hat uns auch heute noch etwas zu sagen!«

An diesem Beispiel läßt sich auch die Gefahr aufzeigen, in der jeder Lehrer schwebt: Gelingt es ihm nicht, den »Faust« mit Fachkenntnis *und* Enthusiasmus zu interpretieren, produziert er gewissermaßen ein »negatives affektives Lernziel«; die Schüler mit ursprünglich positiver Einstellung sind von Goethe enttäuscht; und die anderen haben nach dieser Verstärkung ihrer ursprünglichen Einstellung für alle Zeiten »von *allen* Klassikern die Nase voll«.

Kommen wir nunmehr auf obige Definition KRATHWOHL's zurück und vereinfachen sie »genial«, so könnte man sagen:

> Affektive Lernziele streben eine Betonung oder Veränderung gefühlsmäßiger Einstellungen an.

Wie sieht nun die affektive Taxonomie von KRATHWOHL und BLOOM aus? Sie enthält, in vereinfachter Darstellung, fünf Stufen:

1. *Aufnehmen von Reizen* und positives Aufmerksamwerden auf sie.
2. *Reagieren* auf Reize und Gewinnung von Befriedigung aus dem Reagieren.
3. *Werten* der aufgenommenen Reize mit dem Ziel, sich näher – auch unter Schwierigkeiten – damit zu beschäftigen.
4. Errichten einer *Wertordnung*, um jeden einzelnen selektierten Wert in ein größeres Konzept zu bringen.
5. Einordnen des Wertes in ein Gesamtsystem *(Weltanschauung)*, die das Individuum (im Wertbereich) bestimmt.

KRATHWOHL verdeutlicht dieses Schema durch ein Beispiel aus dem Kunstunterricht. Ich gebe es in der folgenden Tabelle verändert wieder, wobei ich Taxonomie und Beispiel nebeneinander stelle:

Affektives Lernziel („Richtziel"): Den Gebrauch der Schattierung für das Malen von Tiefe und Helligkeit beachten.	
Taxonomie:	Beispiel:
Aufnehmen von Reizen und positives Aufmerksamwerden auf sie.	Der Schüler nimmt (durch Hinweis des Lehrers) zum ersten Male bewußt die Schattierung auf einem Rembrandt-Gemälde wahr und findet sie „interessant".
Reagieren auf Reize und Gewinnung von Befriedigung aus dem Reagieren.	Der Schüler schaut sich aus eigenem Antrieb nach Bildern um, in denen Schattierung, Farbkomposition und Aufbau gut gelungen sind. Das Entdecken von Techniken und Kompositionsgesetzen in guten Bildern stimmt ihn freudig.
Werten der aufgenommenen Reize mit dem Ziel, sich näher – auch unter Schwierigkeiten – damit zu beschäftigen.	Der Schüler sucht planmäßig nach guten Bildern, indem er in seiner Freizeit Museen und Galerien abklappert. Er hat „gute" Kunst als Wert erkannt und gibt ihr künftig den Vorzug vor Bildern anderer Auffassung (z. B. Abstrakte, Surrealisten u. ä.)
Errichten einer Wertordnung, um jeden einzelnen selektierten Wert in ein größeres Konzept zu bringen.	Der Schüler hat sich durch häufiges vergleichendes Betrachten und Bewerten ein Konzept gebildet, welche Bilder ihn aufgrund ihrer Mal- und Kompositionstechniken ansprechen und welche nicht. Er will jetzt Bilder hinsichtlich ihres Wertes für ihn beurteilen. Er räumt der Kunst, trotz vieler anderer Möglichkeiten, einen vorrangigen Platz in seinem Leben (und der darin enthaltenen Wertordnung) ein.

Einordnen des Wertes in ein Gesamtsystem (Weltanschauung), die das Individuum (im Wertbereich) bestimmt.	Der Schüler hat sich durch den ständigen Umgang mit der Kunst angewöhnt, **alle** Probleme primär nach ihrem ästhetischen Aspekt zu betrachten. Das bedeutet: die ästhetischen Aspekte von Problemen sind für ihn dominant geworden. Die Ästhetik wird hiermit zu einem wesentlichen „Baustein" seines für ihn allgemeingültigen Wertsystems, seiner Weltanschauung.

KRATHWOHL bemerkt zu diesem Beispiel: »Es ist unwahrscheinlich, daß man ein solches Lernziel in irgendeinem Curriculum findet, außer in denen, die für Kunststudenten konstruiert worden sind; aber es illustriert die durchdringende Qualität, die erwartet wird, wenn Lernziele auf diesem Niveau klassifiziert werden.«

Nun bringt BLOOM des weiteren eine Gegenüberstellung der kognitiven und effektiven Taxonomie, um zu demonstrieren, daß beide Taxonomien einander bedingen und sich überlappen. In vereinfachter Form sieht diese Gegenüberstellung so aus:

Beziehungen zwischen den Taxonomien:

kognitiv:	affektiv:
1. Erinnern und Wiederkennen von **Wissen.**	1. **Aufnehmen von Reizen** und positives Aufmerksamwerden auf sie.
2. **Verstehen** des erworbenen Wissens.	2. **Reagieren** auf Reize und Gewinnung von Befriedigung aus dem Reagieren.
3. Fähigkeit, das erworbene Wissen auch **anzuwenden.**	3. **Werten** der aufgenommenen Reize mit dem Ziel, sich näher – auch unter Schwierigkeiten – damit zu beschäftigen.
4. a) Fähigkeit der **Analyse** von Situationen, die dieses Wissen beinhalten; b) Fähigkeit der **Synthese** dieses Wissens in Organisationen.	4. Errichten einer **Wertordnung**, um jeden einzelnen selektierten Wert in ein größeres **Konzept** zu bringen.

5. Fähigkeit der **Evaluation** (Wertung), um den Wert eines Stoffes, Gebietes oder einer Aussage beurteilen zu können.	5. Einordnen des Wertes in ein Gesamtsystem **(Weltanschauung),** die das Individuum (im Wertbereich) bestimmt.

BLOOM zitiert in diesem Zusammenhang M. ROKEACH: »Jedes kognitive Verhalten hat ein affektives Gegenstück.« Diesen Tatbestand hat die moderne Psychologie mittlerweile hinlänglich bewiesen: *es gibt keine Denkprozesse, die nicht mit Gefühlen verbunden sind oder die bei anderen durch ihre Artikulierung (verbal oder durch das Medium »Kunst«) keine Gefühle auslösen!* Mit anderen Worten: in jeder Art von Kommunikation – also auch im Unterricht! – ist die affektive Komponente eine Funktion der kognitiven Komponente, und umgekehrt. Fest steht nur, daß die kognitive Komponente leichter zu handhaben ist und deshalb die Manipulation der affektiven Komponente ermöglicht. Zwei Beispiele mögen diese Aussage verdeutlichen:

Was tut die (bereits erwähnte) Mutter, um ihre Tochter umzustimmen? Sie versucht in aller Regel, dieses Ziel durch die kognitive Komponente zu erreichen: »Hast Du denn keine Augen im Kopf? Dieser junge Mann kommt aus keiner angesehenen Familie! Er hat nichts, und er ist nichts!« Und so weiter . . .

Noch augenfälliger wird die Bedeutung der kognitiven Komponente, wenn es um Indoktrinierung geht. Alle faschistischen Systeme versuchen, mit kognitiven »Argumenten« Begeisterung für eine Ideologie zu erzeugen, d.h. ganz bestimmte gefühlsmäßige Einstellungen hervorzurufen.

Versuchen wir nunmehr, BLOOM's Gedanken zur kognitiven und affektiven Taxonomie in die Sprache WATZLAWICK's zu übertragen, so könnte man – im Hinblick auf die Unterrichtspraxis – formulieren:

Aktivitäten auf der Inhaltsebene haben stets, ob man will oder nicht, Aktivitäten auf der Beziehungsebene zur Folge – der eigenen wie der anderen. Jedoch erreicht man im Unterricht keine *gezielten* Veränderungen auf der Beziehungsebene anderer, ohne die Inhaltsebene zu Hilfe zu nehmen.

Natürlich gibt es auch Situationen, wo man affektive Ziele erreicht, ohne die kognitive Komponente, d.h. die Inhaltsebene, zu Hilfe zu nehmen. Man denke nur an Liebesbeziehungen, wo sich die Partner durch Zärtlichkeiten (Streicheln, Küssen) »affektiv hochschaukeln«, ohne ein einziges Wort zu reden. Doch diese Möglichkeit darf im Zusammenhang mit dem Lernziel dieses Buches nicht weiter abgehandelt werden. Sonst käme vielleicht der eine oder andere Leser auf die Idee, gutaussehende Teilnehmerinnen zu streicheln, um ihnen damit zu einem größeren Lernerfolg zu verhelfen! Der Zweck heiligt die Mittel, und der BIRKEN-BIHL hat es ja auch empfohlen . . .

Nun hat man als Trainer seine Schwierigkeiten, wenn man diese Zusammenhänge »typischen Intellektuellen« klarmachen will. Da sitzen oft Teilnehmer im Seminar, die sind überdurchschnittlich intelligent und haben es im Zuge einer naturwissenschaftlichen Ausbildung gelernt, kausal und logisch zu denken. Für sie gibt es z.B. keinen Zweifel, daß Entscheidungen nur rational, d.h. durch vernünftiges Abwägen von Fakten, zustande kommen und daß beim Entscheidungsprozeß Gefühle keine Rolle spielen. Solchen Menschen sind, oft auf einer unterbewußten Ebene, Gefühle unheimlich: weil sie wegen ihres spontanen Auftretens (ohne »Vorwarnung«) und wegen der Nicht-Vorhersehbarkeit ihres Verlaufes einfach »nicht in den Griff zu bekommen« sind. Übrigens haben Menschen mit dieser Einstellung, die den Verstand so überbetont, in der Regel Kommunikationsschwierigkeiten. Sie kommen weder mit Kollegen noch mit Untergebenen und schon gar nicht mit der Familie aus. Denn sie haben es niemals gelernt, Gefühle bei sich selbst zu akzeptieren, sie anderen gegenüber auszudrücken oder sie von anderen als »selbstverständlich entgegenzunehmen«. Was kann man nun als Seminarleiter versuchen, solche Menschen davon zu überzeugen, welche wesentliche Rolle die Gefühle spielen? Zweierlei kann man tun, verehrter Trainer-Kollege:

1. Man kann mittels eines wissenschaftlich fundierten Referates *beweisen*, daß und warum Gefühle eine so dominierende Rolle spielen.
2. Man kann die Teilnehmer mittels einer Übung am eigenen Leibe *erfahren* lassen, wie Gefühle den Verstand »gängeln«.

Darf ich Ihnen dazu *meine* Methode erläutern, wie ich diese beiden Punkte in die Praxis umsetze? Bitteschön!

Zu 1.: JOSÉ DELGADO hat als erster Gehirnforscher überzeugend nachgewiesen,

a) daß Empfindungen, wie der Zustand, Angst zu haben oder verliebt zu sein, von der Depolarisation von Membranen in bestimmten Bündeln von Nervenzellen abhängen;

b) daß alle über die peripheren Nerven geleiteten codierten elektrischen Reize in einem speziellen Teil des Stammhirns, in der sog. Thalamus-Region, zu Empfindungen »umgedeutet« werden.

Mit anderen Worten: Was wir »Gefühle« nennen, sind nichts anderes als an spezielle Gehirnpartien gebundene elektrische Vorgänge, die sich vorwiegend im »Thalamus« abspielen. *Das bedeutet aber auch, daß alle »Denkprozesse« gefühlsmäßig eingefärbt werden.* Und das bedeutet in letzter Konsequenz: alles, was wir denken und die daraus folgenden Resultate wie Urteile, Entscheidungen usw. werden zwangsläufig von Gefühlen beinflußt. *Kein Mensch, auch nicht der intelligenteste, kann diese Beeinflussung durch Gefühle verhindern!* Deshalb spielen Gefühle (»die affektive Komponente«) im menschlichen Leben eine so ungeheuere Rolle.

Zu 2.: Nun gibt ja kein Mensch liebgewordene Ansichten ohne weiteres auf. Die »Intelligenzler« im Seminar können diesen wissenschaftlich fundierten Erkenntnissen nichts entgegenhalten; also sitzen sie im Schulungsraum und nicken mit dem Kopf – aber überzeugt sind sie trotz allem noch nicht! Sie sehen nur im Augenblick keinen Weg, um diesem »intellektuellen Dilemma« zu entfliehen, durch das – und zwar ganz erheblich! – ihr Selbstbild angegriffen wird. In dieser Situation schiebe ich die folgende Übung nach.

Ich empfehle Ihnen, verehrter Leser, die folgende Übung *mitzumachen* – nicht einfach darüber wegzulesen! Wenn Sie den Inhalt dieses von mir frei erfundenen Übungstextes erst einmal kennen, können Sie anschließend keine affektiven Erfahrungen mehr daraus ziehen. Also – fangen Sie an!

Anweisung: Der folgende Text ist in der linken Spalte in gegliederte Blocks unterteilt, die am Beginn jeweils durch einen Großbuchstaben (A, B, C usw.) gekennzeichnet sind. Lesen Sie bitte den »Block A« und schreiben Sie *sofort, ohne lange über den Inhalt nachzudenken,* in die rechte Spalte, welche *Gefühle* bei Ihnen durch das Lesen ausgelöst worden sind (z.B.: Freude, Ärger, Belustigtsein etc.). Gehen Sie nach der Niederschrift

Ihrer Gefühle sofort zu Block B über und so weiter, bis Sie den gesamten Text gelesen haben. Wenn Sie mit dem Text durch sind, lesen Sie ihn nicht etwa ein zweites Mal, sondern *beantworten Sie gleich im Anschluß an das erste Lesen die Frage, die dann gestellt wird!* Also, es geht los:

Nachricht	Ausgelöste Gefühle
In einer führenden Tageszeitung war vor kurzem folgende Pressenotiz zu lesen:	
(A) „Wie wir aus gewöhnlich gut informierten Kreisen erfuhren, plant das „Ministerium für Familie und Gesundheit" die Vorlage eines neuen Gesetzes, das die Scheidungsquote in der BRD drastisch senken soll.	
(B) Frau Minister Focke ist besonders über die Tatsache beunruhigt, daß die Scheidungsquote unter den Frühehen in der BRD weit höher liege als in vergleichbaren Industriestaaten des Westens. Es müßten deshalb vor allem Maßnahmen ergriffen werden, die das Scheitern von Ehen junger Leute verhindern.	
(C) Demoskopische Erhebungen haben ergeben, daß junge Ehen vor allem aus drei Gründen in die Brüche gehen:	
1. Die jungen Leute haben falsche Vorstellungen von der Ehe, besonders von den speziellen Rollen der Partner.	
2. Die jungen Leute gehen mit falschen Erwartungen hinsichtlich des sexuellen Verhaltens in die Ehe.	
3. Die jungen Leute leiden ganz allgemein unter Kommunikationsschwäche und sind deshalb nicht in der Lage, auftretende Probleme	

Nachricht	Ausgelöste Gefühle

In einer offenen und ehrlichen Diskussion abzuklären und dadurch aus der Welt zu schaffen.

(D) Die Familienministerin beabsichtigt deshalb, dem Parlament ein neues, ergänzendes Ehegesetz vorzulegen, das folgende Forderungen enthält:

1. Heiratswillige bis zum 30. Lebensjahr müssen ein vierzehntägiges Seminar besuchen, in dem ihnen die psychologischen Grundlagen menschlichen Zusammenlebens mit Hilfe eines sog. Sensitivity-Trainings vermittelt werden.

2. Während dieses Seminars sollen außerdem sexuelle Verhaltensweisen, vom „Normalen" bis zum „Perversen", erläutert werden.

3. Schließlich soll das Gesetz die Möglichkeit eröffnen, eine einjährige „Probeehe" einzugehen. D.h., eine Ehe soll durch einfache Willenserklärung eines Partners innerhalb Jahresfrist annulliert werden können – falls in diesem Zeitraum keine Schwangerschaft eingetreten ist.

(E) Die Familienministerin vertritt in der Präambel zu dem neuen Gesetz die Meinung, daß man sich angesichts des Anwachsens gescheiterter Ehen über die bislang geltende „Öffentliche Moral" hinwegsetzen müsse, wenn man dieser „nationalen Katastrophe" wirklich wirksam entgegentreten wolle. Vor allem sei es an der Zeit, die christlichen Moralauffassungen von Sexualität und Ehesakrament zu eliminieren.

Frage: Schreiben Sie jetzt bitte im Telegrammstil, ohne nochmals auf den Text zu sehen, alle *Fakten* nieder, die Ihnen aus der »Pressenotiz« im Gedächtnis geblieben sind!

An wieviele Fakten haben Sie sich erinnert? (Ziffer:) . . .

Zu Ihrer Kontrolle: Folgende Fakten zählen:
1. Das Ministerium plant ein neues Gesetz
2. Die Scheidungsquote unter Frühehen ist drastisch höher als . . .
3. Maßnahmen ergriffen werden, das Scheitern junger Ehen zu verhindern
4. Falsche Vorstellungen über die Rollen der Partner
5. Falsche Erwartungen hinsichtlich sexuellen Verhaltens
6. Leiden unter Kommunikationsschwäche
7. Heiratswillige bis 30 müssen Seminar besuchen
8. Sexuelle Verhaltensweisen sollen erläutert werden
9. Es soll Probeehe eingeführt werden
10. Man muß sich über öffentliche Moral hinwegsetzen
11. Christliche Moralauffassungen seien zu eliminieren.

Nun zu den Ergebnissen dieser Übung in meinen Seminaren: die Ziffern für die erinnerten Fakten schwanken zwischen 4 und 11; wobei 11 ganz selten erreicht wird; *der Durchschnittswert liegt bei 6.*

Was sagt nun dieser Test aus? Er *beweist,* daß negative Gefühle das Gedächtnis beeinflussen; was wir ja aus der Psychologie längst wissen!

Die »heimtückischen Komponenten« dieser Übung bestehen darin, daß ich

1. ein Thema ausgewählt habe, das wesentliche Wertvorstellungen *jedes* Menschen berührt, nämlich den Sex und die Religiosität;
2. durch die Aufforderung zur Beachtung entstehender Gefühle keinen Hinweis darauf geliefert habe, daß anschließend eine Gedächtnisleistung verlangt wird.

Glauben Sie mir, verehrter Trainer-Kollege: auch die skeptischsten »Intelligenzler« gehen nach dieser Übung sehr nachdenklich in die anschließende Pause! Sie haben nämlich, oft zum ersten Male in ihrem Leben, *erfahren,* wie sehr auch unsere intellektuellen Leistungen von Gefühlen manipuliert werden!

Wenn die Zeit es zuläßt, setze ich vor der »Pressenotiz« das »Gefühls-rad« ein (siehe Anhang II!)

Kommen wir zum Schluß unserer »taxonomischen Betrachtungen«. Der Wert einer »kognitiven Taxonomie«, gleich welcher Provenienz, ist für die planmäßige Erarbeitung von Lernzielen unbestritten. Der Wert einer »affektiven Taxonomie« für die Praxis muß umstritten bleiben, weil es

a) keine Methode gibt, ganz spezielle Gefühle gezielt zu provozieren;
b) keine Methode gibt, die Intensivität und Richtung entstandener Ge-fühle gezielt zu beeinflussen.

Vielleicht werden Sie jetzt Zweifel anmelden und mir entgegnen, man könne sehr wohl Gefühle bewußt provozieren; z.B., wenn man einen Menschen ärgern will. Und man könne das entstandene Gefühl des Ärgers durch weitere, gezielte Bosheiten ganz schön steigern, also dessen Intensität beeinflussen. Dies stimmt nur bedingt. Jeder Mensch ärgert sich anders! Man muß einen Menschen schon sehr genau kennen, um gezielt einen ganz speziellen Ärger bei ihm zu provozieren. Manche Ehepaare haben es darin zu beachtlicher Meisterschaft gebracht. Aber: darum geht es doch in unseren Überlegungen nicht! Tatsache ist, daß kein Ausbilder der Welt bei erwachsenen Seminarteilnehmern, die er kaum kennt, gezielt Gefühle provozieren kann, wie etwa »positive Neugier«, »freudiges Erstaunen«, »beglückendes Angemutetsein«, »flammende Be-geisterung« etc.

Wenn uns die Überlegungen zum Thema »affektive Taxonomie« etwas lehren konnten, so das, daß wir uns als Trainer immer der »Macht der Gefühle« bewußt sein sollten! Wann immer wir im Schulungsraum etwas sagen, werden dadurch bei den Seminarteilnehmern Gefühle ge-weckt. Im allgemeinen können wir nur *hoffen*, daß diese Gefühle positiver Natur sind. Wir können allerdings – wenigstens weitgehend – ver-meiden, negative Gefühle zu provozieren, wenn wir uns an folgende praxisbewährte Prinzipien halten:

1. Wir sollten unsere Aussagen insofern wertfrei halten, als wir nichts von uns geben, was die moralischen, religiösen und politischen Einstellun-gen einzelner Teilnehmer verletzen könnte.
2. Wir sollten bestrebt sein Bemerkungen zu vermeiden, die das Selbst-wertgefühl einzelner Teilnehmer verletzen könnten.

172

3. Wir sollten nur Aussagen machen, von deren Wahrheitsgehalt wir selbst überzeugt sind.
4. Der Enthusiasmus für unseren Beruf und die positive Einstellung zu unseren Seminarteilnehmern sollten *jederzeit spürbar* sein.
5. Unser gesamtes Verhalten, im Seminar wie am Biertisch, sollte erkennen lassen, *daß wir ein Wertsystem entwickelt haben, das für uns bindend ist.*
6. Wir sollten unseren Unterrichtsstoff im Schlaf beherrschen und uns hinsichtlich Didaktik und Wahl der Unterrichtsmedien stets die Devise vor Augen halten: *Es gibt nur eine Todsünde im Seminar: Langeweile!*

Wer sich im allgemeinen an diese Prinzipien hält, dem wird es weder ein einzelner noch die Gruppe verübeln, wenn er als Seminarleiter mal eine »schwache Stunde« hat oder wenn ihm ein »Lapsus linguae« passiert.

> Wer als Seminarleiter durch anständiges menschliches Verhalten und engagiertes Lehren die Teilnehmer für sich gewonnen hat – der braucht sich keine Gedanken über eine »affektive Taxonomie« zu machen!

ANHANG I: Wie man einen Test erstellt.

Wer lehrt, will letztlich wissen, was die Lernenden gelernt haben. Man braucht nicht nur über deren Leistung eine Kontrolle, sondern auch über die eigene. Denn nach wie vor gilt die Maxime: *Wenn eine Seminargruppe als Ganzes schlecht gelernt hat, ist der Seminarleiter schuld!* Mit anderen Worten: Testergebnisse sagen stets etwas über die Leistung *beider* Partner im Seminar aus: über den Ausbilder und die Lernenden.

Wir haben uns in diesem Kapitel mit der »operationalen Definition von Lernzielen« beschäftigt; was nichts anderes bedeutet als die Antwort auf die Frage: Was *kann* der Teilnehmer eigentlich am Ende des Lernprozesses? Wenn wir indessen diese »operationale Lernziel-Definition« vor Beginn des Seminars exakt durchführen, nämlich im Rahmen der Lernzielbestimmung, *dann haben wir damit bereits die Konstruktion eines*

Tests eingeleitet. Denn ein Test will ja nichts weiter, als jenes Verhalten zu provozieren, das wir nach beendetem Lernprozeß als »Können« vom Teilnehmer erwarten. Insofern gehören Betrachtungen über die Konstruktion eines Tests unbedingt an den Schluß dieses 5. Kapitels.

Nun ist es ein Ding der Unmöglichkeit, in einem »Anhang« ausreichende und detaillierte Hinweise für die Konstruktion von Tests zu geben. Sinn der folgenden Ausführungen soll es vielmehr sein

a) dem Ausbilder wenigstens die Leitmaximen für die Konstruktion von Tests vor Augen zu führen; und

b) dem Ausbilder einige grundlegende Kriterien an Hand zu geben, die es ihm erlauben, von Dritten angebotene Tests dahingehend zu beurteilen, ob sie »lege artis« angelegt sind.

Beim Sichten der vorhandenen Literatur über Test-Erstellung bin ich auf das Buch von THEODOR RÜTTER gestoßen, das mich in zweierlei Hinsicht außerordentlich beeindruckt hat:

1) wegen der profunden Sachkenntnis;

2) wegen der klaren, leichtverständlichen Sprache.

Dieses Buch kann auch von Trainern mit Erfolg durchgearbeitet werden, die keine »gelernten Pädagogen« sind und daher a priori jenes Fachchinesisch nicht verstehen, das schreibende Lehrer so gerne produzieren. Ich habe zur Verwendung in meinen »Train-the-Trainer«-Seminaren aus RÜTTER's Buch »Formen der Testaufgabe« einen siebenseitigen Extrakt »herausgefiltert«, der von den Seminarteilnehmern, lauter »Profis«, mit Begeisterung aufgenommen worden ist. Ich habe mich beim Verlag C.H.Beck zu bedanken, daß er mir freundlicherweise gestattet hat, diesen komprimierten Auszug in mein Buch aufzunehmen. Folgen Sie mir also jetzt – an Hand eines aufgrund meiner persönlichen Interessen geknüpften »Ariadne-Fadens« – in RÜTTER's Reich der Testkonstruktion!

Was heißt »Test«?

»Test«, als Übersetzung des Wortes, bedeutet: Probe, Prüfung, Untersuchung, Versuch. Aber: Konventionelles Prüfen und Testen unterscheiden sich in einem wesentlichen Punkt: *Ein Test ist ein Prüfverfahren, das selbst einer systematischen Prüfung unterzogen werden kann.*

Tests, die eine möglichst objektive Aussage über erreichte Lernziele machen sollen, müssen allerdings eng an Lehren und Lernen gebunden

174

sein. Das heißt: *Ermittlung* von Verhalten ist auf die *Vermittlung* von Verhalten zu beziehen. Jeder Unterricht ist also grundsätzlich als *kybernetischer Prozeß* anzusehen. Das bedeutet für die Praxis: Wenn ein Seminarleiter als Folge eines Tests feststellt, daß die Lernziele von der Mehrzahl der Seminarteilnehmer nicht erreicht worden sind, *so hat er sein Verhalten als Lehrer zu überprüfen.* Ein allgemein schlechtes Testergebnis der Seminargruppe (über ein bestimmtes Stoffgebiet) muß deshalb den Seminarleiter veranlassen, sein Unterrichtsverhalten, d.h. vor allem seine didaktischen Methoden, abzuändern.

Schwierigkeitsgrad von Tests

Die Schwierigkeit eines Tests hängt nicht allein davon ab, wie die Test-aufgaben konstruiert bzw. formuliert sind. Bei der Ermittlung des Schwierigkeitsgrades eines Tests muß stets auch die Zielgruppe berück-sichtigt werden. Legt man beispielsweise ein und denselben Test, der die Fähigkeit zu Systematik und Organisation prüfen soll, nacheinander einer Gruppe von Realschülern, einer Gruppe von Theologiestudenten und einer Gruppe von Abteilungsleitern eines Industriebetriebes vor, so wird man zu ganz verschiedenen Ergebnissen kommen, wie »schwierig« dieser Test ist. Diese Erkenntnis ist sicherlich eine »Binsenwahrheit« – doch wird in der Praxis immer wieder dagegen verstoßen. Vor allem von jenen (freiberuflichen) Seminarleitern, die ein paar »Standardtests« in ihrem Repertoire haben, die sie in jedem Seminar einsetzen – ganz gleich, wie die jeweilige Teilnehmergruppe nach Background und Arbeits-gebiet beschaffen ist.

Hat man als Seminarleiter einen Test erarbeitet, der der Zielgruppe ent-spricht, so kann man die Schwierigkeit des Tests nach Abnahme mit folgender Formel errechnen:

$$\frac{\text{Anzahl der falschen und fehlenden Antworten}}{\text{Anzahl aller möglichen Antworten}}$$

Beispiel: Eine Teilnehmergruppe von 12 Personen bekommt einen Test vorgelegt, der 30 Fragen enthält. Bei der Auswertung ergibt sich, daß 72 Fragen falsch bzw. nicht beantwortet worden sind. Daraus ergibt sich als Quotient für den Schwierigkeitsgrad des Tests

$$\frac{72}{360} = 0{,}2.$$

Wären aber beispielsweise 288 falsche Antworten abgegeben worden, so ergäbe sich ein Quotient von

$$\frac{288}{360} = 0,8.$$

D.h., der Index bewegt sich zwischen 0,00 und 1,00. Je mehr er sich der 0 nähert, desto leichter war der Test, und umgekehrt.

Unterscheidung von Tests nach der Norm des Verhaltens

Die Testpsychologie unterscheidet drei Arten von »Normtests«:

1. Idealnormtests: Verfahren, die das von ihnen hervorgerufene tatsächliche Verhalten der Testperson in Beziehung zu einem Lernziel setzen und danach interpretieren und bewerten. Mit anderen Worten: Hat der Seminarteilnehmer den angebotenen Stoff behalten, begriffen und kann er ihn anwenden?

2. Realnormtests: Verfahren, die das von ihnen hervorgerufene Verhalten der Testperson mit dem tatsächlichen Verhalten aller anderen Teilnehmer einer Seminargruppe vergleichen und entsprechend bewerten. Hier wird also festgestellt: Wie schneidet der einzelne im Verhältnis zur Gruppe ab?

3. Idealrealnormtests: Verfahren, die, wie der Name sagt, aus einer Kombination von Idealnorm- und Realnormtest bestehen. Beispiel: Einsatz eines in einer Klasse entwickelten Tests in allen entsprechenden Schulklassen des Landes. Die Konstruktion und Validisierung eines so schwierigen Tests kommt für Seminare in der Industrie nicht in Frage.

Was prüft ein Test eigentlich?

Ein Test prüft weder »Leistung«, noch »Eignung«, noch »Neigung«. *Ein Test ermittelt nur Verhalten;* und dies ist ein *Testverhalten:* künstlich, auf bestimmte Merkmale festgelegt, vorwegdefiniert und reaktiv.

Herkömmliches Prüfen ist von der Erwartung besetzt, Urteile über Personen irgendwie aufbauen zu können. Tests sind dagegen ein Hilfsmittel, um Vorurteile über andere systematisch abzubauen. *Durch Tests erfahren wir eigentlich viel mehr über unsere Vorurteile als über die Person des anderen!*

Lernleistungstests werden heute in »formelle« und »informelle« Tests eingeteilt. Ein formeller Test ist ein Test, der etliche Male überprüft und immer wieder überarbeitet worden ist, bis er allen wissenschaftlichen Kriterien genügt.

Der *informelle Leistungstest* ist von einem Trainer zu einem bestimmten Unterricht in einem spezifischen Seminar mit einer speziellen Zielgruppe konstruiert; er ist nur an einer situations- und ortsspezifischen Ideal- oder Realnorm orientiert und *kaum selbst geprüft* – wenn auch aufgrund objektiver Aufgaben grundsätzlich prüfbar. Mit anderen Worten: Wenn wir als Seminarleiter einen Test für ein Seminar konstruieren, *kann es sich immer nur um einen informellen Leistungstest handeln.* Was uns nicht davon entbindet, diesen Test so sorgfältig wie möglich und »lege artis« zu konstruieren.

Merkmale zur Konstruktion von Tests

Testaufgaben, die ein Unterrichtsziel definieren sollen, müssen drei Merkmale aufweisen:

1. Sie müssen das erwünschte Verhalten auch tatsächlich hervorrufen. Oder, umgekehrt formuliert: Testaufgaben dürfen nicht so formuliert sein, daß der Lernende das gewünschte Verhalten äußert, *ohne es erworben zu haben.* Sie sollen also nicht durch irgendwelche Lösungshilfen oder Einladungen zum Raten den Seminarteilnehmer zu Lösungen gelangen lassen, *die er selbst nicht einsieht.*

2. Testaufgaben müssen dem Lernenden deutlich machen, unter welchen Bedingungen, mit welchen Hilfsmitteln und in welcher Weise er die Aufgabe angehen soll. Soweit es nicht aus der eigentlichen Aufgabenstellung selbst hervorgeht, muß die Aufgabe also entsprechende *Arbeitsanweisungen oder Hinweise* enthalten. Zum Beispiel: »Benützen Sie die beiliegende Statistik über die Beschäftigung von Gastarbeitern in Deutschland.«

3. Testaufgaben müssen jedem *Auswerter* in gleicher Weise und unmißverständlich deutlich machen, wie ein unter den gegebenen Bedingungen tatsächlich hervorgerufenes Verhalten *bewertet* wird.

Zur Methodik von Testaufgaben

Die Methodik der einzelnen Testaufgabe ist der *zentrale Gesichtspunkt*, der alle anderen Aspekte umfaßt. Wie kommt der methodische Gehalt einer Aufgabe zum Ausdruck? In der Struktur der Aufgabe. Fragen wir jetzt weiter: Was ist Struktur? So kommen wir zur Antwort: *Struktur ist geformter Inhalt.*

Mit anderen Worten: Jede Testaufgabe hat eine ganz bestimmte Form, eine Makro-Struktur. Diese Makro-Struktur läßt sich auf einen einfachsten Nenner bringen: *Eine Aufgabe ist im Kern eine Frage.* Nun bedarf eine Frage in der Regel eines gewissen Hintergrundes; diesen Hintergrund nennen wir das »Informationsfeld«. Und schließlich erheischt die Frage eine Antwort; für sie brauchen wir das »Antwortfeld«. Also sieht die Makro-Struktur *jeder* Testaufgabe so aus:

Informationsfeld
Fragefeld
Antwortfeld

Beispiel zur Makro-Struktur eines Tests:

Die Wasserleitung füllt einen Eimer, der 15 l faßt, in drei Minuten. Ein Eimer von 20 l soll gefüllt werden.	Informationsfeld
In wieviel Minuten ist der 20-l-Eimer voll?	Fragefeld
in 5 Minuten in 2 Minuten in 4 Minuten in 3 Minuten in einer Minute	Antwortfeld

Mit dieser Makro-Struktur haben wir auch schon die Grobeinteilung unserer Aufgabentypologie gewonnen. Wir unterscheiden nämlich *drei Klassen von Testaufgaben,* und zwar im wesentlichen nach der Form des *Anwortfeldes:*

1. Das obige Beispiel nennen wir eine *geschlossene Aufgabe;* denn es läßt, strukturell gesehen, nichts offen. Das heißt: *Die Antwort ist der Testperson, und damit selbstverständlich auch dem Auswerter, vorgegeben.*

2. Das Beispiel kann zu einer *halboffenen Aufgabe* umstrukturiert werden, indem man das Antwortfeld leer läßt: *Die Antwort ist dann nicht mehr der Testperson, sondern nur noch dem Auswerter vorgegeben.*

3. Entfernt man nun noch den Text aus dem Fragefeld, so hat man eine *offene Aufgabe* vor sich. Denn die Testperson kann zu einem ganz individuellen, spontanen Verständnis der verbleibenden Information kommen und somit eine Antwort finden, die niemand mit Sicherheit voraussagen kann. Mit anderen Worten: *Die Antwort ist weder der Testperson noch dem Auswerter vorgegeben.*

Zum Typ »offene Aufgaben« gehören z.B. freie Gestaltungsaufgaben, z.B. Fallstudien. Ganz allgemein kann man feststellen, daß Tests vom Typ »offene Aufgaben« in unserer Seminarpraxis keine Rolle spielen.

Tests vom Typ »halboffene Aufgabe«.

Die halboffene Aufgabe unterscheidet sich von der offenen Aufgabe dadurch, *daß der Autor sie an eine bestimmte, vorgesehene Lösung bindet.* Diese Lösung muß allerdings nicht in jedem Fall nur *eine* bestimmte Antwort sein, sondern kann auch in anderen und ebenso richtigen Antworten zum Ausdruck kommen. Dies kann zu Schwierigkeiten seitens des Auswerters führen: welche Antwort ist als noch richtig zu bewerten?

Von der geschlossenen Aufgabe unterscheidet sich die halboffene Testaufgabe dadurch, daß ihre Lösung der Testperson *nicht* zur Auswahl vorgegeben wird. *Die Testperson hat ihre Antwort frei zu formulieren.*

Die häufigste *Fehlerquelle* liegt bei halboffenen Aufgaben darin, daß der Autor die Aufgabe so vage formuliert, daß der Lernende zu Antworten findet, die der Aufgabentext ihm umgewollt nahelegt. Dann werden letztlich die Befragten für die Mängel der Aufgabe, die zu Mängeln in der Antwort führen, bestraft!

Beispiele für halboffene Testaufgaben:

A. Die Management-Theorie kennt drei »klassische« Führungsstile. Wie heißen Sie?
1. (autoritär)
2. (demokratisch)
3. (Laissez-faire)

B. Ein guter Verkäufer wird stets »du-bezogen« argumentieren. Wonach richtet sich also seine ganze Verhandlungstechnik? (Nach den Bedürfnissen des Kunden)

C. Im Rauch brennender Zigaretten sind Stoffe enthalten, die gesundheitsschädlich sein können. Welche Angaben muß deshalb laut Gesetz jede Zigarettenpackung aufweisen? (Nikotin- und Kondensatgehalt in Milligramm)

D. Städte lassen sich nach verschiedenen Merkmalen klassifizieren. Welches Merkmal haben folgende Städte gemeinsam: Hamburg, London, New York, Wladiwostock, Sidney? (Es sind Hafenstädte)

E. Im normalen Stoffwechsel wird überflüssige Glukose aus dem Blut in der Leber gespeichert
und zwar als?
(Glykogen).

Tests vom Typ »geschlossene Aufgabe«.

Ein Merkmal ist charakteristisch für die Klasse der geschlossenen Aufgaben: *Die Testperson formuliert die Lösungen nicht selbst; sie wählt sie aus einem vorgegebenen Angebot aus (»Multiple choice«).* Geschlossene Aufgaben sind also Auswahlaufgaben.

Beispiele für geschlossene Testaufgaben:

(1) Zunächst sei nochmals das *klassische Beispiel* wiederholt, an dem wir bereits die Makro-Struktur von Testaufgaben entwickelten: Die Wasserleitung füllt einen Eimer, der 15 l faßt in 3 Minuten. Ein Eimer von 20 l soll gefüllt werden. In wieviel Minuten ist der 20 l-Eimer voll?
A. 5
B. 2   (Diese Art von Tests erlaubt auch die schnellste
C. 4   Auswertung, z.B. mittels Computer!)
D. 3
E. 1

(2) Eine schwierigere Art stellt die geschlossene Aufgabe mit »gegliedertem Stamm« dar:

Vergleichen Sie diese beiden Stoffwechselwerte:
1. Ruhestoffwechsel eines Erwachsenen pro kg Körpergewicht;
2. Ruhestoffwechsel eines Neugeborenen pro kg Körpergewicht;

Kreuzen Sie die richtige Antwort an:
( ) Der erste Wert ist größer als der zweite;
( ) Der erste Wert ist kleiner als der zweite;
( ) Beide Werte haben die gleiche Größe.

(3) Kreuzen Sie bitte die Begriffe an, die unter einen gemeinsamen Oberbegriff fallen:
a) Kationen b) Neutronen c) Ikonen d) Elektronen e) Protonen

(4) Welche der genannten Elemente sind in der Salpetersäure enthalten?
a) Schwefel
b) Wasserstoff
c) Stickstoff
d) Chlor
e) Sauerstoff

(5) Geben Sie die richtige Wortfolge durch Einsetzen von Zahlen in die unter den Wörtern stehenden Klammern an!

seinen	ein	rettete	treuer	Herrn	Hund
( )	( )	( )	( )	( )	( )

Zur Problematik der Testauswertung.

Es ist üblich – und sicher auch in Zukunft nicht zu umgehen –, daß qualitative Aussagen von Tests (»richtig«, »falsch«, »annähernd richtig« usw.) in quantitative Aussagen (»2 Punkte«, »kein Punkt«, »ein Punkt« etc.) umgewandelt werden. Damit glaubt man, die »Exaktheit« der didaktischen »Messung« gewährleistet zu haben. Aber: Punktwerte sind in den allermeisten Fällen nichts weiter als Kurzbezeichnungen *qualitativer* Urteile in Form der Zahl. Sie sind im günstigsten Fall Symbole für die kleinstmögliche Reaktionseinheit, für das einzelne Item.

181

Unter »Item« versteht man die kleinste, didaktisch und diagnostisch noch eben selbständige Auswertungseinheit. In den seltensten Fällen sind die Items innerhalb einer Aufgabe oder zwischen verschiedenen Aufgaben qualitativ gleichgewichtig. *Meistens haben die Items unterschiedliche Inhalte, Schwierigkeitsgrade, didaktische Ladungen.* So wird der Punktwert 1 für eine richtige Entscheidung bei einem Item zu einem anderen Wert als der »gleiche« Punktwert 1 bei einem anderen Item. *Damit kann die quantitative Gleichheit bei der Auswertung die qualitative Unterschiedlichkeit der dahinterstehenden Testleistungen geradezu vernichten.*

Man erhält also bei der Auswertung der Tests gewisse Summenwerte. Bevor man jedoch zur statistischen Verarbeitung dieser scheinbaren »Meßwerte« übergeht, sollte man sich immer überlegen, ob eine Rückübersetzung der numerischen Auswertung in qualitative Aussagen nicht dem Lernenden gerechter wird. *Dies gilt vor allem dann, wenn der Test eine abschließende »Schlußnote« ergeben soll, die dem Seminarteilnehmer in seine Teilnehmerurkunde eingetragen wird.*

Nachbemerkung zum Thema »Test«:

Die auf den vorstehenden Merkblättern gegebenen Anleitungen für die Konstruktion von Tests genügen sicherlich einem erfahrenen Seminarleiter, wenn er für ganz bestimmte, auf spezielle Zielgruppen ausgerichtete Schulungen Tests erarbeiten will. Muß ein Trainer allerdings zahlreiche, ganz verschiedene Seminare durchführen, z.B. innerhalb eines Konzerns für Innen- und Außendienst, für Führungskräfte verschiedener Ebenen oder für Firmenneulinge – dann muß er sich mit der Materie des Testens eingehender auseinandersetzen. Für diesen Fall sei als Lektüre jenes Buch empfohlen, dem ich die Leitsätze dieser Merkblätter entnommen habe:

THEODOR RÜTTER: Formen der Testaufgabe. Beck'sche Elementarbücher, München.

Anhang II zum 5. Kapitel:

Das »Gefühlsrad«

Wie schon als Einleitung zur Übung »Pressenotiz« bemerkt, fällt es gerade sehr intelligenten und überwiegend verstandesgesteuerten Menschen schwer, Gefühle auszudrücken. Mehr noch: sie sind nicht einmal in der Lage zu akzeptieren, *daß sie überhaupt Gefühle haben!* Um solchen Seminarteilnehmern zu helfen, ihre Gefühle wahrzunehmen, verwende ich in meinen Seminaren das (nach amerikanischem Vorbild) von VERA F. BIRKENBIHL entwickelte *Gefühlsrad*. Eine Abbildung finden sie auf Seite 186. In unseren Seminaren verwenden wir farbig gedruckte Gefühlsräder in der Größe 42 mal 42 cm, die auf einen starken Karton aufgezogen und mit einer Glanzfolie zum Schutze des Farbdrucker überzogen sind.

Beschreibung des Gefühlsrades

Wie Sie aus der Abbildung ersehen können, sind in den einzelnen Feldern insgesamt 44 Gefühle »vorgegeben«. Da nicht *alle* vorkommenden Gefühle angeführt werden konnten, wurde die *»Freie Zone«* eingefügt: sie ist für jene Gefühle bestimmt, die man möglicherweise im Augenblick der Benutzung des Gefühlsrades hat, aber nicht vorfindet. Die »Freie Zone« hat also gewissermaßen eine »Joker-Funktion«. Jedes »Gefühlsfeld« ist noch einmal dreigeteilt und mit »etwas«, »mittel«, »sehr« bezeichnet. Damit kann die *Intensität* eines Gefühles ausgedrückt werden.

Wie arbeitet man mit dem Gefühlsrad?

Möglichkeit 1: Jeder Seminarteilnehmer erhält ein Gefühlsrad und etwa 10 Chips (oder Geldmünzen). Er wird nun aufgefordert, einen Chip jeweils auf jenes Gefühlsfeld zu legen, dessen aufgedrucktes Gefühl ihn im Augenblick beherrscht. *Im Schulungsraum muß vollkommene Ruhe herrschen, damit niemand in der Konzentration gestört wird!* Wer fertig ist, lehnt sich im Stuhl zurück, damit der Seminarleiter feststellen kann,

183

wann auch der letzte Teilnehmer seine Chips gelegt hat. Wichtig ist, daß der Seminarleiter jetzt nicht etwa herumgeht und schaut, wer Chips auf welche Felder gelegt hat! Das käme einem Vertrauensbruch gleich. Der Seminarleiter sollte die Teilnehmer lediglich darauf hinweisen: Das Auslegen der Chips hätte gezeigt, daß jeder Mensch in jedem Augenblick *von mehreren Gefühlen gleichzeitig bewegt* wird! Wenn sich ein Mensch beispielsweise ärgert und setzt sich ans Gefühlsrad, so wird er feststellen, daß der »Ärger« gewissermaßen nur der »Obergriff« ist; daß da aber noch etliche andere Gefühle mitschwingen, z.B.: Schmerz, Schuldgefühl, Zurückweisung etc.

Möglichkeit 2: Zwei Teilnehmer, die verschiedenfarbige Chips haben, setzen sich an *ein* Gefühlsrad. Nun legt jeder Teilnehmer seine Chips auf jene Gefühle, die ihn im Augenblick beherrschen – *und zwar im Hinblick auf den anderen Teilnehmer!* Ist das Chiplegen beendet, fangen die Teilnehmer an, miteinander zu sprechen: sie erklären sich gegenseitig, *warum* sie die Chips auf einzelne Gefühle gelegt haben. Damit beginnt unweigerlich ein Prozeß des gegenseitigen Sich-öffnens, der zu echter Kommunikation führt!

Nun kommt es ab und zu vor, daß man dem Partner am Gefühlsrad zwar durch Legen eines Chips mitteilt, welches Gefühl einen beherrscht; aber beim abschließenden Gespräch kann man sich doch nicht überwinden, eine Erklärung dazu abzugeben. Dann nimmt man diesen Chip vom Gefühlsfeld und legt ihn in die »Ruhezone«. Solange der Chip dort liegt, darf auch der Partner *nicht fragen*, was es mit diesem Gefühl auf sich hat. Das bedeutet: bei diesem »Spiel« kann kein Partner vom anderen *gezwungen* werden, seine Gefühle offenzulegen bzw. zu interpretieren. Meistens ergibt es sich im Laufe des Gespräches, daß man den Chip wieder aus der Ruhezone nimmt: immer dann nämlich, wenn man durch dieses Miteinanderreden den Eindruck gewonnen hat: der Partner ist mir wohlgesinnt, und er wird auch verstehen, warum ich dieses oder jenes Gefühl ihm gegenüber hatte. Das Gefühlsrad erweist sich somit als ein echter »Türöffner« zu einem intensiven und ehrlichen Gespräch; weil man zunächst durch das Legen der Chips dem anderen *in non-verbaler Weise* signalisiert, was mit einem los ist.

Möglichkeit 3: Man »stationiert« ein Gefühlsrad an einem festen Platz im Seminarraum, z.B. auf einem Tischchen irgendwo in einer Ecke; und fordert die Teilnehmer zweimal täglich, etwa zu jeder Kaffeepause, auf, Chips auf jene Gefühle zu legen, die sie im Augenblick beherrschen. Der Seminarleiter sollte diesen Vorgang nicht beobachten; aber wenn die Gruppe mit dem Legen fertig ist, sollte der Leiter das Ergebnis kurz mit den Teilnehmern diskutieren. Durch diese Übung hat die Gruppe zweimal täglich die Gelegenheit, *dem Seminarleiter ihre Stimmung zu signalisieren* – ohne daß die einzelnen offenlegen müssen, *warum* sie in dieser oder jener Stimmung sind.

Welche Möglichkeiten das Gefühlsrad im *privaten Bereich* bietet, zur Verbesserung der Kommunikation zwischen Ehe- und Liebespartnern, zwischen Eltern und Kindern usw. – das finden Sie in VERA F. BIRKENBIHL's Buch »Kommunikationstraining«.

Abbildung: Das »Gefühlsrad«

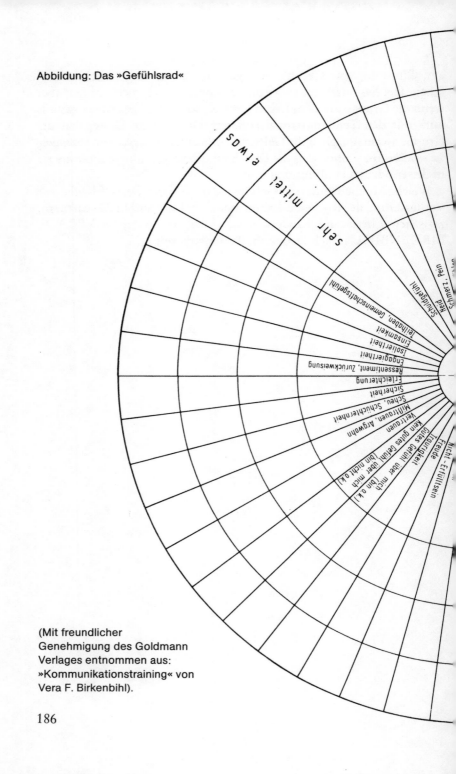

(Mit freundlicher
Genehmigung des Goldmann
Verlages entnommen aus:
»Kommunikationstraining« von
Vera F. Birkenbihl).

186

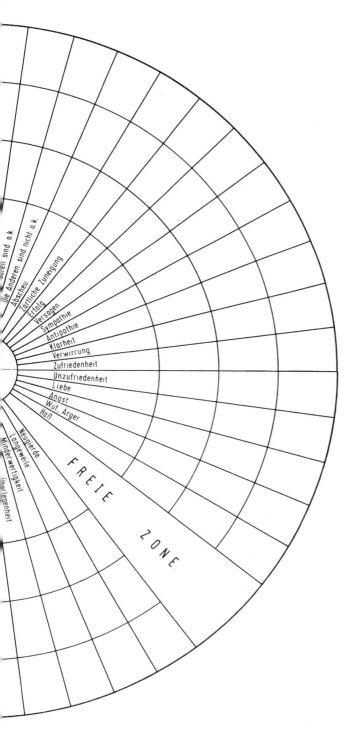

187

Zusammenfassung:

1. Unter »kognitiv« schließt man intellektuelle Fertigkeiten, wie Denken, Problemlösen, Erinnern und Reproduktion von Wissen, ein.
2. »Affektiv« bedeutet so viel wie emotional, d.h. gefühlsbetont bzw. von Gefühlen gesteuert.
3. Unter »Taxonomie« versteht man die exakte, hierarchisch gegliederte Klassifikation von Lernzielen.
4. Nach BLOOM enthält eine »kognitive Taxonomie« sechs Stufen:
   Wissen – Verstehen – Anwenden (Block I)
   Analyse – Synthese – Bewertung (Block II).
5. Der größte Teil der Menschen, der ja das Denken nie richtig gelernt hat, kommt über den Block I nicht hinaus. Die Stufen des Blocks II verlangen schon hohe bis sehr hohe intellektuelle Fähigkeiten.
6. Der Vorgang der *Analyse* umfaßt drei wesentliche Aktivitäten:
   ● das Identifizieren von Elementen, die in einer Nachricht enthalten sind;
   ● die Fähigkeit, die Zusammenhänge zwischen den Elementen einer Nachricht zu erkennen;
   ● das Erkennen der Struktur, die eine Nachricht zusammenhält.
7. Jedes Ausbildungsziel hat zwei Seiten: einen *Inhalts-* und einen *Leistungs*-Aspekt. Oder, als Frage formuliert: Was muß der Teilnehmer am Ende eines Seminars *wissen?* Und was muß er *können?*
8. Unter »operationaler Definition von Lernzielen« versteht man eine »Taxonomie von Tätigkeiten«; sie postuliert vorweg, was der Teilnehmer nach dem Seminar *können* sollte.
9. Bei Erstellung einer Taxonomie sollte unbedingt die *Zielgruppe* in die Überlegungen mit einbezogen werden:
   ● Was für eine Art von Menschen sind meine künftigen Seminarteilnehmer? Welches sind ihre Bedürfnisse? Kommen sie positiv oder negativ motiviert ins Seminar?
   ● Welche Probleme ihrer beruflichen Umwelt machen den Seminarteilnehmern zu schaffen? Inwieweit kann ich ihnen durch das Seminar helfen, diese Probleme künftig besser zu bewältigen?
   ● Welche didaktischen Methoden bzw. welche Unterrichtsmedien sollte ich einsetzen, um das Richtziel des Seminars zu erreichen?

10. Nach BLOOM kann jedes einzelne Lernziel drei Bereiche berühren:

- den kognitiven Bereich;
- den effektiven Bereich;
- den psychomotorischen Bereich.

11. Beim »psychomotorischen Bereich« geht es um das Erlernen optimal koordinierter Bewegungsabläufe, z.b. beim Autofahren oder beim Bedienen einer Maschine.

12. »Affektive Lernziele« streben eine Betonung oder Veränderung gefühlsmäßiger Einstellungen an.

13. Übersetzt man BLOOM's Gedanken zur kognitiven und effektiven Taxonomie in die Sprache WATZLAWICK'S, so könnte man als Fazit formulieren: Aktivitäten auf der Inhaltsebene haben stets, ob man will oder nicht, Aktivitäten auf der Beziehungsebene zur Folge; jedoch erreicht man im Unterricht keine gezielten Veränderungen auf der Beziehungsebene anderer, ohne die Inhaltsebene zu Hilfe zu nehmen.

14. Der Wert einer »effektiven Taxonomie« muß für die Praxis umstritten bleiben, weil es

- keine Methode gibt, ganz spezielle Gefühle gezielt zu provozieren;
- keine Methode gibt, die Intensität und Richtung entstandener Gefühle gezielt zu beeinflussen.

15. Ein Test ist ein Prüfverfahren, das selbst einer systematischen Prüfung unterzogen werden kann.

16. Lernleistungstest teilt man in »formelle« und informelle« Tests ein. Ein formeller Test wurde etliche Male überprüft und überarbeitet, so daß er allen wissenschaftlichen Kriterien genügt.

17. Der informelle Leistungstest ist von einem Ausbilder »hausgeschneidert« – für ein spezifisches Seminar mit einer speziellen Zielgruppe. Er ist also nicht überprüft; allerdings sollte er so angelegt sein, daß er überprüfbar ist.

18. Die Makro-Struktur jeder Testaufgabe enthält drei Felder:

- Informationsfeld;
- Fragefeld;
- Antwortfeld.

19. Nach der Form des Antwortfeldes unterscheidet man wieder drei Klassen von Testaufgaben:

- die geschlossene Aufgabe;
- die halboffene Aufgabe;
- die offene Aufgabe.

20. Der in der Seminarpraxis am häufigsten eingesetzte Test ist vom Typ der »geschlossenen Aufgabe«, meistens als »Multiple choice« bezeichnet. Dabei formuliert die Testperson die Lösungen nicht selbst; sie wählt sie aus einem vorgegebenen Angebot aus.

6. KAPITEL

Wie man ein Seminar plant und durchführt

Dieses Kapitel, verehrter Leser, beinhaltet keinen neuen Lernstoff. Es versucht vielmehr, die in den vorangegangenen Kapiteln erarbeiteten Einsichten und Erkenntnisse *an einem Beispiel aus der Praxis zu illustrieren;* um Ihnen, verehrter Trainer-Kollege, möglicherweise einige Tips für Ihre eigene Seminararbeit zu vermitteln. Bei diesem Thema scheiden sich zuweilen die Geister: weil eben jeder ein Seminar aufgrund seiner eigenen Ansichten und Erfahrungen plant und durchführt. Ich führe Ihnen im folgenden vor, wie ich einen Seminarauftrag durchgeführt habe; wobei ich mir natürlich nicht die Mühe gemacht habe, derartige Tabellen zu erstellen, wie sie auf den folgenden Seiten erscheinen. Diese Tabellen haben den einzigen *pädagogischen* Zweck, Trainern ohne lange Erfahrung aufzuzeigen, *welche Gesichtspunkte bei der Planung eines Seminars berücksichtigt werden sollten.* »Alte Hasen« konzipieren ihre Seminare »aus dem Handgelenk« – was allerdings zuweilen schiefgeht! Sie sehen also, verehrter Leser: ganz unsinnig ist es nicht, wenn man sich an irgendeinen »roten Faden« oder eine »Checkliste« hält, wenn man ein Seminar entwirft. Ich darf in diesem Zusammenhang auf das ganz ausgezeichnete und praxisorientierte Buch von JENS U. MARTENS verweisen.

Lassen Sie mich wiederholen, welche Gesichtspunkte man beim Entwurf eines Seminars *niemals* aus den Augen verlieren sollte:

1. Aus welchen *Menschen* setzt sich meine Seminargruppe zumen? Welche Bedürfnisse haben Sie? Wie sieht das Umfeld aus, in dem sie arbeiten müssen?
2. Welche beruflichen *Probleme* haben diese Menschen? Was kann ich tun, um ihnen bei deren Bewältigung zu *helfen?*

> 3. Welche *Lernziele* (kognitive und operationale) muß ich
> setzen, um
> a) die Bedürfnisse meines Auftraggebers zu befriedigen,
> b) die Bedürfnisse der Seminarteilnehmer zu befriedigen?
> 4. Wie will ich meinen Unterricht gestalten (Didaktik),
> und welche Unterrichtsmedien will ich einsetzen, um
> die angestrebten Lernziele zu realisieren?

Nun zum praktischen Fall:
Eines Tages besuchte mich der Außendienstleiter einer Firma, die 1966 gegründet wurde und nach eigenen Entwürfen Brillengestelle fabriziert. Nach und nach wurden 10 Herren für den Außendienst eingestellt, von denen sechs gelernte Augenoptiker waren. Das Geschäft lief gut, und alle waren zufrieden. Bis zum Jahre 1974. Da erfolgte ein signifikanter Umsatzeinbruch, der vor allem zwei Gründe hatte: Wegen der Rezession disponierten die Optiker vorsichtiger, die Konkurrenz, vor allem Italiener und Franzosen, drückten Billigmodelle in den deutschen Markt; Modelle, die modisch und formschön waren, sich allerdings in der Qualität nicht mit deutschen Produkten messen konnten. Aber welche Rolle spielt das, wenn Frauen zweimal jährlich, mit Haartracht und Haarfarbe, auch die Brille wechseln?

Nun kam ein fertigungstechnisches Problem hinzu: neue Brillengestelle werden entworfen und gefertigt. Eine Nachproduktion einzelner Modelle während der Saison ist nicht möglich! Erweist sich also ein Modell als Verkaufsschlager, kann es nicht nachgeliefert werden. Dieses Problem haben übrigens viele Hersteller von Konsumgütern, z.B. auf dem Rundfunk- und TV-Sektor.

Da war aber noch ein psychologisches Problem. Die einzelnen Vertreter hatten ihre Lieblingsmodelle, die ihnen persönlich besonders gefielen. Also verkauften sie aus ihrer Palette von rund 200 Modellen fast ausschließlich 20 »Lieblingsbrillen«, der Rest blieb am Lager. Und natürlich meckerten sie, weil die Firma mit der Lieferung nicht nachkam. »Da mühen wir uns ab ... «

Die Geschäftsleitung überlegte Gegenmaßnahmen und zog die Vertreter im Herbst 1974 erstmalig hinzu, um die neuen Modelle mit auszuwählen! Schließlich kannten sie ja den Geschmack ihrer Optiker-Kunden am besten. Der Außendienst gab sich entzückt und genoß diese

»Mitbestimmung«. Jedoch: als die neuen Modelle da waren, gefielen den Herren die meisten jener Brillen nicht, die sie selbst ausgewählt hatten! Und wieder verkauften sie nur einige wenige Modelle ... Mittlerweile war der Lagerbestand an »unverkäuflichen« Brillen schon auf 50% des Jahresumsatzes angewachsen.

In der Rezession rächte sich auch ein Denkfehler, dem man bei der Einstellung des Außendienstes zum Opfer gefallen war: man hatte vorwiegend Augenoptiker eingestellt, eo ipso eher ruhige Fachleute, aber *keine extrovertierten Verkäufer!* Natürlich waren diese Menschen dem harten Konkurrenzkampf mit den ausländischen Herstellern nicht gewachsen. Ergebnis: verminderte Einkünfte und wachsende Frustration.

Die Aufgabe für mich, den externen Verkaufstrainer, stellte sich also so dar:
1. Die Vertreter mußten die Marketing-Konzeption verstehen und akzeptieren; nämlich, daß *alle* 200 Modelle verkauft werden müssen; und zwar zu den von der Geschäftsleitung bestimmten Konditionen!
2. Die Vertreter müssen überhaupt einmal das Verkaufen lernen.

Erschwerend kam hinzu, daß ich wegen Zeitmangel keine Gelegenheit mehr hatte, wenigstens mit *einem* der Herren auf die Reise zu gehen. So suchte ich einen befreundeten Augenoptikermeister auf und ließ mir von ihm erzählen, was er von Vertretern der Brillenhersteller erwartet. So kannte ich wenigstens in etwa die Bedürfnisse der Kunden.

Weiterhin wurde mein geplanter Einsatz a priori erschwert, weil der Verkaufsleiter nach unserem ersten Gespräch seinem Außendienst etwas voreilig und psychologisch ungeschickt ankündigte, innerhalb der nächsten Tagung (in vier Wochen) werde ein Verkaufstrainer eine zweitägige Verkaufsschulung übernehmen. Der Verkaufsleiter vergaß auch nicht zu erwähnen, daß ich eine Video-Kamera mitbringen würde! Ergebnis: einhellige Ablehnung des Seminars! »Wir lassen uns doch nicht von einem hergelaufenen Trainer durch die Mühle drehen!«

Aufgrund der geschilderten Fakten entwarf ich einen Seminarplan. Die Überlegungen dazu finden Sie in der Tabelle auf Seite 194 bis 196. Auf der Basis dieser Lernziel-Überlegungen entstand das eigentliche Seminar-Programm (Seite 197 und 198).

Bemerkungen zur Durchführung des Seminars:

Sie werden, verehrter Leser, bemerken, daß zwischen der Tabelle mit den Lernzielen und dem daraus erstellten Schulungsprogramm kleine Unterschiede in der Abfolge bestehen. Dies hat seinen Grund. Für mich gibt es *zwei Grundregeln für den Seminarablauf*, an die ich mich eisern halte, weil sie sich in langen Jahren der Praxis bewährt haben:

> 1. Im Seminar sollten sich »passive« und »aktive« Phasen abwechseln. Das heißt: auf jede passive Phase (Referate des Ausbilders, bei denen die Teilnehmer zuhören müssen) sollte eine aktive Phase folgen, bei der die Teilnehmer »etwas tun« müssen (Diskussion, Fallstudie, Rollenspiel etc.).
> 2. Unmittelbar nach der Mittagspause sollte stets eine aktive Phase liegen, weil die Seminarteilnehmer sonst, mit dem »Wiederkäuen« beschäftigt, einschlafen.

Richtziel: Außendienst eines Herstellers für Brillengestelle soll bei härtestem Konkurrenzdruck ausländischer Billigerzeuger die eigenen Produkte im Rahmen einer neuen Marketing-Konzeption verkaufen können.

Lernziele		Realisation
kognitiv	operational	Didaktik + Unterr.-Medien
Analyse des Brillenmarktes national + international	Kennt Verkäufer (V) Konkurrenz (Stärken + Schwächen)?	Referat mit vorbereiteten Folien + Diskussionen
Die neue Marketing-Konzeption	Hat V die neue MK begriffen und akzeptiert? Kann er sie in die Praxis umsetzen?	Referat mit Dias oder Schaubildern (Flipchart). Diskussion, um etwaige Vorurteile und psychologischen Widerstände auszuräumen.
Selbstbild eines erfolgreichen Verkäufers	Weiß V, welche Eigenschaften und Fähigkeiten er für seinen Beruf braucht? Hat er sie?	Plenumsdiskussion mit gemeinsamer Herausarbeitung der wesentlichen Eigenschaften. Zusammenfassung durch S-Leiter. Verkäufer-Test, der von jedem Teilnehmer selbst ausgewertet wird.

194

Psychologische Grundlagen: ☐ Persönlichkeitsstruktur ☐ Selbstwertgefühl ☐ Fracis-Galton-Story	Erkennt der V die Persönlichkeitsstruktur des Kunden? Vermeidet er Bemerkungen, die das SWG des K verletzen? Hat er eine positive Einstellung zum K?	Referat mit Tafel oder Overhead. Übungen: S-Leiter liest typische Kundenbemerkungen vor; können die Teilnehmer daraus Schlüsse auf P-Struktur des K ziehen?
Gewandtheit in der Diskussion	Wie redegewandt ist V? Wie tolerant in der Diskussion? Zeigt er Dominanzstreben? Wird er aggressiv? Kann er zuhören?	Erster Einsatz der Video-Kamera.
Bedürfnisse des Menschen (nach Maslow)	Hat V begriffen, daß jeder Mensch nur von seinen Bedürfnissen motiviert wird? Kann er auf dem „Bedürfnisklavier" spielen?	Referat: Erläuterung von Maslows B-Pyramide. Beispiele aus Privatleben erfragen: Wie motivieren Sie Ihre Kinder? Ihre Ehefrau? Wodurch werden Sie selbst motiviert?
Verkauf einer Dienstleistung und eines Konsumgutes	Richtet sich V nach den Bedürfnissen des K? Oder versucht er, ihm etwas aufzuschwätzen?	Rollenspiele vor der Kamera, mit wechselnden Teilnehmern, ohne Zwischen-Analyse. S-Leiter spielt den Kunden. Analyse aller Aufzeichnungen. Entwicklung der 4 Stufen eines guten Verkaufsgespräches.
Fragetechnik	Ist V in der Lage, ein Gespräch durch richtiges Fragen dahin zu lenken, wo er es haben will?	Lehrfilm. Kurzreferat zur Erläuterung der Fragetechnik. Aufforderung an die Gruppe, selbst Beispiele zu den verschiedenen Fragenarten zu bilden.
Einwandtechnik: ☐ Bedingte Zustimmung ☐ Aktives Zuhören ☐ Niederlagenlose Methode	Ist V in der Lage, Vorwänden und Einwänden richtig zu begegnen?	Rollenspiele mit verschiedenen Teilnehmern.

Kommunikation und ihre Störquellen: ☐ Grundgesetze ☐ Watzlawicks Axiome	Weiß V, daß Kommun. immer auf zwei Ebenen abläuft? Hat V begriffen, welche Ebene die wichtigere ist?	Übung vor der Kamera: „Der Weg einer Nachricht". Anschließend Referat.
Gesprächseröffnung + Bedürfniseruierung (Brillenkunde)	Versteht es V, eine sympathische Atmosphäre herzustellen? Fragt er nach den Bedürfnissen des K?	Fraktioniertes V-Gespräch vor der Kamera. Analyse vor dem Monitor.
Präsentation der Brillenkollektion	Versteht es V, seine Modelle so zu präsentieren, daß Bedürfnisse des K befriedigt werden? Argumente? Sprache?	Übung vor der Kamera. V muß mit eigenem Musterkoffer arbeiten. Analyse vor Monitor.
Preisargumentation	Kennt V die wesentlichen Argumente für das Preisgespräch? Kann er den Preis relativieren? Verteidigt er den Preis?	Übung vor der Kamera
Abschlußtechnik	Weiß V den richtigen Augenblick für Bestellung zu nutzen?	Übung vor der Kamera
Komplettes V-Gespräch mit verschiedenen Kundentypen	Wie wird V mit verschiedenen K fertig? Z. B. mit nervösen, aggressiven, eiligen, zu freundlichen Typen?	Übungen vor der Kamera
Abschlußtest	Hat V Seminarziel erreicht? Vermeidet er psycholog. + verkaufstechnische Gesprächsfehler?	Testbögen. Besprechung der Ergebnisse. Abschlußdiskussion. Teilnehmerurkunden.

PROGRAMM
für ein 2-Tage-Verkaufstraining bei der Firma XY am (Datum, Jahr)
1. Tag:

9.00–10.30 **Einführung in das Seminar:** Was wir gemeinsam erreichen wollen.
Die Situation am deutschen Brillenmarkt. Die Marketing-Konzeption der Fa. XY als Antwort auf diese Situation.
Diskussion darüber im Plenum.
Gruppendiskussion: Das Selbstbild eines erfolgreichen Verkäufers.
Test: Welche Art Verkäufer sind Sie?

10.30–11.00 Pause

11.00-12.30 **Psychologische Grundlagen** jeden Verkaufsgespräches: Die Persönlichkeitsstruktur des Menschen.
Das Selbstwertgefühl. Die Francis-Galton-Story. (Mit Übungen)
Gruppendiskussion vor der Kamera:
Überraschungs-Thema, nicht branchenspezifisch!
Anschließend: Abspielen der Aufnahme, ohne Analyse!

12.30–14.00 Mittagspause

14.00–15.30 **Übung:** »Der Weg einer Nachricht«.
Anschließend: Die Grundgesetze der Kommunikation.
Die Bedürfnisse des Menschen:
Bedürfnispyramide nach A. Maslow. Das Problem der Motivation (mit Übungen).
Allgemeine Verkaufsübungen vor der Kamera:
1. Verkauf einer Dienstleistung
2. Verkauf eines Konsumgutes

15.30–16.00 Pause

16.00–17.30 **Lehrfilm:** »Im Gespräch überzeugen«.
Anschließend Fragetechnik (mit Übungen).

Zusammenfassung des bisher durchgearbeiteten Stoffes. Daraus ergibt sich:

Das 4-Stufen-Strategem für jedes erfolgreiche Gespräch.

Übung vor der Kamera:
»Party-Gespräch«

2. Tag:

9.00–10.30 **Übungen** zu folgenden Einwandtechniken:
1. Bedingte Zustimmung
2. Aktives Zuhören
3. Niederlagenlose Methode

1. (Brillen-)Verkaufsgespräch vor der Kamera:
Gesprächseröffnung und Bedürfniseruierung
Anschließend: Analyse vor dem Monitor

10.30–11.00 Pause

11.00–12.30 **2. Verkaufsgespräch vor der Kamera:**
Die Präsentation der Brillenkollektion.
(Jeder Teilnehmer benützt seinen eigenen Musterkoffer!)
Anschließend: Analyse vor dem Monitor

3. Verkaufgespräch vor der Kamera:
Preisargumentation
Analyse vor dem Monitor

12.30–14.00 Mittagspause

14.00–15.30 **Übung:** »Operation Vorstadt«

4. Verkaufsgespräch vor der Kamera:
Abschlußtechnik
Analyse vor dem Monitor

5. Komplettes Vekraufsgespräch vor der Kamera:
a) »Normales Gespräch«
b) »Schwieriges Gespräch«
Analyse vor dem Monitor

15.30–16.00 Pause

16.00–17.30 **6. Komplette Verkaufsgespräche mit verschiedenen Kundentypen.**
Analyse vor dem Monitor

Abschlußtest (Multiple choice)

Abschluß-Diskussion.

Aushändigung der Teilnehmer-Urkunden

Wenn Sie sich jetzt das obige »offizielle Programm« nochmals ansehen, werden Sie feststellen, daß der »Phasenwechsel« strikt eingehalten ist. Für das »Spielchen nach der Mittagspause« habe ich stets Unterlagen in meiner Seminartasche. Zum Beispiel das »Parkplatz-Problem«, das sie im 7. Kapitel finden.

Es wurde im 4. Kapitel bereits darauf verwiesen, wie wichtig zahlreiche *Kurzpausen* sind. Deshalb lege ich im jeden Block von 90 Minuten nach etwa 40 Minuten eine Kurzpause von 5 Minuten, die zugleich den Rauchern erlaubt, außerhalb des Schulungsraumes eine Zigarette zu rauchen.

Ein Problem jeden Seminars ist die *Pünktlichkeit*. Ich rücke ihm auf zweierlei Art zu Leibe: zum einen benutze ich einen 60-Minuten-Wecker (Eier-Uhr). Bei Pausen wie bei Übungen wird die vorgegebene Zeit eingestellt. Es ist unglaublich, wie schnell sich die Teilnehmer daran gewöhnen und sich nach dem Klingelzeichen richten. Zum anderen »bestrafe« ich Teilnehmer, die zum Beginn des Seminars bzw. nach Pausen unpünktlich erscheinen, auf subtile Weise: wer als letzter den Schulungsraum betritt, ist der erste »Freiwillige« bei einer der folgenden Übungen. Glauben Sie mir, verehrter Kollege: niemand kommt mehr zu spät, wenn Sie diese Maßnahme einmal durchgeführt haben!

Noch ein Wort zur *Unterrichtsdauer* pro Seminartag. Man trifft immer wieder auf »Buchhalter-Typen« in der Geschäftsleitung, die beim Anblick des Programmes entsetzt ausrufen: »Was! 2 $^1/_2$ Stunden Pausen! Und nur 6 Stunden reine Unterrichtszeit!« Sie wissen es, meine Kollegen, sofern Sie »alte Hasen« sind: 6 Stunden Unterricht sind genug, wenn im Seminar wirklich gearbeitet wird! Das bedeutet 6 Stunden Konzentration – mehr kann man keinem Menschen zumuten!

Nun ist das »Sitzen an sich« für viele Seminarteilnehmer schon eine Belastung, z.B. für Außendienstmitarbeiter oder Ladenverkäufer. Ich erlaube deshalb grundsätzlich – und gebe dies zu Seminarbeginn bekannt –, daß Teilnehmer aufstehen und sich, wenn sie wollen, stehend an die Wand lehnen, wenn ihnen das Sitzen zu viel wird.

Eine weitere Störquelle ist die *Kaffeepause*. Wenn Sie in einem Hotel schulen, dann sorgen Sie dafür, daß der Kaffee pünktlich zum Pausenbeginn bereitsteht. Ich spreche stets mit dem zuständigen Manager die Pausen ab. Und ich werde sehr ungemütlich, wenn Mittagessen oder Pausenkaffee nicht pünktlich serviert werden. Lassen Sie sich Ihren Zeitplan niemals vom Hotel- oder Casinopersonal durcheinanderbringen!

Lassen Sie uns nunmehr zum wichtigsten Punkt jedes Seminars kommen: zum *ersten Kontakt mit den Seminarteilnehmern.* JENS U. MARTENS macht a.a.O. diverse Vorschläge dazu; u.a. empfiehlt er eine Fragebogen-Aktion. Ich halte davon nichts, weil eine derartige Aktion negative Auswirkungen hat, wenn die Teilnehmer sowieso widerwillig ins Seminar kommen. *Meine* Praxis der Erstbegegnung sieht so aus:

Falls ich mit Außendienstmitarbeitern auf Reisen gehe, erfahren eo ipso alle übrigen Teilnehmer, daß ich ein »umgänglicher Mensch« bin. Sofort nach dem ersten Reisetag laufen abends die Telefone heiß, und der gesamte Außendienst weiß, »was dieser BIRKENBIHL für ein Mensch ist«.

Habe ich die Möglichkeit des Reisens nicht, und findet das Seminar in einem Hotel statt, dann reise ich – wie alle Teilnehmer – am Abend zuvor an. Man lernt sich dann beim gemeinsamen Abendessen und einigen Bierchen kennen. Im obigen Fall der Brillenverkäufer war es beispielsweise so, daß die Gruppe schon zwei Tage getagt hatte, ehe ich eintraf. Für den Abend meiner Anreise war die Kegelbahn gemietet worden. Also begab ich mich mit auf die Kegelbahn. Da ich ein miserabler Kegler bin, machte mich allein diese Tatsache schon etlichen Teilnehmern sympathisch. Das Kegeln endete in Biertischgesprächen, die sich bis 1.30 Uhr morgens hinzogen. Danach bestanden keine Vorurteile mehr gegen mich.

Ist es nicht möglich, auf diese Weise vor dem Seminar Kontakt aufzunehmen, so bleibt nur noch eine Möglichkeit: *die Eröffnung des Seminars »so menschlich wie möglich« zu gestalten.* Ich gehe dann so vor, daß ich zunächst einmal meinen Lebenslauf zum besten gebe, wobei ich, je nach Zielgruppe, jene Passagen hervorhebe, die für die Anwesenden interessant sind. Schule ich z.B. Außendienstmitarbeiter, betone ich, daß ich selbst »10 Jahre auf der Straße lag«. Schule ich Ärztebesucher, hebe ich hervor, daß ich selbst 4 Jahre Ärztebesucher war. Bei Außendienstgruppen, vor allem bei der Pharmazie und bei Versicherungen, finden sich ja stets viele Menschen, deren Berufsweg nicht so verlaufen war, wie sie sich das ursprünglich vorgestellt hatten. In diesem Falle betone ich bei meiner Selbstdarstellung, daß ich mit meinen sechs Semestern Medizin und Psychologie »im bürgerlichen Sinne eine gescheiterte Existenz sei«. Was mich aber nicht gehindert hätte, ein erfolgreicher und gutverdienender Trainer zu werden. Habe ich Poliere im Seminar, erwähne ich, daß ich in der Nachkriegszeit zwei Jahre auf dem Bau als Hilfsarbeiter gearbeitet hätte und also das Milieu auf dem Bau kenne.

Sitzen Meister aus der technischen Fertigung im Seminar, erzähle ich, daß ich nach dem Abitur ein Jahr als technischer Praktikant im Gruppenakkord gearbeitet hätte und deshalb die Probleme in einer Werkhalle aus eigener Anschauung kenne. *Natürlich stimmt das alles:* hier kommt mir mein »verschlungener Berufsweg« zugute!

Dann animiere ich die Teilnehmer zu einer zwanglosen Diskussion von etwa 20 Minuten Dauer: Welche seien ihre speziellen Probleme? Wer hat bereits ähnliche Seminare besucht? Was erwarten sie sich von diesem Seminar? Und so weiter ... Im Anschluß an diese Diskussion, die dem Seminarleiter bereits erste Eindrücke hinsichtlich Dominanzstreben und Intelligenzgrad der einzelnen Teilnehmer vermittelt, werden die organisatorischen Dinge abgeklärt: »Pausentechnik«, Rauchverbot, Hotelservice (Schwimmbad, Sauna etc.). Ferner erkläre ich bei dieser Gelegenheit ausdrücklich, daß von mir *keine Beurteilungen der Seminarteilnehmer* durchgeführt würden und daß die Geschäftsleitung nicht erfahre, *wer* was im Seminar gesagt hätte. Außerdem erkläre ich, quasi »ehrenwörtlich«, daß die von mir verwendeten Video-Bänder immer wieder überspielt würden; es werden also keine Aufnahmen archiviert, um sie hinterher irgend jemandem vorzuspielen. Dies alles, verehrter Trainer-Kollege, dient der Realisierung jener Prinzipien, die in den vorangegangenen Kapiteln abgehandelt worden sind:

> Die Herstellung einer harmonischen Atmosphäre auf der »Beziehungsebene« muß das vorrangige Bestreben jedes Seminarleiters sein. Gelingt dies nicht oder entstehen bei den Seminarteilnehmern gar aversive Gefühle, ist das Seminar so gut wie gescheitert!

Kehren wir zu unserem Beispiel der Brillenverkäufer zurück. Nachdem die Beziehung zu den Teilnehmern bereits während des Kegelabends zufriedenstellend etabliert war, begann ich das Seminar mit der Beantwortung der rhetorischen Frage: »Was wollen wir in diesem Seminar *gemeinsam* erreichen?« Bei dieser Gelegenheit wird von mir stets betont, daß

● es in einem Seminar kein Lehrer-Schüler-Verhältnis gibt;
● ein Seminar vom Wechselgespräch unter gleichberechtigten Partnern lebt;

201

- ein Seminar die Chance bietet, vorhandene Schwächen transparent zu machen und auszumerzen;
- jeder, der sich möglichst oft und freiwillig zu den Übungen meldet, den größten Gewinn aus diesem Seminar ziehe;
- alles, was die Teilnehmer im Seminar lernten, in erster Linie *ihnen persönlich zugutekomme* und erst in zweiter Linie der Firma;
- es nicht meine Absicht sei, Seminarteilnehmer »auseinanderzunehmen«; vielmehr sei es mein Bestreben, sie alle effektiver zu machen und sie »moralisch aufzurüsten«, damit sie mit neuem Mut an ihre Arbeit gingen.

Dann folgte eine kurze Besprechung der Markt- und Konkurrenzsituation. Bei der Erläuterung der firmeneigenen Marketing-Konzeption verweise ich auf Beispiele aus anderen Branchen. Damit mache ich den Teilnehmern klar, daß in allen Firmen mit Fertigung und Vertrieb ähnliche Probleme vorhanden sind. Und daß, wie ich durch Beispiele nachweise, diese Probleme lösbar sind!

An dieser Stelle etwa ist die erste Kurzpause fällig. Ist die Einführung gelungen, entstehen jetzt kleine Diskussionen in Grüppchen, wobei sich die Teilnehmer erleichterten Herzens bestätigen, daß

- man sicherlich keine Angst mehr vor dem Trainer zu haben brauche;
- man sicherlich in diesem Seminar etwas dazulernen werde, das einem die Praxis erleichtere.

Übrigens spielt in meinen Seminaren die *musikalische Untermalung* eine große Rolle. Ich führe stets einen Kassetten-Recorder mit, von dem dezente Schlagermusik (ohne Gesang), zuweilen auch klassische Musik ertönt – je nach Zusammensetzung der Zielgruppe. Das heißt: Wenn die Teilnehmer am ersten Morgen etwas verklemmt den Schulungsraum betreten, empfängt sie zunächst Musik. Desgleichen wird jede Pause mit Musik »berieselt«. Wenn die Pause vorbei ist, stelle ich die Musik ab – und alle nehmen sofort wieder Platz! Jedenfalls haben mir viele Teilnehmer bestätigt, daß der »Empfang mit Musik« sie sehr angenehm berührt habe.

Nach der Kurzpause komme ich zum Programmpunkt: »Selbstbild eines erfolgreichen Verkäufers« und schockiere die Teilnehmer mit der Frage: »Hoffentlich sitzt hier niemand im Raum, der sich im stillen manchmal sagt: ich bin ja *nur* ein Vertreter! So ein Mensch hätte ein ganz falsches Selbstbild!« Und jetzt schreibe ich, nach Zuruf aus der

Gruppe, Eigenschaften und Fähigkeiten eines erfolgreichen Verkäufers an die Tafel. Daraus »filtere« ich dann jene Eigenschaften heraus, die meiner Ansicht nach die wesentlichsten sind. Nämlich:

- Intelligenz
- Flexibilität
- Einfühlungsvermögen
- Kommunikationsfähigkeit

- Verhandlungsgeschick
- Selbstdisziplin
- Stehvermögen
- Fachwissen.

Das heißt: Ein guter Verkäufer (im Außendienst) ist immer auch ein *stolzer Mensch!* Denn er verfügt über ein *Bündel* von Fähigkeiten, die ein »Innendienstler« in der Regel (in dieser *Kombination*) gar nicht benötigt.

Viele Teilnehmer, die bisher wegen ihrer Erfolglosigkeit frustriert durch die Gegend liefen, erkennen jetzt erstmalig, daß der Beruf des Verkäufers einer der interessantesten Berufe ist, den unsere Gesellschaft überhaupt anzubieten hat! Und daß es sich lohnt, diesen Beruf ernst zu nehmen!

Dann lege ich den Teilnehmern einen der beiden Tests vor, die im folgenden abgedruckt sind. Der »Gittertest« nach BLAKE/MOUTON wurde von mir 1969 in den USA aus dem Originalwerk »herausgefiltert«. Er ist sehr verkürzt und vereinfacht, hat sich aber in meiner Seminarpraxis bewährt. Wer am vollständigen Text interessiert ist, kaufe sich das mittlerweile bei ECON in Düsseldorf erschienene umfangreiche Werk (Titel: Blake/Mouton: Verkaufen durch Grid).

GITTER-TEST: WELCHE ART VERKÄUFER SIND SIE?

Lesen Sie zunächst die fünf Sätze in jeder der folgenden Elemente-Gruppen. Nachdem Sie sie gelesen haben, betrachten Sie jede Aussage als eine mögliche Beschreibung Ihrer Verkäuferpersönlichkeit. Geben Sie 5 Punkte für jene Aussage, die Ihr Verhalten am besten beschreibt – aber **tatsächliches Verhalten,** nicht eine Idealvorstellung davon! Seien Sie ehrlich gegen sich selbst! Bewerten Sie die restlichen Sätze mit den Punktzahlen 4 bis 1, wobei 1 Punkt für jene Aussage vergeben wird, die Ihrem Verhalten am wenigsten entspricht. Es kann also innerhalb der gesamten Reihe dieser 5 Sätze die Punktzahl 1, 2, 3, 4 und 5 **nur einmal** vergeben werden!

Element 1: Entscheidungen

...... A 1: Ich akzeptiere grundsätzlich die Entscheidung von Kunden oder anderen Personen.

...... B 1: Ich lege großen Wert darauf, gute Beziehungen zu meinen Kunden herzustellen und aufrecht zu erhalten.

...... C 1: Ich bemühe mich um Entscheidungen, die durchführbar sind, auch wenn sie nicht immer optimal sind; dies gilt für alle Arten von Entscheidungen – ob sie nun von Kunden, anderen Personen oder von mir selbst gefällt werden.

...... D 1: Ich lege großen Wert darauf, eine Entscheidung von Kunden zu bekommen oder selbst zu fällen, die Hand und Fuß hat; d.h., ich meide Halbheiten wie die Pest.

...... E 1: Ich lege großen Wert darauf, gesunde Entscheidungen beim Kunden zu erreichen, die auf Verständnis und Übereinstimmung beruhen.

Element 2: Überzeugungen

...... A 2: Ich gehe konform mit den Meinungen, Verhaltensweisen und Ideen von Kunden oder anderen Personen und vermeide es, Partei zu ergreifen.

...... B 2: Ich neige eher dazu, die Meinungen von Kunden oder anderen Personen zu akzeptieren als meine eigenen Vorstellungen durchzusetzen.

...... C 2: Wenn Meinungen auftauchen, die sich von meiner eigenen stark unterscheiden, versuche ich, auf eine mittlere Position auszuweichen.

...... D 2: Ich stehe für meine Meinungen ein, auch wenn ich dadurch anderen zuweilen auf die Zehen trete.

...... E 2: Ich höre mir Meinungen anderer an und prüfe sie kritisch, falls sie sich von meinen eigenen unterscheiden. Ich habe ganz klare Überzeugungen – bin aber dennoch bereit, meine Einstellung zu ändern, wenn mir vernünftige Argumente entgegengehalten werden.

Element 3: Persönlicher Arbeitseinsatz

...... A 3: Mein Arbeitseinsatz ist ausreichend.

...... B 3: Ich setze meinen Ehrgeiz darein, andere bei der Ausführung ihres Vorhabens zu unterstützen.

...... C 3: Ich suche stets nach neuen Ideen, damit das Arbeitspensum sicher geschafft wird.

...... D 3: Ich weiß, was ich will und zwinge andere, meinen Vorschlägen zuzustimmen.

...... E 3: Ich investiere meine gesamten Energien in meine Arbeit und verstehe es, andere für mein Vorhaben zu begeistern.

Element 4: Konflikte

...... A 4: Wenn Konflikte auftauchen, versuche ich neutral zu bleiben oder mich überhaupt aus der ganzen Angelegenheit herauszuhalten.

...... B 4: Ich vermeide stets, Konflikte überhaupt aufkommen zu lassen. Läßt sich das aber nicht vermeiden, so versuche ich, die aufgewühlten Gefühle zu besänftigen und sorge dafür, daß keine Feindschaften aufkommen.

...... C 4: Wenn Konflikte entstanden sind, lasse ich mich dadurch nicht ohne weiteres von meinem Standpunkt abbringen; doch versuche ich auf jeden Fall, in fairer Weise eine für möglichst alle Beteiligten akzeptable Lösung zu erreichen.

...... D 4: Wenn ein Konflikt entstanden ist, versuche ich zunächst, ihn herunterzuspielen und dadurch aus der Welt zu schaffen; in jedem Falle aber werde ich versuchen, meine Meinung zu behaupten.

...... E 4: Wenn ein Konflikt entstanden ist, versuche ich zunächst einmal, die Ursachen dafür zu erforschen; und dann versuche ich, diese Ursachen in vernünftiger Weise aufzuarbeiten.

Element 5: Selbstbeherrschung

...... A 5: Da ich mich stets neutral verhalte, kann mich auch nichts aufregen.

..... B 5: Weil Spannungen leicht Mißstimmungen erzeugen, versuche ich stets, mit menschlicher Wärme und Freundlichkeit zu reagieren.

...... C 5: Unter Spannung werde ich unsicher und weiß nicht, wie ich mich aus der Affäre ziehen könnte, ohne noch größere Spannungen hervorzurufen.

...... D 5: Wenn die Dinge nicht so laufen, wie ich es gerne haben möchte, gehe ich in Verteidigungsstellung, beharre stur auf meiner Meinung und suche fieberhaft nach Gegenargumenten.

...... E 5: Wenn ich erregt bin, zwinge ich mich auf jeden Fall zur Selbstbeherrschung – auch wenn meine innere Spannung offenbar ist.

Element 6: Humor

...... A 6: Meine Art Humor wird von anderen als ziemlich witzlos bezeichnet.

...... B 6: Meine Art Humor beabsichtigt vor allem, freundliche Beziehungen zu anderen aufrecht zu erhalten; in schwierigen Situationen versuche ich, durch einen Witz den »tierischen Ernst« zu vertreiben.

...... C 6: Meine Art Humor beabsichtigt vor allem, andere für mich und meine Ziele einzunehmen.

...... D 6: Mein Humor ist einfach umwerfend – er macht mich sozusagen unwiderstehlich.

...... E 6: Meine Art Humor trägt zur Abklärung der Situation bei – gewissermaßen philosophisch; ich bewahre mir stets einen Rest davon, auch unter stärkstem Druck.

Errechnung Ihres persönlichen »Gitter-Stiles«:

Die folgende Tabelle wird Ihnen ermöglichen, die Punktwertung aus den Elementen 1 bis 6 aufzuaddieren, um dadurch die Frage zu beantworten: »Welche Art von Verkaufsstil ist für mich besonders typisch?«
Beginnen Sie mit dem Element Nr. 1 »Entscheidungen« und tragen Sie die dort ermittelten Punktzahlen in die dafür vorgesehene **waagrechte** Zeile ein. In derselben Weise verfahren Sie für die übrigen Elemente. Dann zählen Sie bitte die eingetragenen Punkte aller **senkrechten** Spalten zusammen. Ergibt sich beispielsweise die höchste Punktzahl für die Spalte »D«, so besagt dies, daß Ihr Verkäuferverhalten der Position 9,1 im Gitter entspricht. Die Beschreibung dieser 9,1-Position finden Sie auf einem weiteren Blatt, das Ihnen nach der Errechnung Ihrer Punktzahlen ausgehändigt wird.
Nun ist es so, daß ein Verkäufer, wenn er mit seiner üblichen Strategie nicht ankommt, auf eine andere Art des Verkaufens ausweicht. Er hat also eine »Rückzugs-Strategie« in Reserve. Diese Rückzugs-Strategie ergibt sich in untenstehender Tabelle durch die Spalte mit der zweithöchsten Punktzahl. Um bei dem o.a. Beispiel zu bleiben: haben Sie die höchste Punktzahl in Spalte »D« und die zweithöchste in Spalte »C«, so bedeutet dies: Ihre bevorzugte Verkaufs-Strategie ist die 9,1-Position des Gitters; bei Mißerfolg weichen Sie auf die 5,5-Position aus.

Element	Gitter-Stil				
	1,1	1,9	5,5	9,1	9,9
1 Entscheidung	A 1	B 1	C 1	D 1	E 1
2 Überzeugung	A 2	B 2	C 2	D 2	E 2
3 Arbeitseinsatz	A 3	B 3	C 3	D 3	E 3
4 Konflikte	A 4	B 4	C 4	D 4	E 4
5 Selbstbeherrschung	A 5	B 5	C 5	D 5	E 5
6 Humor	A 6	B 6	C 6	D 6	E 6
TOTAL:					

Das Verkäufer-Gitter

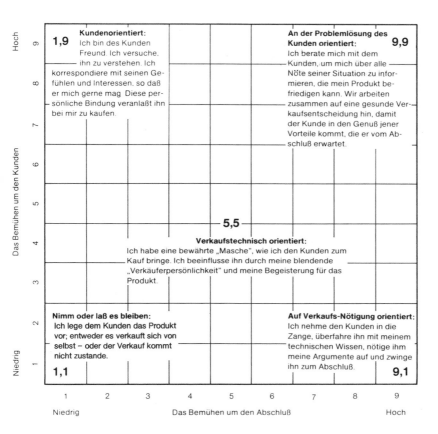

Das Bemühen um den Kunden

Hoch 9

Kundenorientiert: **1,9**
Ich bin des Kunden Freund. Ich versuche, ihn zu verstehen. Ich korrespondiere mit seinen Gefühlen und Interessen, so daß er mich gerne mag. Diese persönliche Bindung veranlaßt ihn bei mir zu kaufen.

An der Problemlösung des Kunden orientiert: **9,9**
Ich berate mich mit dem Kunden, um mich über alle Nöte seiner Situation zu informieren, die mein Produkt befriedigen kann. Wir arbeiten zusammen auf eine gesunde Verkaufsentscheidung hin, damit der Kunde in den Genuß jener Vorteile kommt, die er vom Abschluß erwartet.

5,5
Verkaufstechnisch orientiert:
Ich habe eine bewährte „Masche", wie ich den Kunden zum Kauf bringe. Ich beeinflusse ihn durch meine blendende „Verkäuferpersönlichkeit" und meine Begeisterung für das Produkt.

Nimm oder laß es bleiben:
Ich lege dem Kunden das Produkt vor; entweder es verkauft sich von selbst – oder der Verkauf kommt nicht zustande.
1,1

Auf Verkaufs-Nötigung orientiert:
Ich nehme den Kunden in die Zange, überfahre ihn mit meinem technischen Wissen, nötige ihm meine Argumente auf und zwinge ihn zum Abschluß.
9,1

Niedrig 1

1 2 3 4 5 6 7 8 9

Niedrig   Das Bemühen um den Abschluß   Hoch

Was verkaufen Sie eigentlich?

Die fundamentale Frage, die sich jeder Verkäufer stellen und beantworten sollte, lautet:»Was verkaufe ich eigentlich?« Die Antwort mag Ihnen selbstverständlich erscheinen – doch so einfach liegen die Dinge nicht. Wenn Sie diese Frage im Sinn behalten, während Sie weiterlesen, wird es sich erweisen, daß die Annäherung an den Verkaufsvorgang von ganz verschiedenen Richtungen erfolgen kann.

Hier sind einige mögliche Antworten auf diese Frage:

207

Eine Antwort lautet: **Sie verkaufen Produkte** (Gitter-Stil 9,1). Ihre Aufgabe besteht darin, ein Produkt an den Käufer loszuwerden. Wenn er es wirklich braucht, ist dies ein Glücksfall für ihn. Sie aber haben nur ein Ziel: dem Kunden Ihr Produkt unter die Weste zu jubeln – ganz gleich, wie seine Bedürfnisse gelagert sein mögen.

Eine andere Antwort lautet: **Sie verkaufen sich selbst** (Gitter-Stil 1,9). Wenn Ihnen dies gelungen ist, haben Sie das Produkt gleichzeitig mitverkauft. Dies nennt man Persönlichkeits-Verkauf. Diese Art wird Sie veranlassen, ständig nach Verhaltensweisen zu suchen, die Ihren Charm vergrößeren. Die Geselligkeit, um nicht zu sagen eine Art Kumpanei mit dem Kunden wird zum Selbstzweck.

Eine dritte Antwort lautet: **Sie verkaufen nichts; das Produkt verkauft sich selbst** (Gitter-Stil 1,1). Wenn die Vorzüge des Produktes zufällig mit den Bedürfnissen des Kunden übereinstimmen, ist der Handel gemacht. Diese Einstellung zu Ihrem Beruf als Verkäufer macht Sie passiv und bescheiden.

Eine vierte Antwort lautet: **Sie verkaufen beides – etwas vom Produkt und etwas von Ihrer Persönlichkeit** (Gitter-Stil 5,5). Sie versuchen, sowohl sich selbst als auch das Produkt in möglichst attraktiver Weise zur Schau zu stellen, wobei Sie Schauspieltechnik und konventionelle Verkaufstechnik gleichermaßen einsetzen.

Aber – es gibt noch eine fünfte Antwort: **Sie verkaufen Problemlösungen** (Gitter-Stil 9,9). Diese Lösungen befriedigen die Wünsche und Bedürfnisse des Kunden. Seine Probleme verschwinden: er hat einen echten Gewinn durch den Kauf. Dem Kunden zu helfen, zunächst einmal seine eigenen Probleme richtig zu sehen und zu verstehen ist ein Teil dieses Problemlösungs-Verkaufes. Und die Vorzüge des Produktes in einer gesunden und konstruktiven Weise zu erläutern, ist ein anderer Teil dieser Art Verkaufens. Weiterhin gehört dazu, daß man den Kunden als denkendes Wesen behandelt, nicht als einen Dummkopf ohne Selbstrespekt und ohne Urteilsvermögen. Und schließlich muß Ihre persönliche Integrität unbestritten sein: denn wer legt schon seine Probleme vor einem Menschen auf den Tisch, dem er nicht vertrauen kann?

Einführungstest: Verkaufspsychologie + Verkaufstechnik

Bitte kreuzen Sie in der vorgesehenen Spalte an, ob die einzelnen Aussagen Ihrer Meinung nach richtig oder falsch sind.

Aussagen:	Richtig	Falsch
1. Wenn man einem Kunden etwas verkaufen will, muß man seine Bedürfnisse kennen		
2. Unbefriedigte Bedürfnisse sind der einzige Hebel, um das Verhalten eines Kunden zu ändern.		
3. Die besten Verkaufserfolge erzielt man, wenn man den Kunden überredet.		
4. Fachwissen ist für einen Verkäufer wichtiger als psychologische Kenntnisse; der Kunde will ja schließ- lich überzeugt werden!		
5. Um einen Menschen zu überzeugen genügt es, über erstklassige Argumente zu verfügen.		
6. Ein guter Verkäufer kann so überzeugend argumen- tieren, daß der Kunde schließlich einsieht, daß der Ver- käufer im Recht ist.		
7. Ein guter Verkäufer ist immer auch ein guter Berater.		
8. Erfolglose Verkäufer machen drei Hauptfehler: a) sie reden stets mehr als der Kunde; b) sie reden zuviel über technische Details; c) sie fragen zu wenig.		
9. Eine Behauptung des Verkäufers führt oft zu einer Gegenbehauptung des Kunden und damit zu einem Streitgespräch.		
10. Wenn man dem Kunden ständig Fragen stellt, verwirrt man ihn nur.		
11. Wenn der Verkäufer aufhört, auf den Kunden einzu- reden, verliert er automatisch die Führung des Gespräches.		
12. Ob ein Kunde ein gesundes Selbstwertgefühl oder einen Minderwertigkeitskomplex hat, spielt für die Taktik des Verkaufsgespräches keine Rolle.		
13. Wenn man im Verkaufsgespräch präzise formuliert, kann man sich darauf verlassen, daß stets der Kunde alles so versteht, wie man selbst es meinte.		
14. Die „Kontrollfrage" dient dem sog. „Feedback"; d. h. man überzeugt sich, ob der Kunde alles richtig ver- standen hat. Die „Feedback-Technik" muß wesent- licher Bestandteil jedes guten Verkaufsgespräches sein.		

Aussagen:	Richtig.	Falsch
15. Das „Aktive Zuhören" löst beim Kunden einen gewissen „Ja – weil . . ."-Effekt aus und veranlaßt ihn dadurch, seine wirklichen Motive zu nennen.		
16. In einem Verkaufsgespräch kann man auch Dinge behaupten, die der Wahrheit nicht entsprechen.		
17. Man sollte während eines Verkaufsgespräches das „Nein" eines Kunden bewußt provozieren, um es später entkräften zu können.		
18. Wenn man ein Gerät präsentiert, sollte man als Verkäufer streng darauf achten, daß es der Kunde nicht in die Hand nimmt und daran herumspielt.		
19. Ein Vertreter, der täglich seine vorgeschriebenen Besuche macht, erzielt auch Aufträge.		
20. Ein Verkäufer erzielt umsomehr Umsatz, je intimer er mit seinem Kunden wird.		
21. Ein Vorwand ist ein Scheingrund, der nur ein einziges Ziel verfolgt: den Verkäufer wieder loszuwerden.		
22. Vorwände oder Einwände des Kunden sind gleichermaßen unerheblich. Einziges Ziel des Verkaufsgespräches muß es sein, dem Kunden möglichst viel Ware unterzujubeln. Ob er sie braucht bzw. wie er sie wieder abverkauft, ist sein Bier.		
23. Sollte ein Kunde einen ernsthaften Einwand vorbringen, geht man am besten wie folgt vor: a) man beweist ihm, daß er sich irrt; b) man macht ihn mit einem gezielten Gegenargument nieder.		
24. Auch dem Kunden ist damit gedient, daß wir gute Preise erzielen: weil uns nur eine angemessene Gewinnspanne in die Lage versetzt, leistungsfähige Lieferanten zu sein.		
25. Wenn der Preis eines Produktes zur Sprache kommt, sollte man ihn nach der „Sandwich-Methode" präsentieren: d. h., zwischen Vorteile eingeklammert.		
26. Ein guter Verkäufer darf ruhig zugeben, daß er selbst den Preis eines Produktes für zu hoch hält; das ergibt eine schöne Gemeinsamkeit zwischen ihm und dem Kunden.		
27. Wenn man ein wirklich hochpreisiges Produkt zu verkaufen hat, geht man in zwei Stufen vor: a) Man setzt die Bedeutung des Preises herab; b) man verändert den Preis „optisch", indem man ihn in Beziehung zu andern Größen setzt.		

210

Aussagen:	Richtig	Falsch
28. Wenn der Kunde unser Produkt als „zu teuer!" bezeichnet, sollte man sofort daran gehen, den Preis ganz massiv zu verteidigen.		
29. Wenn der Kunde in orientalischer Manier um den Preis feilscht, sollte man ihm höflich, aber bestimmt zu verstehen geben: „Wir verkaufen Produkte, keine Rabatte!"		
30. Wenn man um Konzessionen beim Preis nicht herumkommt, muß man auf Gegenkonzession bestehen! Zum Beispiel: sofortiger Auftrag für eine größere Liefermenge.		
31. Wenn der Kunde eine Reklamation vorbringt, a) läßt man ihn um keinen Preis ausreden; b) fordert man ihn wiederholt auf, doch die Ruhe zu bewahren; c) beweist man ihm schließlich, daß seine Reklamation völlig grundlos ist.		
32. Wenn sich ein Kunde beschwert hat, sollte man sich dafür auf alle Fälle bedanken.		
33. Wenn der Kunde am Schluß eines Verkaufsgespräches sagt: „Ich will es mir nochmal überlegen!" – dann gibt es dafür nur einen Grund: der Verkäufer hat den Kunden nicht überzeugt.		
34. Wenn der Verkäufer den Kunden trotz größter Bemühung ohne Auftrag verläßt, gibt es dafür nur eine Begründung: der Kunde ist dämlich, stur und mit der Konkurrenz verheiratet.		
35. Viele Verkäufer machen nur deshalb zu wenig Umsatz, weil ihnen von der Firma ein miserables Gebiet (bzw. eine „uninteressante Abteilung") zugewiesen worden ist.		

Die Auflösung dieses Tests finden Sie auf Seite 492.

Der zweite Test »Verkaufspsychologie + Verkaufstechnik« wurde von mir und meiner Tochter, die in den USA Psychologie studiert hat und heute ebenfalls als selbstständige Trainerin arbeitet, für unsere Seminare entwickelt. In ihm wird jene Thematik angesprochen, die im Seminar durchgearbeitet wird. Jeder Teilnehmer füllt die Testbögen aus und behält sie bei sich. Der »Gittertest« bringt ein sofortiges Ergebnis. Der »Einführungstest« enthält keine Auswertung. Ich fordere die Teilnehmer auf, diesen Test auszufüllen und ihn beiseite zu legen. Am Ende des

Seminars, im Programmpunkt »Schlußdiskussion«, wird der Test nochmals hervorgeholt. Ich verlese dann das Ergebnis, und jeder Teilnehmer vergleicht seine Antworten mit meinen. Sollten dann noch Unklarheiten bestehen, werden sie ausgeräumt.

Welchen Test Sie, verehrter Trainer-Kollege, einsetzen, liegt bei Ihnen. Jeder hat sich in der Seminarpraxis bewährt. Der »Einführungstest« ist allerdings an eine Prämisse gebunden: Sie müssen die im Test angesprochenen Probleme dann auch im Seminar durcharbeiten. Übrigens: da der Test vor der Kaffeepause liegt, sage ich vor Testbeginn: »Wer fertig ist, kann sich in die Pause begeben!« Dadurch müssen die »schnellen Denker« nicht untätig herumsitzen.

Nach der Kaffeepause kommt die Psychologie an die Reihe. Hierzu möchte ich keine näheren Erläuterungen geben, weil jeder Trainer seine spezielle Einstellung zur Psychologie hat. Ich selbst bringe *immer* drei Themen:

- Der Aufbau der Person, damit die Seminarteilnehmer erkennen lernen, warum sich Menschen in bestimmten Situationen *so* verhalten, *wie* sie sich verhalten; dies ist vor allem eine Folge der »Programmierung im Elternhaus«, auf die ich ziemlich ausführlich eingehe.
- Die Wurzeln des Selbstwertgefühls, der »zentralen Instanz unseres Lebens«.
- Die FRANCIS-GALTON-Story, weil sie demonstriert, wie wichtig die *Einstellung* ist, die wir anderen Menschen entgegenbringen.

Damit das Psychologiereferat nicht zu theoretisch wird, würze ich es mit Beispielen aus Berufs- und Privatleben; außerdem verlese ich die Beschreibung bestimmter Persönlichkeitstypen, z.B. eines nörglerischen Kunden, und lasse in der Diskussion die Seminarteilnehmer erarbeiten, wie dieser geschilderte Mensch wohl seelisch strukturiert sei. Im übrigen empfehle ich weiterführende Taschenbücher.

Nach dem Psychologieteil folgt eine Kurzpause; danach der *erste Einsatz der Video-Kamera*. Wie Sie im Anhang »Training mit dem Video-Recorder« nachlesen können, halte ich absolut nichts davon, Kamera-Neulinge mit all ihrer Angst *allein* vor die Kamera zu setzen. Deshalb erfolgt in meinen Seminaren das Vertrautwerden mit der Kamera grundsätzlich über eine Gruppendiskussion. Zunächst erläutere ich den Sinn und Zweck, warum die Kamera überhaupt im Seminar verwendet wird:

weil es einfach kein besseres Medium gibt, sich einmal »von außen« zu sehen, wie uns Dritte sehen. Jeder, der täglich mit anderen Menschen umgeht, *muß wissen*, wie er wirkt! Seine Körpersprache, sein sprachlicher Ausdruck! *Zweck der ersten Übung* sei es also lediglich, daß jeder Teilnehmer einmal mit eigenen Augen sieht, wie er wirkt; daß er »sich selbst erfährt«! Deshalb wird anschließend die Aufnahme über den Monitor einfach abgespielt; *Kritik findet nicht statt!*

Damit die Teilnehmer die Kamera möglichst schnell vergessen, stelle ich ein Thema zur Diskussion, bei dem sich alle furchtbar aufregen können. Zum Beispiel: »Angenommen, Ihre gut entwickelte 14-jährige Tochter hätte einen Freund und teilte Ihnen mit, sie wolle sich die Pille verschreiben lassen. Wie würden Sie reagieren?«

Zur Vorbereitung der Diskussion gebe ich (mit Wecker-Uhr) fünf Minuten Zeit, damit sich jeder einige Stichwörter notieren kann. Außerdem wird ein Diskussionsleiter bestimmt. Ich wähle dazu in der Regel einen Teilnehmer, der schon Video-Erfahrung hat, sich also »kennt«. Den setze ich dann *vor* die Kamera. Setzt man den Diskussionsleiter in die Mitte der U-förmigen Tischanordnung, dann schauen die Teilnehmer bei der Diskussion stets von der Kamera weg.

Ich möchte bei dieser Gelegenheit vor zwei *psychologischen Fehlern* warnen, die beim Umgang mit der Kamera gemacht werden können:

1. Setzen Sie Frauen, die eine ausgeprägte »Adlernase« haben, so, daß sie die meiste Zeit frontal in die Kamera schauen. Das gleiche gilt für Männer mit »Tonsurglatzen«.
2. Richten Sie die Kamera nicht zu tief. Zuweilen haben Damen krumme Beine oder so kurze Röcke, daß man im Sitzen den Schlüpfer sieht! Oder einzelne Teilnehmer wippen nervös mit den Füßen. Solche Dinge wirken beim Abspielen deprimierend für die Betroffenen.

Der Diskussionsleiter wird von mir vor Beginn beiseite genommen. Er soll vor allem

- etwaige Vielredner stoppen, damit die Diskussion nicht ausufert oder vom Thema abkommt;
- die »Schweiger« auffordern, ihre Meinung zu äußern;
- sich mit seiner eigenen Meinung zurückhalten und vor allem als Moderator wirken;
- am Schluß der Diskussion eine Zusammenfassug geben und versuchen, eine Mehrheitsmeinung herauszuarbeiten.

Der Diskussionsleiter bekommt den Wecker, der auf 17 Minuten gestellt wird. Wenn der Wecker klingelt, hat der Diskussionsleiter noch drei Minuten Zeit für seine Zusammenfassung (in die er dann auch seine eigene Meinung einbeziehen kann).

Es ist selbstverständlich, daß Sie, irgendwann vorher, eine Probeaufnahme gemacht haben. Ich mache dies vor Beginn des Seminars und bitte in der Regel einen Kellner, sich an den Tisch zu setzen und bis »10« zu zählen. *Sie müssen immer sicher sein, daß die Technik funktioniert.*

Die nun einsetzende Diskussion über das »heiße« Thema kommt sehr schnell in Gang. Oft schon nach fünf Minuten fallen sich die Diskutanten ins Wort; manche werden aggressiv. Kein Wunder, nachdem es bei diesem Thema um moralische Grundwerte und um Erziehungsprobleme geht. Wenn Damen in der Gruppe sitzen, verläuft die Debatte über dieses Thema naturgemäß noch lebhafter. Für den Seminarleiter ist diese Diskussion eine wahre Fundgrube an psychologischen Erkenntnissen über die Teilnehmer: Wer ist sehr christlich eingestellt? Wer ist sexuell verklemmt? Wer ist sehr liberal? Wer ist in Erziehungsfragen sehr autoritär? Wer spricht aus Erfahrung, da er halbwüchsige Kinder hat? Wer intellektualisiert nur und gibt recht lebensfremde Ansichten von sich? Wer versucht, die Gesprächsführung an sich zu reißen? Wer hat keine Meinung zu diesem Thema und schließt sich, nach ausdrücklicher Aufforderung, der bis dahin geäußerten Mehrheitsmeinung an? Hat sich der Diskussionsleiter geschickt verhalten? Und so weiter ...

Ich betone nochmals, daß der Seminarleiter von diesen Betrachtungen keinen Gebrauch machen darf! Die Versuchung ist groß, anschliessend Bemerkungen über einige Teilnehmer zu machen! Verlieren Sie nie aus dem Auge, verehrter Trainer-Kollege: *diese Übung hat den einzigen Zweck, den Teilnehmern die Angst vor der Kamera zu nehmen!*

Wenn die Aufnahme über den Monitor gelaufen ist, frage ich zunächst: »Wer war irgendwie erstaunt über sich selbst? Ist jemand mit seinem Eindruck nicht zufrieden?« Manche kritisieren sich selbst dann in ziemlich harter Weise. Dies gibt mir Anlaß, in ganz allgemeiner Form zu zwei Aspekten Stellung zu nehmen: Körpersprache und Dialekt. Jeder Mensch hat seinen persönlichen Stil, und dieser Stil muß »durchgängig« sein! Das heißt: lebhafte Menschen sprechen schneller und lauter als solche mit weniger Temperament; sie heben und senken die Stimme, um ihnen wesentlich erscheinende Passagen hervorzuheben. Und sie unterstreichen ihre Worte durch bewegte Mimik und Gestik.

Das stört nicht! Ich warne ausdrücklich davor, sich in ein Korsett zu zwängen, das einem nicht paßt!

Manche beanstanden ihren Dialekt. Hierauf erwidere ich, daß *jeder* Mensch einen Dialekt spricht, da ja die Landschaft auf ihn abfärbt, in der er aufgewachsen ist. Das ist natürlich und keineswegs störend. Ganz im Gegenteil: ich empfinde zum Beispiel die dialektfreie Bühnensprache als steril. Ein Dialekt wirkt nur dann unangenehm, wenn er ordinär breit gesprochen wird.

Schließlich stelle ich zusammenfassend fest: »In dieser Gruppe sitzt nicht *ein* Teilnehmer, dessen Verhalten in der Diskussion störend wirkte! Wir haben mit der Zusammensetzung dieser Gruppe ausgesprochenes Glück gehabt! *Sie alle, meine Damen und Herren, können mit sich sehr zufrieden sein!*«

Nach diesem aufmunternden Resümee geht die Gruppe zufrieden und beglückt in die Mittagspause. Der erste Vormittag ist geschafft – und es war gar nicht so schlimm, wie man befürchtet hatte. Ganz im Gegenteil – in diesem Seminar kann man wirklich etwas lernen, was einem im täglichen Leben hilft!

Wir wollen uns nichts vormachen, verehrter Trainer-Kollege: zwei Seminartage sind eine verdammt kurze Zeit, um die vorgegebenen Lernziele wenigstens annähernd zu erreichen. Dieser Versuch kann überhaupt nur dann gelingen, *wenn eine harmonische, angstfreie Atmosphäre* geschaffen wird. Ich wiederhole nochmals: *jeder* Teilnehmer kommt mit Ängsten in das Seminar. Er hat Angst

- vor dem Trainer;
- vor der Video-Kamera;
- daß er sich vor den anderen blamiert;
- daß das Seminar negative Folgen für seine Karriere haben könnte, falls er versagt.

Deshalb sei zum x-ten Male betont:

> Die vornehmste Aufgabe eines Seminarleiters besteht darin, zu Beginn des Seminars eine harmonische, angstfreie Atmosphäre zu schaffen. Gelingt dies nicht am ersten Vormittag, können die Lernziele nicht erreicht werden!

Natürlich kommt es vor, daß Teilnehmer in der Gruppe sitzen, die in der Gruppendiskussion keinen sehr guten Eindruck machen. Nehmen wir einmal an, da sitzt ein Mensch, dessen Sprache schwer verständlich ist, weil er »mundfaul« ist: er bewegt die Lippen beim Sprechen nicht und verhindert somit eine klare Artikulation. Oft merkt der Betroffene es selbst und spricht dieses Problem nach der Bandabspielung an. Dann bestätige ich ihm diesen Eindruck, mache ihn auf die Ursache aufmerksam und betone, *daß diese kleine Schwäche durch einige einfache Übungen mit einem Cassetten-Recorder zu beheben sei!* Dazu empfehle ich MICHAEL SCHIFF's »Sprachschulung und Redetechnik« (mit Audio-Cassette) – das beste Lehrbuch dieser Art, das mir je unter die Finger gekommen ist!

Wenn aber so ein »Nuschler« seine Schwäche nicht selbst anspricht, nehme ich ihn in einer Pause beiseite und bringe ihm schonend bei, daß er künftig für seine Aussprache etwas tun müsse. Was nützen ihm seine Fachkenntnisse, wenn er sie nicht »an den Mann bringen« kann, weil ihn der Gesprächspartner nicht versteht? Auch damit verhalte ich mich gemäß dem altbewährten Grundsatz:

> Lob nur vor anderen – Kritik nur unter vier Augen!

Wobei es sich bei »Kritik« im Hinblick auf obige Maxime um eine Kritik handelt, *die das Selbstwertgefühl des Betroffenen angreift.* Normale Kritik muß ein Seminarteilnehmer auch im Plenum vertragen können! Immer unter der Voraussetzung, daß er bei guten Leistungen auch gelobt wird!

Nach der Mittagspause folgt, wie schon besprochen, eine »aktive« Phase. In diesem Fall die Übung »Der Weg einer Nachricht«, die wir bereits im dritten Kapitel besprochen haben. Anschließend erläutere ich die beiden »Grundgesetze« und WATZLAWICK's Axiome. Dann folgt eine Kurzpause.

Nach der Pause *erfrage* ich zunächst, welche Bedürfnisse wohl der Mensch hat. Die Zurufe werden an Tafel oder Flipchart aufgelistet. Dann erkläre ich, nach welchem Modell *jedes* menschliche Handeln abläuft:

Der Mensch hat ein Motiv (oder Bedürfnis); jedes Motiv ist zielorientiert; und danach richtet sich das Verhalten. Wenn ich also einen Menschen »motivieren« will, daß er etwas tut, was ich gerne möchte, so muß ich seine Motive kennen. Das heißt: *Der einzige Hebel, den ich habe, einen Menschen gezielt in eine bestimmte Richtung zu bewegen, sind seine Bedürfnisse!* Will ich also – zum Beispiel als Verkäufer – keine Zufallstreffer erzielen, *dann muß ich die Bedürfnisse meiner Kunden kennen!*

Jetzt folgt die Beschreibung von MASLOW's Bedürfnispyramide (s. 1. Kapitel). Anschließend stelle ich der Gruppe Fragen, damit die Teilnehmer lernen, dieses theoretische Modell in die Praxis zu übertragen. Zum Beispiel: »Angenommen, Sie haben einen Sohn, der vor dem Abitur steht. Sie möchten ihn anspornen, möglichst gut abzuschneiden. Was versprechen Sie ihm, falls er einen Notendurchschnitt von 1,7 schafft?«

Nehmen wir einmal an, ein Vater verspräche seinem Sohn ein sportliches Auto; dieser Sohn möchte aber einmal Archäologe werden und würde es viel lieber haben, der Vater würde ihm einen halbjährigen Aufenthalt im Tigristal finanzieren – dann läge der Vater mit dem Auto als Motivationsmittel völlig schief. An diesem Punkt des Seminars geht manchem Vater »ein Seifensieder auf«, wenn er an seine mißlungenen Motivationsversuche zu Hause denkt; etwa von der Art: »Du *mußt* ein sehr gutes Abitur schaffen, damit Du einen Studienplatz erhältst!« Müssen? Kein Mensch muß müssen! Und die junge Generation beweist es ihren Eltern täglich: lieber »flippen sie aus«, als sich diesem »Leistungsterror« zu beugen!

Die meisten Teilnehmer sitzen bei den Ausführungen über die Bedürfnisse des Menschen im Seminar und nicken mit dem Kopf. Ist ja alles so einleuchtend! Jetzt folgt die erste *allgemeine Verkaufsübung* – und da tappen neun von zehn in die Falle, die ich sorgfältig aufgestellt habe!

Ich empfehle Ihnen, verehrte Trainer-Kollegen, in ihre Verkaufsseminare folgende Übung einzubauen, die ich »Verkauf einer Dienstleistung« nenne. Dazu schicken Sie den »Kunden« aus dem Raum. Dem »Verkäufer« sagen Sie folgendes:

»Stellen Sie sich vor, Sie seien Angestellter in einem Reisebüro. Der Herr XY wird gleich bei Ihnen erscheinen und sagen, er hätte noch drei Wochen Urlaub. Er wüßte aber nicht, wohin er fahren solle und will sich von Ihnen beraten lassen.

Nun haben auch Verkäufer in Reisebüros bestimmte Auflagen. Sie müssen Charter-Maschinen und Vertragshotels füllen. Deshalb werden

Sie sich jetzt *festlegen*, welchen Urlaubsort sie dem XY verkaufen wollen!«

In der Regel entscheidet sich der Verkäufer für einen Urlaubsort, den er selbst kennt. Sagen wir mal, er nennt als Ort Siena in der Toskana. Nun sagen Sie dem Verkäufer noch, das Spiel werde auf alle Fälle *nach drei Minuten abgebrochen*, ganz gleich, wie weit er mit seinem Verkaufsgespräch sei.

Jetzt rufen Sie den »Kunden« herein. Damit alle Teilnehmer sehen, daß bei dieser Übung nicht mit »doppeltem Boden« gearbeitet wird, weisen Sie den Kunden vor allen anderen ein: »Herr XY! Ihr Kollege ist Verkäufer in einem Reisebüro! Sie haben heuer noch drei Wochen alten Urlaub gut und wissen diesmal wirklich nicht, wohin Sie fahren sollen. Also gehen Sie ins Reisebüro und lassen sich beraten. Schlägt Ihnen der Verkäufer einen Urlaubsort vor, der Ihnen zusagt, dann buchen Sie! Wenn nicht, dann eben nicht! Verhalten Sie sich also bei diesem Rollenspiel genau so, wie sie es als privater Kunde tun würden!«

Dieses Spiel geht – wie viele Rollenspiele! – oft kaputt, weil sich der »Kunde« nicht an seine Rolle hält. Ich füge deshalb stets hinzu: »Sie müssen sich aber strikt an Ihre Rolle halten! Wenn Ihnen der Verkäufer beispielsweise den Nordpol als Urlaubsort empfiehlt, dann dürfen Sie nicht sagen: ›Ich wollte eigentlich heuer einmal an den Südpol!‹ Denn Sie wissen ja wirklich nicht, wohin Sie fahren sollen!«

Dann setzen Sie, verehrter Kollege, die Kamera in Betrieb und stellen den Wecker auf drei Minuten! Wissen Sie, was dann in neun von zehn Fällen passiert, auch wenn »alte Hasen« im Seminar sitzen? Folgendes:

Kunde:	Guten Tag! Ich habe noch drei Wochen Urlaub gut und möchte mich von Ihnen einmal unverbindlich beraten lassen!
Verkäufer:	Das trifft sich gut! Da kann ich Ihnen, und zwar zu besonders günstigen Konditionen, einen wundervollen Ort in der Toskana empfehlen: Siena! Schon mal davon gehört?
Kunde:	Da will ich auf keinen Fall hin! Ich habe gehört, in Italien ist der Service miserabel und die Kellner unfreundlich! Außerdem ist alles furchtbar verkommen und verdreckt! Und die italienische Küche mit ihren ewigen Spaghetti mag ich auch nicht! Haben Sie nichts anderes anzubieten?

Bums! *Jetzt ist das Verkaufsgespräch bereits »gestorben« – 30 Sekunden, nachdem es begonnen hat!* Bis die drei Minuten um sind, lasse ich das amüsierte Auditorium beobachten, wie sich der Verkäufer abmüht, dem Kunden doch noch Siena zu verkaufen. Wenn der Wecker klingelt, stelle ich fest: »Dieses Verkaufsgespräch ist nicht besonders gut gelaufen! Wer weiß, warum?«

Den ersten, der sich meldet, lasse ich gar nicht zu Wort kommen! Sondern sage schnell: »Dann spielen Sie doch jetzt den Verkäufer! Wer spielt den Kunden? Bitte, gehen Sie hinaus, bis wir Sie hereinrufen!«

So wird dieses Spielchen etliche Male wiederholt, bis die Gruppe erkannt hat: *zuerst muß ich die Bedürfnisse des Kunden kennen,* bevor ich mit meinem Urlaubsort herausrücke! Will der Kunde allein in den Urlaub fahren, mit der Frau, mit der Freundin? Will er im Urlaub nur »abschlaffen« oder in irgendeiner Weise aktiv werden? Was für Hobbies hat er? Und so weiter. Wenn ich diese Bedürfnisse erfragt habe, dann komme ich mit meinem Urlaubsort: »Ich könnte Ihnen ja 200 Urlaubsorte auf der ganzen Welt empfehlen, wohin wir seit Jahren unsere Kunden schicken. Aber nachdem, was Sie mir erzählten, kommt eigentlich nur Siena in der Toskana für Sie in Frage. Da haben Sie ein ruhiges Hotel an der Peripherie, können aber das Zentrum des Ortes in 10 Minuten zu Fuß erreichen. Dort gibt es auch eine Diskothek, und so weiter.«

Natürlich kann man mit einem richtig geführten Verkaufsgespräch trotzdem Pech haben. Zum Beispiel, wenn Ressentiments oder Vorurteile ins Spiel kommen. Ist der Kunde ein Mann, der möglicherweise während des Krieges in Italien gekämpft hat, so kann es durchaus sein, daß er da nie wieder hinfährt. Aber darauf kommt es bei diesem Rollenspiel gar nicht an. Die Seminarteilnehmer sollen erkennen, daß ein Verkaufsgespräch scheitern *muß,* wenn man es falsch aufbaut!

Nun, da alle wissen, worauf es ankommt, bringe ich den zweiten »Hereinleger«. Steht im Programm unter dem harmlosen Titel: »Verkauf eines Konsumgutes«. Worum geht es?

Ich führe stets 10 Zahnbürsten bei mir, die verschiedene Formen haben und, auf der Plastikhülle, mit verschiedenen Preisen ausgezeichnet sind. Ein Teilnehmer spielt den Verkäufer in einer Drogerie, ich spiele den Kunden. Obwohl nun alle Seminarteilnehmer wissen, worauf es ankommt, verläuft das Verkaufsgespräch meistens so:

Kunde:	Guten Tag! Ich brauche eine Zahnbürste!
Verkäufer:	Bitte sehr! Wir haben eine große Auswahl an guten Zahnbürsten! Darf ich Ihnen einmal etwas zeigen?
Kunde:	Ich bitte darum!
Verkäufer:	Da hätten wir eine anatomisch sehr gut geformte Zahnbürste. Sie paßt sich dem Kiefer an und garantiert eine optimale Reinigung.
Kunde:	Die ist für meine Zwecke nicht geeignet!
Verkäufer:	Aha! Und wie wäre es mit diesem Modell? Wie Sie sehen, ist der vordere Teil der Borsten höher als der rückwärtige.
Kunde:	Nein! Die kommt nicht in Frage.
Verkäufer:	Dann hätten wir hier eine Bürste aus reinen Borsten. Sie ist natürlich etwas teurer als ein Modell mit Nylonborsten. Dafür ist sie besonders schonend in der Anwendung. Besonders für empfindliches Zahnfleisch geeignet!
Kunde:	Mein Zahnfleisch ist nicht empfindlich!
Verkäufer:	Ach – ich verstehe! Sie sind Gebißträger! Zur Gebißreinigung haben wir dieses Spezialmodell! Zahnärztlich empfohlen!
Kunde:	Ich trage kein Gebiß!
Verkäufer:	Wollen Sie vielleicht eine elektrische Zahnbürste?
Kunde:	Ach was! Ich halte nichts von diesem neumodischen Zeug! Ich will eine ganz normale Zahnbürste!
Verkäufer:	(hilflos): Ja – vielleicht sehen Sie sich einmal selbst unsere Auswahl an! Ist eine Zahnbürste dabei, die Ihnen entspricht?
Kunde:	Ja – diese dort!
Verkäufer:	Was? Diese einfache, gerade Bürste? Wieso gerade die?
Kunde:	Die brauche ich zum Tupfen der Halbtöne auf dem Lithographenstein! Und dafür muß die Borstenfläche ganz gerade sein!

Sie haben begriffen, worauf es ankam, verehrter Leser? Der Verkäufer hat *angenommen,* ich bräuchte die Bürste zum Zähneputzen. Und deshalb kam er gar nicht auf die Idee, mir Fragen zu stellen!

Nach diesem zweiten Reinfall haben alle Seminarteilnehmer begriffen, worauf es ankommt: Daß man bei *jedem* Verkaufsgespräch zunächst die Bedürfnisse des Kunden erfragen muß! Mit dieser Erkenntnis entlasse ich die Gruppe in die Kaffeepause.

Nach der Pause zeige ich den amerikanischen Lehrfilm: »Im Gespräch überzeugen«. (Zu mieten oder zu kaufen bei IMBILD, Gesellschaft für audiovisuelle Kommunikation mbH, München). Dieser Film zeigt in pädagogisch hervorragender Weise zweimal das gleiche Verkaufsgespräch; zunächst, wie es völlig danebengeht; dann folgt ein Gespräch des erfolglosen Verkäufers mit seinem Chef, der ihm erfolgreiches Verkaufen an drei Fragemethoden erläutert; dann sieht man das gleiche Verkaufsgespräch nochmals: nun läuft es, unter Verwendung der dargestellten Methoden, gut.

Da im Film die Fragetechnik angesprochen wird, erläutere ich, nach einer kurzen Gruppendiskussion über den Film, die Fragetechnik. Auch hier scheiden sich die Geister bei den Verkaufstrainern: nämlich darüber, welche Fragearten wesentlich sind und welche nicht. Ich selbst behandle im Seminar:

- die geschlossene Frage
- die offene Frage
- die Alternativfrage
- die Suggestivfrage
- die richtungsweisende Frage
- die Kontrollfrage
- das aktive Zuhören (nach ROGERS).

Die »Fragetechnik« wird sofort durch Übungen ergänzt, indem die Teilnehmer Musterbeispiele der verschiedenen Fragearten formulieren müssen.

An dieser Stelle bringe ich eine kurze Zusammenfassung dessen, was wir am heutigen Tage erarbeitet haben und entwickle daraus das *4-Stufen-Strategem* für *jedes* erfolgreiche Verhandeln:

- Stufe 1: Eine sympathische Atmosphäre schaffen.
- Stufe 2: Die Bedürfnisse des Gesprächspartners eruieren.
- Stufe 3: Aus der Situation des anderen argumentieren.
- Stufe 4: Eine Problemlösung anbieten.

Meistens zeichne ich die folgende Tabelle an die Tafel, damit die Teilnehmer eine *optische Struktur* vor Augen haben, die von vorwiegend visuellen Lerntypen besser behalten wird:

Verfahren / Stufe	verkaufspsychologisch	verkaufstechnisch
Stufe 1	Eine sympathische Atmosphäre schaffen.	Allgemeine, freundliche Einleitung
Stufe 2	Bedürfnisse des anderen eruieren.	Fragetechnik
Stufe 3	Aus der Situation des anderen argumentieren.	Du-bezogene Argumentation; Einwandtechnik
Stufe 4	Problemlösung anbieten.	Produktdemonstration

Anmerkung: Dieses Schema ist ein Modell, das nicht unbedingt so starr angewendet werden sollte, wie es auf dem Papier steht! Während die Stufen 1 und 2 im allgemeinen getrennt und in der gegebenen Folge ablaufen sollten, gehen Stufe 3 und 4 oft ineinander über. *Überhaupt hat jedes in Stufen gegliederte Denkmodell nur dann einen Wert, wenn man es flexibel handhaben kann.*

Nun hat man ja immer wieder einmal so einen unbedarften Knaben im Seminar sitzen, der Patentrezepte erwartet und derartige Denkmodelle stur auswendig lernt. Und sie auch buchstabengetreu befolgt! Das sieht dann so aus:

Kunde: Ach – der Herr Müller von der Firma XY! Auf Sie habe ich schon gewartet! Wieso ist Ihre Lieferung mit zwei Wochen Verspätung eingetroffen?

Verkäufer: Herr Meier, ich wollte mich eigentlich zunächst erkundigen, wie Ihre Frau die Operation überstanden hat, von der sie mir das letzte Mal erzählt haben!

Lacht hier jemand? Natürlich kommen derlei »Gespräche« vor! Aufgabe des Trainers ist es deshalb, so ein Denkmodell nicht nur vorzustellen, sondern es anschließend in etlichen Übungen, wobei er selbst den Kunden spielt, so durchzuarbeiten, daß derartige Pannen nicht passieren können!

222

Die Seminarteilnehmer sollten also bis zu diesem Stadium des Seminars gelernt und begriffen haben:

> Ein guter Verhandler, der etwas Bestimmtes erreichen will, eruiert zunächst einmal die Bedürfnisse seines Gesprächspartners. Erst dann kommt er mit seinem Wunsch; wobei er ihn so verpackt, daß durch ihn die Bedürfnisse des anderen befriedigt werden. Gegenargumente schafft man elegant aus der Welt – nicht mit dem Holzhammer! Dies ist das Geheimnis jeder erfolgreichen Verhandlung in Wirtschaft und Politik!

Den Tagesabschluß bildet ein Rollenspiel vor der Kamera: »Party-Gespräch«. Die beiden Spieler werden getrennt eingewiesen. Jeder wird wie folgt instruiert: »Sie werden auf einer Party mit einem Herrn (oder einer Dame) bekanntgemacht. Sie haben diesen Menschen noch nie gesehen. Führen Sie mit ihm ein Gespräch, das zum Ziel hat:

- möglichst viel vom anderen zu erfahren (Beruf, Neigungen, Hobbies etc.);
- *Gemeinsamkeiten herauszuarbeiten,* so daß der andere am Ende des Gesprächs den Eindruck hat: mit diesem netten Menschen habe ich mich fabelhaft unterhalten!

Halten Sie sich beim Gesprächsaufbau an unser 4-Stufen-Strategem!«

Im allgemeinen wundern sich die Seminarteilnehmer, wie leicht es doch ist, ein »intelligentes Party-Gespräch« zu führen, anstatt bla-bla über das Wetter zu reden. Und jeder nimmt sich vor, dies bei nächster Gelegenheit auszuprobieren! Mit anderen Worten: *Die Teilnehmer haben erkannt und akzeptiert, daß man ein Gespräch nahezu immer erfolgreich (für sich selbst) führen kann, wenn man gewisse »Spielregeln« beachtet.* Damit ist das wichtigste Lernziel des ersten Tages erreicht.

Die Teilnehmer verlassen den Seminarraum mit einem *Erfolgserlebnis!* Sie haben eine Menge gelernt heute: Über den Aufbau der Person – das erweitert ihre Menschenkenntnis! Über die Bedürfnisse – das erleichtert gezielte Motivation! Über Kommunikation – das erleichtert den Umgang mit Menschen – geschäftlich wie privat! Über Gesprächstechnik – das erleichtert den Umgang mit Kunden! Und *sie sehen mit Freude und Spannung dem zweiten Seminartag entgegen!*

Soweit die detaillierte Schilderung, wie ein Seminartag in der Praxis verlaufen kann. Ich erbitte Ihr Verständnis, verehrter Leser, daß ich aus Raumgründen darauf verzichten muß, auch den zweiten Tag zu schildern. Es seien nur noch einige Bemerkungen dazu gemacht:

Die Einwandtechniken gehören zum wichtigsten Arsenal jedes Menschen, der verhandeln muß. Die von mir besonders gepflegten Techniken »aktives Zuhören« und die »niederlagenlose Methode« finden Sie, falls Sie sich dafür interessieren, unter anderem auch in VERA F. BIRKEN-BIHL's Buch: »Kommunikation für Könner«.

Die eigentlichen Verkaufsgespräche, bei denen es (in diesem Beispiel) um Brillen geht, werden von mir im Seminar grundsätzlich *fraktioniert* durchgeführt! Dies entspricht meiner Erfahrung, die ich wegen ihrer Wichtigkeit als »Maxime« formulieren möchte:

Beginnen Sie beim Verkaufstraining nie damit, ein ganzes Verkaufsgespräch durchführen zu lassen! Denn dabei muß der eo ipso nervöse Teilnehmer an so viele Dinge gleichzeitig denken, daß ihm letztlich gar nichts Vernünftiges mehr einfällt (Denkblockade!) – Das Gespräch *muß* schiefgehen!

Ähnlich gehe ich z.B. bei Rhetorik-Seminaren vor. Ein Redner muß in der Lage sein, sein Publikum möglichst schnell mitten in das Thema zu führen. Deshalb lasse ich in Rhetorik-Seminaren zunächst den »Anfang der Rede« üben. Das heißt: »Herantreten an das Rednerpult, Augenkontakt aufnehmen, eine Kunstpause einlegen, zwei bis drei Sätze sprechen.« Die Seminargruppe muß dann beurteilen: Ist es dem Redner gelungen, die Neugier der Gruppe zu wecken? Warten alle gespannt, wie es weitergeht?

Der zweite Seminartag dient also der *schrittweisen* Erarbeitung eines guten Verkaufsgespräches (s. Programm!). Sehr wesentlich ist, daß zum Thema »Präsentation einer Brillenkollektion« *jeder Teilnehmer seine eigene Musterkollektion* mitbringt. Ich empfehle Ihnen dringend, diese Forderung auf das Programm zu schreiben und mit dem Organisator in der Geschäftsleitung abzusprechen, daß dies auch geschieht. Es ist unglaublich, welche Fehler Außendienstleute machen, wenn sie ihre Produkte präsentieren! Auch dies muß in einem Verkaufsseminar geübt werden; genauso wie der Umgang mit Verkaufshilfen (»Foldern«).

Beim »Spiel nach dem Mittagessen« (»Operation Vorstadt«) teilen Sie die Seminargruppe in Teams auf. Zum Beispiel: 12 Teilnehmer in vier Teams. Jedes Team erhält 1 Blatt mit Informationen. Setzen Sie die Teams weit auseinander – wenn möglich, in getrennte Räume. Dies ergibt einen lebhaften »Parteiverkehr«. Der ganze Haufen gerät in Bewegung – von »Mittagsmüdigkeit« ist nach dieser Übung nichts mehr zu spüren!

Und nun noch ein Wort zum *Abschlußtest*. Ob man einen derartigen Test überhaupt durchführt – das ist eine »Gretchenfrage«. Ist das Seminar gut gelaufen und haben die Teilnehmer etwas gelernt, dann sind auch gute Testergebnisse zu erwarten. In diesem Falle bringt der Test ein abschließendes Erfolgserlebnis und somit eine schöne »Krönung« des Seminars.

Ist das Seminar nicht so gelaufen, wie der Ausbilder dies vorhatte, z.B., weil firmeninterne Probleme auftauchten, die ausdiskutiert werden mußten und sehr viel Zeit in Anspruch nahmen: dann müssen möglicherweise ein oder zwei Programmpunkte fallengelassen werden; damit wird der Wert des Tests schon wieder fragwürdiger.

Nehmen wir einmal an, die Geschäftsleitung bestehe darauf, daß ein Abschlußtest durchgeführt wird. *Dies muß natürlich den Teilnehmern von Anfang an bekannt sein!* Wie konstruiert man einen derartigen Test? Jetzt zahlt es sich aus, wenn man seine Lernziele exakt festgelegt hat. Vor allem die »operationale Definition von Lernzielen« liefert bereits die Basis für einen Test. Wie man so einen Test konstruiert, wurde im 5. Kapitel beschrieben. Im folgenden bringe ich als Muster einen Test, den ich für meine eigenen Verkaufs-Seminare konstruiert habe:

Beispiel für einen Schlußtest (Multiple choice) zum Verkaufstraining
Kreuzen Sie jeweils die *eine Antwort* an, die Ihnen richtig erscheint!

1. Die Struktur der menschlichen Persönlichkeit wird im wesentlichen bestimmt durch
   a) die Schulbildung;
   b) das Verhältnis von Es : Ich : Über-Ich;
   c) die Schicksalsschläge, die ein Mensch erleidet.
2. Das Selbstwertgefühl eines Menschen
   a) spielt in der Berufspraxis überhaupt keine Rolle;
   b) verändert sich nach der Pubertät nicht mehr;
   c) ist die zentrale Instanz seines Lebens.

3. Die Bedürfnisse eines Menschen
   a) bestimmen seine Ziele im Leben;
   b) lassen sich stets durch Geld befriedigen;
   c) sollte man nicht allzu wichtig nehmen.
4. Wenn ich einem Kunden Fragen stelle, so in erster Linie um
   a) ihn am Fragen zu hindern;
   b) seine Bedürfnisse kennenzulernen;
   c) mein Interesse an seiner Person zu bekunden.
5. Unter einer »geschlossenen Frage« versteht man eine Frage, die
   a) nur in geschlossener Gesellschaft angebracht ist;
   b) einen logischen Schluß beinhaltet;
   c) der Kunde in der Regel nur mit »Ja« oder »Nein« beantworten kann.
6. Unter einer »offenen Frage« versteht man eine Frage, die
   a) der Kunde nur mit einem ganzen Satz beantworten kann;
   b) alles offenläßt;
   c) eine ehrliche Antwort erfordert.
7. Unter einer »Alternativfrage« versteht man eine Frage, die
   a) ein verstecktes Ultimatum enthält;
   b) dem Kunden nur die Wahl zwischen zwei möglichen Antworten läßt;
   c) einem Alternativvorschlag des Kunden zuvorkommen soll.
8. Eine »Kontrollfrage« stellt man
   a) um festzustellen, ob einen der Kunde verstanden hat;
   b) um das Gespräch wieder unter Kontrolle zu bringen;
   c) um den Kunden der Unwahrheit zu überführen.
9. Unter »aktivem Zuhören« versteht man die Methode
   a) nur den Kunden reden zu lassen;
   b) keinerlei Fragen zu stellen;
   c) eine Aussage des Kunden in eine Frage umzuwandeln.
10. Mit Hilfe eines Vorwandes will der Kunde
    a) seine wahren Motive verschleiern;
    b) dem Verkäufer aus Höflichkeit nicht widersprechen;
    c) seinen Ärger über den Verkäufer verdecken.
11. Unter der »niederlagenlosen Methode« versteht man,
    a) eine Behauptung des Kunden als »Mißverständnis« zu erklären;
    b) eine Behauptung des Kunden zunächst einmal »auszuklammern«;

226

c) eine Behauptung des Kunden mit freundlichem Lächeln zu übergehen.

12. Einen Einwand widerlegt man am besten
    a) direkt, d.h. durch eine massive Gegenbehauptung;
    b) indem man ihn übergeht;
    c) durch die Technik der »niederlagenlosen Methode«.

13. Wenn mein Produkt einen unbestreitbaren Nachteil hat, so
    a) werde ich dies als Verkäufer niemals zugeben;
    b) kompensiere ich ihn durch die Aufzählung der Vorteile;
    c) bezweifle ich den Sachverstand des Kunden, wenn er diesen Nachteil zur Sprache bringt.

14. Wenn ein Kunde eine Reklamation vorbringt,
    a) gebe ich ihm zunächst Gelegenheit zum »Dampfablassen«;
    b) weise ich ihm sofort nach, daß er im Unrecht ist;
    c) verbitte ich mir als erstes sein aggressives Benehmen.

15. Den Preis eines Produktes
    a) nennt man gleich zu Beginn des Verkaufsgespräches;
    b) nennt man auf keinen Fall, wenn der Kunde danach fragt;
    c) nennt man erst, wenn der Kunde die Vorzüge des Produktes erkannt und akzeptiert hat.

16. Man kann den Preis eines Produktes optisch verändern, indem man
    a) sofort erklärt, wie niedrig er doch sei;
    b) ihn mit einem teuren Konkurrenzprodukt vergleicht;
    c) ihn in Beziehung zu einer anderen Größe setzt (z.B. Lebensdauer eines Gerätes).

17. Wenn der Kunde sagt, das Produkt sei zu teuer
    a) pariert man mit der Gegenfrage: »In bezug worauf?«;
    b) weist man ihm sofort nach, daß er keine Marktkenntnis besitze;
    c) läßt man ihn merken, daß man ihn für finanzkräftiger gehalten hätte.

18. Wenn der Kunde auf einem zusätzlichen Rabatt besteht
    a) pariert man mit einer Gegenforderung (z.B.: »Darüber können wir allenfalls bei Abnahme von 10 Stück reden!«);
    b) antwortet man am besten: »Wir verkaufen Geräte, keine Rabatte!«;
    c) verweist man ihn an den nächstgelegenen Discount-Laden.

19. Wenn sich der Kunde nicht zu einem Kaufentschluß durchringen kann

a) sagt man am besten: »Besprechen Sie die Angelegenheit ruhig noch einmal mit Ihrer Frau!«;

b) zählt man noch einmal alle Vorteile des Gerätes auf;

c) greift man zu einer Alternativfrage: »Dürfen wir Ihnen das Gerät heute Nachmittag oder morgen Vormittag liefern?«.

20. Wenn ein Kunde beispielsweise von seiner Frau begleitet wird,

a) beachte ich die Ehefrau überhaupt nicht;

b) beschäftige ich mich in erster Linie mit der Ehefrau;

c) beschäftige ich mich vorwiegend mit jenem Ehepartner, der »die Hosen anhat«.

21. Wenn ein Verkaufsgespräch negativ verlaufen ist

a) ärgere ich mich über die Zeitvergeudung mit einem blöden Kunden;

b) frage ich mich, welchen Fehler ich wohl gemacht habe;

c) betrachte ich das als normal, denn schließlich kann nicht jedes Verkaufsgespräch zu einem Abschluß führen.

Die Auflösung finden Sie auf Seite 491.

Nun ist noch ein letztes Problem abzuhandeln. *Wir sind uns darüber klar, verehrte Trainer-Kollegen, daß ein einmaliges Seminar in der Regel nichts bringt!* Einmalige Seminare bewirken nur dann eine Verhaltensänderung, wenn

● Teilnehmer im Seminar sitzen, die bereits wissen, daß sie irgendwelche Schwächen haben und sich Hilfe vom Seminar versprechen; sie haben oft ein Aha-Erlebnis, das ihnen blitzartig offenbart, was sie bisher falsch gemacht haben;

● hochqualifizierte, sowieso schon erfolgreiche Menschen im Seminar sitzen; sie picken sich noch einige »Rosinen« heraus und verbessern ihre Leistung nach dem Seminar signifikant! Mit anderen Worten: durch ein Seminar werden die guten Teilnehmer noch besser!

Aber das Gros der Seminarteilnehmer, jene routinierten, oft schon etwas trägen und zum Teil frustrierten Außendienstler, Sachbearbeiter und Führungskräfte – sie sind durch ein einmaliges Seminar nicht aus ihrer Lethargie zu rütteln! Der Mensch ist träge und haßt nichts mehr als die Veränderung! Überlegen Sie doch einmal, verehrter Leser: Wie alt sind die »Programme« und eingefahrenen Verhaltensweisen eines Menschen! Jahrzehntealt! Und die sollte man durch ein einmaliges

Seminar verändern können? Wer dies als Trainer glaubt, macht sich selbst etwas vor!

Ich gebe deshalb meinen Teilnehmern am Ende eines Seminars den Rat, sich aus jenen neuen Aspekten, die sie im Seminar gehört und akzeptiert haben, zunächst *einen* auszuwählen und diesen in die Praxis umzusetzen. Wenn beispielsweise ein Verkäufer bisher sehr produktbezogen argumentiert hat, dann gebe ich ihm den Rat:»Denken Sie bei jedem Verkaufsgespräch daran, erst einmal den Kunden kommen zu lassen! Eruieren Sie seine Bedürfnisse! Bieten Sie ihre Produkte erst an, wenn Sie die Probleme des Kunden kennen! Wenn Sie in Zukunft nur diese *eine* Technik mit Erfolg einsetzen – dann hat sich das Seminar für Sie gelohnt!«

Trotz allem – eine Schulung kann nur dann erfolgreich sein, wenn sie aus einer *Serie von Seminaren* besteht! Dies erfordert indessen eine mittelfristige Planung über einen Zeitraum von zwei bis drei Jahren. Als Anregung für Sie bringe ich Ihnen zum Abschluß dieses Kapitels noch zwei derartige mittelfristige Schulungspläne, die ich in der Praxis realisiert habe. Ich möchte Ihnen allerdings vorher aufgrund meiner Erfahrung noch einen zweifachen Rat geben:

1. *Entwerfen Sie niemals einen längerfristigen Schulungsplan, bevor Sie ein Test-Seminar abgehalten haben.* Sie können sonst, hinsichtlich der Qualifikation der Teilnehmer, böse Überraschungen erleben; wenn Sie sich nämlich blindlings auf das verlassen, was Ihnen die Geschäftsleitung über »die Truppe« erzählt. Ich habe zwei Extreme des öfteren erlebt; entweder, man hat mir die Mitarbeiter als Elitetruppe beschrieben – nach dem Seminar mußte ich mich fragen, wieso das Unternehmen mit dieser Crew noch nicht pleite gegangen war. Oder ein Chef machte seine Mitarbeiter schlecht, und war anschließend beleidigt, als ich ihm das Gegenteil berichtete. Weil dies nicht in seinen autoritären Führungsstil paßte und in seine Art, die Schuld für eigene Fehlentscheidungen stets auf andere abzuwälzen.

2. *Entwerfen Sie niemals einen längerfristigen Schulungsplan, ohne die Politik des Unternehmens und seine Struktur zu kennen.* Sonst planen sie ins Blaue und schulen die Mitarbeiter in einer Richtung, die gar nicht gefragt ist.

Muster eines längerfristigen Schulungsplanes für Verkäufer, die alle schon praktisch tätig waren, aber noch nie eine planmäßige Verkaufsschulung durchlaufen hatten.

VERKAUFSTRAINING	
Unterrichtsblock A **PRODUKTINFORMATION**	**Unterrichtsblock B** **VERKAUFSPSYCHOLOGIE**
Lernziel: Sichere, jederzeit reproduzierbare Kenntnis der Produkte	Lernziel: Psychologische Grundlagen menschlichen Verhaltens
1. Wissenschaftlich-technische Grundlagen der einzelnen Produkte 2. Anwendung der Produkte 3. Umwandlung der wiss.-techn. Produktinformationen in aussagekräftige Slogans 4. Wie man ein Produkt präsentiert 5. Der Umgang mit Demonstrationsmaterial	1. Struktur der Persönlichkeit 2. Die Bedeutung des Selbstwertgefühles 3. Die Bedürfnisse des Menschen 4. Variablen für eine flexible Typologie: dynamisch − statisch rational − emotional extravertiert − introvertiert 5. Test: Was für eine Art von Persönlichkeit bin ich?
Unterrichtsblock C **DIE KUNST DES FRAGENS**	**Unterrichtsblock D** **EINWANDTECHNIK**
Lernziel: Kenntnis der wichtigsten Fragetechniken und deren optimale Anwendung	Lernziel: Sicherheit im Widerlegen von Einwänden
1. Sinn und Zweck des Fragens 2. Die »geschlossene Frage« 3. Die »offene Frage« 4. Die Alternativfrage 5. Die Suggestivfrage 6. Die Informationsfrage 7. Die Kontrollfrage 8. Die Abschlußfrage 9. Die »sokratische Methode« 10. Das »aktive Zuhören«	1. Unterscheidung: Vorwand − Einwand 2. Warum macht ein Mensch Einwände? 3. Grundgesetz für die Einwanderwiderung 4. Die Methode der bedingten Zustimmung 5. Wenn alle Stricke reißen . . . 6. Wie man Reklamationen aus der Welt schafft
Unterrichtsblock E **PREISARGUMENTATION**	**Unterrichtsblock F** **ABSCHLUSSTECHNIK**
Lernziel: Auch hohe Preise für den Kunden akzeptabel machen	Lernziel: Den Kunden zur Kaufentscheidung hinführen

1. Die „goldene Regel" für das Preisgespräch	1. Abschluß der Argumentation
2. Wie man eine direkte Antwort auf die Frage nach dem Preis umgeht	2. Bedürfnisbefriedigung des Kunden
3. Wie man den Preis optisch verändert	3. Alternativfrage als Mittel zum »Drücken«
4. Wie man auf »zu teuer!« reagiert	4. Die Technik des Schweigens
5. Konzession und Gegenkonzession	5. Wie man schwachen Kunden die Entscheidung abnimmt
	6. Die Rolle der Begleitpersonen

Erstellung des Zeitrahmens für die Schulungsblöcke: Nehmen wir an, Sie können vom Budget her insgesamt sechs Tage im Jahr schulen, so ergibt dies zwei Schulungen von je drei Tagen, z.B. im Frühjahr und Herbst. Bei der Einstellung des Zeitrahmens übertragen Sie nun einfach die entsprechenden Buchstaben und Ziffern aus obiger Aufstellung; wobei Sie lediglich überschlagen müssen, wieviel Zeit die einzelnen Lerninhalte (einschließlich der dazugehörigen Übungen) etwa beanspruchen. Dann sieht der Zeitrahmen für unser Beispiel so aus:

	Frühjahr	Herbst
1. Tag	A 1.2. B 1.2.	Wiederholg./ D 1. bis 6.
2. Tag	A 3.4.5. B 3.4.5.	E 1. bis 5.
3. Tag	C 1. bis 10.	F 1. bis 6. Test

Wir wollen uns nunmehr mit einer ganz anderen Art von Seminar beschäftigen: mit einem sog.»Management-Training«. D.h. mit einem Seminar, das Führungskräften der mittleren Ebene Kenntnisse in »Führungstechnik« vermitteln soll. Wählen wir uns dazu als beispielhafte Zielgruppe die Regionalleiter eines pharmazeutischen Außendienstes, die in der Regel acht bis zehn Mitarbeiter zu betreuen haben.

Man ist sich in der Management-Theorie heute darüber einig, daß die Hauptaufgaben einer Führungskraft folgender Auflistung entsprechen:

1. Entscheiden;
2. Planen;
3. Organisieren;
4. Führen;
5. Kontrollieren.

Die Amerikaner unterscheiden ausdrücklich zwischen »Problem solving« und »Decision making«. Führungskräfte der mittleren Ebene haben keine (weitreichenden) Entscheidungen zu fällen. Ihr tägliches Brot ist das Lösen von kleineren Problemen. Also lassen wir für unser Schulungsprogramm das Thema »Entscheiden« weg. Danach ergeben sich folgende Blöcke:

Unterrichtsblock A : Planen;
Unterrichtsblock B : Organisieren;
Unterrichtsblock C : Führen;
Unterrichtsblock D : Kontrollieren.

Das ergibt folgendes Schema für den Schulungsplan:

MANAGEMENT-TRAINING	
Unterrichtsblock A **PLANEN**	**Unterrichtsblock B** **ORGANISIEREN**
Lernziel: Befähigung des Teilnehmers, Reisetätigkeit der Mitarbeiter in Übereinstimmung mit der Zielsetzung der GL zu koordinieren	Lernziel: Befähigung des Teilnehmers, die eigene Tätigkeit und die Besuchstätigkeit der Mitarbeiter rationell zu organisieren.

1. Abstimmung mit GL entsprechend Zielvereinbarung (MbO)
2. Besuchsrhythmus:
  21. Niedergelassene Ärzte
  22. Krankenhäuser
  23. Apotheken
3. Neueinführungen
4. Sonderaktionen
  (z. B. Colloquien)
	1. Sich selbst organisieren:
	  11. Arbeitspläne pro Quartal
	  12. Sonderaufgaben
	  13. Eigene Weiterbildung
	2. Die Mitarbeiter organisieren:
	  21. Besuchsrouten
	  22. Einzelbesuche
	  23. Gemeinsame Besuche
	3. Regionaltagungen
	4. Muster und Werbematerial

Unterrichtsblock C **FÜHREN**	**Unterrichtsblock D** **KONTROLLIEREN**
Lernziel: Befähigung des Teilnehmers, Mitarbeiter so einzusetzen und anzuleiten, daß das Firmenziel so reibungslos wie möglich erreicht wird	Lernziel: Befähigung des Teilnehmers, durch ständigen SOLL/IST-Vergleich die Effizienz der eigenen Leistung bzw. die der Mitarbeiter zu überwachen

1. Psychologische Grundlagen
2. Gruppendynamik
3. Führungsstile
4. Kommunikation
	1. Checklisten zur Selbstkontrolle
	2. Kontrolle der Mitarbeiter:
	  21. Effektivität
	  22. Umsatz

232

		5.	Motivation

<table>
<tr><td colspan="2">

5. Motivation
6. Gesprächstechnik
7. Konferenztechnik
8. Konfliktsteuerung
9. Mitarbeiterbetreuung:
   91. M-Gespräch
   92. M-Beurteilung
   93. M-Entlohnung
   94. M-Schulung
10. Kriterien für Einstellung neuer
   Mitarbeiter

</td><td colspan="2">

23. Verhalten beim Arzt
24. Firmen-Image als Folge des
   Mitarbeiter-Verhaltens in
   der Öffentlichkeit
3. Auswertung der Reiseberichte
4. Feedback an GL

</td></tr>
</table>

Nehmen wir an, für das Management-Training der Regionalleiter stünden sechs Schulungstage pro Jahr zur Verfügung, so ergibt sich folgender

Zeitrahmen für 3-Jahres-Training

		1974	1975	1976
Frühjahr	1. Tag	A 1.2. C 1.	C 7.8.	C 10.
	2. Tag	C 2.3.	D 1.2.	Übung C 6.8.
	3. Tag	Übung C 2.3.	Übung C 7.8.	Übung C 10.
Herbst	4. Tag	A 3.4. B 1−4	C 9.	Fallstudie A, C
	5. Tag	C 4.5.6.	D 3.4.	Übung C 4.5.
	6. Tag	Übung C 4.5.6.	Übung C 9.	Diskussion u. Test

Hinweis: Pläne, auch Schulungspläne, signalisieren ja immer nur die *Absicht,* die der Ersteller des Planes hat. Es können indessen Ereignisse eintreten, die eine Modifizierung des Planes erfordern; z.B. das Zutagetreten ganz besonderer Schwachpunkte auf seiten der Teilnehmer, so daß einzelne »Lerninhalte« ausführlicher abgehandelt werden müssen, als vorgesehen war.

Im übrigen kann so ein Schulungsplan, in einen Zeitraum gepreßt, letztlich nur Aufschluß darüber geben, welche Stoffgebiete bis zu welchem Zeitpunkt abgehandelt werden sollen. Innerhalb der einzelnen »3-Tages-Bausteine« unseres Zeitrahmens *muß* es bei der Umsetzung in die Seminarpraxis Verschiebungen geben. Denn die Seminarteilnehmer würden sich zu Tode langweilen, wenn beispielsweise der erste Tag nur

233

mit Vorträgen über das Planen bzw. die psychologischen Grundlagen ausgefüllt wäre. Deshalb gelten für die Realisierung eines derartigen Schulungsplanes, bezogen auf die einzelnen Seminartage, jene Hinweise, die wir bereits in diesem Kapitel erarbeitet haben.

Um Ihr »strukturelles Denken« zu unterstützen, verehrter Leser, möchte ich Ihnen zum Abschluß unserer Überlegungen über Planung und Durchführung eines Seminars eine graphische Gliederung liefern, die alle wesentlichen Punkte einschließt:

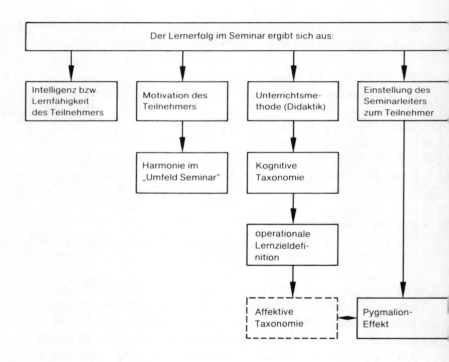

Damit hätten wir das Thema »Wie man ein Seminar plant und durchführt« mit seinen wichtigsten Konsequenzen für die praktische Seminararbeit abgeschlossen. Das folgende 7. Kapitel soll Sie mit den effektivsten didaktischen Hilfsmitteln bekanntmachen, die wir in der Erwachsenenbildung kennen: mit der Fallstudie und dem Rollenspiel.

234

Zusammenfassung:

1. Folgende Gesichtspunkte sollte man beim Entwurf eines Seminars *niemals* aus den Augen verlieren:
   - Aus welchen *Menschen* setzt sich meine Seminargruppe zusammen? Welche Bedürfnisse haben Sie? Wie sieht das Umfeld aus, in dem sie arbeiten müssen?
   - Welche beruflichen *Probleme* haben diese Menschen? Was kann ich tun, um ihnen bei deren Bewältigung zu *helfen?*
   - Welche *Lernziele* muß ich setzen, um
     a) die Bedürfnisse meines Auftraggebers zu befriedigen;
     b) die Bedürfnisse der Seminarteilnehmer zu befriedigen?
   - Wie will ich meinen Unterricht gestalten (Didaktik) und welche Unterrichtsmedien will ich einsetzen, um die angestrebten Lernziele zu realisieren?
2. Wer ein Seminar plant, ohne sich über die zu erreichenden Lernziele exakt im klaren zu sein, wird scheitern. Noch wesentlicher als die »kognitive Taxonomie« ist dabei das »operationale Definieren von Lernzielen«.
3. Für das detaillierte Seminarprogramm empfehle ich die Unterteilung in Blocks zu 90 Minuten; nach etwa 40 Minuten sollte eine Kurzpause eingeschaltet werden.
4. Mehr als sechs volle Stunden Unterricht sind in der Regel für Teilnehmer nicht zumutbar. Man lasse sich als Trainer vom Auftraggeber nicht bedrängen, mehr Unterricht in einen Tag zu packen.
5. Die Mittagspause sollte mindestens 90 Minuten dauern. Nach der Mittagspause muß eine »aktive Phase« kommen, sonst schlafen die Teilnehmer ein.
6. Die Ausstattung des Seminarraumes, die Abwesenheit von störenden Geräuschen, eine gute Belüftung und die »musikalische Untermalung« tragen viel zum Gelingen der Schulung bei (= positives Umfeld).
7. Im Seminar sollten »passive« mit »aktiven« Phasen abwechseln. D.h.: auf jede passive Phase (Referat, bei dem die Teilnehmer zuhören müssen) sollte eine aktive Phase folgen, bei der die Teilnehmer »etwas tun« müssen (Diskussion, Fallstudie, Rollenspiel etc.).

8. Die Herstellung einer harmonischen Atmosphäre auf der »Beziehungsebene« muß das vorrangige Bestreben jedes Seminarleiters sein. Gelingt dies nicht oder entstehen bei den Teilnehmern gar aversive Gefühle, ist das Seminar so gut wie gescheitert!

9. Tests am Beginn eines Seminars, die anonym bleiben und von den Teilnehmern selbst ausgewertet werden, liefern den Ist-Zustand und machen gleichzeitig neugierig auf das, was kommt.

10. Ein Seminarleiter, der nur »Rezepte« ohne psychologische Begründung liefert, wird es schwer haben, Verhaltensänderungen herbeizuführen. Nur wenn Seminarteilnehmer erkennen, warum sich Menschen in bestimmten Situationen *so* verhalten, *wie* sie sich verhalten, können sie ihren eigenen Programmen entrinnen und andere gezielt motivieren.

11. Die Video-Kamera ist nach wie vor das beste Medium zur Verhaltenskontrolle. Allerdings müssen Neulinge sehr behutsam vor die Kamera geführt werden. Zum »Einstieg« empfiehlt sich eine Gruppendiskussion – keine »Einzelvorstellung«!

12. Jeder Teilnehmer kommt mit Ängsten in das Seminar. Er hat Angst
● vor dem Trainer;
● vor der Video-Kamera;
● daß er sich vor den anderen blamiert;
● daß das Seminar negative Folgen für seine Karriere haben könnte, falls er versagt.

13. Die vornehmste Aufgabe eines Seminarleiters besteht darin, zu Beginn des Seminars eine harmonische, angstfreie Atmosphäre zu schaffen. Gelingt dies nicht am ersten Vormittag, könnten die Lernziele kaum erreicht werden!

14. Lob sollte grundsätzlich vor anderen gespendet werden. Kritik, die das Selbstwertgefühl des Betroffenen verletzen könnte, sollte nur unter vier Augen geübt werden.

15. Die »Kernstücke« spezieller Seminare, z.B. bei einem Verkaufstraining die »Fragetechnik« und die »Einwandtechnik«, müssen mit Hilfe von Rollenbeispielen so lange durchgearbeitet werden, bis sie allen Teilnehmern in »Fleisch und Blut« übergegangen sind. Wenn man den Teilnehmern nur Denkmodelle vorstellt, gibt es Pannen bei deren Übertragung in die Praxis.

16. Gesprächstechniken für Verkauf oder andere Arten von Verhandlungen sollten grundsätzlich *stufenweise* geübt werden! Jeder Semi-

narteilnehmer ist überfordert, der ein ganzes Gespräch durchführen und dabei die vielen Regeln berücksichtigen soll, die er kurz vorher (vielleicht zum ersten Male) gehört hat.

17. Einmalige Seminare erbringen bei der Mehrzahl der Teilnehmer keine nachhaltige Verhaltensänderung (Ausnahmen bestätigen die Regel!) Eine Schulung kann nur erfolgreich sein, wenn sie aus einer Serie von Seminaren besteht.

18. Bevor man einen mittelfristigen oder längerfristigen Schulungsplan entwirft, sollte man zwei Dinge berücksichtigen:

● Man entwerfe keinen Schulungsplan, ohne ein Test-Seminar abgehalten zu haben;

● man informiere sich zunächst über die Struktur des Unternehmens und seine Firmenpolitik.

7. KAPITEL

Rollenspiel und Fallstudie

I. Die Praxis des Rollenspiels und ihre Bedeutung für die Erarbeitung von Einsichten, Haltungen und Lernzielen.

Das Rollenspiel in seiner heutigen Form geht auf den genialen Arzt und Psychiater JAKOB L. MORENO (1890–1974) zurück. Es lohnt sich, einen Blick auf die Lebensgeschichte dieses gleichermaßen bewunderten wie angefeindeten jüdischen Wissenschaftlers zu werfen, dem die praktische Psychologie bzw. Psychotherapie unendlich viel verdankt. Ich folge mit dieser Darstellung einem Bericht der MORENO-Schülerin A. SCHÜTZENBERGER.

MORENO soll am 20. Mai 1890 auf dem Schwarzen Meer geboren worden sein, auf einem Schiff, das in Bukarest vor Anker ging. Er entstammte einer Familie spanisch-jüdischer Herkunft, die sich zeitweise in der Türkei niedergelassen hatte. Er wuchs in Wien auf und spielte schon als Halbwüchsiger mit anderen Kindern im Augarten *Stegreiftheater*. Später studierte er Medizin und promovierte 1917 im Fach Psychiatrie.

1912 fand eine Begegnung zwischen MORENO und FREUD statt, anläßlich eines Vortrages FREUD's über telepathische Träume – eine mißglückte Begegnung. 1915–17 arbeitete MORENO im Lager Mittendorf bei Wien mit Flüchtlingen aus Tirol, wobei er sich besonders für Gruppenbeziehungen interessierte. 1921 gründete er ein *Stegreiftheater Wien*. Es wird ohne Dekorationen gespielt, mit Beteiligung der Zuschauer. Dabei gestaltet MORENO eine »*lebende Zeitung*«, d.h., es werden Tagesereignisse nachgespielt. Bei einer dieser Sitzungen, als man eine Notiz aus den Lokalnachrichten nachspielt, übernimmt eine junge Frau namens Barbara die Rolle einer ermordeten Prostituierten. Durch den kathartischen (= reinigenden, läuternden) Einfluß ihrer Rolle fühlt sich Barbara verändert, und ihre ehelichen Beziehungen werden besser. *Dies ist der Anfang des »therapeutischen Theaters«, in dem persönliche Probleme gespielt werden: aus ihm entstand später das »Psychodrama«.*

1925 siedelte MORENO in die Vereinigten Staaten über. Auch dort beschäftigte er sich wieder mit dem improvisierten Gruppentheater und prägte 1931 den Begriff *»Gruppenpsychotherapie«*. 1932 führte er Untersuchungen in einer Erziehungsanstalt für junge Mädchen durch und begann damit, den Anfang der *»wissenschaftlichen Soziometrie«* zu entwickeln: der graphischen Darstellung von Beziehungsnetzen in Form von *»Soziogrammen«*. Zwei Jahre später erörterte er mit Unternehmern die Möglichkeit, die Arbeitsleistung in Betrieben zu verbessern, indem man das soziale Klima verbessert und dem einzelnen erlaubt, seine Arbeitskollegen zu *wählen*. MORENO bekam in dieser Zeit Kontakt zu Wissenschaftlern, die später ebenfalls weltberühmt wurden: SLAVSON, PERLS und LEWIN. 1936 erschien der erste wegweisende Artikel LEWIN's über Gruppenklima und die Arbeitsbedingungen in einer autoritären bzw. demokratischen Atmosphäre. Eigenartigerweise lehnte MORENO, der selbst sein Leben lang mit Gruppen experimentiert hatte, LEWIN's Arbeiten als zu formell-experimentalwissenschaftlich ab: es kam zum Bruch.

Ab 1936 war MORENO vorwiegend als Hochschullehrer tätig und begründete in diesen Jahren die *»klassische« Form des Psychodramas:* das

● »Psychodrama in loco nascendi« (= auf die Gruppe bezogen) und das

● »Psychodrama in situ« (= auf eine Person oder ein spezielles Problem bezogen).

1942 erfolgte die Gründung des MORENO-INSTITUTS in New York, das den Anstoß zur weltweiten Ausbreitung von MORENO's Methoden gab. 1964 fand schließlich der erste internationale Psychodrama-Kongreß in Paris statt, mit mehr als 1000 Teilnehmern aus 37 Ländern. Als MORENO 1974 nach einem Herzanfall starb, konnte er auf ein erfülltes Leben zurückblicken. Er war vor allem ein großer »Anreger«, der der Psychologie Impulse gab, die noch lange fortwirken werden.

Die Erfolge MORENO's, durch Rollenspiele den Akteuren Einsicht in das Verhalten Dritter zu ermöglichen, ermunterten andere Psychologen, dieses Verfahren auf die Schulung von Managern aller Ebenen zu übertragen. Den größten Effekt erzielte man mit der Gruppe der Supervisors, d.h. mit jenen Managern der operativen Ebene, die unmittelbar auf eine größere Zahl von Mitarbeitern einzuwirken haben. Federführend bei diesem Unterfangen war vor allem die weltberühmte HARVARD BUSINESS SCHOOL (Cambridge, Mass., USA). Man kann ohne Übertreibung feststellen, daß das Rollenspiel zur industriellen Schulung in den USA einen einmaligen Beitrag geleistet hat. Es ist bedauerlich, daß von diesem wertvollen pädagogischen Hilfsmittel bei Schulungen in Deutschland noch zu wenig Gebrauch gemacht wird. Obwohl mittlerweile genügend Literatur über Methodik und Zielsetzung des Rollenspiels vorliegt.

Welches sind nun die Vorteile des Rollenspiels? Zunächst einmal wird eine Gruppe durch das Rollenspiel zu einer meist lebhaften, wenn nicht heftige Diskussion veranlaßt; es ergeben sich oft erhebliche Meinungsunterschiede darüber, ob und wofür ein Akteur wegen seiner gezeigten Haltung zu tadeln sei; was einen Akteur wohl bewog, sich so zu verhalten, wie er sich verhielt; und welches der beste Weg sei, eine verfahrene Situation zu korrigieren bzw. zu meistern.

Große Bedeutung kommt dem Überraschungsaffekt zu. Liest man beispielsweise ein Rollenspiel nur durch, so bildet man sich sofort eine Meinung über die Auflösung des anstehenden Problems. Spielt man die Situation dann durch, erlebt man, daß die betroffenen Akteure durchaus anders reagieren als erwartet. Aber damit nicht genug: auch als Mitspieler stellt man am Ende der Diskussion zuweilen erstaunt fest, daß man seine Meinung während des Spiels diametral geändert hat und zu einem ganz anderen Urteil gelangt ist, als man es bei der Präsentation des Problems etwas vorschnell gefällt hatte. Mit anderen Worten: *der Unterschied zwischen theoretischem Denken und praktischem Erfahren wird vehement offenbar.*

Jeder, der Rollenspiele aktiv mitgemacht hat, gewinnt denn auch eine Reihe wesentlicher Einsichten:

1. Er gewöhnt sich vorschnelle Urteile über Personen bzw. ihr Verhalten ab.

2. Es wird ihm klar, daß es niemals eine »absolut« richtige Lösung für ein Problem gibt.
3. Er erlebt, wie dieselbe Situation von den einzelnen Akteuren ganz verschieden empfunden wird.
4. Er muß feststellen, daß sich diverse selbstzufriedene Vorurteile, beispielsweise über die Vorrechte eines Gruppenleiters, die Stellung eines Betriebsrates oder »die langhaarigen jungen Leute«, nicht halten lassen.
5. Er lernt ganz allgemein den Wert erkennen, der Diskussionen mit seinesgleichen innewohnt.
6. Er lernt schließlich, mehr oder weniger weltfremde idealistische Vorstellungen abzubauen; weil er nämlich gezwungen wird, seine Überlegungen innerhalb eines Rahmens anzustellen, der durch Faktoren wie Kosten, Maschinenkapazitäten, Arbeitskräftemangel, Richtlinien der Geschäftsleitung und traditionelle Haltungen des Top-Managements vorgegeben ist.

Über diese allgemeinen Einsichten hinaus erwirbt der Rollenspieler Fähigkeiten, die ihm bei der Lösung seiner Alltagsprobleme unmittelbar zugute kommen. Zunächst einmal wird er gezwungen, innerhalb einer gesetzten Frist eine Problemlösung bzw. Entscheidung herbeizuführen; dies wird er niemals gegen, sondern stets nur mit seinen Gruppenakteuren zuwege bringen; woraus sich klar ergibt, daß der Umgang mit Mitarbeitern viel mehr Geschicklichkeit erfordert, als man gemeinhin gewahr wird. Weiterhin wird evident, daß das Verhalten eines Gruppenmitgliedes nicht nur eine Funktion seiner Persönlichkeit ist, sondern auch der Situation, in der es sich befindet. Schließlich lernt man, sich auf die Gefühle anderer einzustellen und sein eigenes Verhalten aufgrund dieser Beobachtung zu modifizieren. Ein heilsamer Nebeneffekt des Rollenspiels ist außerdem, daß man sich eigener Schwächen bewußt wird. So kann es einem passieren, daß man sich durch eine Stichelei den Unmut der gesamten Gruppe zuzieht. Endlich lernt man, seine Affekte zu beherrschen. Läßt man beispielsweise im Arbeitsalltag als »kleiner Sachbearbeiter« seinem Unmut stets freien Lauf, so gewöhnt man sich diese Haltung sehr schnell ab, wenn man einige Male die Rolle des Gruppenleiters gespielt hat. Zusammenfassend kann festgestellt werden: der erzieherische Effekt des Rollenspiels ist gar nicht hoch genug zu bewerten! Wer indessen – als Leser ohne Rollenpraxis – den Wert des »Rollenspiels an sich« bezweifelt, weil es sich eben »nur um ein Spiel« handle, der sei vorweg auf einen wesentlichen Sachverhalt verwiesen:

man lernt nicht eine Rolle auswendig wie ein Schauspieler, sondern man spielt stets eine eigene Partie in mannigfachen Situationen und unter ständig wechselnden Bedingungen! Deshalb, weil man sein eigenes Verhalten in die Rolle einbringt, kommt das Rollenspiel der Praxis des Berufsalltags so nahe.

Alle Rollenspiele, die auf den folgenden Seiten vorgestellt werden, sind nach demselben Schema aufgebaut. Am Anfang steht, für alle Teilnehmer – also Akteure und/oder Beobachter – gedacht, eine »Einführung in den Fall«. Hier wird der Hintergrund geschildert, vor dem sich das spezielle Problem des Falles abspielt. Darauf folgt eine Beschreibung der Rolle für die Spieler. Diese Regieanweisungen sind bewußt kurz gehalten, um dem einzelnen Spieler die Möglichkeit zu geben, seine Rolle »individuell auszuleben«. D.h., es wird ihm nur die allgemeine Richtung vorgeschrieben, in der er sich zu bewegen hat. Schließlich folgt, als dritter Teil des Schemas, eine Instruktion für die Beobachter. Hier sind jene Fragen aufgeführt, die der anschließenden »Manöverkritik« als Grundlage dienen sollen – denn auch das Kritisieren will gelernt sein!

Man unterscheidet in den USA zwei Methoden zur Durchführung von Rollenspielen: das Vielfach-Rollenspiel (Multiple Roll Playing) und das Einzel-Rollenspiel (Single Roll Playing). Beim ersten Typ wird dasselbe Problem von mehreren Gruppen simultan durchgespielt. Dies erlaubt hinterher einen Vergleich der Ergebnisse, die von den Gruppen erzielt wurden und eine Analyse des Weges, den jede Gruppe gegangen ist. Das Einzel-Rollenspiel hingegen wird nur von einer Gruppe gespielt, während alle anderen Mitglieder der Schulungsgruppe als Beobachter fungieren. Beide Methoden haben Vor- und Nachteile.

Für das Vielfach-Rollenspiel sprechen u. a. folgende Fakten:

1. Es erlaubt bei sehr großen Schulungsgruppen allen Teilnehmern, neue Einstellungen und Verhaltensweisen zu erproben.
2. Es erlaubt, die verschiedenen Ergebnisse der Spielgruppen zu vergleichen. Dabei vermittelt es die Einsicht, daß diese verschiedenen Ereignisse – bei gleicher Problemstellung! – allein auf die unterschiedlichen Interaktionen der Gruppenmitglieder zurückzuführen sind.
3. Weil praktisch alle Teilnehmer einer Lehrgangsgruppe in das Spielgeschehen einbezogen sind, verhindert es das Emporkommen von Schüchternheit oder mangelndem Selbstbewußtsein. Denn wenn

alle Gruppen gleichzeitig diskutieren, sind keine Beobachter zugegen, vor denen man sich gehemmt fühlen könnte. Außerdem erzeugt die Viel-Gruppen-Diskussion eine Art Kampfstimmung mit Wettbewerbscharakter, die auch stillere Naturen zum Handeln veranlaßt.

Betrachtet man es als ein wesentliches Ziel der Mitarbeiterschulung, das Aufspüren der Gefühle Dritter und die adäquate eigene Reaktion darauf zu intensivieren, so ist das Einzel-Rollenspiel das geeignete Mittel hierzu. Unter diesem Gesichtspunkt hat das Einzel-Rollenspiel entscheidende Vorteile:

1. Es besteht die Möglichkeit, das erzielte Ergebnis genau zu analysieren. Wie ist die gesamte Aktion abgelaufen? Hat sich der Gruppenleiter als Persönlichkeit durchgesetzt oder nicht? Ist einer der Spieler in Abwehrreaktion gegangen, in der er sich nur noch verteidigte – und welcher andere Spieler hat ihn zu dieser Haltung veranlaßt? Und so fort.
2. Die Diskussion des Ergebnisses vermittelt den einzelnen Spielern – oft zum ersten Male in ihrem Leben! – Erkenntnisse darüber, wie ihre Haltung auf andere wirkt. So wird es immer wieder vorkommen, daß einem Spieler, der seiner eigenen Meinung nach ganz sachlich argumentierte, von den übrigen Gruppenmitgliedern Aggressivität oder Intoleranz vorgeworfen wird.
3. Auch die Rolle der Beobachter ist nicht unwesentlich. So glauben sie zuweilen, einem Spieler Effekthascherei oder Opportunismus vorwerfen zu müssen, während der Betroffene doch seine wirkliche Meinung, und zwar wohlüberlegt, vorgetragen hat. Und umgekehrt.

Aus dem Gesagten geht hervor, daß keine der beiden Methoden der anderen absolut überlegen ist. Vielmehr haben wir es hier mit zwei verschiedenen Schulungsarten zu tun – und zwar im Hinblick auf die zu erreichenden Lernziele. Es empfiehlt sich deshalb, beide Methoden alternierend einzusetzen. Praktisch ergänzen sie sich in idealer Weise und sollten deshalb stets nebeneinander benützt werden.

Alle Probleme, die sich um sog. »zwischenmenschliche Beziehungen« (Human Relations) drehen, lassen sich in zwei Kategorien gliedern: entweder handelt es sich um eine Angesicht-zu-Angesicht-Beziehung,

d. h., ein Problem berührt nur den Vorgesetzten und einen einzelnen Mitarbeiter, oder es handelt sich um ein Problem, das zwischen Vorgesetzten und der ganzen Gruppe besteht.

Die erste Kategorie verlangt vom Vorgesetzten ein hohes Maß an Einfühlungsvermögen und setzt zur optimalen Lösung des Problems Fingerspitzengefühl und Geschicklichkeit im Umgang mit Menschen voraus. Denn alle Lösungen der in diesem Kapitel gebrachten Rollenspiele müssen stets erstreben, bei den von den Entscheidungen Betroffenen keine Frustration zu erzeugen. Erst dann ist eine Problemlösung optimal zu nennen. Um dieser Forderung gerecht zu werden, muß der Vorgesetzte vom Gesprächsbeginn an eine Atmosphäre des Vertrauens aufbauen, die ihn als kollegialen Helfer und nicht als Richter erscheinen läßt. Es gehört zu seinen Aufgaben, sich zunächst einmal einen Einblick in den psychologischen und sozialen Hintergrund seines Mitarbeiters zu verschaffen: welche Sorgen, Hoffnungen und Erwartungen motivieren ihn? Was kann ich tun, um die Angst eines Mitarbeiters vor einer Unterredung abzubauen? Wie verhindere ich a priori, daß der Mitarbeiter in eine Abwehrstellung geht, aus der heraus er sich nur verteidigt anstatt seine wirklichen Motive vor mir auszubreiten? Will sagen: bei einer derartigen Unterredung ist es wesentlicher, sich zunächst einmal auf die Gefühle des anderen einzustellen als gleich mit Fakten um sich zu werfen. Es ist kein Meisterstück, einem Mitarbeiter schon während der Gesprächseröffnung sein Versagen vorzuwerfen und dann zu versuchen, die Gründe dafür zu ermitteln. Läuft aber ein Gespräch nicht so, wie man sich das als Chef ursprünglich vorgestellt hatte, d. h., geht der Mitarbeiter enttäuscht und verbittert hinaus, so sollte man sich wenigstens hinterher fragen, was man falsch gemacht hat – um solche Fehlschläge in Zukunft zu vermeiden. Es liegt auf der Hand, daß ein solches Versagen »des Chefs« im Rollenspiel vor aller Augen in Erscheinung tritt und deshalb einen eminenten erzieherischen Wert besitzt.

Zu den schwierigsten Problemen gehören ohne Zweifel jene, bei denen es sich scheinbar um eine Regelwidrigkeit eines einzelnen handelt – in Wirklichkeit aber die gesamte Gruppe betroffen ist. So ein Fall ist das weiter unten aufgeworfene »Winterfenster-Problem«. Derartige Vorkommnisse setzen die Geschicklichkeit des betroffenen Vorgesetzten voraus, eine richtige Diagnose zu stellen. Und die Bereitschaft, seine Meinung sofort zu ändern, wenn neue Tatsachen die gesamte Situation in einem anderen Licht erscheinen lassen.

All jene Fälle der folgenden Seiten, bei denen es sich um echte Probleme der gesamten Gruppe handelt, erfordern außerdem hohes Geschick in der Besprechungsführung. Viele Vorgesetzte bringen keine zufriedenstellende Entscheidung zustande, weil sie bereits bei der Eröffnung der Besprechung gravierende Fehler machen. Es ist nämlich nicht gleichgültig, wie man ein Problem präsentiert. Hier werden vor allem drei Fehler gemacht: man interpretiert seine eigene Meinung in die Darstellung; man bietet sofort eine Alternative an (»Wollt ihr es lieber so oder so machen?«); und schließlich: man schildert ein Problem als Verhalten und nicht als Situation. Beispiel: »Nur weil ihr euch nicht an die Unfallverhütungsvorschriften haltet, hat unsere Abteilung 35% mehr Unfälle als die anderen. Was können wir dagegen unternehmen?« Es ist klar, daß von einer derartigen Einleitung keine Besserung des Problems zu erwarten ist, weil sich jeder Besprechungsteilnehmer betroffen fühlt und nach Entschuldigungen sucht anstatt sich über eine Abhilfe den Kopf zu zerbrechen. Meistens endet eine solche Besprechung damit, daß die gesamte Gruppe zum Frontalangriff übergeht und dem Chef die Idiotie der Unfallverhütungsvorschriften klarzumachen sucht, und daß man sie einfach ignorieren *müsse,* wenn man das Produktions-Soll erreichen wolle. Wie anders wäre diese Besprechung verlaufen, wenn sie mit folgenden Worten eröffnet worden wäre: »Leider Gottes hatten wir in den vergangenen sechs Monaten 35% mehr Unfälle als andere Abteilungen. Lassen Sie uns zusammen überlegen, wie wir diese Quote drücken können!«

Das Rollenspiel, bei dem es sich um Gruppenprobleme dreht, vermittelt noch eine weitere Fertigkeit, die in der Alltagspraxis meist zu kurz kommt: das Zuhören. Wer in autoritärer Manier eine Besprechung leitet, anstatt die Teilnehmer mit eigenen Vorschlägen kommen zu lassen, wird niemals eine optimale Problemlösung erzielen. Auch dieses Beispiel demonstriert wieder, wie praxisnah Rollenspiele tatsächlich sind.

Jedes geglückte Rollenspiel basiert, wie oben bereits kurz erwähnt, auf der Voraussetzung, daß die Teilnehmer im Spiel ihre eigene Meinung vertreten. Oder, anders ausgedrückt: *wenn ein Teilnehmer beispielsweise im Spiel die Rolle des Personalchefs zu übernehmen hat, so soll er so agieren, wie er dies als Personalchef täte, und nicht so, wie er sich vorstellt, daß ein Personalchef handeln würde.* Auf diesen wichtigen Tatbestand sollten alle Teilnehmer vor Beginn des Spiels hingewiesen werden!

Wenn die Rollen verteilt sind, sollte bis zum Beginn der Aktion den Spielern genügend Zeit gelassen werden, sich mit ihrer Rolle vertraut zu machen, d. h., sich mit ihr zu identifizieren. Es darf nicht vorkommen, daß ein Spieler während der Diskussion in seine Unterlagen schauen muß, weil er sich nicht mehr über die zu Grunde liegenden Fakten klar ist. Das hemmt den Fluß der gesamten Aktion und läßt deutlich werden, daß man »nur spielt«. Wenn also, wie im »Dilemma mit dem neuen Kleinbus«, die Rollenanweisung lautet: »Sie sind Fernsehmechaniker, 25 Jahre alt, seit 4 Jahren bei der Firma, bedienen nur die Außenbezirke und fahren das älteste Fahrzeug der Gruppe«, so muß der Spielleiter verlangen, daß der Spieler sich seine Instruktionen einprägt, um sich während des Spieles nur noch auf die Auseinandersetzung mit den übrigen Akteuren konzentrieren zu können.

In jedem gelungenen Rollenspiel – in dem nämlich die oben genannten Voraussetzungen erfüllt sind – werden Emotionen aufgerührt. D. h., es gibt hitzige Diskussionen, die in der Argumentation durchaus persönlich eingefärbt sind. Gerade dieser Umstand läßt das Rollenspiel zu einem unauslöschlichen Erlebnis werden. Kaum ein Teilnehmer vergißt jemals wieder diese Situation, ihre Stimmung und die von den einzelnen Teilnehmern – und ihm selbst! – gezeigten Verhaltensweisen. Und wann immer im Berufsalltag eine nur annähernd gleich Situation auftaucht, wird sofort die Erinnerung an dieses Rollenspiel geweckt; und mahnt: »Vorsicht! Das hast Du schon einmal erlebt! Laß erst mal den anderen kommen!« usw.

Ehe Sie nunmehr die erste Rolle in Angriff nehmen, noch ein paar Hinweise aus der Praxis für die Praxis.

1. Kümmern Sie sich nicht um Äußerlichkeiten, wie die Ausstattung des Raumes etc.! Denn ein Rollenspiel läßt sich ohne viele Umstände oder Aufwand an jedem Ort durchführen. Von Vorteil ist, wenn die Tische und Stühle beweglich sind. Aber selbst in Schulräumen mit fest montierten Bänken läßt es sich spielen, wenn sich die Teilnehmer in einer Bankreihe umdrehen und damit den Kollegen der nächsten Bank ins Gesicht schauen.

2. Bereiten Sie etwa 20 cm lange Kartonstreifen vor, mit den Namen der Rollenfiguren darauf, die in die obere Sakkotasche gesteckt werden; so wissen alle, wer wer ist.
3. Vermeiden Sie nach Möglichkeit, daß Vorgesetzte mitspielen! Dies hemmt normalerweise die freie Entfaltung (Ausnahmen bestätigen die Regel!)
4. Wenn das Rollenspiel irgendwie »schief« läuft, so lassen Sie sich als Trainingsleiter nicht zum vorzeitigen Abbruchs des Spieles verleiten. Je mehr Fehler gemacht werden, desto lehrreicher ist letzten Endes die ganze Aktion für alle Beteiligten. Nur wenn das Spiel, beispielsweise infolge krassen Versagens des Spielgruppen-Chefs, so in die Sackgasse geraten ist, daß Weiterspielen sinnlos wäre – dann brechen Sie ab!
5. Die Beobachter sollten sich absoluter Neutralität befleißigen und vor allem versuchen, Heiterkeitsausbrüche zu unterdrücken. Solche Störungen reißen die Spieler aus ihrem Engagement und lassen in Sekundenschnelle bewußt werden, daß doch »nur gespielt« wird.

Wichtige Trainingsgrundsätze zum Thema »Rollenspiel«.

1. Geben Sie den Spielern reichlich Zeit, sich mit ihrer Rolle vertraut zu machen.
2. Überzeugen Sie sich vor Spielbeginn durch kurze Einzelgespräche mit den Akteuren, daß sie ihre Rolle auch verstanden haben. Rollenspiele gehen nur dann »kaputt«, wenn sich ein Spieler ganz anders verhält, als es seine Rolle vorschreibt.
3. Weisen Sie bei schwierigen Rollenspielen, wenn es sich z.B. um die Erarbeitung einer Entscheidung handelt, den »Chef« darauf hin, worauf es ankommt. Zum Beispiel, daß er sich mit seiner eigenen Meinung bis zum Schluß zurückhalten soll.
4. Mischen Sie sich unter keinen Umständen in das Spiel ein, wenn es einmal läuft! Einzige *Ausnahme:* das Spiel kann zu keiner Lösung führen, weil ein Spieler gegen seine Rollenanweisung agiert.
5. Rollenspiele verlaufen in der Regel unter Zeitlimit. Geben Sie dem Spielleiter etwa drei Minuten vor Schluß ein Zeichen, daß die Zeit zu Ende geht – aber nur, wenn Sie den Eindruck haben, daß er die Zeit aus den Augen verloren hat! Diese Maßnahme ist vor allem

dann notwendig, wenn das Spiel mit der Kamera aufgenommen wird, weil ja die Bandlänge begrenzt ist.

6. Geben Sie den Beobachtern genaue Instruktionen, worauf sie während des Spiels achten sollen, damit die Manöverkritik nicht in zu subjektives und emotionales Gerede ausartet.

7. Bei der anschließenden Analyse vor dem Monitor gibt es zwei Möglichkeiten des Vorgehens:

a) Entweder Sie unterbrechen das Abspielen immer wieder, um sofort Verhaltensweisen zu besprechen – und zwar unter Einbeziehung der Gruppe. Z.B.: »Wie sehen Sie dieses Verhalten?« Erst nach den Stellungnahmen aus der Gruppe geben Sie Ihren Kommentar ab.

b) Sie spielen die gesamte Aufnahme ab und bitten anschließend die vorher eingeteilten Beobachter, ihre Analysen zu geben. Z.B.: Wer hat am meisten geredet? Hat einer die inoffizielle Führung übernommen? Hat es Machtkämpfe gegeben? Hat es Mißverständnisse gegeben, und warum? Ist ein Mitspieler aggressiv geworden? usw.

8. Zuweilen empfiehlt es sich, Teile der Aufzeichnung nochmals stumm ablaufen zu lassen und dabei die Körpersprache zu kommentieren.

9. Die in der Analyse vorgebrachte Kritik sollte so »verpackt« sein, daß sie für den Betroffenen akzeptabel ist. D.H., er darf nicht vor der Gruppe sein Gesicht verlieren.

10. Wenn Zeit genug zur Verfügung steht, lohnt es sich zuweilen, das gleiche Rollenspiel mit anderer Besetzung nochmals durchzuspielen. Wobei der Seminarleiter dann jene Teilnehmer zu Spielern bestimmt, die bei der vorausgegangenen Analyse die schärfste Kritik an ihren Kollegen geübt haben, und außerdem jene, die gar nichts sagten und sich in der Seminargruppe versteckt hatten.

Kurzbeschreibung aller Rollenspiele und Fallstudien, mit Hinweisen für deren Einsatz im Seminar

Ich habe mich aus zwei Gründen enthalten, zu den Fallstudien und Rollenspielen dieses Buches Kommentare hinsichtlich ihrer *Auswertung* zu geben: zum einen stand mir der Raum dafür nicht zur Verfügung, zum anderen hat jeder Trainer seine spezielle Art, die »Manöverkritik« durchzuführen. Meine Erfahrung bei gemeinsamen Seminaren mit Kollegen hat mich indessen gelehrt, daß Fallstudien und Rollenspiele im allgemeinen zu wenig »ausgeschlachtet« werden. Allerdings ist dafür oft der Zeitmangel im Seminar verantwortlich zu machen.

Wenn ich im 4. Kapitel unter dem Stichwort »Anforderungsprofil für Ausbilder« als hervorstechende Eigenschaft eines erfolgreichen Trainers die *Flexibilität* hervorhob, so gilt dies besonders im Umgang mit Fallstudien und Rollenspielen. Eine gut angelegte Fallstudie, die auch die Grundlage jedes Rollenspiels ist, läßt sich meist in den verschiedensten Richtungen auswerten: oft genügt es, die Fragestellung zu verändern, oder man kann der Studie durch eine geringfügige Textänderung eine ganz andere »Richtung« geben. Hier sind der Phantasie keine Grenzen gesetzt! Und, nicht zu vergessen: aus jeder Fallstudie kann man ein Rollenspiel machen, indem man Rollenanweisungen für die Spieler schreibt.

Von den 21 Fallstudien und Rollenspielen dieses Bandes sind 10 von mir für meine eigenen Seminare geschrieben und im Seminar »erprobt« worden. Sie sind in verschiedenen Branchen angesiedelt – je nachdem, wer gerade mein Auftraggeber war. Da aber 90 % aller auftretenden Probleme in allen Branchen dieselben sind, lassen sich diese Spiele ohne Schwierigkeit in ein anderes Milieu transponieren.

Neun der vorliegenden Fallstudien und Rollenspiele basieren auf Texten aus den USA. Sieben davon habe ich in deutsche Verhältnisse übertragen. Bei zweien war dies nicht möglich, ohne sie kaputtzumachen: »Energy International« und »Problem Eingangskorb«. Ich zähle diese beiden Spiele nach wie vor zu den besten, die mir je untergekommen sind. Beide wurden von mir im Laufe der Jahre häufig in Management-Seminaren eingesetzt; und keiner der teilnehmenden Chefs hat sich an der »amerikanischen Aufmachung« gestört. Das Rollenspiel Nr. 8, von mir »Stumme Tortur« genannt, habe ich bei Brocher entlehnt. Allerdings habe ich, aufgrund meiner Erfahrungen mit diesem Spiel im Seminar, die Spielregeln etwas abgewandelt.

Das Rollenspiel Nr. 4 »Problem Wochenmarkt« war vor Jahren in der »Denkspalte« der Illustrierten STERN. Ebenso das »Restaurant-Problem«.

Wichtiger Hinweis: Bitte beachten Sie stets, ob die »Einführung in den Fall« für *alle* Seminarteilnehmer gedacht ist oder nur für die Beobachter!

Falls nämlich die besondere Problematik des Spiels in der »Einführung« bereits analysiert ist, darf diese »Einführung« den aktiven Spielern nicht vorher gezeigt werden. Die einzelnen Rollenspiele und Fallstudien können für verschiedene Arten der Schulung eingesetzt werden. Die folgende Beschreibung jedes Spiels bzw. jeder Studie ist deshalb *mit Buchstaben gekennzeichnet,* die Ihnen Hinweise bezüglich des Einsatzes im Seminar geben: M = Management-Training; V = Verkaufs-Training; K = Kommunikations-Training; G = Gesprächs-Training; A = allgemein verwendbar.

Rollenspiel (RS) Nr. 1: *»Das Dilemma mit dem neuen Kleinbus«.* Kern des Spieles ist die Herbeiführung einer *Gruppenentscheidung.* Das Spiel steht und fällt mit der Geschicklichkeit, mit der der Gruppenleiter die Besprechung steuert. Ziel der Besprechung muß es sein, eine Entscheidung herbeizuführen, die von der Mehrzahl der Gruppe als fair bezeichnet wird. (M, G).

RS Nr. 2: *»Die Sitzordnung im LKW«.* Hier geht es in erster Linie um *Statusprobleme.* Durch den Erlaß einer neuen Sicherheitsbestimmung wird die inoffizielle »Status-Struktur« empfindlich gestört. Das Spiel ist deshalb schwierig, weil der Gruppenführer gar nicht ahnt, in welches Wespennest er sticht, als er die neue Bestimmung bekanntgibt. *Nun muß er sehen, wie er mit der »Meuterei« fertig wird!* (M, G).

RS Nr. 3: *»Das Winterfenster-Problem«.* Hier geht es um die *»Dreckarbeiten«,* die an vielen Arbeitsplätzen von Zeit zu Zeit anfallen. Traditionsgemäß führt sie der Mitarbeiter mit der kürzesten Dienstzeit aus. Das Problem dieses Spieles ist für den Gruppenführer deshalb *besonders schwierig, weil er keine Ahnung hat, daß ihm eine »Befehlsverweigerung« ins Haus steht:* der Mann, den er wie stets mit dieser unangenehmen Aufgabe betrauen wollte, ist von seinen Kollegen gehänselt worden. Und er hat hoch und heilig geschworen: diesmal macht er diese Arbeit nicht wieder! (M, G).

RS Nr. 4: *»Problem Wochenmarkt«.* Dieses Spiel erfordert nur eines: streng logisches Denken, und zwar an Hand einer Matrix. Da es wirklich schwierig ist, verführt es die Teilnehmer, wenn sie nicht weiterkommen, »anzunehmen daß...« Da auch die Super-Gescheiten, die das große Wort im Seminar führen, oft an dieser Aufgabe scheitern, ist es gut als Disziplinierungsmedium.

Ich habe diesem RS ausnahmsweise eine exakte Beschreibung des Lösungsweges beigegeben, um dem Trainer eine Hilfestellung für die Manöverkritik zu geben. Und ich empfehle ausdrücklich, bei diesem Spiel jeder Gruppe einen neutralen Beobachter beizugeben, der sich Notizen macht und an Hand dieser hinterher eine Spielanalyse abgibt. (A).

RS Nr. 5: »*Operation Vorstadt*«. Dieses Rollenspiel mit Wettbewerbscharakter zeigt die Problematik der *Zusammenarbeit von Teams* auf: Vier Teams müssen unter Zeitdruck jeweils ein anderes Problem lösen. *Das Problem kann aber nur durch geschicktes Verhandeln mit anderen Teams gelöst werden.* Sieger wird jenes Team, das das Führungsproblem am raschesten löst und seine Arbeit am besten organisiert. (M, K, G).

RS Nr. 6: »*Energy International*«. Dieses interessante und aufregende Spiel verlangt *Intelligenz und die Fähigkeit zu logischem Denken.* Das Spiel, das unter hohem Zeitdruck durchgeführt wird, scheitert oft an zwei Schwierigkeiten: dem Führungsproblem und der Borniertheit der Spieler, die aufgrund ihrer Vorurteile die richtige Lösung immer wieder von sich schieben. Es spielen – je nach Teilnehmerzahl im Seminar – zwei bis vier Teams, wobei jedes Team dieselbe Aufgabe zu bewältigen hat. (M, K, Zeitdauer: 1,5 Stunden).

RS Nr. 7: »*Das Parkplatz-Problem*«. Dieses Rollenspiel mit *Wettbewerbscharakter* wird von 2 bis 4 Teams gespielt, die alle das gleiche Problem zu lösen haben. Das Spiel wird nach 20 Minuten abgebrochen! Auch hier entscheidet über den Sieg, wie die einzelnen Teams das Führungsproblem lösen und wie sie sich organisieren. (M, K).

RS Nr. 8: »*Stumme Tortur*«. Dieses RS mit *Wettkampfcharakter,* bei dem mehrere Teams zu je fünf Personen gegeneinander spielen, ist geradezu »teuflisch«, weil während des gesamten Spielverlaufs *kein Wort gesprochen werden darf!* Hier zeigt sich vor allem, *wie tolerant die einzelnen Teilnehmer sind;* weil sich bei den einzelnen starke Emotionen aufstauen, wenn sie mitansehen müssen, wie andere Teammitglieder infolge ihrer »Beschränktheit« den Erfolg der Gruppe vereiteln. (K).

RS Nr. 9: »Restaurant-Problem«. Dieses Spiel ist witzig und löst immer gute Laune aus. Ich lasse es nach dem Mittagessen spielen, natürlich unter Zeitdruck. Nach zehn Minuten sind alle Teilnehmer hellwach! Wenn die Gruppe logisch denkt, ist das Problem ohne besondere Schwierigkeiten zu lösen. Wenn sich die Gruppe allerdings von Vorurteilen leiten läßt, schafft sie die Lösung nicht innerhalb der vorgegebenen Zeit. (A).

RS Nr. 10:»Das Büro-Problem«. Dieses RS bezieht seine Spannung aus dem *Statusdenken der Beteiligten,* wobei natürlich nur sachliche Argumente ins Feld geführt werden. Es erfordert eine *außerordentlich geschickte Verhandlungsführung* von Seiten des betroffenen Chefs – wenn er überhaupt zu einem Ergebnis kommen will. Das Spiel zeigt im übrigen mit seltener Klarheit auf, daß es Situationen gibt, in denen autoritär entschieden werden *muß* – da ein »Gruppenpalaver« nur zu Frustrationen führt! (M, K, G).

Soziodrama (SD) Nr. 1: »Der unpünktliche Auszubildende«. Hier geht es um die Problematik des »Mitarbeitergespräches«: einer vornehmen Umschreibung des Sachverhaltes, daß ein Mitarbeiter kritisiert werden muß bzw. »positiv motiviert« werden soll. Im vorliegenden Fall trifft beides zu: *ein Auszubildender, der sich sehr gut entwickelt hat, kommt immer wieder zu spät.* Wie sollte sein Gruppenleiter dieses Gespräch führen, um eine Verhaltensänderung zu erzielen? (M, K, G).

SD Nr. 2: »Krach mit dem Kreisbauamt«. In diesem schwierigen Spiel geht es um die Tatsache, daß Mitarbeiter zuweilen versuchen, für die Firma zusätzliche kleine Vorteile herauszuschlagen – aus einer falsch verstandenen Loyalität! Geht so ein Verhalten »ins Auge«, *muß der zuständige Chef zum einen den Kunden beruhigen, zum anderen den übereifrigen Mitarbeiter »belehren«.* (M, V, G).

SD Nr. 3: »Der empörte Bäckermeister«. Dieses Spiel ist schwierig und erfordert Fingerspitzengefühl: *denn außer um ein rein fachliches Problem geht es zugleich um lokalpolitische Aspekte.* Nur versierte Gesprächstaktiker schaffen es, den aufgeregten Bäckermeister zum Einlenken zu bewegen. (K, G).

SD Nr. 4: *»Ein peinlicher Vorfall«*. Zuweilen bekommen Mitarbeiter mit einem Kunden Krach, wobei sie de jure Grund zur Aggressivität hatten. Indessen: *wichtiger als persönliche Gefühle sind die Interessen der Firma!* So hat in diesem Spiel der betroffene Außendienstleiter die undankbare Aufgabe, gleich drei Parteien zu beruhigen: den Kunden, den streitbaren Mitarbeiter und dessen unmittelbaren Vorgesetzten. (M, V, K, G).

FS Nr. 1: *»Ein Führungswechsel in der AEROTECH AG«*. In dieser Studie geht es um ein einziges Problem: *das des »richtigen« Führungsstiles.* Was passiert, wenn ein Abt.-Leiter eine Mannschaft übernimmt, die bisher ganz anders geführt wurde, als er dies für richtig hält? Mit welchen Schwierigkeiten hat er zu rechnen? Wie soll er sich verhalten? (M).

FS Nr. 2: *»Die NOVO-FELLECTRO und ihr Chef«*. Diese Studie schildert einen Unternehmer, der aus dem Nichts einen florierenden Mittelbetrieb aufgebaut hat. Plötzlich bringt ein Gerücht die ganze Firma ins Wanken: es zeigt sich, daß dieser Chef mit seinem autoritären Führungsstil die neue Situation nicht mehr meistern kann. Was soll man ihm raten? (M).

FS Nr. 3: *»Die HOLZ-EXOTICA GmbH & Co KG«*. Zuweilen werden klug geplante Vorhaben durch das unerwartete Eingreifen Dritter gefährdet. Der vorliegende Fall schildert so *eine Situation, wo von der Entscheidung des betroffenen Jungunternehmers sein weiteres Schicksal abhängt.* Das Problem ist sehr schwierig! (M).

FS Nr. 4: *»Problem Eingangskorb«*. Hier sind eine Reihe von *Entscheidungen unter Zeitdruck* zu fällen. Das Problem wird dadurch erschwert, daß er betroffene Chef neu in der Firma ist und ohne Einweisung an die Dinge herangehen muß. Die Studie erweist, ob es die einzelnen Seminarteilnehmer in ihrem bisherigen Berufsleben gelernt hatten, *Wichtiges von Unwichtigem zu unterscheiden und systematisch zu arbeiten. Außerdem läßt sie Schlüsse auf die Belastbarkeit der einzelnen Teilnehmer zu.* Deshalb wurde diese Studie auch zur Bewerber-Selektion eingesetzt! (M).

FS Nr. 5: *»Ein Beförderungs-Problem«*. Es geht darum, für eine Gruppe, deren Chef durch Pensionierung ausscheiden wird, den »richtigen Nachfolger« zu finden. Nun stehen zwei Aspiranten aus der eigenen Firma zur Wahl: Welchen sollte man befördern? Warum? (M).

FS Nr. 6: »*Konflikt im Betonwerk*«. Reibereien zwischen Chefs verschiedener Ebene entstehen oft nicht wegen sachlicher Differenzen, sondern wegen der Art, wie diese ausgetragen werden; und dies ist ein *Kommunikationsproblem!* Auch im vorliegenden Fall sind die sachlichen Differenzen nicht bedeutend. Aber *das psychologisch falsche Vorgehen eines Werkleiters provoziert eine Über-Reaktion des betroffenen Poliers.* Was sollte man dem Werksleiter hinsichtlich seines zukünftigen Verhaltens empfehlen? (M).

FS Nr. 7: »*Das Problem Emil*«. Es gibt Chefs, die sich während ihrer langen Firmenzugehörigkeit ihre Meriten verdient haben. Sie sind *Routiniers,* die mit allen auftretenden Problemen ihrer Alltagsarbeit »spielend fertig werden«. Was aber passiert, wenn im Alltagsbereich eines derartigen Chefs, der nur noch sechs Jahre bis zur Pensionierung hat, ganz neue Fertigungsmethoden eingeführt werden sollen? Und man a priori weiß, daß ihn die damit auftauchenden Probleme überfordern *müssen?* Soll man diesen verdienten Mann »kaltstellen«? Oder gibt es andere, »elegantere« Lösungen für das »Problem Emil«? (M).

Rollenspiel Nr. 1: »Das Dilemma mit dem neuen Kleinbus«

Einweisung in den Fall (für alle Teilnehmer):

Sie arbeiten für NECKERMANN in München als Kundendienst-Monteur. Die Gruppe, der Sie angehören, besteht aus einem Meister und fünf Monteuren. Ihre Arbeit besteht darin, defekte Geräte, wie z.B. Fernseher, Kühlschränke oder Waschmaschinen möglichst an Ort und Stelle, d.h. in der Wohnung des Kunden, wieder in Gang zu bringen.

Diese Tätigkeit erfordert Fachkenntnisse und die Fähigkeit des schnellen Fehlersuchens; denn Zeit ist Geld – nämlich das des Kunden; und wenn die Reparatur zu lange dauert, gibt es Ärger. Deshalb spielt bei diesem Beruf auch noch die Geschicklichkeit eine Rolle, mit der der Kunde behandelt wird.

Der Meister einer derartigen Gruppe ist in der Regel ein ehemaliger Monteur, und so verhält es sich auch im vorliegenden Fall. Er hat ein kleines Büro in der Ecke jener Tiefgarage, in der nachts alle Kleinbusse mit Werkzeugen und Ersatzteilen untergestellt sind. Allerdings sitzt der Meister nicht den ganzen Tag in seinem Büro; nach der Auftragsverteilung jeden Morgen erledigt er zunächst seinen Papierkrieg und geht dann Reklamationen bei Kunden nach; zuweilen geht er auch mit einem Monteur auf Fahrt, um, wie er so sagt, den Kontakt mit den Kunden nicht zu verlieren.

Jeder Monteur fährt einen VW-Bus, der als Werkstattwagen ausgestattet ist. Die Monteure sind auch dafür verantwortlich, daß die Fahrzeuge immer technisch in Ordnung sind und jeden Abend gewaschen werden. Die meisten von ihnen entwickeln einen gewissen Ehrgeiz, ihr Fahrzeug immer tadellos in Schuß zu halten. Und jeder von ihnen wäre sehr glücklich, wenn er mal einen brandneuen Wagen erhalten könnte.

Hier sind einige Fakten über die Fahrzeuge und deren Fahrer in dieser Kundendienst-Gruppe, *die dem Meister Max Marschall* untersteht:

Georg	15 Jahre in der Firma, fährt 2 Jahre alten VW-Bus; Km-Stand: 20 000
Michael	11 Jahre in der Firma, fährt 5 Jahre alten VW-Bus; Km-Stand: 60 000
Hans,	10 Jahre in der Firma, fährt 4 Jahre alten VW-Bus; Km-Stand: 48 000
Thomas	5 Jahre in der Firma, fährt 3 Jahre alten VW-Bus; Km-Stand: 35 000
Fritz	3 Jahre in der Firma, fährt 5 Jahre alten VW-Bus. Km-Stand: 65 000.

Drei Leute verrichten ihre Arbeit im Stadtgebiet; Hans und Thomas arbeiten im Süden Münchens, mit Gebietsgrenzen in Perlach, Starnberg und Pfaffenhofen.

Benützen Sie während des Rollenspiels die gegebenen Fakten und leben Sie sich im übrigen in Ihre Rolle ein. Wenn Fakten oder Ereignisse auftauchen, die nicht durch Ihre Rollen vorgegeben sind, so agieren Sie so, wie Sie das auch in der realen Lebenssituation tun würden.

Rolle für den Meister Max Marschall

Sie sind Gruppenführer einer Kundendienst-Gruppe. Jeder Ihrer Leute fährt einen VW-Bus, mit dem er im Laufe des Tages die verschiedenen Arbeitsplätze aufsucht.

Immer, wenn Sie mal einen Kleinbus zugeteilt bekommen, um ihn gegen einen alten auszutauschen, haben Sie das leidige Problem zu lösen, welcher Ihrer Leute den neuen Bus bekommen soll. Oft entstehen da bittere Gefühle, denn jeder Ihrer Leute glaubt, er hätte ein Anrecht auf das neue Fahrzeug. Und dieser Umstand macht Ihre Absicht, gerecht zu urteilen, noch schwieriger. Jetzt müssen sie erneut in diesen sauren Apfel beißen, denn ein neuer VW-Bus ist Ihnen für Ihre Gruppe angekündigt worden.

Um das Problem diesmal so elegant wie möglich zu lösen, haben Sie sich entschlossen, die Entscheidung den Leuten weitgehend selbst zu überlassen. Sie werden zunächst lediglich Vorschläge entgegennehmen, wie diese Aktion so gerecht wie möglich durchgeführt werden kann. Beziehen Sie bis zum letzten Moment keine Stellung – denn Sie wollen wenn irgendmöglich das tun, was die Leute selbst für fair halten!

Rolle für Georg:

Wenn die Zuteilung eines neuen VW-Busses spruchreif wird, sind Sie der Meinung, daß er Ihnen zusteht. Erstens sind Sie der Dienstälteste, und zweitens mögen Sie Ihren gegenwärtigen Bus nicht. Das ist anscheinend ein Auto aus der »Nachurlaubs-Montagmorgen-Produktion«, an dem alle Augenblicke etwas fehlt, obwohl Sie recht behutsam damit umgehen. Sie warten schon lange auf eine Gelegenheit, diesen an sich noch wie neu aussehenden Schlitten wieder loszuwerden.

Rollenspiel Nr. 1: »Das Dilemma mit dem neuen Kleinbus«

Rolle für Michael:

Sie glauben, daß Sie ein neues Fahrzeug verdienen, und sicherlich sind Sie auch an der Reihe. Ihr gegenwärtiger Bus ist schon alt, und da der Dienstälteste Georg sowieso ein ziemlich neues Fahrzeug hat, sollten Sie den nächsten VW-Bus bekommen. Sie haben Ihren gegenwärtigen Wagen ausgezeichnet in Schuß gehalten, so daß er noch wie neu aussieht. Ein Mann müßte dafür belohnt werden, daß er ein firmeneigenes Fahrzeug so sorgfältig pflegt wie ein eigenes.

Rollenspiel Nr. 1: »Das Dilemma mit dem neuen Kleinbus«

Rolle für Hans:

Sie haben mehr zu fahren als die meisten anderen Kollegen, da Sie nur außerhalb des Burgfriedens arbeiten. Sie haben ein ziemlich altes Fahrzeug und meinen, Sie sollten den neuen VW-Bus bekommen, da Sie so viel fahren.

Rollenspiel Nr. 1: »Das Dilemma mit dem neuen Kleinbus«

Rolle für Thomas:

Die Heizung in Ihrem gegenwärtigen Fahrzeug ist zu schwach. Und als Fritz beim Zurückstoßen in Ihre linke Wagentür bumste, ist der Schaden nur oberflächlich behoben worden. Die Türe läßt zu viel kalte Luft durch, und Sie führen Ihre häufigen Erkältungen auf diese Tatsache zurück. Sie möchten ein warmes Fahrzeug haben, da Sie ja ziemlich weite Strecken zurücklegen müssen. So lange das Fahrzeug technisch in Ordnung ist und gute Reifen und Bremsen besitzt, ist es Ihnen letztlich egal, ob der Wagen brandneu ist oder nicht.

Rollenspiel Nr. 1: »Das Dilemma mit dem neuen Kleinbus«

Rolle für Fritz:

Sie fahren den armseligsten Bus der Gruppe. Er ist fünf Jahre alt, und bevor Sie ihn bekamen, war er schon ein Unfall-Wrack. Er war niemals ganz in Ordnung und Sie ärgern sich schon drei Jahre damit herum. Es ist Zeit, daß Sie mal ein anständiges Fahrzeug bekommen, und es scheint nur gerecht, daß der nächste neue VW-Bus Ihrer sein wird. Sie hatten keine Unfälle – mit Ausnahme des einen Males, als Sie in Thomas' Wagentüre krachten, weil er sie aufriß, als Sie rückwärts aus der Garage fuhren.

Rollenspiel Nr. 1: »Das Dilemma mit dem neuen Kleinbus«

Instruktionen für die Beobachter:

Die folgenden Punkte mögen als »Leitlinie« dienen für die Beobachtung dessen, was der Gruppenführer unternahm und wie die Gruppe reagierte.

1. *Wie stellte der Meister das Problem dar?*
   a) Erweckte er den Eindruck, als ob er die Hilfe der Gruppe brauchte, um das Problem zu lösen?
   b) Brachte er alle Tatsachen zur Sprache?
   c) War seine Einführung in das Problem kurz und wesentlich?
   d) Vermied er es ängstlich, eine Lösung anzudeuten?

2. *Was ereignete sich im Verlauf der Diskussion?*
   a) Nahmen alle Gruppenmitglieder daran teil?
   b) Sagten alle Mitglieder wirklich, was sie dachten?
   c) Übte die Gruppe so etwas wie »gesellschaftlichen« Druck auf eines der Mitglieder aus?
   d) Wenn ja – welches der Mitglieder war so einem Druck ausgeliefert?
   e) Wich der Meister so einem Druck der Gruppe aus?
   f) Vermied es der Meister, einen Mann zu begünstigen?
   g) In welchen Punkten war sich die Gruppe uneinig?

3. *Inwiefern trug der Gruppenführer zur Problemlösung bei?*
   a) Stellte er Fragen, um Lösungen herbeizuführen?

b) Wurden alle Vorschläge aus der Gruppe vom Meister akzeptiert?
c) Vermied der Meister jeden zeitlichen Druck, um eine Lösung herbeizuführen?
d) Begünstigte er einen Vorschlag?
e) Wer lieferte die endgültige Lösung?
f) Unternahm der Meister etwas, um eine einstimmige Vereinbarung herbeizuführen?

Rollenspiel Nr. 2: Die Sitzordnung im LKW

Durchleuchtung des Problems:

In jeder Firma gibt es eine offizielle Organisationsstruktur, basierend auf der Tatsache, daß Positionen in Gewichtigkeit und Einfluß variieren. Meistens korrespondiert diese Struktur mit dem Organisationsplan der Firma. Und es ist allen Beteiligten klar, daß Probleme entstehen, wenn diese etablierte Hierarchie mißachtet wird. So weiß jeder erfahrene »Industriehase«, daß man z.B. bei einer räumlichen Umgliederung einen Abt.-Direktor nicht in einen Raum setzen kann, den vorher ein Gruppenführer innehatte.

Es ist weiterhin bekannt, daß jeder Arbeitsplatz einen bestimmten Status-Wert hat. So wird ein Spitzendreher ohne weiteres einen Transportarbeiter, der das Material zwischen dem Lager und den Drehbänken hin- und herfährt, um eine Brotzeit schicken; umgekehrt würde der Transportarbeiter es niemals wagen, ein derartiges Ansinnen an einen Dreher zu stellen.

Manchmal entstehen gewaltige Aufregungen, weil die Geschäftsleitung mit dem Erlaß einer neuen Verfügung so ein System der inoffiziellen Struktur stört, das bis dato gar nicht offenkundig war. Der vorliegende Fall behandelt so ein Problem, in dem durch Erlaß einer neuen Sicherheitsbestimmung völlig unerwartet große Aufregung bei der betroffenen Gruppe entsteht.

Rollenspiel Nr. 2: Die Sitzordnung im LKW

Allgemeine Instruktion (für alle Teilnehmer):

Sie alle sieben Mann arbeiten für eine Elektrizitätsgesellschaft. Sechs von Ihnen gehören zu einer Mannschaft, deren Aufgabe es ist, Freileitungen in Ordnung zu halten. Der siebte ist Ihr Gruppenführer *Max Frey*. Frey ist für drei derartige Mannschaften zuständig; deshalb fungiert während der Außenarbeit jeweils der Dienstälteste einer Mannschaft als Vormann. D.h., er arbeitet wie alle anderen, ist aber für den Einsatz verantwortlich.

Ihre Sechsermannschaft setzt sich wie folgt zusammen:

Georg   17 Dienstjahre, Vormann
Michael 12 Dienstjahre
Josef   10 Dienstjahre
Fritz   9 Dienstjahre, Fahrer
Karl   5 Dienstjahre
Hans   3 Dienstjahre, Ersatzfahrer.

Sie treffen sich morgens in der Garage, wo der LKW steht, mit dem sie während des Tages von Arbeitsstelle zu Arbeitsstelle fahren. Der Vormann sitzt rechts neben dem Fahrer, der Rest der Mannschaft auf Bänken hinten auf dem LKW. Wegen grösserer Sicherheit und um das Herausrutschen von Werkzeug zu verhindern, ist der LKW hinten mit einer soliden Metallbordwand verschlossen. Die Bordwand dreht sich um Scharniere am Boden und ist in geschlossenen Zustand durch Ketten gesichert. Die Verschlüsse für diese Sicherung sind auf der Außenseite des LKW angebracht, und zwar so, daß sie von innen nicht erreicht werden können.

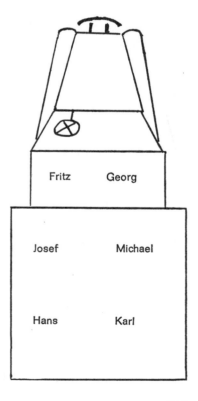

Es war immer üblich, daß der Mann mit der kürzesten Dienstzeit die Pflicht hat, die schwere Bordwand zu schließen und festzumachen. Dann klettert er selbst in das Innere des LKW's, kurz vor dem Start. Am Bestimmungsort springt er als erster herunter und öffnet die Bordwand wieder.

Sie haben sich, wie jeden Morgen, in Max Freys Büro versammelt und warten auf sein Erscheinen.

Rollenspiel Nr. 2: Die Sitzordnung im LKW

Rolle für Max Frey, Gruppenführer:

Seit Sie Gruppenführer von drei Installationsmannschaften sind, gehen Sie nur selten mit hinaus an eine Arbeitsstelle, es sei denn, in einem Notfall oder zu Inspektionen. Indessen treffen Sie Ihre Leute jeden Morgen in der Garage, um die Arbeitsanweisungen für den Tag auszugeben. Es ist Ihnen schon aufgefallen, daß jeder Mann immer den gleichen Platz einnimmt, wenn der LKW die Garage verläßt. In der Mannschaft A z.B. sitzt der Vormann *Georg* neben dem Fahrer im Führerhaus. Die anderen vier Mann sitzen hinten. *Michael* wollte auch den LKW-Führerschein machen, fiel aber durch die Prüfung. *Hans* hingegen hat bestanden und fungiert daher als Ersatzfahrer, wenn *Fritz* mal nicht da ist. Als Mann mit den wenigsten Dienstjahren bedient *Hans* immer die rückwärtige Bordwand, auch wenn er als Fahrer Dienst macht.

Es hat niemals Klagen aus der Mannschaft gegeben, daß diese Einteilung nicht o.k. sei. Tatsächlich haben Sie selbst dieser Sitzordnung nicht die geringste Beachtung geschenkt – bis Ihr Chef, *Herr Stevens*, Sie gestern in sein Büro rief und anordnete, daß künftig einer der beiden vorne sitzenden Männer die Bordwand zu öffnen und zu schließen hätte. Offensichtlich hatte es in letzter Zeit mehrere Fälle von Knöchelverstauchungen gegeben, als Mitglieder anderer Mannschaften vom Wagen sprangen. Nun hat es zwar in Ihrer Gruppe noch nie Verletzungen gegeben, aber der Gedanke scheint Ihnen vernünftig, und Sie beschließen, die Sache mit jeder Mannschaft einzeln beim allmorgendlichen Treffen zu besprechen. Sie sind auf dem Wege in Ihr Büro, wo die Leute der A-Mannschaft bereits warten.

Rollenspiel Nr. 2: Die Sitzordnung im LKW

Rolle für Georg:

Als Vormann und Dienstältester der Mannschaft A sitzen Sie seit eh und je neben dem Fahrer. Sie lieben es, den Fahrer an die Baustelle zu dirigieren; außerdem brauchen Sie einen bequemen Platz, um sich den Arbeitsplan für den Tag zurechtzulegen. Schließlich sind Sie jahrelang auf den harten Bänken hinten auf dem LKW gesessen und haben sich diesen »Platz an der Sonne« redlich verdient. In der ganzen Firma hat der Vormann das Recht, sich seinen Sitzplatz auszuwählen. Das ist eines der wenigen Vorrechte, die Männern mit langer Dienstzeit geblieben sind. Vor einigen Jahren erkühnte sich ein junger Mitarbeiter, Ihnen Ihren Platz im Führerhaus streitig zu machen. Sie und Fritz haben ihn aber schnell an die frische Luft befördert und gleich in eine andere Gruppe abgeschoben. Hans, der die kürzeste Dienstzeit hat, hat jüngere Beine als Sie. Und er hat bisher seine Aufgabe immer ohne Kommentar erfüllt.

Rollenspiel Nr. 2: Die Sitzordnung im LKW

Rolle für Michael:

Mit 12 Dienstjahren sind Sie der Älteste nach Georg. Sie sind auf dem LKW stets hinten gesessen, mit Ausnahme der Zeit, in der Georg krank oder im Urlaub war. Ihr regulärer Sitzplatz ist hinter dem Führerhaus auf der rechten Wagenseite. Auf diesem Platz fährt es sich angenehmer, weil man nicht so durchgerüttelt wird wie über der Hinterachse. Wenn Georg einmal befördert oder versetzt wird, erben Sie seinen Frontsitz im Führerhaus. Sie haben versucht, den LKW-Führerschein zu machen, aber die Prüfung nicht bestanden. So ist der einzige Weg, nach vorne zu gelangen: abwarten! Und wie die Dinge nun einmal liegen, sitzt der Mann mit der kürzesten Dienstzeit immer auf der hintersten Bank und öffnet oder schließt die Bordwand.

Rollenspiel Nr. 2: Die Sitzordnung im LKW

Rolle für Josef:

Sie kamen vor 10 Jahren zur Firma; und das war zu der Zeit, als erstmalig dieser LKW-Typ angekauft wurde. Sie bedienten die rückwärtige Bordwand ein Jahr lang, bis Fritz eingestellt wurde und diese Aufgabe übernahm. In jenen Tagen waren die LKW's höher, und das Hinaufklettern oder Hinunterspringen war viel schwieriger. Sie haben sich einige Male die Füße oder die Knöchel verletzt, aber die beklagten sich nie deshalb. Sie sind der Ansicht, daß die gegenwärtige Sitzordnung fair ist; Sie sitzen hinter dem Führerhaus auf der linken Seite, und das ist Ihnen recht, weil der Wind Sie hier nicht erreicht. *Georg* sollte von seiner langen Dienstzeit gar nicht so viel Aufhebens machen und so stur auf seinem Sitzplatz vorne bestehen. Selbst wenn einer der Leute mal wirklich schlecht beisammen ist, würde Georg ihm niemals seinen Platz überlassen. Schließlich ist die ganze Mannschaft auf Zusammenarbeit angewiesen, und das bedeutet nicht nur nehmen, sondern auch geben. Irgendwo kommt Ihnen diese starre Handhabung der Sitzordnung kindisch vor.

Rollenspiel Nr. 2: Die Sitzordnung im LKW

Rolle für Fritz:

Sie mußten vier Jahre lang – bis zum Überdruß – die Bordwand bedienen, ehe Karl eingestellt wurde. Sie meinen, es gäbe eine Menge *dafür* zu sagen, daß einer der Männer im Führerhaus die Bordwand öffnet und schließt. Da Sie der Fahrer sind, ist es nur fair, daß Sie von dieser Aufgabe verschont bleiben. Schließlich haben Sie extra den LKW-Führerschein gemacht und arbeiten, während alle anderen vor sich hindösen; das sollte berücksichtigt werden.

Rollenspiel Nr. 2: Die Sitzordnung im LKW

Rolle für Karl:

Sie haben zwei Jahre lang die Bordwand öffnen und schließen müssen, ehe Hans eingestellt wurde. Und der fairste Weg, diese Sache zu entscheiden, wäre ohne Zweifel, daß der Mann auf dem Vordersitz die Bordwand bedient. Sie haben sich niemals darüber beklagt, als Sie die Bordwand bedienen mußten, denn jeder soll seinen Turnus erfüllen wie alle anderen; aber es erscheint Ihnen unfair, daß der »neue Mann« diesen Job ewig tun soll. Es müßte ein Weg gefunden werden, die »Dreckarbeiten« mit den Privilegien auszubalancieren, so daß der Mann mit der kürzesten Dienstzeit nicht immer der Gruppentrottel ist.

Rollenspiel Nr. 2: Die Sitzordnung im LKW

Rolle für Hans:

Seit Sie vor drei Jahren zur Firma kamen, sind Sie »der Neue«. Sie haben nichts dagegen, die Bordwand zu öffnen und zu schließen; aber es paßt Ihnen nicht, ewig wie ein Lakai behandelt zu werden. Sie haben vor einem Jahr den LKW-Führerschein gemacht und vertreten Fritz als Fahrer, wenn der mal weg ist. Aber auch, wenn Sie als Fahrer fungieren, müssen Sie die Bordwand bedienen. Einige der älteren Kameraden haben natürlich mehr Anspruch auf den Frontsitz als Sie, und Sie würden sich um diesen Sitz sowieso nicht reißen – ob mit oder ohne Bordwand-Job. Aber eigentlich sollte sich der Mann, der vorne sitzt, auch bereit erklären, die Bordwand zu bedienen.

Sie haben sich niemals beim Aufsteigen oder Abspringen verletzt, abgesehen von einigen leichten Verstauchungen. Es besteht aber eine gewisse Gefahr, wenn nämlich der Fahrer nochmal anruckt, während man eben hinunterspringt. Will man aber auf Nummer sicher gehen und wartet, ob der Fahrer endgültig gestoppt hat, dann bellt Georg: »Schau daß Du rauskommst, Du Depp!«

Rollenspiel Nr. 2: Die Sitzordnung im LKW

Anweisungen für die Beobachter:

Ein wesentlicher Gesichtspunkt jeder Konferenz ist das Verhalten des Diskussions-Leiters, in diesem Fall des Gruppenführers *Max Frey*. Notieren Sie in Stichworten, inwiefern sein Verhalten folgenden Punkten diente:
1. Das Problem zu klären;
2. Hilfestellung bei der Auflösung von Konflikten zu geben;
3. zu sorgen, daß sich alle in gleichem Maße an der Diskussion beteiligen;
4. verhüten, daß Gefühle verletzt werden oder ein von den anderen attackiertes Gruppenmitglied in Schutz zu nehmen.

Wenn der Gruppenführer irgendeines Mannes Partei ergreift oder Vorliebe für bestimmte Lösung erkennen läßt, dürfte das zu einer Quelle von Reibereien werden. Beachten Sie, ob er ungünstige Reaktionen hervorruft, und wodurch.

Der zweite Gesichtspunkt einer Konferenz ist die Reaktion auf das Problem und die Zwischen-Reaktionen innerhalb der Gruppe. Machen Sie sich kurze Notizen, um später folgende Fragen beantworten zu können:
1. Nachdem der Gruppenführer das Problem erläutert hatte: wer sträubte sich am meisten gegen einen Wechsel und wer stimmte gleich dafür? Steckt vielleicht ein Status-Problem hinter diesem entgegengesetzten Verhalten?
2. Bis zu welchem Grade stützten sich die Argumente auf Emotionen anstatt auf Vernunft?
3. Welche Alternativen eröffneten sich für den Vormann Georg? Für welche Möglichkeit erschloß er sich, und warum? Worum ging es bei Georgs persönlichem Problem?
4. Wurde ein gewisser »Gruppendruck« auf den einen oder anderen ausgeübt? Wenn ja – gegen wen war er gerichtet? Welchen Effekt hatte er?
5. Zerfiel die Gruppe während der Diskussion in Untergruppen? Wenn ja – wie kamen die Leute auf »Vordermann«?
6. Ergaben sich während der Diskussion Wechsel in den Einstellungen: »Wer gegen wen«?

266

7. Wenn überhaupt: wer von den Leuten ist von der erarbeitenden Problem-Lösung enttäuscht?

Rollenspiel Nr. 3: Das Winterfenster-Problem

Einweisung in den Fall:

(Wird allen Teilnehmern des Lehrgangs ausgehändigt – nur jenem Spieler *nicht,* der den Meister Hauser spielt. Er wird also bestimmt und mit seiner Rollenanweisung hinausgeschickt.)

Es gibt Arbeiten, die beim Beauftragten Befriedigung oder gar Stolz auslösen – und solche, die nur ärgerlich getan werden. Noch schlimmer wird es, wenn solch eine ärgerliche und statusschädigende Arbeit nur gelegentlich anfällt. Der Vorgesetzte hat dann zu entscheiden, wem aus der Gruppe er diesen miesen Auftrag anhängt.

Der vorliegende Fall ist besonders schwierig und erfordert außergewöhnliche Fähigkeiten der Menschenführung. Der Hintergrund des Problems wird nämlich von einer Stichelei gebildet; durch diese Stichelei wird der Mann, der für eine statusschädigende Arbeit vorgesehen ist, so aufgehetzt, daß er fest entschlossen ist, die Befehlsausführung zu verweigern. *Der Gruppenführer hat von diesen Vorgängen keine Ahnung.* Er betritt die Szene, wenn die Stichelei zu Ende ist. *Wenn es dem Gruppenführer nicht gelingt, die wahren Gründe für das Verhalten des Obstruierenden ans Licht zu bringen, ist das Problem unlösbar, und der Mitarbeiter wird kündigen.*

Rollenspiel Nr. 3: Das Winterfenster-Problem

SZENE:

(Wird vom Seminarleiter verlesen; der Mann, der den Meister Georg Hauser spielen soll, ist zu diesem Zeitpunkt außerhalb des Raumes und wird erst nach Verlesung hereingeholt.)

Die Telefongruppe arbeitet von einem Gerätehaus mit Werkstatt aus, in dem auch die Ersatzteile gelagert sind.

267

Obwohl *Ignaz* schon fünf Jahre in dieser Gruppe arbeitet, ist er doch der Jüngste an Dienstjahren. Etliche unangenehme Aufträge, die im Haus oder um das Haus herum getan werden müssen, fallen ihm zu, weil er immer noch »der jüngste Marschierer« in der Gruppe ist. Eine dieser Aufgaben besteht darin, jedes Jahr die Winterfenster zu waschen und sie dann von außen einzuhängen. Es sind zwölf Fensterflügel für den Oberstock und zwölf für das Erdgeschoß. Ignaz hat die Geschichte immer ohne Murren erledigt.

Eines Tages indessen, als alle nach dem Mittagessen um den Tisch herum sitzen, nimmt das Gespräch eine interessante Wendung. Ignaz, der Leistungssport betreibt und deshalb als einziger der Gruppe kein Bier trinkt, hat einen Schluck aus seiner Thermosflasche genommen und sagt:

Ignaz:	Mann! So ein heißer Kaffee tut wirklich gut!
Schorsch:	Ja, es wird langsam kalt draußen. Letzte Nacht hatten wir schon leichten Frost.
Girgl:	Höchste Zeit, daß ich in meinem Garten Ordnung schaffe, bevor es Winter wird.
Sepp:	(liest aus der Zeitung): Horcht mal, was da steht! Da vergibt einer den Auftrag, an seinem Hause die Winterfenster wieder einzuhängen. Es ist wirklich Zeit, daran zu denken. Übrigens, Ignaz, wir sollten uns darum kümmern, daß sie hier auch wieder eingehängt werden – meinst Du nicht?
Schorsch:	Sicher, Ignaz – such das Fensterputzmittel und wienere sie blank!
Ignaz:	Ach, sei doch ruhig! Euch ist nur wohl, wenn ihr mich auf den Arm nehmen könnt!
Girgl:	Was ist los mit Dir? Magst Du diese Arbeit nicht?
Sepp:	Brauchst Deinen ganzen Grips dazu, nicht wahr, Ignaz?
Schorsch:	Das ist auch eine schwierige Aufgabe! Man muß sich überlegen, welchen Flügel man zuerst wäscht, und welches das obere Ende ist!
Ignaz:	Warum hört ihr nicht endlich auf mit dem Quatsch?
Girgl:	Mir scheint, ihm gefällt diese Arbeit doch nicht!
Sepp:	Das darf nicht wahr sein! Er macht das doch seit fünf Jahren! Der muß doch geradezu wild darauf sein!
Ignaz:	Du weißt ganz genau, daß ich dieses Fensterwaschen nicht leiden kann.

Schorsch:	Schön wir wissen es nun! Aber deshalb wirst Du die Fenster doch wieder einhängen – oder nicht?
Ignaz:	Ich werde versuchen, diesmal darum herumzukommen.
Girgl:	Das möchte ich sehen!
Sepp:	Was hast Du vor? Willst Du die geheiligte Dienstzeit-Regel umstoßen?
Ignaz:	Ich weiß nicht. Aber ich meine, es ist an der Zeit, daß das mal ein anderer macht.
Schorsch:	Aber nicht ich!
Girgl:	Mich wirst Du dafür auch nicht kriegen! Ich war schon dran.
Ignaz:	Für wie lang? Ein einziges Mal hast Du die Fenster eingehängt.
Sepp:	Und das war genug! Meinst Du nicht auch, Girgl?
Schorsch:	Was ist los mit Dir, Ignaz? Kannst Du diese Arbeit nicht machen?
Ignaz:	Dummes Gerede! Schließlich mache ich diesen Mist lange genug …
Girgl:	Sieht so aus, als ob Du ihn noch ein Jahr länger machen wirst.
Ignaz:	Nicht ich! Ich hab's satt, hier jede Dreckarbeit zu tun!
Sepp:	Was heißt hier »Dreckarbeit«? Schließlich kannst Du Dir ja Deine Hände wieder waschen, oder nicht?
Schorsch:	Was denkst Du, wer die Flügel einhängt – Hauser persönlich?
Ignaz:	Was kümmert's mich, wer das macht – ich jedenfalls nicht mehr!
Girgl:	Ach, Du spuckst bloß große Töne – aber das ändert nichts an den Tatsachen!
Sepp:	So ist es Ignaz – Du wirst Dir nichts als Scherereien einhandeln!
Schorsch:	Das meine ich auch. Und jetzt packen wir's wieder! Mahlzeit!

Rolle für Georg Hauser:

Sie sind Meister in einem Betriebshof der Bundespost und haben Ihre Diensträume in einer bayerischen Kleinstadt. Die Abteilung ist in einem einstöckigen Gebäude untergebracht, in dem auch die gesamten Ausrüstungs- und Ersatzteile für Neuanlagen oder Reparaturen gelagert sind. Ihre Mannschaft hat die Aufgabe, dieses teure Material immer in Schuß zu halten; außerdem installieren Ihre Leute Neuanschlüsse und führen Reparaturen durch. Ihnen unterstehen vier Mann, und diese Zahl ist immer gleichbleibend. Es gibt in diesem Lagerhaus weder einen Hilfsarbeiter noch einen Hausmeister, weil irgendwelche Instandsetzungsarbeiten an dem neuen Gebäude praktisch nicht anfallen. Wenn beispielsweise eine Türe klemmt oder ein Schloß nicht mehr einwandfrei sperrt, dann repariert dies, wer gerade Zeit dazu hat. Manchmal bringen Sie selbst kleine Schäden in Ordnung, wenn die Leute alle beschäftigt sind. Indessen kommt es ab und zu vor, daß bestimmte Arbeiten, die mit dem Gebäude zusammenhängen, einem Mann angeschafft werden müssen. In der Praxis haben Sie das immer so gehalten, daß der »jüngste Marschierer«, d.h. der Mitarbeiter mit den wenigsten Dienstjahren, solche Sonderaufträge erledigen muß. Dies wird in allen vergleichbaren Dienststellen so gehandhabt, und nie hat jemand dagegen opponiert. Sie selbst haben auch Ihr Quantum »Dreckarbeit« verrichten müssen, als Sie neu waren. Eine dieser Spezialaufgaben kommt regelmäßig wieder auf Ihre Mannschaft zu. Es handelt sich darum, die Winterfenster zu waschen, sie im Herbst einzuhängen und im Frühjahr wieder abzunehmen. Es sind 12 Fensterflügel für das Obergeschoß und 12 für das Erdgeschoß. Die Fenster sind im Keller verstaut. Sie haben vor kurzem eine neue Aluminiumleiter beschafft, um diese Arbeit des Einhängens von außen zu erleichtern.

Es ist Mitte Oktober. Es wird bereits kalt, aber heute ist ein wunderschöner Tag. Ein guter Tag, um die Fenster einzuhängen. *Ignaz, Schorsch, Girgl und Sepp* sitzen im Augenblick in einem Kabüffchen des Gebäudes beim Mittagessen. Sie bringen immer belegte Brote mit und trinken dazu Flaschenbier. Sie haben den Leuten einen Tisch organisiert, und es scheint ihnen zu gefallen, mittags um diesen Tisch zu sitzen. Es ist nun sowieso an der Zeit für alle, wieder zur Arbeit zurückzukehren. So ist es genau der richtige Augenblick, den Fensterauftrag an den Mann zu bringen. Als Sie sich dem Raum nähern, verlassen ihn Schorsch, Girgl und Sepp gerade. Nur Ignaz steht noch am Tisch.

Ignaz hat die wenigsten Dienstjahre, und so wollen Sie ihm die Arbeit anschaffen. Da in Ihrer Gruppe schon seit langem kein Mann mehr ausgetauscht worden ist, hat Ignaz diese Arbeit schon etliche Male ausgeführt und kennt den Rummel. Er ist ein netter Kerl und arbeitet gut mit allen zusammen.

Rolle für Ignaz:

Sie sind Fernsprech-Mechaniker bei der Bundespost, seit fünf Jahren in einem Trupp, der Neuanschlüsse und Reparaturen ausführt. Sie sind 24 Jahre alt, ein guter Mechaniker, aber manchmal etwas ungeschickt, wenn es um die Fehlersuche geht; da sind Sie zuweilen auf die Hilfe der Kollegen angewiesen. Sie kommen mit allen gut aus, weil Sie gutmütig und kameradschaftlich sind. Allerdings sind Sie etwas empfindlich und leicht verletzt. Das ist wohl auch der Grund, warum die anderen immer wieder versuchen, Sie »auf den Arm zu nehmen«.

Instruktionen für die Beobachter:

1. Wie bald merkte der Meister, daß er es hier mit einem Problem zu tun hatte, in das auch die anderen verwickelt waren? Wie machte sich diese Erkenntnis in seiner Haltung bemerkbar?
2. Was für wesentliche Argumente brachte Ignaz vor, auf die Hauser *nicht* einging?
3. Der Meister sollte während der Manöverkritik seine Meinung zu folgenden Punkten sagen:
   a) Ist Ignaz halsstarriger, als die meisten unter diesen Umständen sein würden?
   b) Ist Ignaz ein angenehmer Untergebener?
   c) Würde Ignaz die Winterfenster einhängen, wenn ihm für den Fall der Weigerung Konsequenzen angedroht würden?
4. Notieren Sie das Ergebnis der Manöverkritik:
   a) welche Taktik Hauser anwandte, um exakte Antworten von Ignaz zu erhalten;
   b) wie Hauser hätte vorgehen können, um noch mehr brauchbare Informationen von Ignaz zu bekommen;
   c) auf welche Weise Hauser es erreicht hat, daß Ignaz die Fenster doch einhängte;
   d) wenn nicht – welche Fehler hat Hauser in der Gesprächsführung gemacht?

Rollenspiel Nr. 4: »Problem Wochenmarkt«

Einweisung in den Fall (für alle Teilnehmer):

Auf einem Wochenmarkt stehen fünf verschiedene Arten von Verkaufsständen. An jedem Stand wird eine andere Ware verkauft. Einige Stände werden von Ehepaaren betrieben, andere von Einzelpersonen.

Aufgabe: Finden Sie bitte folgendes heraus:
1. Welche Ware wird mit leiser, monotoner Stimme angepriesen?
2. An welchem Stand werden Fleischwaren verkauft?

Dies ist, ähnlich wie die drei folgenden Rollenspiele, eine *Gruppenaufgabe.* Das heißt, man teilt beispielsweise eine Seminargruppe von 12 Personen in zwei Untergruppen auf. Noch besser wäre es, zwei Fünfer-Gruppen zu bilden und jeder Untergruppe einen Beobachter beizugeben, der hinterher, bei der Manöverkritik, erläutert, wie die Problemlösung in den Gruppen gelaufen ist.

Zur Lösung der Aufgabe erhält jede Gruppe die folgenden 16 Informationen, die ich, Stück für Stück, auf Postkartenkarton schreibe und in eine Ausweishülle stecke. So können diese Informationskarten jahrelang benützt werden. Hier sind sie also:

1. An zwei Ständen verkauft ein Ehepaar; an den übrigen Ständen eine Einzelperson.
2. An einem Stand wird überhaupt keine Reklame gemacht.
3. Blumen gibt es neben dem Rundstand mit Schirmdach.
4. Die Bäuerin verkauft Obst und Gemüse.
5. Ein korpulenter Mann verkauft im Stand Nr. 5.
6. Wo Fisch verkauft wird, kommen die Kunden merkwürdigerweise immer nur stoßweise.
7. Das junge Verkäuferehepaar verzichtet auf jede Reklame.
8. Der Stand neben dem korpulenten Verkäufer ist ein Zelt.
9. Neben dem Stand mit Käse kaufen nur weibliche Kunden.
10. Im modernen Verkaufswagen wird das Ausrufen der Ware durch ein Tonbandgerät vorgenommen.

11. Wo die schrille, laute Stimme ausruft, sind immer zwei bis drei Kunden zu sehen.
12. Im mittleren Stand wird die Ware lebhaft und gestikulierend angeboten.
13. Am Rundstand mit dem Schirmdach ist nur selten ein Käufer zu sehen.
14. Links vom offenen, ungedeckten Stand, in dem mit schriller, lauter Stimme Reklame gemacht wird, steht ein moderner Verkaufswagen.
15. Bei dem älteren Verkäuferehepaar ist ständiger Kundenandrang zu beobachten.
16. Der hagere Mann verkauft im Stand mit der Segeltuchplanen-Abdeckung.

Anmerkung: Die Aufgabe ist wirklich schwierig und wird von etwa 50% der Gruppen nicht gelöst. Ich gebe 45 Minuten Zeit vor und verlängere dann nochmal um 15 Minuten. Ich geben deshalb bei diesem Rollenspiel ausnahmsweise den Lösungsweg bekannt, damit Sie als Trainer sich hinterher leichter tun, zu beweisen, wie der korrekte Denkweg zu verlaufen hat, um dieses Problem zu lösen.

Zunächst einmal ist es unbedingt notwendig, daß sich die Gruppe eine Lösungsmatrix anfertigt. Dies entspricht durchaus der Übung, sich bei Entscheidungsprozessen einer Matrix zu bedienen. Ohne eine Matrix, wie ich sie hier als Muster zeige, ist diese Aufgabe nicht zu lösen!

Lösungsmatrix »Problem Wochenmarkt«

Stand-positionen:	❶	❷	❸	❹	❺
Standart:					
Reklameart:					
Warenart:					
Besatzung:					
Käufer-bewegung:					

1. Schritt: Matrix anfertigen (Siehe Muster).
2. Schritt: Aufgabenstellung genau beachten (weil sie zugleich Fakten enthält!):
    1. Welche Ware wird mit leiser, monotoner Stimme angepriesen?
    2. An welchem Stand werden Fleischwaren verkauft?
3. Schritt: Durchsicht der 16 Informationen: Was steht einwandfrei fest? Folgendes:
Nr. 1   An zwei Ständen verkaufen Ehepaare, an den übrigen Ständen Einzelpersonen.
Nr. 5   Ein korpulenter Mann in Stand 5.
Nr. 8   Stand daneben ist ein Zelt.
Nr. 12 Im mittleren Stand wird Ware lebhaft gestikulierend angeboten.
4. Schritt: Welche Fakten hängen zusammen?
Nr. 2 + Nr. 7: Junges Ehepaar, keine Reklame.
Nr. 10, 11, 14: Schrille, laute Stimme in ungedecktem Stand; dort sind immer zwei bis drei Kunden zu sehen; links davon moderner Verkaufswagen mit Tonbandgerät. *Logischer Schluß aus diesen drei Info-Karten:* Der Verkaufswagen muß auf Position 1 stehen, da auf Pos. 3 lebhaft gestikuliert wird, der danebenstehende Stand aber ein Zelt ist (auf Pos. 4).
Damit ist das »Grundgerüst« der Lösung erarbeitet. Jetzt muß nur noch ergänzt werden:
Nr. 16 Hagerer Mann in Stand mit Segeltuchplanen-Abdeckung nimmt Position 3 ein, weil korpulenter Mann auf Pos. 5 steht.
Nr. 13 Rundstand mit Schirmdach muß dann Pos. 5 sein. Selten ein Käufer.
Nr. 3   Blumen werden im Zelt verkauft (neben Rundstand mit Schirmdach).
Nr. 2, 7 Junges Ehepaar verzichtet auf Reklame, muß also Pos. 4 innehaben, weil die gesuchte monotone Stimme einer Einzelperson gehört, also auf Pos. 5!
Nr. 11 Laute, schrille Stimme muß Einzelperson gehören, deshalb auf Pos. 2 und Bäuerin sein.
Nr. 15 Dann ist älteres Ehepaar Pos. 1, mit ständigem Kundenandrang.
Nr. 4   Bäuerin verkauft Obst und Gemüse.

Nr. 9   Nur weibliche Kunden bei Pos. 4 mit Blumen. Daneben Käse, ergibt Pos. 5.

Nr. 6   Fisch, Kunden nur stoßweise = Pos. 3.

Also bleibt nur noch als Lösung:

Fleisch wird am Stand 1, im mod. Verkaufswagen, verkauft. Mit *leiser, monotoner Stimme* wird am *Stand 5* verkauft.

Am Ende sieht also unsere ausgefüllte Lösungsmatrix so aus, wie das folgende Muster zeigt. Und vergessen Sie als Seminarleiter nicht darauf hinzuweisen, *daß die Lösung nur durch streng logisches, schrittweises Vorgehen ermöglicht worden ist.*

Stand-positionen:	❶	❷	❸	❹	❺
Standart:	Verkaufs-wagen	Offen, unged.	Segelt.-Abdeck.	Zelt	Rund-stand
Reklameart:	Tonband	laute, schrille	lebhaft, gestikul.	keine Rekl.	leise monot.
Warenart:	Fleisch	Obst, Gemüse	Fisch	Blumen	Käse
Besatzung:	Älteres Ehepaar	Bäuerin	hagerer Mann	junges Ehepaar	korp. Mann
Käufer-bewegung:	ständiger Andrang	immer 2–3 K.	Kunden stoßw.	weibl. Kunden	selten Käufer

Rollenspiel Nr. 5: Operation Vorstadt

Einweisung in den Fall (für alle Teilnehmer):

Das vorliegende Problem ist aufregend: zum einen, weil das Spiel *unbedingt nach 30 Minuten abgebrochen* wird – ganz gleich, wie weit es gediehen ist; zum zweiten, weil vier Parteien gegeneinander spielen, von denen nur drei gewinnen, d.h., die gestellte Aufgabe lösen können; dadurch kommen Emotionen ins Spiel: dann nämlich, wenn die Verlierer merken, daß ihnen die Felle davonschwimmen.

Während es bei anderen Rollenspielen vorwiegend auf psychologisch geschicktes Verhalten ankommt, geht es hier um »Führungstechnik«. Gewinnen wird jene Gruppe, die sich am besten organisiert hat. Dazu wählt jede Partei zunächst einen »Team-Leiter«.

Es ist jedem Team-Leiter völlig freigestellt, wie er das Problem angeht und löst. Er hat lediglich zwei Aufgaben zu erfüllen:

1. Auf einer Liste sind alle Tätigkeiten chronologisch festzuhalten (für die anschließende Manöverkritik);
2. Auf einem Zettel sind alle getätigten Grundstückskäufe, -verkäufe oder -tauschaktionen an das Grundbuchamt (Seminarleiter) zu melden. *Ein Team* darf nicht stärker als *vier Mann sein.*

Für die Durchführung des Spiels ist entweder ein sehr großer Raum erforderlich, auf dessen vier Ecken die Teams verteilt werden; oder – was vorteilhafter wäre – mehrere Räume, auf die die Teams aufgeteilt werden. Allein schon aus dieser räumlichen Separierung ergibt sich ein lebhafter »Parteiverkehr«.

Rollenspiel Nr. 5: Operation Vorstadt

Rolle für den Leiter des Teams Nr. 1:

Sie sind ein wesentlicher Mitarbeiter der Firma Held & Francke, Bau AG. Ihrer Firma gehören in dem unten aufgezeichneten Areal die Parzellen A1, C4, D1 und D2.

A1	A2	A3	A4
B1	B2	B3	B4
C1	C2	C3	C4
D1	D2	D3	D4

Ihre Firma möchte gerne *irgendwelche vier zusammenhängende Parzellen besitzen, die ein Rechteck ergeben,* um darauf eine geschlossene Wohnanlage zu errichten.

Ihre Firma hat keine flüssigen Mittel zur Verfügung, um damit irgendwelche Grundstückstransaktionen zu finanzieren, da alles vorhandene Kapital für den Baubeginn der neuen Wohnanlage bereitstehen muß. Sie hoffen allerdings, etwas Geld durch den Verkauf einer Parzelle beschaffen zu können; die einzelnen Parzellen werden im Augenblick noch mit DM 100000,– gehandelt.

Andere Firmen, die ebenfalls Parzellen in dem aufgezeichneten Areal besitzen, sind:

> IKS-Großmarkt
>
> Fries & Co., Grundstücksverwertung
>
> Bayer. Turbinen-Union

Rollenspiel Nr. 5: Operation Vorstadt

Rolle für den Leiter des Teams Nr. 2:

Sie sind ein wesentlicher Mitarbeiter der Bayer. Turbinen-Union. Ihrer Firma gehören die Parzellen A3, B1, C1 und C2 im nachstehend abgebildeten Areal:

A1	A2	A3	A4
B1	B2	B3	B4
C1	C2	C3	C4
D1	D2	D3	D4

Ihre sich ständig ausdehnende Fabrik steht auf der Parzelle A3. Sie möchten gerne *irgendwelche drei weitere angrenzende Parzellen* dazuerwerben, damit Sie Ihre Werksanlagen nach rationellen Gesichtspunkten erweitern und auch gleich ein Industriegeleise anschließen können. Sie haben z.Zt. DM 140000,– an flüssigen Mitteln, die Sie notfalls für Grundstückstransaktionen verwenden können. Es wäre allerdings günstiger, wenn diese Summe für den Baubeginn der demnächst fälligen

Werkserweiterung bereitgestellt bliebe. Der Preis einer Parzelle liegt z.Zt. bei DM 100000,–.
Andere Firmen, die ebenfalls Parzellen in dem gesamten Areal besitzen, sind:

> Fries & Co., Grundstücksverwertung
> Held & Francke, Bau AG
> IKS-Großmarkt

Rollenspiel Nr. 5: Operation Vorstadt

Rolle für den Leiter des Teams Nr. 3:

Sie sind ein wesentlicher Mitarbeiter der Fa. IKS-Großmarkt. Ihrer Firma gehören die Parzellen B2, C3, D3 und A4 des abgebildeten Areals.

A1	A2	A3	A4
B1	B2	B3	B4
C1	C2	C3	C4
D1	D2	D3	D4

Ihre Firma beabsichtigt, wenn möglich *die Parzellen B2, B3, C2 und C3 in ihren Besitz zu bringen,* um dort ein neues, supermodernes Einkaufs-Zentrum für die schnell wachsende Vorstadt zu erstellen. Ihre gesamte Planung für das neue Center ist darauf abgestellt, die Verkaufsräume in der Mitte einer viereckigen Fläche anzuordnen, so daß der Gebäudekomplex auf allen vier Seiten von geräumigen Parkplätzen umgeben ist.

Sie haben Gerüchte gehört, daß irgendwo in der Nachbarschaft eine neue Schnellstraße angelegt werden soll – aber der genaue Verlauf der Trasse scheint noch nicht festzustehen.

Sie haben für die Investierung in irgendwelche Bodenkäufe DM 100000,– an flüssigen Mitteln zur Verfügung. Parzellen werden in dieser Gegend z.Zt. noch mit DM 100000,– gehandelt.

Andere Firmen, die ebenfalls Parzellen in diesem Areal besitzen, sind:

Fries & Co., Grundstücksverwertung
Held & Francke, Bau AG
Bayer. Turbinen-Union

Rollenspiel Nr. 5: Operation Vorstadt

Rolle für den Leiter des Teams Nr. 4:

Sie sind ein wesentlicher Mitarbeiter der Fa. Fries & Co., einer Immobilien-Gesellschaft. Die Gesellschaft hat schon vor Jahren vorsorglich einige Parzellen in einem Areal erworben, das im Norden Münchens liegt. Es kann kein Zweifel darüber bestehen, daß die Bodenpreise im gesamten Areal im Zuge der Ausdehnung der Stadt eines Tages außerordentlich steigen werden. Ihrer Firma gehören die Parzellen B3, B4, D4 und A2.

A1	A2	A3	A4
B1	B2	B3	B4
C1	C2	C3	C4
D1	D2	D3	D4

Ihre Firma wünscht die Parzellen A4, B4, C4 und D4 zu besitzen, weil ein Streifen, der sich genau durch die Mitte dieser vier Parzellen zieht, an die Stadt für die Anlage einer neuen Schnellstraße verkauft werden soll.

Außerdem würde natürlich das Gelände rechts und links der neuen Straße beachtlich im Wert steigen.

Die Nachricht von der geplanten Schnellstraße hat sich noch nicht herumgesprochen; wenn dies erst einmal der Fall sein wird, wird es außerordentlich schwierig sein, die von Ihrer Firma gewünschten Parzellen zu einem vernünftigen Preis zu bekommen. Es ist also Eile geboten. Zur Zeit sind die Parzellen etwa DM 100000,- pro Stück wert. Vor kurzem hörten Sie ein Gerücht, daß die Bayer. Turbinen-Union ebenfalls Parzellen erwerben will, um Möglichkeiten für eine Vergrößerung der Werksanlagen zu schaffen.

Momentan stehen Ihnen für etwaige Landkäufe DM 200000,- an flüssigen Mitteln zur Verfügung.

Andere Firmen, die ebenfalls Parzellen im gesamten Areal besitzen:
IKS-Großmarkt
Held & Francke, Bau AG
Bayer. Turbinen-Union

Rollenspiel Nr. 5: Operation Vorstadt

Instruktionen für die Beobachter:

Die Beobachter können sich während des Spiels zwangslos zwischen den Teams bewegen und den Fortgang beobachten. *Sie dürfen jedoch kein Wort sprechen!*

Achten Sie bitte auf folgende Dinge:

1. Auf welche Weise wurde der Team-Leiter innerhalb der einzelnen Spielgruppen bestimmt? Gab es dabei Unstimmigkeiten (Machtkämpfe)?
2. Welchen Führungsstil verkörperte der Team-Leiter?
   a) Bestimmte er autoritär, was zu tun sei?
   b) Sprach er das Problem mit dem Team durch? Überlegte man gemeinsam, was zu tun sei?
   c) Ließ der Team-Leiter den übrigen Mitgliedern freie Hand und verhielt sich mehr oder weniger passiv, wobei er sich auf das Ausfüllen der Tätigkeitsliste beschränkte?
3. Wurde ein Plan erarbeitet, nach dem vorgegangen werden sollte?
4. Bekamen die Team-Mitglieder spezielle Aufgaben zugeteilt?
5. Was geschah in »Krisensituationen«, d.h., als dem Team klarwurde, daß es die Aufgabe nicht mehr würde lösen können?

Rollenspiel Nr. 6: »ENERGY INTERNATIONAL«

Vorbemerkung: Das folgende Rollenspiel, zu dem fünf Teilnehmer und ein Beobachter pro Team erforderlich sind, ist das beste, was mir jemals vor Augen gekommen ist. Ich setze es seit Jahren in meinen Seminaren ein – jedesmal mit durchschlagendem Erfolg! Das Rollenspiel ist nicht nur genau so spannend aufgebaut wie ein Krimi – es gibt auch nur einen einzigen »Täter«, der von den Teilnehmern herausgefunden werden muß. Da das Spiel ungeheuer logisch und konsequent aufgebaut ist, gibt es nur eine einzige richtige Lösung. Es kann also hinterher keine Diskussion um eine etwaige andere oder bessere Lösung geben. Im übrigen gehört das Spiel zum Typ »Multiple Roll Playing«; d.h., es wird grundsätzlich in mehreren Gruppen simultan gespielt. Einschließlich der Beobachter sind also mindestens 12 Seminarteilnehmer erforderlich.

Die Beobachtung des Spieles bzw. die anschließende »Manöverkritik« sind für den Seminarleiter eine wahre Fundgrube an psychologischen Einsichten in die Persönlichkeitsstruktur der Teilnehmer. Vor allem für das Training von Führungskräften ist dieses Spiel von unschätzbarem Wert: denn innerhalb einer Stunde erweist sich, wer ein starkes Dominanzstreben besitzt; wer aktiv oder passiv ist; wer intolerant ist; wer ein guter Verlierer ist bzw. eine Niederlage nicht verwinden kann, usw.

Wenn der Seminarleiter die »Einweisung in das Problem« verlesen hat, ist er »nicht mehr da«. D.h., die Unterlagen der Teilnehmer sind so klar, daß keine Rückfragen notwendig werden dürfen. Auf einen wesentlichen Punkt sei noch ausdrücklich hingewiesen: die Aufgabe kann nur vom Team gemeinsam gelöst werden. Mit anderen Worten: wenn nur ein einziges Team-Mitglied eine Information aus seinen Unterlagen verschweigt, weil es sie beispielsweise für unwichtig hält, kann die Gruppe das Problem nicht lösen.

In das Spiel sind zwei Fallen eingebaut. Es ist deshalb streng auf Geheimhaltung zu achten. Falls ein Teilnehmer das Spiel schon kennt, darf er nur als Beobachter eingeteilt werden. Wenn das Spiel im Training bei einer Firma mehrmals eingesetzt wird, muß man die Teilnehmer ehrenwörtlich verpflichten, der nächsten Gruppe die Lösung nicht zu verraten. Die Praxis hat mich gelehrt, daß sich die Teilnehmer an ein derartiges Versprechen halten. Dies ist psychologisch verständlich: jede Gruppe möchte, daß die folgende genau so in die Falle tappt wie sie selbst!

Die erste Falle besteht darin, daß die Unterlagen der verschiedenen Team-Mitglieder verschieden sind. Dies ist aber nicht sofort erkennbar, da die ersten vier Absätze identisch sind. Nur die Absätze 5 und 6 sind verschieden. Für den Seminarleiter ist der Unterschied optisch sichtbar gemacht durch die Anzahl der Punkte hinter dem ersten Absatz. Der Seminarleiter muß deshalb die Unterlagen für die Spieler so vorbereiten, daß sie wirklich komplett sind. Wenn ein Team falsch zusammengestellte Unterlagen bekommt, etwa mit zwei 4-Punkte-Blättern, und dafür möglicherweise das Blatt mit den drei Punkten hinter dem ersten Absatz fehlt, kann das Team die Aufgabe nicht lösen. Wegen der verschiedenen Unterlagen ist es empfehlenswert, die Teams möglichst weit auseinander zu setzen. Sonst hört vielleicht ein Team etwas von der »Konkurrenzgruppe«, auf das es selbst nicht gekommen wäre; bzw. zu einem viel späteren Zeitpunkt.

Jeder Teilnehmer bekommt zwei verschiedene Unterlagen: das sog. »Datenblatt« (mit den verschiedenen Punkten hinter dem ersten Absatz); und ein weiteres Blatt mit den persönlichen Daten aller in der Story vorkommenden Personen. Die Beobachter bekommen nur das Blatt »Instruktionen für die Beobachter«. Sie sind jedoch berechtigt, Einsicht in die Unterlagen der Spieler zu nehmen.

Die zweite Falle im Spiel, die wirklich »gemein« ist, will ich erst am Ende dieses Rollenspieles aufdecken, falls Sie, verehrter Leser, sich zunächst einmal selbst »kriminalistisch« betätigen möchten. Sie können das Spiel natürlich auch allein im stillen Kämmerlein durcharbeiten, indem Sie die fünf verschiedenen Unterlagen studieren.

Einweisung in das Problem

(Wird allen Teilnehmern und Beobachtern vor Beginn des Spieles *einmal* vorgelesen. Anschließend werden die Unterlagen an die Teams verteilt; von diesem Augenblick an läuft die Stoppuhr. Nach genau einer Stunde wird abgebrochen!).

Instruktionen für die Teams:

1. Sie bilden ein Komitee, das von der Geschäftsleitung der ENERGY INTERNATIONAL zusammengestellt wurde.
2. Sie sind erst vor einer Stunde (per Auto, Bahn oder Flugzeug) in diesem Hotel eingetroffen.
3. Sie alle haben sich noch niemals persönlich kennengelernt, obwohl Sie der Firma schon längere Zeit angehören.
4. Sie haben soeben erfahren, daß ENERGY INTERNATIONAL ein neues Zweigwerk in Brasilien eröffnen will; dort gibt es genügend Arbeitskräfte – und außerdem hat die brasilianische Regierung der Firma sehr interessante Steuervorteile auf die Dauer von zehn Jahren eingeräumt.
5. Ihre erste Aufgabe, die Sie während der bevorstehenden dreitägigen Konferenz bewältigen müssen, ist die Wahl eines Leiters (General Managers) für das geplante brasilianische Zweigwerk. Die Geschäftsleitung von ENERGY INTERNATIONAL hat sich aus verschiedenen Gründen entschlossen, diese Persönlichkeit dieses Mal von außen zu engagieren. Sie hat die Stelle öffentlich ausgeschrieben. Aus den Zuschriften sind sieben Bewerbungen ausgefiltert worden. Die persönlichen Daten dieser Bewerber liegen bei. Diese Daten sind die einzige Entscheidungshilfe, die Sie haben; weitere Informationen über die Bewerber werden Ihnen nicht zur Verfügung gestellt.

DATENBLATT
für die Teilnehmer am Gruppen-Rollenspiel

Ihre Gruppe ist ein Komitee, ins Leben gerufen von der Geschäftsleitung der ENERGY INTERNATIONAL, einer jungen, mittelgroßen, stark expandierenden Firma. Hauptaufgabe des Unternehmens ist es, Minen aufzuspüren und auszubeuten (z.B. Kupfer, Uranium, Kobalt etc.).

Das Geschäftsvolumen hat sich unglaublich schnell ausgeweitet; besonders in Südamerika, wo die Tätigkeit Ihrer Firma von den verschiedenen Regierungen sehr begrüßt und unterstützt worden ist. Deshalb hat sich der Vorstand in einer kürzlichen Sitzung entschieden, ein neues Werk im nordöstlichen Brasilien zu errichten, und zwar in der Nähe von FORTALEZA. Dieses Werk wird eine Doppelfunktion erfüllen: es wird Erze fördern und sie an Ort und Stelle aufbereiten. Heute ist der 1. April. Sie sind von Ihren verschiedenen Arbeitsplätzen - teils über recht weite Entfernungen – angereist, um an der Eröffnungssitzung einer Konferenz teilzunehmen, die künftig jedes Jahr zum selben Zeitpunkt stattfinden soll. Erster Punkt der heutigen Tagesordnung ist es, einen Leiter (General Manager) für das neue Werk in Brasilien auszuwählen – und zwar aus den Kandidaten, deren persönlichen Daten Sie in der anhängenden Liste finden.

FORTALEZA hat ein heißes Klima, eine Eisenbahnlinie, einen planmäßigen Luftverkehr und eine wunderbar ausgeglichene Handelsbilanz. Die Einstellung gegenüber Frauen könnte man mit »geringschätzig« bezeichnen; im übrigen herrscht eine beachtliche Arbeitslosigkeit, das Bildungsniveau ist niedrig und der Prozentsatz der Analphabeten hoch. Das Regime ist streng nationalistisch.

Die Regierung hat darauf bestanden, daß im neuen Werk ausschließlich Brasilianer beschäftigt würden, auch in den Führungspositionen. Nur der General Manager darf Ausländer sein. Die Regierung hat weiterhin einen Inspektor ernannt, der sich ständig im Werk aufhalten und einen monatlichen Bericht an den Wirtschaftsminister verfassen wird. Dieser Bericht muß vom General Manager gegengezeichnet werden. Der General Manager muß übrigens Mitglied des »Verbandes der Mineralogen« sein.

Es gab bis zum 2. Weltkrieg drei Hoch- und Fachschulen, die Diplome in Mineralogie aushändigen. 1950 wurde zusätzlich eine derartige Fakultät eröffnet und zwar am NEW MEXICO INSTITUT OF EARTH SCIENCES. Diese Fachschule wurde seinerzeit mit einer Sonderer-

(Anmerkung für den Leser. Um Platz zu sparen, enthalten die folgenden Datenblätter nur jeweils die beiden letzten Absätze des Textes. Wenn Sie also die Unterlagen für das Seminar vorbereiten, müssen alle Datenblätter die ersten vier Absätze enthalten, bis: »Das Regime ist streng nationalistisch.« Dann folgen pro Daten-Blatt die beiden letzten Absätze; in der Reihenfolge, wie hier im Buch auch. Und vergessen Sie nicht, die Unterschiede des Textes durch die Anzahl der Punkte nach dem ersten Absatz zu markieren!)

laubnis gegründet und nahm ihren Schulbetrieb im Jahre 1945 auf. Um dort ein Diplom als Mineraloge zu erwerben, muß man außer den üblichen Vorlesungen folgende Pflichtfächer belegen: Geologie, Seismologie und Paläontologie.

DATENBLATT

für die Teilnehmer am Gruppen-Rollenspiel

(Ihre Gruppe ist ein Komitee ————————————— Das Regime ist streng nationalistisch).

Die Regierung hat angeordnet, daß ENERGY INTERNATIONAL Brasilianer in allen Positionen beschäftigen muß – mit der einzigen Ausnahme des Werkleiters. Sie hat außerdem einen Inspektor ernannt, dessen monatlicher Bericht vom General Manager gegengezeichnet werden muß. Im übrigen besteht ein Gesetz, wonach General Manager nur werden kann, wer mindestens drei Jahre in leitender Funktion in einer Mine tätig gewesen war.

Es gibt eine Anzahl von Hochschulen, wo man ein Diplom als Mineraloge erwerben kann; ein Diplom übrigens, das als Voraussetzung gilt, um Mitglied des »Verbandes der Mineralogen« zu werden. Die kleineren Universitäten verlangen drei, die größeren sogar vier der folgenden Spezialgebiete als Pflichtfächer für das Diplom: Geologie, Geophysik, Ozeanographie, Paläontologie, Seismologie. Die kleinste aller Universitäten, die ein Diplom für Mineralogie vergibt, ist eine reine Frauen-Universität.

DATENBLATT

für die Teilnehmer am Gruppen-Rollenspiel

(Ihre Gruppe ist ein Komitee ————————————— Das Regime ist streng nationalistisch).

Die Regierung hat angeordnet, daß ENERGY INTERNATIONAL Brasilianer in allen Positionen beschäftigen muß – mit der einzigen Ausnahme des Leiters. Sie hat außerdem einen Inspektor ernannt, dessen monatlicher Bericht vom General Manager gegengezeichnet werden muß. Kein Regierungsinspektor beherrscht – außer seiner Muttersprache – eine andere Sprache in Wort und Schrift.

Es gibt eine Reihe von Hochschulen, wo man ein Diplom als Mineraloge erwerben kann. Doch muß man unbedingt Paläontologie gehört haben, um Mitglied des »Verbandes der Mineralogen« werden zu können. Die größte Spezial-Hochschule des Landes ist die NEW YORK SCHOOL OF MINES, die folgende Fächer obligatorisch für das Mineralogen-Diplom verlangt: Geologie, Paläontologie, Geophysik und Seismologie.

DATEN-BLATT
für die Teilnehmer am Gruppen-Rollenspiel

(Ihre Gruppe ist ein Komitee ————————————Das Regime ist streng nationalistisch).

Die Regierung hat angeordnet, daß ENERGY INTERNATIONAL Brasilianer in allen Positionen beschäftigen muß – mit der einzigen Ausnahme des Leiters. Sie hat außerdem einen Inspektor ernannt, dessen monatlicher Bericht vom General Manager gegengezeichnet werden muß. Keiner der eingeborenen Arbeiter bzw. Führungskräfte kann eine andere Sprache sprechen oder lesen als Portugiesisch.

Es gibt eine Reihe von Hochschulen, wo man ein Diplom als Mineraloge erwerben kann; doch muß man unbedingt Seismologie gehört haben, um Mitglied des sehr angesehenen »Verbandes der Mineralogen« werden zu können. Das weltberühmte MASSACHUSETTS INSTITUTE OF SCIENCES verlangt zum Beispiel folgende Pflichtfächer für das Diplom: Geologie, Seismologie, Ozeanographie und Paläontologie.

DATEN-BLATT
für die Teilnehmer am Gruppen-Rollenspiel

(Ihre Gruppe ist ein Komitee————————————Das Regime ist streng nationalistisch).

Die Regierung hat angeordnet, daß ENERGY INTERNATIO-NAL Brasilianer in allen Positionen beschäftigen muß – mit der einzi-gen Ausnahme des Werkleiters, der übrigens amerikanischer Staatsbür-ger sein muß. Sie hat außerdem einen Inspektor ernannt, dessen monat-licher Bericht vom General Manager gegengezeichnet werden muß.

Die Mitgliedschaft im »Verband der Mineralogen« kann nur von Männern erworben werden, die älter als 35 Jahre sind und sich auf die übliche Weise dafür qualifiziert haben (d.h., durch Erwerb eines Diploms). Die ST. FRANCIS UNIVERSITY, die nicht zu den kleinsten Hochschulen gehört, schreibt z.B. folgende Pflichtfächer für das Diplom vor: Paläontologie, Geophysik und Ozeanographie.

Daten aller Bewerber

Name: R. Illin
Geburtstag: 2. März 1937
Nationalität: U.S.A.
Studium: N.Y. School of Mines: Dipl.-Mineraloge, 1957.
Tätigkeit: Forschungsassistent an der N.Y. School of Mines, 1958-1960; Lektor für Mineralogie an der Universität Bonn, 1966-1970; Leitender Manager bei der Fa. Utah Copper Mining Co., 1970 bis heute.
Sprachen: Englisch, Französisch, Deutsch, Portugiesisch.

Name: S. Hule
Geburtstag: 4. Mai 1929
Nationalität: U.S.A.
Studium: New Mexico Inst. of Earth Sciences: Dipl.-Minera-loge, 1955.
Tätigkeit: Praktikant bei der Fa. Uranium Unlimited, 1955-1957; Geologie-Spezialist bei der Fa. Anaconda Copper Co., 1958-1965; Leitender Manager bei der Fa. Irish Mining Co., 1965 bis heute.
Sprachen: Englisch, Französisch, Portugiesisch.

Name: T. Gadolin
Geburtstag: 5. Juni 1930
Nationalität: U.S.A.
Studium: New York School of Mines: Dipl.-Mineraloge, 1955.
Tätigkeit: Praktikant bei der Fa. United Kingdom Mining, 1955–1957; Direktions-Ass. bei der Fa. N.D.B. Cheshire Plant, 1958–1966; Leitender Manager bei der Fa. Idaho Cobalt Minerals, 1966 bis heute.
Sprachen: Englisch, Portugiesisch.

Name: U. Samar
Geburtstag: 6. April 1938
Nationalität: U.S.A.
Studium: Mass. Institute of Sciences: Dipl.-Mineraloge, 1959.
Tätigkeit: 2. Ingenieur bei der W. Virginia Mining-Forschungsstation, 1959–1968; General Manager bei der Fa. Liberian State Mining Plant, 1968 bis heute.
Sprachen: Englisch, Deutsch, Suaheli, Portugiesisch.

Name: V. Lute
Geburtstag: 6. August 1935
Nationalität: U.S.A.
Studium: N.Y.School of Mines: Dipl.-Mineraloge, 1956.
Tätigkeit: 2. Mineraloge bei der Fa. Ontario Mining, 1956–1959; Mineralogie-Spezialist beim Canadian Dev. Board, 1960–1963; Leitender Manager bei der Fa. Welsh Mining Co., 1964 bis heute.
Sprachen: Englisch, Französisch, Walisisch, Peking-Chinesisch.

Name: W. Noddy
Geburtstag: 7. August 1928
Nationalität: U.S.A.
Studium: St. Francis University: Dipl.-Mineraloge, 1953.
Tätigkeit: Dir.-Assistent bei der Fa. Societé Dabunquant D'Algerie, 1953–1957; Leitender Manager bei der Fa. Kemchatka Mining Co., 1958 bis heute.
Sprachen: Englisch, Portugiesisch, Russisch, Arabisch.

288

Name: X. Lanta
Geburtstag: 8. September 1935
Nationalität: Canada
Studium: Universität von Quebec: Dipl. in Englisch 1955; Mass.
              Institute of Sciences: Dipl.-Mineraloge, 1958.
Tätigkeit: Techn. Offizier bei der Sardinia Mining Corp., 1960-
              1968; Leitender Manager bei der Fa. Moab Valley
              Mining Plant, 1968 bis heute.
Sprachen: Spanisch, Englisch, Portugiesisch.

Stand: 1972

Instruktionen für die Beobachter:

Bitte beachten Sie während des Spieles vor allem folgende Punkte:
1. Hat sich in der Spielgruppe ein »Führer« herausgeschält? Wie lange etwa dauerte der Kampf um die Führung?
2. Wurden von diesem Führer irgendwelche Maßnahmen vorgeschlagen, um das Problem systematisch anzugehen?
3. Wann merkten die Spieler, daß ihre Unterlagen nicht gleich sind?
4. Was für eine Reaktion erfolgte auf diese Feststellung?
5. Hatten Sie als Beobachter den Eindruck, daß die Gruppenentscheidung in einer kühlen, sachlichen Atmosphäre zustande kam – oder waren Emotionen im Spiel?

Zur Auswertung des Rollenspiels:

Die »Manöverkritik« beginnt am besten, indem die Beobachter der einzelnen Teams berichten. Zuerst der Beobachter des »ersten Siegers« (nach der Uhr), dann die anderen. Die Beobachter berichten aufgrund ihrer speziellen Instruktionen, so daß zunächst einmal folgende Punkte zur Sprache kommen:
– Wer hat einen Führungsanspruch gestellt?
– Wie lange hat es – nach der Uhr – gedauert, bis sich das Team geeinigt hatte, wie man am besten vorgeht?
– Wann merkte die Gruppe, daß die Unterlagen verschieden sind?

- Wie reagierte die Gruppe darauf?
- In welcher Atmosphäre arbeitete das Team: rational, oder sehr emotional?

Dann faßt der Seminarleiter zusammen. Dann gibt er die Lösung bekannt, bzw. den einzig logisch-konsequenten Weg dazu. Nämlich: wenn die Gruppe gemerkt hat, daß die Unterlagen verschieden sind, muß festgelegt werden, wie die Unterlagen gemeinsam verglichen werden. Das geschieht am besten so, daß jeder Teilnehmer die letzten beiden Absätze seines Daten-Blattes vorliest. Einer wird bestimmt, die sich daraus ergebenden Kriterien aufzulisten. Diese Liste sieht etwa folgendermaßen aus:

Katalog der Kriterien:

1. Der Leiter des neuen Zweigwerkes muß US-Bürger sein.
2. Er muß Portugiesisch sprechen.
3. Er muß drei Jahre in leitender Stellung tätig gewesen sein.
4. Er muß Mitglied im »Verband der Mineralogen« sein.
5. Um Mitglied im Verband werden zu können, muß man
    a) männlichen Geschlechts sein;
    b) über 35 Jahre alt sein;
    c) an einer Hochschule studiert haben, an der Seismologie und Paläontologie Pflichtfächer sind.

Vergleich des Kriterienkataloges mit den persönlichen Daten der Bewerber:

1. *Illin* fällt raus, weil er noch nicht drei Jahre in leitender Stellung tätig gewesen ist.
2. *Samar* fällt raus, weil er noch keine 35 Jahre alt ist.
3. *Lute* fällt raus, weil er kein Portugiesisch spricht.
4. *Noddy* fällt raus, weil er auf einer Universität studiert hat, wo keine Seismologie gelehrt wird.
5. *Lanta* fällt raus, weil er kanadischer Staatsbürger ist.

Es bleiben also zwei Bewerber für die engere Wahl, die anscheinend allen Kriterien genügen: Hule und Gadolin.

Bis zu diesem Stand der Dinge kommen die Teams relativ schnell voran. Nunmehr beginnt sich die »zweite Falle« verhängnisvoll auszuwirken. Die Teilnehmer halten in der Regel die Angaben über die verschiedenen Hochschulen nicht für wesentlich; sie glauben vielmehr, diese Angaben seien nur gemacht worden, um das Problem unübersichtlicher zu machen. Folglich beginnen die Teilnehmer in diesem Stadium meistens, Dinge in die Aufgabe hineinzuinterpretieren, die gar nicht relevant sind. Zum Beispiel: »Hule war als Geologiespezialist tätig und verfügt deshalb über mehr Sachverstand als Gadolin.« Dann einigt man sich innerhalb des Teams demokratisch auf Hule und verkündet stolz und lautstark, daß man die Aufgabe gelöst habe.

In dieser Situation sollte der Seminarleiter sinngemäß sagen: »Es tut mir leid – Sie haben nicht alle Informationen aus Ihren Unterlagen berücksichtigt! Die ›Lösung Hule‹ ist falsch. Machen Sie bitte weiter!«

Nunmehr kommt das Team darauf, daß es mit den Angaben über die Hochschulen doch eine besondere Bewandtnis haben muß. Man macht sich also an den

Vergleich der Hochschulen:

1. Es gibt größere Hochschulen mit 4 Pflichtfächern und kleinere mit 3 Pflichtfächern.
2. Die New York School of Mines ist die größte Hochschule.
3. Die San Francis University hat 3 Pflichtfächer; sie ist aber, wie in den Unterlagen betont wird, nicht die kleinste Hochschule des Landes.
4. Also bleibt nur das New Mexico Institut als kleinste Hochschule übrig.
5. Es heißt aber an anderer Stelle der Unterlagen: die kleinste Hochschule ist eine reine Frauenuniversität.
6. Hule machte sein Diplom an dieser kleinsten Hochschule – *also muß S. Hule eine Frau sein!*

Das ist die Lösung des Problems. Es bleibt als einziger Bewerber T. Gadolin übrig; eine andere Lösung gibt es nicht!

Nun ist immer noch die Frage zu klären: warum muß Frau Hule aus den Bewerbern ausscheiden? *Nicht*, weil die Einstellung Frauen gegenüber in Fortaleza geringschätzig ist. *Sondern*, weil es in den Bedingungen heißt: Mitglied im »Verband der Mineralogen« können nur *Männer* über 35 Jahre sein!

Das größte Handicap für das Auffinden der richtigen Lösung ist die Borniertheit der meisten (männlichen) Seminarteilnehmer. Obwohl es z.B. auch in Deutschland schon eine ganze Reihe von Frauen gibt, die als Dipl.-Ingenieur Baustellen leiten, wird diese Tatsache geglückter Emanzipation von den meisten Männern verdrängt. Oft wird während des Spieles schon sehr bald von einem Teilnehmer die Vermutung geäußert: »Vielleicht ist Hule oder Gadolin eine Frau?« Doch wird dieser Gedankengang von den übrigen in der Regel als absurd abgelehnt.

Bei der Schlußkritik sollte der Seminarleiter, als Quintessenz dieses Rollenspiels, folgende Punkte nochmals ganz besonders herausarbeiten:

1. Stets, wenn ein Team zur Bewältigung einer Spezialaufgabe zusammengestellt wird, entbrennt der Kampf um die Führung.
2. Dieser Kampf um die Führung manifestiert sich immer im Streit um Verfahrensfragen.
3. So lange dieser Kampf nicht eindeutig beendet ist, ist das Team nicht arbeitsfähig.
4. Alle Informationen, die den einzelnen Team-Mitgliedern zur Verfügung stehen, müssen allen anderen Angehörigen des Teams mitgeteilt werden.
5. Informationen sollen möglichst wertfrei vermittelt werden. Es geht nicht an, daß ein Teilnehmer eine bisher nur ihm zur Verfügung stehende Information an die anderen etwa mit der Bemerkung weitergibt: »Aber dies halte ich nicht für wesentlich!« Oder, noch schlimmer: daß er solch eine Information aus diesem Grunde an die anderen überhaupt nicht weitergibt.

Schlußbemerkung: Gerade Seminarteilnehmer, die sich viel auf ihre Intelligenz zugute halten, ärgern sich bei diesem Rollenspiel sehr häufig, daß sie diese so logisch und konsequent aufgebaute Aufgabe nicht lösen konnten. Folgerichtig fangen sie dann an, den Aufbau des Spieles bzw. seine Durchführung zu bekritteln. Ich empfehle, diese Situation sofort durch folgende Bemerkung an den ersten Meckerer zu beenden: »Ihre Kritik bestätigt nur die alte Erfahrung, daß Verlierer zuerst die Spielregeln und dann den Seminarleiter angreifen. Bitte – machen Sie aus Ihrem Herzen keine Mördergrube!«

Quelle: Das Rollenspiel entstammt folgender, nicht im Handel erhältlichen amerikanischen Publikation: »The 1972 Annual Handbook For Group Facilitators«.

Rollenspiel Nr. 7: »Das Parkplatz-Problem«

Einweisung in den Fall (für die gesamte Seminargruppe); wird vom Seminarleiter vor Spielbeginn verlesen:
Vor einem Hotel stehen sieben Autos. Jedes dieser Autos gehört einer anderen Marke an und hat eine andere Farbe als die übrigen sechs. Jeder Autobesitzer hat einen anderen Beruf und ein anderes Alter als die übrigen sechs.

Ihre Aufgabe ist es herauszufinden, in welcher Reihenfolge, von links her, die einzelnen Autos stehen. Welche Farbe jedes dieser Autos hat. Welchen Beruf die Besitzer der verschiedenen Wagen haben; und wie alt jeder dieser Autobesitzer ist.
Um die Aufgabe lösen zu können, werden Ihnen *21 Informationen* zur Verfügung gestellt. Jede Information steht auf einer gesonderten Karte.

Da die Seminargruppe aus 12 Teilnehmern besteht, teilen wir sie jetzt in drei Teams zu vier Teilnehmern auf. Jedes Team erhält also sieben Informationskarten. Diese Karten *müssen* beim jeweiligen Team bleiben – sie dürfen also nicht von Team zu Team wandern! Da die Aufgabe nur lösbar ist, wenn alle 21 Informationen zur Verfügung stehen, muß sich jedes Team die ihm fehlenden 14 Informationen von den konkurrierenden Teams beschaffen. D.h.: jedes Team muß den anderen Einblick in seine Informationskarten gewähren.
Wenn ein Team glaubt, die richtige Lösung gefunden zu haben, kommt es zu mir zur Überprüfung. *Das Spiel wird auf alle Fälle nach 20 Minuten abgebrochen* – ganz gleich, wie weit es gediehen ist!
(Jetzt werden die Teams eingeteilt und möglichst auseinandergesetzt; noch besser ist eine Aufteilung auf mehrere benachbarte Räume. Dann bekommt jedes Team seine Informationskarten, und der Wecker wird auf 20 Minuten gestellt.).

Inhalt der einzelnen Informationskarten:

1. Es handelt sich um folgende Auto-Marken:
   FORD, BMW, MERCEDES, VW-PASSAT, CITROEN, OPEL, FIAT.

2. Der weiße Wagen steht links neben dem Wagen des Bäckers.
3. Der Mann, dessen Auto als zweites von links in der Reihe steht, ist genau um 10 Jahre jünger als der Besitzer des Wagens, der als zweiter von rechts geparkt wurde.
4. Der Mercedes steht ganz rechts in der Reihe.
5. Der weiße Wagen steht ganz links.
6. Die Autos sind in folgenden Farben vertreten: Orange, olivgrün, rot, schwarz, gelb, weiß, blau.
7. Der Mann mit dem orangefarbenen Wagen ist 34 Jahre alt.
8. Der Citroen steht rechts vom schwarzen Ford.
9. Der Mann mit dem BMW ist der älteste unter den Gästen.
10. Der Vertreter, der übrigens der jüngste Gast ist, hat sein Auto links vom schwarzen Ford abgestellt.
11. Die Besitzer der Autos haben folgende Berufe: Arzt, Ingenieur, Metzger, kfm. Angestellter, Bäcker, Vertreter, Architekt.
12. Der Mann mit dem Mercedes ist um 4 Jahre jünger als der links von ihm stehende BMW-Besitzer.
13. Der rote BMW steht links vom olivgrünen Mercedes.
14. Der blaue Wagen in der Mitte gehört dem kfm. Angestellten.
15. Der orangefarbene Wagen rechts von dem des kfm. Angestellten gehört dem Ingenieur.
16. Die Besitzer der Autos weisen folgendes Lebensalter auf: 24, 26, 34, 42, 48, 50, 52 Jahre.
17. Die Besitzer von Opel und Fiat sind zusammen so alt wie der Besitzer des Citroen.
18. Der Wagen des Metzgers steht ganz rechts in der Reihe.
19. Der Citroen steht als dritter von links in der Reihe.
20. Zwischen dem BMW und dem Fiat steht der Passat.
21. Links vom olivgrünen Wagen steht das Auto des Architekten.

Lösung des Problems:

OPEL	FORD	CITROEN	FIAT	PASSAT	BMW	MERCEDES
weiß	schwarz	gelb	blau	orange	rot	olivgrün
Vertreter	Bäcker	Arzt	Angest.	Ing.	Architekt	Metzger
24	42	50	26	34	52	48

Rollenspiel Nr. 8: »Stumme Tortur«

Für dieses Spiel benötigt man 5 Spieler und einen Beobachter. Der Beobachter hat die Aufgabe, *die Einhaltung der Spielregeln streng zu überwachen und nicht die geringste Ausnahme zuzulassen!* Die Aufgabe, *die nur von den fünf Spielern der Gruppe gemeinsam gelöst werden kann,* lautet: Jeder Spieler setze aus den ihm zur Verfügung gestellten Einzelstücken und jenen Teilen, die er auf dem Tauschwege erwirbt, ein *Quadrat* zusammen. Und zwar derart, daß am Ende die Gruppe *fünf Quadrate von gleicher Größe* zusammengesetzt hat! Die Lösung sieht so aus:

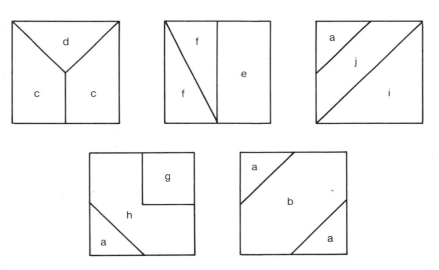

Die einzelnen Felder sind, zur Kontrolle für den Seminarleiter, auf der *Rückseite* mit Buchstaben versehen. Felder mit gleichen Buchstaben sind identisch.

Nun bekommt jeder Spieler vor Beginn ein Kuvert ausgehändigt, in dem sich ein Satz mit Einzelteilen befindet. Die Einzelteile sind wie folgt auf die einzelnen Kuverts aufgeteilt:

1. i, h, e
2. a, a, a, c
3. a, j
4. d, f
5. g, b, f, c.

Wichtigste Regel: *Während des Spieles darf kein Wort gewechselt werden!* Es ist erlaubt, sich mit den Augen Zeichen zu geben, aber nicht mit den Händen! Man darf also nicht auf Einzelteile deuten, die ein anderer Spieler hat. Teile aus dem eigenen Satz, die man nicht für sein Quadrat verwenden kann, legt man in die Mitte der Tischplatte. Von dort darf man auch Teile (in beliebiger Zahl) wegnehmen, sofern man sie verwenden kann. Das Spiel wird auf jeden Fall nach *20 Minuten* abgebrochen; ganz gleich, wie weit die Gruppe ist!

Rollenspiel Nr. 9: »Restaurant-Problem«

Einweisung in den Fall (für alle Teilnehmer):

In einem Restaurant speisen fünf Deutsche, und zwar ein Bayer, ein Pfälzer, ein Hesse, ein Westfale und ein Ostfriese. *Finden Sie heraus,* welcher Landsmann welche Speise mit welchem Getränk verzehrt, und welche Nachspeise jeder nimmt.

Zur Lösung des Problems stehen Ihnen folgende Informationen zur Verfügung:

1. Der Rotweintrinker bestellt zum Dessert keinen Kaffee. Er ist Pfälzer und ißt ein Fischgericht.
2. Vor dem Pudding greift man zur Kalbshaxe. Wo Mineralwasser getrunken wurde, gibt es hinterher Erdbeertorte.
3. Nach der Seezunge, zu der Berliner Weisse getrunken wird, bildet Kaffee den Abschluß.
4. Der Hesse ißt weder Kalbshaxe noch Wiener Schnitzel.
5. Zur Fleischspeise trinkt der Ostfriese Bier vom Faß.
6. Nach der Fleischspeise ißt der Bayer Eis.
7. Zum Wienerschnitzel wird ein Winzerprodukt getrunken.
8. Der Ostfriese ißt kein Hirschfilet.
9. Zur Kalbshaxe nimmt man ein Brauereigetränk, ebenso zum Fischgericht des Hessen.
10. Die fünf Gäste aus verschiedenen Ländern der Bundesrepublik essen Wiener Schnitzel, Seezunge, Lachsschnitte, Hirschfilet und Kalbshaxe.

11. Zum Essen trinken die fünf Gäste Mineralwasser, Rotwein, Weißwein, Faßbier und Berliner Weiße.
13. Als Dessert bestellen die Gäste Erdbeertorte, Eis, Pudding, Kaffee und Himbeeren.

Gast: / Verzehr:	Bayer	Pfälzer	Hesse	Westfale	Ostfriese
Wiener Schnitzel					
Seezunge					
Lachsschnitte					
Hirschfilet					
Kalbshaxe					
Mineralwasser					
Rotwein					
Weißwein					
Faßbier					
Berliner Weiße					
Erdbeertorte					
Eis					
Pudding					
Kaffee					
Himbeeren					

Die richtige Lösung ergibt sich dann aus der angekreuzten Matrix wie folgt:

Gast: / Verzehr:	Bayer	Pfälzer	Hesse	Westfale	Ostfriese
Wiener Schnitzel	×				
Seezunge			×		
Lachsschnitte		×			
Hirschfilet				×	
Kalbshaxe					×
Mineralwasser				×	
Rotwein		×			
Weißwein	×				
Faßbier					×
Berliner Weiße			×		
Erdbeertorte				×	
Eis	×				
Pudding					×
Kaffee			×		
Himbeeren		×			

So weit die Infos für die Spieler. Ich empfehle, ähnlich vorzugehen wie bei RS Nr. 4: »Problem Wochenmarkt«. Das heißt: Aufteilung in zwei Gruppen, Beobachter nicht notwendig, da die Lösung keine großen Schwierigkeiten bereitet. Denkfehler, die den Gang der Lösung aufhalten, entstehen nur als Folge von Vorurteilen. Zum Beispiel: »Ein Bayer trinkt doch ein Bier und keinen Weißwein!« Zeitvorgabe: 20 Minuten, wird bei Bedarf um 10 Minuten verlängert. Dieses Spiel läuft in meinen Seminaren immer nach dem Mittagessen, um die Teilnehmer am einschläfernden Wiederkäuen zu hindern.

Im übrigen empfiehlt es sich, wie bei allen Problemlösungen oder Entscheidungen, mit einer Matrix zu arbeiten.

Rollenspiel Nr. 10: »Das Büro-Problem«

Einführung in den Fall (für alle Teilnehmer)

Ihre Firma expandiert. Weil das »Stammhaus« zu klein wurde, hat die Geschäftsleitung das etwa 1 km entfernte Betriebsgebäude einer anderen Firma hinzugemietet, mit Erdgeschoß und drei Etagen. Parterre und 1. Stock werden für die Produktion genutzt; in den 2. Stock ziehen die Schreibdamen und das Druckschriftenlager. Die 3. Etage enthält außer Kantine und Sanitätsraum noch fünf Büroräume.

Das Gebäude, das für drei Jahre gemietet wurde und erklärtermaßen eine Übergangslösung darstellt, wird von der »Produktionsgruppe A« bezogen, deren Chef Herr Dir. Waage ist. Zu dieser Fertigungsabteilung gehören insgesamt 94 Mitarbeiterinnen und Mitarbeiter, einschließlich fünf Führungskräften der mittleren Ebene. Die Geschäftsleitung hat ausdrücklich erklärt, daß wegen der drei Jahre Mietzeit keine Gelder für Umbauarbeiten oder Schönheitsreparaturen freigegeben werden.

Beim Umzug in das neue Gebäude ergibt sich ein Problem, das im Stammhaus nicht existierte. Dort hatten alle Führungskräfte der mittleren Ebene einheitlich ausgestattete Büroräume von je 22 qm Größe. Doch schon bei einer ersten Besichtigung des angemieteten Baues stellt sich heraus, daß die vorhandenen Büroräume sehr unterschiedlich in Größe, Ausstattung und Lage sind (Siehe Lage-Skizze, 301)

Herr Waage erkannte sehr schnell, daß die verschiedenartigen Räume als positives oder negatives Status-Symbol gewertet werden würden. Er beschloß deshalb, unverzüglich in einer Besprechung mit seinen Führungskräften eine Entscheidung darüber herbeizuführen, wer welches Büro beziehen sollte. Als erfahrener Chef macht er sich Gedanken darüber, wie diese Besprechung zu leiten sei; nämlich so, daß in einer möglichst sachlichen Atmosphäre eine Entscheidung mit der Gruppe erarbeitet wird, die möglichst viele Teilnehmer zufriedenstellt.

Herr Waage, der außer für die Produktionsgruppe A für zwei weitere Bereiche zuständig ist, wird nicht in das angemietete Betriebsgebäude ziehen; er behält sein Büro im Stammhaus.

Rollenspiel Nr. 10: »Das Büro-Problem«

Anlage zur Lage-Skizze:
Beschreibung der einzelnen Büros.

Zimmer 1: Größtes und ruhigstes Zimmer (28 qm). Boden mit Auslegeteppich. Zwei Fenster, davon eines auf Park. Süd-West-Lage.

Zimmer 2: Drittgrößtes Zimmer (25 qm). Fußboden ebenfalls ausgelegt; zusätzlich ist ein eingebauter Garderobenschrank mit Waschbecken vorhanden. Ab und zu Lärmbelästigung, wenn Lastenaufzug in Betrieb.

Zimmer 3: Zweitgrößtes Zimmer (26 qm), mit Auslegeteppich. Ständige, wenn auch geringe Lärmbelästigung durch Personenaufzug. Während des ganzen Vormittags dringen Küchengerüche in das Zimmer, wenn man die Türe öffnet.

Zimmer 4: Schlechtestes Zimmer. Nur 18 qm groß und ziemlich dunkel, da nur ein schmales Fenster. Im Firmenjargon »Dunkles Toilettenzimmer« genannt. Während der anderthalbstündigen Essenszeit lebhafter Parteiverkehr in den gegenüberliegenden Toiletten.

Zimmer 5: Zweitkleinstes Zimmer (20 qm), allerdings mit großem Fenster zur Terrasse. Im Firmenjargon: »Helles Toilettenzimmer«. Zur Sommerszeit lautes Gerede und Gelächter vor dem Fenster, weil viele Mitarbeiter sich dieses Terrassenende mit Blick auf den Park als »Ratsch-Ecke« nach dem Mittagessen auserkoren haben.

300

Rollenspiel: »Das Büro-Problem« (Lageskizze)

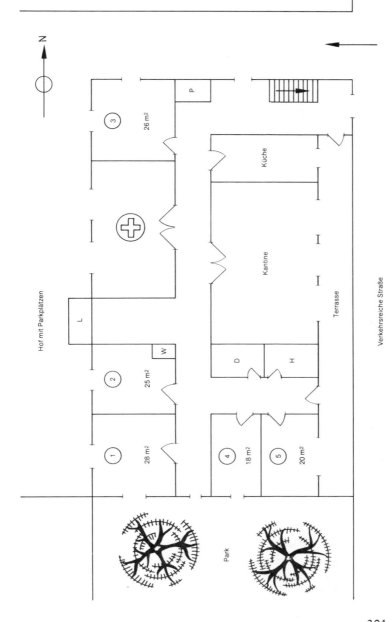

Rollenspiel Nr. 10: »Das Büro-Problem«

Besprechungsteilnehmer:

Direktor Waage: 46 Jahre alt, Dipl.-Ing., seit 22 Jahren in der Firma.
Abt.-Leiter Dr. Witzig: 32 Jahre, Mathematiker, seit 2 Jahren bei der Firma. Fachmann für Maschinenprogrammierung.
Abt.-Leiter Schnell: 36 Jahre, grad. Ingenieur, seit 8 Jahren bei der Firma. Fungiert praktisch als »technischer Leiter« dieses Zweigbetriebes, obwohl er nicht offiziell dazu ernannt wurde.
Abt.-Leiter Sparsam: 42 Jahre, Betriebswirt, seit 10 Jahren bei der Firma. Fungiert als »kaufmännischer Leiter« dieses Zweigbetriebes; kümmert sich in erster Linie um den Einkauf.
Gruppenleiter Einfallsreich: 30 Jahre, grad. Ingenieur, Fachmann für Verpackung und Verpackungsmaschinen. Seit 2 Jahren bei der Firma.
Gruppenleiter Ruhig: 40 Jahre alt, gelernter Elektro-Meister. Seit 12 Jahren in der Firma, zuständig für 20 Mitarbeiter. Mitglied im Betriebsrat.

Rollenspiel Nr. 10: »Das Büro-Problem«

Rolle für Direktor Waage:

Sie sind seit 22 Jahren bei der Firma, haben sich in verschiedenen Abteilungen ausgezeichnet bewährt und genießen das volle Vertrauen der Geschäftsleitung. Man hat Ihnen eben erst zusätzlich die Leitung der »Produktionsgruppe A« übertragen, weil man für diesen ausgesiedelten Zweigbetrieb einen zuverlässigen Fachmann braucht.

Sie wissen, daß zwischen Ihren Abt.- und Gruppenleitern Spannungen bestehen, die ganz einfach in der Persönlichkeitsstruktur dieser Menschen begründet sind. Deshalb ist immer eine latente Konfliktbereitschaft gegeben.

Ihr ganzes Trachten zielt in der bevorstehenden Besprechung dahin, es gar nicht zu einem neuen Konflikt kommen zu lassen. *Halten Sie sich deshalb mit Ihrer eigenen Meinung bis zum Ende der Besprechung zurück!* Versuchen Sie die Diskussion so zu leiten, daß akzeptable Vorschläge aus der Gruppe kommen; suchen Sie nach Verbündeten, so daß am Ende – wenn auch schwache – Mehrheiten zustande kommen! So daß die Unzufriedenen nicht Ihnen den »schwarzen Peter« zuschieben können.

Rollenspiel Nr. 10: »Das Büro-Problem«

Rolle für Abt.-Leiter Dr. Witzig:

Sie sind promovierter Mathematiker und haben sich schon während Ihrer Studienzeit auf das Programmieren von Fertigungsmaschinen spezialisiert. Sie haben auch nach dem Studium jeden Urlaub für Fortbildung geopfert. Vergangenes Jahr waren Sie 6 Wochen zu einem äußerst schwierigen Spezialkurs in den USA. Jedenfalls: auf dem Gebiet der Maschinen-Programmierung macht Ihnen so leicht keiner was vor!

Da Sie ausschließlich geistig arbeiten, wenn Sie neue Programme erstellen, steht Ihnen ein ruhiger Raum zu, in dem Sie ungestört arbeiten können. Schließlich weiß auch die Geschäftsleitung, was passieren würde, wenn Ihre Programme nicht o.k. sind. Sie werden deshalb eines der ruhigen Büros beanspruchen.

Allerdings sind Sie nicht der Meinung, daß es wegen dieser Büroverteilung zu großen Diskussionen kommen sollte. Schließlich ist das Gebäude nur eine Übergangslösung – wer weiß, was in drei Jahren sein wird! Sie werden sich deshalb nicht auf das ruhige Zimmer Nr. 1 versteifen, sondern *jedem Angebot zustimmen, das überhaupt akzeptabel ist.* Außerdem schätzen Sie Herrn Waage außerordentlich, als Mensch wie als Fachmann, und möchten ihm bei der zu erwartenden stark emotionellen Diskussion ein bißchen hilfreich zur Seite stehen.

Rollenspiel Nr. 10: »Das Büro-Problem«

Rolle für Abt.-Leiter Schnell:

Sie sind graduierter Ingenieur und ein richtiges »Allround-Genie«, wenn es um die Beseitigung unvorhergesehener technischer Probleme geht. Sie haben eine Reihe kleiner Erfindungen gemacht, durch welche der Maschinenpark rationeller ausgenützt werden kann. Allein wegen dieser Leistungen sind Sie de facto zum technischen Leiter dieses Zweigbetriebes geworden. Auch Ihre Mitarbeiter bewundern Sie wegen Ihrer Tüchtigkeit.

Sie sind der Meinung, daß Ihnen als technischem Leiter das repräsentative Büro, d.h. das *Eckzimmer Nr. 1,* zusteht. Vermutlich wird Herr Sparsam, dieser »knickrige Kofmich«, ebenfalls dieses Büro beanspruchen. Aber damit wird er bei Ihnen nicht durchkommen!

Ein Problem für sich ist der Kollege Einfallsreich. Dieser »junge Marschierer«, der erst 2 Jahre im Betrieb ist, brennt vor Ehrgeiz. Er ist zwar kein schlechter Verpackungsfachmann, aber lange nicht so gut, wie er dies überall hinausposaunt. Vermutlich wird er sich eines der besseren Büros unter den Nagel reißen wollen – *doch dies werden Sie zu verhindern wissen!*

Rollenspiel Nr. 10: »Das Büro-Problem«

Rolle für den Abt.-Leiter Sparsam:

Sie gehören zu den bewährten Führungskräften dieser Firma und hoffen, eines Tages einen Stuhl in der Direktion einzunehmen. Als erfahrener Kaufmann, der niemals unüberschaubare Risiken eingeht, haben Sie für die Firma bei der Materialbeschaffung schon viel Geld eingespart. Deshalb sind Sie bei den Vertretern der Zulieferanten nicht gerade beliebt; aber auch im eigenen Hause ernten Sie bei vielen Kollegen für Ihre rechtverstandene Sparsamkeit mehr Geringschätzung als Anerkennung. Aber das läßt Sie kalt ...

De facto sind Sie der kaufmännische Leiter dieses Zweigbetriebes. Als solchem steht Ihnen selbstverständlich das *Eckbüro Nr. 1* zu! Möglicherweise werden Dr. Witzig und der Herr Schnell, der sich als »tech-

304

nischer Leiter« aufspielt, ebenfalls auf dieses Büro reflektieren. Aber so leicht lassen Sie sich nicht um Ihre berechtigten Ansprüche bringen!

Rollenspiel Nr. 10: »Das Büro-Problem«

Rolle für Gruppenleiter Einfallsreich:

Sie sind graduierter Ingenieur und für Ihr relativ junges Alter schon ein recht versierter Verpackungsspezialist. Vielleicht kommt es daher, daß Sie schon als Junge ein leidenschaftlicher Bastler und Erfinder waren. Obwohl Sie dieser Firma erst seit 2 Jahren angehören, haben Sie doch schon eine Reihe von Verbesserungen durchgeführt, die ein wesentlich rationelleres Auslasten der Verpackungsmaschinen erlauben. Die Geschäftsleitung ist Ihnen wegen Ihrer Aktivität sehr gewogen, und man hat bereits angedeutet, daß Sie erst am Anfang Ihrer Karriere stünden.

Sie sind aus diesen Gründen der Meinung, daß Ihre Arbeit besonders wichtig und verantwortungsvoll ist. Schließlich laufen zur Zeit mehr als 600 000 Verpackungen pro Monat über die von Ihnen betreuten Maschinen! Ihr Status in der Firma ist ohne Zweifel hoch, und dem sollte auch Ihr neues Büro entsprechen! *Für Sie kommen überhaupt nur die Zimmer 1 oder 2 in Frage!* Und Sie werden sich diesen Anspruch nicht streitig machen lassen – ganz gleich, wie lange Ihre Kollegen schon im Hause sind! Dies gilt besonders gegenüber *Herrn Schnell,* der sich immer als »Allround-Genie« aufspielt und schon einige Ihrer Verbesserungsideen der Geschäftsleitung als seine eigenen verkauft hat. *Sie werden jedenfalls in der bevorstehenden Diskussion alles daran setzen, daß sich dieser Schnell nicht in den Zimmern 1 und 2 breitmacht!*

Rollenspiel Nr. 10: »Das Büro-Problem«

Rolle für Gruppenleiter Ruhig:

Sie gehören der Firma bereits 12 Jahre an und sind seit 4 Jahren Gruppenleiter. Als gelernter Elektro-Meister kümmern Sie sich in erster Linie um die gesamte elektrische Ausrüstung dieses Zweigbetriebes – von der Installation neuer Leitungen bis zur Reparatur elektrischer Antriebsaggregate in der firmeneigenen Werkstatt.

Seit Ihrer Lehrlingszeit sind Sie Gewerkschaftsmitglied und fungieren neben Ihrer Arbeit in der Fertigung als Mitglied des Betriebsrates (teilweise freigestellt). Sie haben bei der Geschäftsleitung schon manche Erleichterung für Ihre Arbeitskollegen durchgesetzt. Doch gingen diese Verhandlungen stets ohne Konfrontation vor sich, da Ihrer ruhigen Art das »Auf-den-Tisch-hauen« nicht entspricht.

Von der Statushascherei der meisten Ihrer Kollegen halten Sie nicht viel. Deshalb ist es Ihnen im Prinzip gleich, welches Büro Sie beziehen. *Wegen der Sitzungen des Betriebsrates sollte es indessen keines der ganz kleinen Zimmer sein.*

Der einzige Kollege, dem Sie nicht ganz grün sind, ist *Herr Sparsam.* Dieser knickerige Mensch hat im vergangenen Jahr Ihr Lieblingsprojekt eines Freizeitheimes für die Auszubildenden zu Fall gebracht – nachdem Sie die Geschäftsleitung schon so gut wie überzeugt hatten! *Sollte Sparsam die Büros Nr. 1 oder 2 für sich beanspruchen, werden Sie sein Vorhaben – ganz ruhig, aber mit nicht erlahmender Ausdauer – torpedieren!*

II. Das Sozio-Drama – noch effektiver als das Rollenspiel!

Es hat sich eingebürgert, die verschiedenen *Arten* von Rollenspielen wie folgt zu bezeichnen:

- »Psychodrama« = Spiel, das vorwiegend zu *therapeutischen* Zwecken eingesetzt wird.
- »Rollenspiel« = Spiel, das vorwiegend zu *pädagogischen* Zwecken eingesetzt wird, vor allem in den Erwachsenen-Seminaren in Industrie und Wirtschaft.
- »Sozio-Drama« = Spiel, das ebenfalls vorwiegend zu pädagogischen Zwecken eingesetzt wird; es nähert sich allerdings in seiner Wirkung sehr stark dem Psychodrama, weil es häufig den Akteuren neue *Erfahrungen über sich selbst* vermittelt.

Zur Klarstellung des Begriffes »Sozio-Drama« möge folgende Abstufung dienen:

1. Bei der *Fallstudie* wird ein Fall zur Diskussion gestellt; die Lösung des darin beschriebenen Problems wird *rein intellektuell*, d. h. durch Nachdenken (allein oder innerhalb einer Gruppe) gesucht.
2. Beim *Rollenspiel* werden die in der Fallstudie beschriebenen Personen durch Teilnehmer dargestellt. Der Fall wird also durchgespielt. Dabei treten zum einen Emotionen auf; zum anderen beinflußt die Persönlichkeitsstruktur der Teilnehmer den Spielverlauf. Ergebnis: durch das Rollenspiel kommen häufig ganz andere Lösungen zum Vorschein als bei rein intellektuellen Bewältigungen des Problems. Allerdings unterliegen die Rollenspieler *einer Einschränkung:* jedem Spieler wird die »Generallinie« seines Verhaltens vorgeschrieben.
3. Beim *Sozio-Drama* fällt diese Beschränkung weg. Auch ihm liegt ein Fall zugrunde. Nun werden Seminarteilnehmer bestimmt, die einzelnen Rollen der in den Fall verwickelten Figuren zu übernehmen. Aber: *es werden den Spielern keinerlei Vorschriften gemacht,* wie sie ihre Rolle spielen sollen. D. h.: jeder Spieler soll versuchen, sich mit »seiner« Figur des Falles zu identifizieren und sich während des Spieles so verhalten, *als ob* er der »Herr Direktor« – oder was immer – wäre.

Das Sozio-Drama wird heutzutage in der amerikanischen Industrie u. a. dazu benützt, Entscheidungen vorzubereiten. Weil sich nämlich während so eines Spieles zuweilen Lösungen anstehender Probleme ergeben, an die vorher kein Mensch gedacht hatte. Entsprechend der bereits zitierten Devise: »Der ganze Mensch ist an der Entscheidung beteiligt, nicht nur sein Verstand!«

Viel wertvoller ist allerdings das Sozio-Drama innerhalb der Erwachsenenbildung zur Herbeiführung von *Verhaltensänderungen*. Wir wollen dies an einem Beispiel erläutern.

Sozio-Drama Nr. 1: »Der unpünktliche Auszubildende«

In einem großen Foto-Geschäft mit vier Filialen und insgesamt 78 Mitarbeitern ist unter anderem auch der Abteilungsleiter *Forsch* tätig. Er ist 50 Jahre alt, gehört der Firma seit 20 Jahren an und zählt ohne Zweifel zu den besten Foto-Fachleuten des Unternehmens. Er ist für sieben Mitarbeiter verantwortlich: fünf Verkäufer im Alter von 25 – 40 Jahren und zwei Auszubildende. Beide stehen kurz vor ihrer Gesellenprüfung.

Einer dieser Lehrlinge, Peter *Luftig*, hat sich fachlich sehr gut herausgemacht. Allerdings gibt er in seinem Verhalten immer wieder zu Klagen Anlaß, und zwar in einem einzigen Punkt: er kommt zwei- bis dreimal die Woche zu spät, immer um 15 bis 30 Minuten. Herr Forsch hat ihn deshalb im Laufe der Zeit mehrmals zur Rede gestellt: ohne Erfolg. Peter Luftig verspricht zwar jedesmal hoch und heilig, er werde sich bessern – aber spätestens drei Tage nach so einer Unterredung kommt er wieder zu spät.

Nun haben die Kollegen Luftigs Herrn Forsch zu Verstehen gegeben, daß sie das Verhalten Luftigs nicht länger hinnehmen würden. Sie müßten schließlich auch pünktlich kommen; und wenn Herr Forsch diesen Luftig nicht endlich zur Räson brächte, würden sie, d. h. alle anderen Kollegen der Abteilung, es in Zukunft mit der Pünktlichkeit auch nicht mehr so genau nehmen ...

Herr Forsch, der übrigens auch von seiten der GL schon auf seinen unpünktlichen Lehrling angesprochen worden ist, beschließt deshalb, den Peter Luftig nochmals ins Gebet zu nehmen. Er läßt ihn in sein Büro kommen und eröffnet das Gespräch.

Frage: Wie würden Sie an Stelle des Herrn Forsch dieses Gespräch führen?

So weit die Ausgangslage. Zwei Seminarteilnehmer werden (aufgrund freiwilliger Meldung, durch Auslosung oder durch Bestimmung seitens des Seminarleiters) aufgefordert, die Rollen der beiden handelnden Personen des Sozio-Dramas zu übernehmen. Es wird den Spielern keinerlei Auflage gemacht, *wie* sie ihre Rolle spielen sollen.

Nehmen wir einmal an, die Unterredung begänne so:

Forsch: Na, Peter – Du weißt sicher, warum ich Dich hergebeten habe.

Luftig: Ich kann mir's denken, Herr Forsch.

Forsch: Du bist heute morgen mal wieder um 20 Minuten zu spät gekommen. Wie schon oft in der letzten Zeit. Und dies, obwohl Du mir bei unserem letzten Gespräch feierlich versprochen hast, Du würdest künftig pünktlich kommen! Jetzt bin ich nur neugierig, mit welchen Erklärungen Du mir heute kommen wirst . . .

Verehrter Leser! *Mit dieser »üblichen« Gesprächseröffnung ist das Gespräch bereits gestorben.* Peter Luftig wird in Verteidigungsstellung gehen, alle möglichen Entschuldigungen und Erklärungen für sein Zuspätkommen vorbringen; natürlich wird er versprechen, in Zukunft pünktllich zu sein. Und dann bleibt alles beim alten!

Bevor wir diesen Fall weiter verfolgen, wollen wir einen kurzen Rückblick in das 1. Kapitel dieses Buches tun. Dort hatten wir herausgearbeitet, daß das Verhalten eines Menschen ausschließlich von seinen Bedürfnissen (Motiven) gesteuert wird. Und daß folglich *die Bedürfnisse eines Menschen der einzige Hebel sind, den wir kennen, um sein Verhalten zu ändern.* Konsequenterweise sollten wir uns deshalb für jedes sog. »Mitarbeitergespräch« über eines im klaren sein:

> Die persönlichen Bedürfnisse eines Menschen sind für ihn immer wichtiger als die Bedürfnisse der Firma, für die er arbeitet.

Es hat also gar keinen Sinn, wenn im hier analysierten Sozio-Drama Herr Forsch darauf pocht, daß die Firma aufgrund des Arbeitsvertrages ein *Recht* darauf hätte, daß Luftig pünktlich ist. Letztlich interessiert Luftig das Recht der Firma überhaupt nicht; und deshalb wird er auch sein Verhalten nicht ändern. Eher sucht er sich nach Beendigung der Lehrzeit eine Firma, bei der man es mit der Pünktlichkeit nicht so genau nimmt!

Herr Forsch sollte also das Gespräch von einer ganz anderen Richtung her beginnen. Beispielsweise so:

Forsch: Na Peter – Deine Lehrzeit neigt sich ja nun ihrem Ende entgegen. Hast Du Angst vor der Prüfung?

Luftig: Nein. Ich habe da ein gutes Gefühl.

Forsch: Ich glaube auch, daß Du Dir deshalb keine Sorgen zu machen brauchst. Du hast Dich wirklich in diesen drei Jahren zu einem guten Verkäufer entwickelt. Das bestätigen übrigens auch Deine Kollegen.

Luftig: Freut mich, daß Sie das so sagen, Herr Forsch.

Forsch: Übrigens scheinst Du ganz allgemein mit den Kollegen gut auszukommen. Ich schließe das u.a. daraus, daß sie Dir doch immer wieder hilfreich zur Seite springen, wenn Du mit einem schwierigen Kunden nicht hundertprozentig zurechtkommst.

Luftig: Ja, das stimmt. Und irgendwo ist es ein beruhigendes Gefühl für mich: zu wissen, da hilft mir einer, wenn's nicht mehr weitergeht.

Forsch: Nachdem Du Dich also in unserem Hause wohlfühlst, darf ich wohl annehmen, daß Du nach Beendigung Deiner Lehrzeit bei uns bleibst?

Luftig: Gewiß! Ich sehe keinen Grund, zu wechseln.

Forsch: Das freut mich, Peter! Schließlich sind wir daran interessiert, daß gute Mitarbeiter, die wir ausgebildet haben, unserem Hause auch erhalten bleiben. Außerdem brauchen wir sowohl für das Hauptgeschäft hier wie auch für unsere Filialen verläßliche Mitarbeiter, die eines Tages Führungsfunktionen übernehmen können.

Luftig: So sehe ich das auch, Herr Forsch. Und ich habe mir in dieser Richtung schon Gedanken gemacht...

Forsch: Ich darf also unser Gespräch zusammenfassen, Peter: Du hast Dich zu einem tüchtigen Verkäufer entwickelt; Du kommst mit den Kollegen gut aus; Du fühlst Dich in unserem Hause wohl; und Du versprichst Dir hier Aufstiegsmöglichkeiten. Das ist alles recht erfreulich, und zwar für beide Seiten. Nur eines verstehe ich im Augenblick noch nicht...

Luftig: Was, Herr Forsch?

Forsch: Daß Du Dir hinsichtlich des pünktlichen Erscheinens am Arbeitsplatz immer wieder gewisse Freiheiten herausnimmst! Findest Du nicht auch, daß dieses Verhalten in erster Linie unkollegial ist? Und daß es absolut nicht zu dem positiven Bild paßt, daß wir uns alle von Dir gemacht haben?

Verehrter Leser – ich hoffe Sie verstehen, worauf ich hinaus will. Ein Gespräch – ob Verkaufs- oder Mitarbeitergespräch – kann immer nur dann zu einem Erfolg führen, *wenn man aus der Situation des anderen heraus argumentiert!* Hier machen die meisten Menschen einen entscheidenden Fehler – und deshalb verlaufen so viele Verhandlungen ergebnislos oder lassen einen bitteren Nachgeschmack zurück.

Ziel des Trainings (mit Hilfe von Sozio-Dramen) muß es also sein, eine Verhaltensänderung der Art herbeizuführen, daß der Seminarteilnehmer begreift und akzeptiert, daß er künftig anders argumentieren muß. Um dies im Training zu erreichen, ist der Video-Recorder unabdinglich.

Sozio-Dramen sollten grundsätzlich nur vor dem VR durchgeführt werden. Schon deshalb, weil die Spieler in der Regel nicht wissen und es deshalb auch nicht glauben, wie autoritär sie bei so einem Gespräch wirkten; oder wie weich, unentschieden, cholerisch usw. Der Spieler muß sein Fehlverhalten selbst sehen und hören; und – selbstverständlich – am Ende des Trainings sein neues verbessertes Verhalten! Dieses Erfolgserlebnis wird ihn anspornen, das neu eingeübte Verhalten auch in der Praxis weiterzuführen.

Nun hängt der Erfolg eines Sozio-Dramas entscheidend von zwei Dingen ab: dem Einfühlungsvermögen des Seminarleiters und seinen Regie-Fähigkeiten. Denn das Sozio-Drama ermöglicht eine Reihe von dramaturgischen Varianten; so können beispielsweise

● die beiden Spieler während des Dramas wechselseitig ausgetauscht werden: »Herr Forsch, setzen Sie sich bitte auf den Stuhl des Peter Luftig und agieren Sie aus seiner Situation! Herr Luftig, Sie schlüpfen jetzt in die Rolle Ihres Chefs!«

● einzelne Spieler durch Seminarteilnehmer aus dem Publikum ersetzt werden;

● die Szenen hintereinander von verschiedenen Seminarteilnehmern durchgespielt werden – und zwar ohne »Manöverkritik« zwischen den Szenen! Erst am Schluß des Sozi-Dramas, d.h. wenn der Seminarleiter den Eindruck hat, das Lernziel sei erreicht, werden alle Szenen am Monitor analysiert und – vorwiegend durch die Gruppe – kritisiert.

Wenn ein Sozio-Drama mehrere Beteiligte aufweist oder sich über mehrere hierarchische Ebenen erstreckt, *schickt der Seminarleiter die augenblicklich nicht benötigten Spieler aus dem Raum.* Damit sie – wie in der Praxis – nicht hören, was die anderen am Drama Beteiligten sprechen. Dadurch kommt auch viel mehr Spannung in das Spiel.

Sie sehen also, verehrter Leser: das Sozio-Drama bietet viele Chancen, bei den Seminarteilnehmern eine echte Verhaltensänderung herbeizuführen. Allerdings unter einer (organisatorischen) Voraussetzung: *es muß genügend Zeit dafür eingeplant werden.* Auch einfache Fälle, wie sie auf diesen Seiten als Beispiele angeführt werden, erfordern – mit Auswertung – mindestens drei Stunden!

Ich gebe Ihnen nunmehr, und zwar kommentarlos, drei weitere Sozio-Dramen an die Hand, die ich in meinen Seminaren oft mit Erfolg durchgespielt habe.

Sozio-Drama Nr. 2: »Krach mit dem Kreisbauamt«

Herr *Hurtig,* Leiter eines Kreisbauamtes, bitte eines Tages Herrn *Tüchtig,* Bauleiter der Firma BITU-BAU, zu sich. Er eröffnet ihm, daß er die letzten 10 Fuhren Mischgut für einen Kreisstraßen-Bau hätte nachwiegen lassen und jedesmal eine Differenz von ca. 10% Minus festgestellt hätte. Herr Hurtig ist empört und unterstellt der BITU-BAU betrügerische Absicht.

Herr Tüchtig streitet dies ab und verspricht, den Fall zu überprüfen. Er befragt seinen Mischmeister, Herrn *Hitzig,* wie diese Differenz zustande gekommen sein könnte. Herr Hitzig bestreitet die Möglichkeit einer falschen Wiegung; er wüßte von nichts, und ihm sei die Geschichte unerklärlich.

Aufgrund dieses Vorfalles schickt Herr Hurtig den Bauaufseher des Kreisbauamtes, Herrn *Pfiffig*, zur Mischanlage, um die Waage bzw. den Wiegevorgang zu überprüfen. Darüber ist Herr Hitzig sehr aufgebracht und verweist den Bauaufseher nach einem heftigen Wortwechsel von der Mischanlage.

Frage: Wie würden Sie an Stelle des Bauleiters der Fa. BITU-BAU diese leidige Angelegenheit aus der Welt schaffen?

(Anmerkung für Nicht-Bauleute: Wenn der LKW mit dem Mischgut auf die Waage fährt, schlägt der Zeiger der Waage durch den Bremsschub zunächst viel weiter aus, als dies dem Gewicht des beladenen LKW's entspricht. Dann schlägt er zurück und zeigt in äußerster Stellung viel weniger an als das tatsächliche Gewicht. Die Frage ist nun, *wann* der Mischmeister auf den Knopf drückt, um die Wiegekarte zu drucken. Natürlich ist er von Firmenseite gehalten, nicht dann auf den Knopf zu drücken, wenn der Zeiger weniger als das tatsächliche Gewicht anzeigt.)

Sozio-Drama Nr. 3: »Der empörte Bäckermeister«

Der Bäckermeister *Hefenbeck*, reichster Geschäftsmann einer Kleinstadt, ruft voller Empörung den Schulrat *Pflicht* an. Der aufgebrachte Vater eines neunjährigen Sohnes vertritt in jenem Telefonat die Meinung, daß

a) sein *Maxl* hochbegabt sei (er besucht z. Zt. die 4. Klasse Grundschule); deshalb hat der Vater hohe Ziele für seinen Sohn ins Auge gefaßt: er soll einmal »etwas Besseres« werden;

b) sein Sohn von der Klassenlehrerin, Frau *Übrig*, schreiend ungerecht behandelt worden sei; der Maxl bekam im deutschen Aufsatz (Thema: »Mein Lieblingstier«) Note 6, obwohl er nur drei Rechtschreibfehler hatte; die Lehrerin hatte jedoch unter die Arbeit geschrieben: »Thema verfehlt!« Dies empfindet Hefenbeck als ungerecht. Da der Sohn außerdem schon immer schwach im Rechnen war, erscheint sein Übertritt in das Gymnasium gefährdet.

Auf die Frage des Schulrates, ob sich Hefenbeck schon mit der Klassenleiterin ins Benehmen gesetzt hätte, antwortet der Bäckermeister: Frau Übrig sei nach der Schilderung seines Sohnes eine »blöde Schnepfe«; außerdem verhandle er mit so kleinen Leuten überhaupt nicht. Er gehe aus Prinzip niemals zum Schmiedel, sondern stets zum Schmied. Im übrigen erwarte er, Hefenbeck, vom Schulrat, daß die diskriminierende Deutsch-Note verschwinde. »Der Sechser muß weg!« ist seine immer wiederkehrende Forderung in jenem Telefongespräch.

Dem Schulrat ist der Vorfall ausgesprochen peinlich. Der Bäckermeister spielt auch in der Lokalpolitik eine nicht unerhebliche Rolle. Pflicht gehört außerdem derselben politischen Partei an wie Hefenbeck und trifft den Bäckermeister ab und zu auf politischen Veranstaltungen.

Frage: Wie sollte der Schulrat taktisch vorgehen, um die unangenehme Angelegenheit *schnell und elegant* aus der Welt zu schaffen?

(Anmerkung für Nicht-Lehrer: De jure ist der Bäckermeister eindeutig im Unrecht. Denn

1. ein Schulrat kann eine Note nicht ändern; er kann sie überhaupt nicht beeinflussen, denn für die Notengebung ist allein der Klassenlehrer zuständig;
2. die Note 6 entspricht bei Themenverfehlung den ministeriellen Richtlinien).

Sozio-Drama Nr. 4: »Ein peinlicher Vorfall«

Herr Eifrig (25) ist ein frisch eingeschulter Pharmareferent, der seit vier Wochen seine erste selbstständige Tour in einem für ihn neuen Gebiet fährt. Am Mittwoch Vormittag, kurz vor 12.30 Uhr, betritt er die Praxis des Dr. Spitz und meldet sich bei der Sprechstundenhilfe, Frau Hübsch (18) an. Frau Hübsch, die erst vor drei Monaten ihre MTA-Ausbildung abgeschlossen hat, sagt zu Herrn Eifrig: »Mein Gott! Schon wieder einer von der Pharmazie! Sie sind der Vierte heute Vormittag! Können Sie nicht morgen wiederkommen?«

Herr Eifrig, der die Sprechstundenhilfe mit ihrer zu engen Bluse mißbilligend taxiert erwidert: »Das tut mir leid! Morgen bin ich laut Tourenplan ganz woanders! Es muß doch eine

Möglichkeit geben, den Herrn Doktor zu sprechen – und wenn nur für zwei Minuten!«

Darauf Frau Hübsch: »Ich habe Ihnen doch gesagt, daß der Doktor heute keine Zeit mehr für Vertreter hat!«

»Und das entscheiden Sie ganz allein?« fragt Eifrig zurück, sichtlich verärgert. »Das wollen wir doch mal sehen! Ich warte jedenfalls hier – und wenn es zwei Stunden dauert!«

Kurz darauf verläßt die letzte Patientin die Praxis. Dr. Spitz, der sich bereits den Kittel aufknöpft, kommt heraus und sagt, ohne Herrn Eifrig zu bemerken: »So – Feierabend für heute, Frau Hübsch!« Darauf Frau Hübsch: »Ich fürchte, Sie müssen erst noch diesen Vertreter verarzten, Herr Doktor – er ließ sich partout nicht abwimmeln!«

Jetzt erst bemerkt Dr. Spitz Herrn Eifrig, der sich ihm nähert und sich vorstellt.

»Sie kommen zu einem ungünstigen Zeitpunkt junger Freund!« sagt Dr. Spitz. »Ich muß dringend weg!«

»Das verstehe ich ja, Herr Doktor Spitz! Ich will Sie auch nicht aufhalten. Nur – ich bin neu in diesem Gebiet und wollte mich den Ärzten bekannt machen. Und deshalb liegt es mir am Herzen, daß Sie mich wenigstens gesehen haben. Haben Sie vielleicht einen Musterwunsch?«

»Ach ja – da fällt mir etwas ein! Kommen Sie doch einen Augenblick herein!«

Aus diesem Augenblick wurde ein Zehn-Minuten-Gespräch. Als Eifrig allein wieder aus dem Sprechzimmer kam, zischte Frau Hübsch: »Nun haben Sie ja doch Ihren Kopf durchgesetzt! Aber das nächste Mal warten Sie eine Stunde – das garantiere ich Ihnen!« Worauf Eifrig wütend erwiderte: »Nehmen Sie sich mal nicht zu wichtig! Legen Sie lieber ein dezentes Make up auf, wie sich das für eine Arztpraxis gehört! Sie sehen ja aus wie eine Animierdame in einem Striptease-Schuppen!« Sprach's und zog die Tür hinter sich ins Schloß.

***

Damit war die Geschichte noch nicht zu Ende. Am Abend desselben Tages fand eine ärztliche Fortbildungsveranstaltung statt, die von Eifrigs Firma ausgerichtet wurde. Dort traf Eifrigs Gebietsleiter, Herr Traven, auf Dr. Spitz.

»Sie haben da einen neuen Herrn in unserem Gebiet« sagte Dr. Spitz. »Fachlich ist er ja ohne Zweifel gut. Aber ... «

»Hat es Ärger gegeben?« fragte Traven ahnungsvoll.

»Ja – mit meiner Sprechstundenhilfe. Die beiden hatten anscheinend einen Streit. Und bei dieser Gelegenheit hat Ihr Herr Eifrig angeblich meine MTA eine Animierdame genannt. Ich gebe zu, die Aufmachung von Frau Hübsch entspricht auch nicht meinen Vorstellungen von einer Sprechstundenhilfe. Trotzdem bin ich der Meinung, daß sich Ihr junger Mitarbeiter da etwas im Ton vergriffen hat! Wollen Sie bitte dafür sorgen, daß diese Geschichte wieder in Ordnung kommt?«

***

Traven ruft am nächsten Morgen Herrn Eifrig an. Er läßt sich den Vorfall von ihm schildern. Eifrig gibt zu, daß er die Hilfe mit einer Animierdame verglichen hätte. Traven rügt Eifrig deshalb und weist ihn an, sich – mit einer Schachtel Pralinen oder dergleichen – nochmals zu Frau Hübsch zu begeben und die leidliche Angelegenheit aus der Welt zu schaffen. Eifrig reagiert darauf völlig unerwartet: »So so! Ich soll mich also bei der auch noch entschuldigen! Das kommt überhaupt nicht in Frage! Ich kann erwarten und verlangen, daß mir die Firma in derartigen Fällen den Rücken deckt! Jedenfalls werde ich mich wegen dieser Angelegenheit jetzt an unseren Außendienstleiter wenden. Dann werden wir ja sehen, ob der auch Partei für so eine Schlampe ergreift – anstatt für einen engagierten Mitarbeiter!«

Aufgabe:

Angenommen, Sie sind in der Situation des Außendienstleiters. Ihnen liegt zum einen ein schriftlicher Bericht Travens über den oben geschilderten Vorfall vor; zum anderen hat sich Eifrig tatsächlich telefonisch an Sie gewandt und sich über seinen Gebietsleiter beschwert. Welche Entscheidung würden Sie in der Sache treffen? Wie würden Sie vorgehen? Wie würden Sie ihre Entscheidung den Beteiligten »verkaufen«, damit kein bitterer Nachgeschmack zurückbleibt?

III. Wesen und Wert von Fallstudien

Die Fallstudie steht dem Rollenspiel diametral gegenüber. Während es bei der Rolle vor allem darauf ankommt, Emotionen zu wecken und neue Verhaltensformen einzuüben, bewegt sich die Fallstudie auf der intellektuellen Ebene. Hier kommt es darauf an, analytisch zu denken, das Wesentliche vom Unwesentlichen zu trennen und Prioritäten zu erkennen. Sachbezogene Fallstudien verlangen vor allem gediegene Kenntnisse auf den Gebieten der Planung, Organisation und Finanzen; während Führungsprobleme ohne ein fundiertes psychologisches Grundwissen nicht zu meistern sind. Deshalb sind Fallstudien ein ideales didaktisches Mittel, um einen neu erarbeiteten Stoff an Hand einer simulierten Situation von allen möglichen Gesichtswinkeln her zu durchleuchten. Wesentlich für den Erfolg einer Fallstudiendiskussion ist die Fragestellung am Ende der Studie. Oft werden die Möglichkeiten einer Studie gar nicht ausgeschöpft, weil nicht gezielt genug gefragt wird.

Zur Auswertung einer Fallstudie empfehlen sich zwei verschiedene Wege:

a) entweder, jeder Teilnehmer liest die Studie für sich durch und formuliert in Kurzform die Antworten auf die Fragen, ehe die allgemeine Diskussion beginnt;
b) oder man teilt ein Seminar in mehrere Gruppen auf und läßt die Lösung etwa 30 Minuten lang diskutieren. Jede Gruppe benennt einen Sprecher; nur diese Sprecher beteiligen sich zunächst an der Schlußdiskussion. Dieses Verfahren empfiehlt sich bei schwierigen und komplexen Problemen.

Fallstudie Nr. 1: »Ein Führungswechsel in der AEROTECH AG«[1]

Ralf Büttner ist Leiter der Abteilung Kommunikationssysteme in der AEROTECH AG. Er verlangt, daß seine Anordnungen strikt befolgt werden. Großen Wert legt er auf informelle Kontrolle. Als er vor zwei Jahren zum Leiter der Abteilung ernannt wurde, gingen die Meinungen über ihn auseinander. Jedenfalls ließen sich während der ersten sechs

Monate unter seiner Leitung acht der vierzehn Mitarbeiter versetzen oder kündigten, weil sie mit Büttners Methoden nicht einverstanden waren. Als Walter Thiele, der Leiter des Bereichs Forschung und Entwicklung, erwog, Büttner zu versetzen, waren die Probleme in der Abteilung bereits beigelegt, denn die restlichen Mitarbeiter sowie das neu eingestellte Personal hatten sich auf Büttners Führungsstil eingestellt. Wenn Büttner seine Mitarbeiter auch zur aktiven Teilnahme an der Planung von Projekten und Programmen anregte, so erwartete er doch die strikte Befolgung einmal getroffener Entscheidungen.

Büttner vermochte die Projektkosten der Abteilung Kommunikationssysteme um 10% zu senken, ohne gegen Richtlinien oder Pläne des Bereichs Forschung und Entwicklung zu verstoßen. Man sagte von Büttner, er führe die Abteilung energisch und erfolgreich. Vor allem wegen seiner hervorragenden Leistung erhielt er ein Angebot von einer Konkurrenzfirma, das er als seine große Chance bezeichnete. Zwei Wochen später kündigte Büttner, um diese Stellung anzunehmen. Das war vor drei Monaten.

Walter Thiele dachte zunächst daran, den Posten des Abteilungsleiters mit einem Angehörigen der Abteilung Kommunikationssysteme zu besetzen. Er mußte jedoch feststellen, daß Büttner keinen Stellvertreter und möglichen Nachfolger bestimmt hatte und daß kein Mitarbeiter aus der Abteilung auf die Position des Abteilungsleiters Wert legte. Nach zwei Wochen der Suche entschloß sich Thiele schließlich, Dr. Heinz Schwarz, den Leiter der Abteilung Kommandosysteme, zum Leiter der Abteilung Kommunikationssysteme zu ernennen. Dr. Schwarz bestimmte seinerseits einen seiner Mitarbeiter als Nachfolger. Dr. Schwarz galt als fachkundiger und tüchtiger Vorgesetzter. Die Versetzung bedeutete für ihn keine Beförderung. Dennoch nahm er Thieles Angebot gerne an, weil er die Möglichkeit sah, umfangreiche Erfahrungen zu sammeln.

Dr. Schwarz war ein überzeugter Verfechter des Managements by Objectives. Er hielt es für unbedingt erforderlich, alle Aufträge als Ziele zu formulieren und den Mitarbeitern die Bestimmung der Verfahren und Methoden zu überlassen.

---

[1] Diese Fallstudie wurde mit freundlicher Genehmigung des Verlages entnommen aus: L. Kazmier: Einführung in die Grundsätze des Managements. Verlag Moderne Industrie.

318

Dr. Schwarz war jederzeit zu einem Gespräch über Probleme seiner Mitarbeiter bereit; er war jedoch nicht bereit, auf Details einzugehen. Nach einem Monat seit der Ernennung von Dr. Schwarz zum Leiter der Abteilung Kommunikationssysteme mußte Thiele feststellen, daß die Abteilung nicht die geforderte Leistung erbrachte. Bereits zwei Termine konnten nicht eingehalten werden, die Ausführung verschiedener anderer Projekte war bisher nicht planmäßig fortgeschritten. In einem Gespräch mit einigen Mitarbeitern von Dr. Schwarz erfuhr Thiele, daß man in der Abteilung allgemein der Auffassung war, daß Dr. Schwarz die Tätigkeit, die er leitete, nicht verstehe; daß er zwar der Leiter sei, doch nicht als Leiter handele. Er wollte keine genaueren Angaben darüber machen, wie man die Ziele verwirklichen solle, und mache einzelne Mitarbeiter dafür verantwortlich, wenn bestimmte Aufgaben nicht rechtzeitig ausgeführt wurden. Die Folge der mangelnden Führung sei eine Frustration in der Abteilung. Man glaube, daß Dr. Schwarz die Abteilung nicht führen könne, selbst wenn er es wolle.

Bitte beantworten Sie folgende Fragen:
1. Wie würden Sie Büttners Führungsstil beschreiben?
2. Wie würden Sie den Führungsstil von Dr. Schwarz beschreiben?
3. Konnte man die Reaktion der Mitarbeiter auf den Führungsstil von Dr. Schwarz vorhersagen? Warum?
4. Was sollte Walther Thiele unternehmen?

Fallstudie Nr. 2. »Die NOVO-FELLECTRO und ihr Chef«

Die NOVO-FELLECTRO ist eine Firma mit 150 Beschäftigten, die sich auf einige wenige Elektrogeräte spezialisiert hat: Kaffeemühle, Rasierer, Entsafter, Rührwerk, Heimwerker. Vor acht Jahren begann der Firmenchef, Dipl.-Ing. Hans Fellerer, die Kaffeemühle zu produzieren; im Abstand von etwa einem halben Jahr brachte er immer wieder ein neues Gerät heraus.

Die Firma hat eine sagenhafte Expansion hinter sich, seit Fellerer 1989 mit acht Mann Belegschaft startete. Der Aufschwung hat zwei Ursachen: die Geräte sind erstklassig und zuverlässig; jedoch – den durchschlagenden Erfolg brachte das Vertriebssystem.

Fellerer vertreibt seine fünf Produkte mit einer eigenen, 120 Mann starken Kolonne ausschließlich an Privatpersonen. Verantwortlich für den Vertrieb ist Herr *Michaelis*, der einst Fellerers erster Vertreter war. Der Vertrieb ist

a) straff organisiert und arbeitet nur auf Provisionsbasis;
b) sehr gut geschult;
c) mit 50% an jedem verkauften Gerät beteiligt.

Zu den »allgemeinen Geschäftsbedingungen« Fellerers gehört weiterhin, daß

a) auf jedem Gerät 12 Monate Garantie sind;
b) während dieser Zeit schadhaft gewordene Geräte nicht repariert, sondern durch neue ersetzt werden. Der Kunde schickt einfach, zusammen mit dem Garantieschein, sein defektes Gerät an die Firma und erhält ein neues zurück. Die Vertreter haben also mit Reklamationen nichts zu tun. Die Retourenquote lag im Schnitt der letzten drei Jahre bei 2,5%.

Nun kursieren seit einiger Zeit Gerüchte, Fellerer wolle den Betrieb an eine US-Firma verkaufen. Man hätte ihm ein sehr günstiges Angebot gemacht. Michaelis, der fast ständig durch das Gebiet reist und die einzelnen Kolonnen betreut, hört diese Geschichte von einem seiner Leute während eines gemeinsamen Abendessens. Dieser Vertreter hat das Gerücht von Hr. Fellerers Frau, die er jeden Abend anruft. Seine Frau ist im Betrieb in der Endkontrolle beschäftigt. Alle Angehörigen dieser Kolonne, bei der sich Michaelis im Moment aufhält, erklären spontan: falls diese Nachricht stimme, suchten sie sich einen anderen Job. Unter amerikanischem Management würden sie nicht arbeiten.

Michaelis fährt beunruhigt in die Zentrale zurück. Dort erfährt er am nächsten Morgen von der Chefsekretärin, Herr Fellerer hätte anscheinend mit seiner Frau Krach und wolle sich scheiden lassen. Man erzähle sich, er hätte sie um Mitternacht buchstäblich auf die Straße geworfen. Aber die Geschichte mit dem Verkauf an eine US-Firma hält sie für ein Märchen. Schließlich wüßte sie als Fellerers Sekretärin davon, wenn solche Verhandlungen in Gang gekommen wären. Der Chef sei im Übrigen die ganze Woche nicht mehr zu erreichen, für niemanden ... Der kaufm. Leiter der Firma, Herr Prok. *Buchholz* sagte Michaelis, Herr Fellerer sei zur Zeit in Basel. Mehr wisse er auch nicht.

320

Eine Woche später, am 1. April, taucht der Chef wieder auf. Am gleichen Tage nimmt – erstmalig in der Firmengeschichte – ein »Direktions-Assistent« seine Arbeit auf. Er heißt Kutscher und war zuletzt bei der französischen Tochter von GENERAL ELECTRIC tätig.

Herr Fellerer gibt einen internen Rundbrief an alle Mitarbeiter heraus, in dem er jede Absicht dementiert, verkaufen zu wollen. Das seien unverantwortliche Gerüchte. Er bereite ganz im Gegenteil eine weitere Expansion vor: die Firma wolle künftig auch tragbare Kleinfernseher in ihr Vertriebsprogramm aufnehmen. Er erwarte deshalb, daß jeder Mitarbeiter auch künftig so zuverlässig wie bisher seiner Arbeit nachgehe. Im übrigen kündigte Herr Fellerer in diesem Rundbrief eine Betriebsversammlung für den letzten Arbeitstag dieses Monats, d.i. für Freitag, den 28. April, an.

Während dieses Monats kursierten die wildesten Gerüchte: Herr Buchholz fahre am 19. April nach Hamburg, um dort heimlich mit Japanern zu verhandeln. Der Vertrieb werde aufgelöst und völlig umorganisiert, in Zukunft würde nur noch der einschlägige Großhandel beliefert. Alle Vertreter würden, sofern sie bei der Firma blieben, Angestellte mit Fixum und Umsatz-Bonus.

Michaelis ist wegen dieser Gerüchte tief beunruhigt und spricht deshalb Mitte des Monats den Chef an. Fellerer reagiert erwartungsgemäß unwirsch. Er hat seitjeher den Standpunkt vertreten, daß die Firmen- und Verkaufspolitik seine Angelegenheit sei. Die Beschäftigten – sowohl in der Produktion als auch im Vertrieb – sollten froh und dankbar sein, daß er, Fellerer, als begnadeter Ingenieur Geräte konstruiert hätte, die wegen ihrer Qualität und Zuverlässigkeit echte »Renner« geworden seien. Er dächte auch in Zukunft nicht daran, irgendjemanden um Erlaubnis zu fragen, wenn er etwas Neues vorhabe.

Am Tage der Betriebsversammlung gibt Fellerer folgendes bekannt:

1. Er verstehe nicht, wieso diese blödsinnigen Gerüchte aufkommen konnten.
2. Es bleibe alles beim alten – mit einer Ausnahme: statt einer eigenen Neuentwicklung bringe die NOVO-FELLECTRO in etwa drei Monaten – d.h. noch rechtzeitig zur Urlaubsreisezeit – ein portables Fernsehgerät heraus, der, mit automatischer Senderwahl, für Batterie- und Netzbetrieb, unter DM 300,- auf den Markt kommen solle. Das Gerät werde in japanischer Lizenz und mit in

Japan hergestellten integrierten Schaltkreisen bei uns montiert. Auch dieses Gerät werde nicht repariert, sondern im Schadensfall gegen ein neues umgetauscht. Der Provisionsumsatz müßte für dieses neue Gerät auf 25% des Verkaufspreises gesenkt werden – aber dafür verkaufe sich dieses Gerät, mit dem wie üblich der Handel nicht beliefert werde, von selbst.

Als Herr Fellerer seinen Vortrag beendet hatte, stand die Belegschaft schweigend; sie ließ weder Zustimmung noch Mißfallen erkennen. Als sich niemand zur Diskussion meldete, auch die Führungskräfte nicht, verließ Fellerer grußlos und kopfschüttelnd die Halle.

Beantworten Sie bitte folgende Fragen:
1. Welche Einstellung des Firmeninhabers seinen Mitarbeitern gegenüber läßt die obige Fallstudie erkennen?
2. Wie beurteilen Sie das Verhalten des Herrn Michaelis?
3. Angenommen, Sie kämen als Unternehmensberater in die NOVO-FELLECTRO: was würden Sie Herrn Fellerer und auch Herrn Michaelis in puncto »Kommunikation und Motivation« empfehlen?

Fallstudie Nr. 3: »Die HOLZ-EXOTICA GmbH & Co. KG«

Michael Bergschneider betreibt eine kleine Holz-Import-Firma, die er vor einem Jahr mit seinen ganzen Ersparnissen von DM 20 000,– gegründet hat; seine Mutter und sein Schwager haben sich jeweils mit weiteren DM 10 000,– beteiligt. Bergschneider hatte drei Jahre in der Export-Abteilung eines großen Industrie-Konzerns gearbeitet und dann zwei Jahre lang in einer Import-Firma. Aber er wollte selbständig sein und war der Meinung, daß er mit dreißig Jahren dazu keineswegs zu jung sei. Das erste Jahr war recht mäßig gewesen, wie Bergschneider übrigens erwartet hatte. Den größten Teil seiner Zeit verbrachte er damit, Kontakte anzuknüpfen und bei anderen hoffnungsvoll das Vertrauen in seine Fähigkeiten zu entwickeln. Da es ihm an Geld und an kaufmännischem Ansehen fehlte, hatte er nur einige kleinere Importe im Gesamtwert von DM 40 000,– abwickeln können. Sein Gewinn lag dabei weit unter seinen Unkosten.

Im Augenblick indessen arbeitet er an seinem ersten wirklich großen Geschäft. Als er vor kurzem eine Informationsreise nach Brasilien machte, fand er heraus, daß die BRAZA LUMBER CORPORATION einen Posten ganz spezieller Edelhölzer zur Hand hatte, und war bereit zum Verschiffen. BRAZA war auch bereit, den ganzen Posten auf einmal abzugeben, um das darin investierte Kapital für andere Zwecke freizubekommen.

Wieder zurück in Hamburg, nahm Bergschneider Kontakt auf mit der NORDDEUTSCHEN FOURNIER GMBH und erzielte mit dieser Firma einen Vertrag, wonach er den ganzen Posten Edelholz für DM 350000,– liefern sollte. Die Lieferung kann zu jedem beliebigen Zeitpunkt innerhalb der nächsten sechs Monate erfolgen; jedoch enthält der Vertrag eine Preisklausel: sollte der Marktpreis für dieses spezielle Holz bis zur Lieferung um mehr als 4% fallen, so müßte der Rechnungsbetrag zugunsten der NORDD. FOURNIER um den gleichen Prozentsatz gesenkt werden. Diese Abmachung beinhaltet ein gewisses Risiko für Bergschneider; aber er hat sich ausgerechnet, daß er die Lieferung innerhalb 3 bis 4 Wochen bewerkstelligen könnte; außerdem hat ihn seine sorgfältige Überprüfung des Holzmarktes überzeugt, daß der Holzpreis für mindestens diesen Zeitraum stabil bleiben würde.

Auf dem Papier sieht dieses Holzgeschäft gut aus. Nach Addition von Fracht, Versicherung, Finanzierungskosten und einigen anderen Importkosten zum Einkaufspreis in Brasilien errechnete sich Bergschneider eine 5%-Differenz zwischen Gesamtkosten und Verkaufspreis. Diese Summe würde Bergschneiders Unkosten von DM 4000,– für die Brasilienreise decken und einen befriedigenden Reingewinn übriglassen.

Verständlicherweise ist Bergschneider erpicht, die Transaktion hinter sich zu bringen. Denn zusätzlich zu dem Gewinn würde dieses Geschäft seine Beziehung zur BRAZA LUMBER CORPORATION festigen, einer großen und sehr angesehen Firma in Brasilien. Noch wichtiger aber würde sein, daß dies die erste von – wie Bergschneider hoffte – vielen Transaktionen sein würde, die von der DEUTSCH-ASIATISCHEN BANK finanziert würde. Mit einem sog. Kredit-Arrangement will die Bank BRAZA LUMBER in jenem Augenblick bezahlen, in dem das Holz Brasilien verläßt.

Bergschneider muß die Bank befriedigen, wenn das Holz an die NORDD. FOURNIER geliefert ist. Die DEUTSCH-ASIATISCHE BANK ist im Außenhandel sehr aktiv. Bergschneider hat seine Beziehungen zu diesem Geldinstitut sorgfältig kultiviert, seit er seine Firma gegründet hat; und die Bereitschaft der Bank, die Transaktion zu finanzieren, zeigt Bergschneider, daß man nunmehr Vertrauen in seine Fähigkeiten hat. Mit solchen Bankkrediten auch in der Zukunft sieht Bergschneider eine großartige Entwicklung seines Geschäftes voraus.

Kurz bevor Bergschneider, mit dem Vertrag der NORDD. FOURNIER in der Tasche, seine Liefer-Order nach Brasilien kabeln wollte, erhielt er einen Anruf. Er kam von der EUROPA IMPORT GMBH, welche von einem Brasilianer zweifelhaften Rufes geleitet wurde. Der Eigentümer dieser Firma erzählte Bergschneider, er sei in einer verzweifelten Lage und beabsichtige, denselben Posten Holz von BRAZA LUMBER zu verkaufen, den Bergschneider eben kaufen wolle. Dieser Typ Edelholz komme nicht oft vor, und wenn dieser Posten umgeschlagen sei, würde aus dieser preisgünstigen Gegend Brasiliens für mindestens sechs Monate kein derartiges Holz mehr zu bekommen sein.

Der Konkurrent erklärte, seine Bank würde keine zwei Tage mehr stillhalten, und diesen Zeitraum brauchte er, um anderweitig die Kreditpapiere ausfertigen zu lassen; er könne vorher aber nicht bei der BRAZA LUMBER ordern, denn diese Firma bestehe auf einem bestätigten Kreditbrief, bevor sie eine Order akzeptiere. Er stellte fest, daß er ruiniert wäre, wenn er diesen Posten Holz nicht bekäme; er sei völlig verschuldet und hätte sein Wort verpfändet, dieses Edelholz zu liefern – um jetzt feststellen zu müssen, daß Bergschneider mit seinem Anspruch vor ihm liege.

Bergschneider erwiderte, er könne von dem Handel nicht mehr zurücktreten, da auch er einen Vertrag zu erfüllen hätte; außerdem hätte er eine Menge Zeit und Geld aufgewendet, um nach Brasilien zu fahren, dieses Geschäft einzuleiten und einen Käufer in Hamburg zu finden.

Die Reaktion von Bergschneiders Konkurrenten war sehr heftig. Er drohte, falls Bergschneider das Geschäft abwickle und ihn dadurch aus dem Markt entferne, werde er den Auftrag durch seinen Bruder, der im Export-Department der Brasilianischen Regierung angestellt sei, vereiteln lassen – es werde eben ganz einfach ein wesentliches Dokument auf geheimnisvolle Weise verschwinden. Da wurde Bergschneider ebenfalls wütend und schrie, er werde den Handel auf jeden Fall abwickeln und damit die Firma EUROPA IMPORT für allemal kaltstellen. Mit einem abschließenden »Schön – wir werden sehen, wer kaltgestellt wird« legte der Chef der EUROPA IMPORT den Hörer auf.

Naturgemäß ist Bergschneider bei diesem Stand der Dinge etwas durcheinander. Er überlegt, die Chancen, daß der Kerl blufft, stünden nur 50:50; er weiß aber auch, daß der Konkurrent tatsächlich einen Bruder hat, der im Brasilianischen Export tätig ist. Bergschneider ist sich im übrigen völlig darüber klar, daß er, falls er das Geschäft nicht tätigt, seinem Abnehmer für alle Schäden aus dem Vertragsbruch haftbar ist; und er hat das unangenehme Gefühl, daß die NORDD. FOURNIER ein vergleichbares Edelholz zu jedem Preis woanders einkaufen und ihn mit dem Mehrpreis belasten würde.

Die einzige andere Firma, die Bergschneiders Verpflichtung erfüllen könnte, ist die AMAZONAS HARDWOOD CORPORATION. Bergschneider hat mit dieser Firma schon in Brasilien verhandelt, und er weiß, daß sie seinen Auftrag zu etwa denselben Konditionen wie BRAZA LUMBER annehmen würde. Aber AMAZONAS HARDWOOD, welche das Holz erst schlagen müßte, gab ihm einen geschätzten Verschiffungstermin von etwa sechs Monaten nach Auftragseingang. Bergschneider ist sich nicht darüber im klaren, wieviel Vertrauen er zu AMAZONA's Schätztermin haben kann. Ein noch ernsterer Aspekt ist das Risiko einer Preisbewegung. Obwohl die Holzpreise nicht flatterhaft sind, bewegen sie sich trotzdem zuweilen plötzlich um 5 bis 10% und verharren dann monatelang auf dem neuen Stand.

Bergschneider ist verärgert und verschreckt; und er fühlt, daß seine mit so vielen Hoffnungen gegründete Firma in der Versenkung verschwinden kann.

Bitte beantworten Sie folgende Fragen:

Wozu soll sich Bergschneider entschließen? Soll er das Geschäft trotz der Drohung des Konkurrenten durchführen? Soll er davon Abstand nehmen? Oder gibt es vielleicht eine dritte Möglichkeit?

Fallstudie Nr. 4: »Problem Eingangskorb«

Durchleuchtung des Problems (für alle Teilnehmer):

Die vorstehende Fallstudie fällt aus dem Rahmen des Üblichen. Denn mit ihrer Bewältigung sind zwei Forderungen verbunden:

1. Es müssen eine Reihe von Entscheidungen getroffen werden.
2. Es muß unter großem Zeitdruck gearbeitet werden.

Das »Problem Eingangskorb« ist ohne Zweifel eine der interessantesten Fallstudien, die je entwickelt worden sind. Die nachfolgende Fallstudie ist lediglich übersetzt, aber nicht auf deutsche Verhältnisse übertragen – das wäre nämlich unmöglich. Die Prämissen dieses Falles sind so typisch amerikanisch, daß die Studie vernichtet würde, wollte man sie in wesentlichen Punkten abändern und deutschen Verhältnissen anpassen.

Es erhebt sich die Frage, ob solch eine rein amerikanische Studie im deutschen Management-Training eine Berechtigung hat. Man sollte die Frage bejahen! Denn die erste Forderung an jede Führungskraft heißt: Flexibilität. Wer nicht fähig ist, sich schnell in eine ihm völlig neue Situation einzudenken, ist als Führungskraft ungeeignet – ganz gleich, auf welcher Ebene.

Bei dieser Aufgabe geht es nur darum, den richtigen »Einstieg« zu finden. Wer die Aufgabe falsch anpackt, braucht etwa 75 Minuten zu ihrer Lösung. Wer sie richtig angeht, schafft das Problem spielend in 45 Minuten.

Fallstudie Nr. 4: »Problem Eingangskorb«

Anweisung zur Bearbeitung:

Jeder Seminarteilnehmer arbeitet unabhängig an der Lösung.

Ihre Situation:
Nehmen Sie an, Sie seien Sam Conway und eben zum leitenden Manager des Elko-Distrikts der Nevada Power Company ernannt worden.

Das von der Nevada Power Comp. versorgte Areal ist in zwei weit voneinander entfernte und landschaftlich sehr verschiedene Gebiete geteilt. Die meisten Anlagen der Gesellschaft befinden sich um Las Vegas herum, in der Südwestecke des Staates, während der Elko-Distrikt im Nordostbereich liegt. Die Nevada Power Comp. ist als Folge einer Serie von wirtschaftlichen Booms rapide gewachsen und versorgt nun annähernd 150 000 Kunden, was einem Jahresumsatz von etwa 18 000 000,– Dollar entspricht. Die Kunden des Las Vegas-Distrikts liegen an der Spitze der USA, was den pro-Kopf-Verbrauch an Strom betrifft.

Schätzungsweise 85% der 400 Firmenangehörigen haben ihre Arbeitsplätze im Las Vegas-Gebiet, einschließlich der Direktionsabteilungen. Erfahrene Arbeitskräfte wurden zu einem stets wiederkehrenden Problem während der letzten stürmischen Expansionsperioden, weshalb Nevada Power einige Male erfolgreich Abwerbung bei Konkurrenzfirmen betrieb, um Schlüsselpositionen besetzen zu können. Die Pacific Gas und Electric Comp. war eine bevorzugte Zielscheibe für derartige Bemühungen; so waren u.a. zwei Direktoren der Nevada Power, nämlich A.J. Swanking (Vice President und General Manager) und Paul Suranskate (Manager für die gesamte Elektro-Installation) früher Pacific-Leute.

Die Expansion des Las Vegas-Districts, des Ursprungsgebietes der Firma, wurde weiterhin angeheizt durch den vor zwei Jahren erfolgten Aufkauf der Elko Power Comp., einer kleinen Firma, die die Stadt Elko und das angrenzende Gebiet mit Strom versorgte.

Das Elko-Gebiet ist vorwiegend Rinderzucht-Gegend und wird von vielen Amerikanern als das letzte »Front-Gebiet« mit Wildwest-Lebensbedingungen betrachtet. Einige Besitzer von Riesenfarmen zählen zu den auch politisch einflußreichsten Kunden der Firma.

Nach der Verschmelzung wurde der Elko-Distrikt als separater Distrikt von Nevada Power organisiert, mit Grenzen, die sich in etwa an die Grenzen des Elko-Landkreises anlehnten. Außer dem Distriktbüro in Elko wurden Büros für den Wartungsdienst in Lamoille, Wells und Halleck eingerichtet. Als Folge der geographischen Isolierung des Elko-Distrikts besteht keine Verbindung mit dem im Süden gelegenen Versorgungssystem der Gesellschaft. Es stehen dem Distrikt deshalb drei Arten von Stromquellen zur Verfügung: eine kleinere Wasserkraftanlage im Lamoille Canyon, zwei kleine Dieselgeneratoren für die Befriedigung des Spitzenbedarfs und eine Freileitung zu der Wasserkraftanlage der benachbarten Idaho Power Comp., mit der von Fall zu Fall Strom ausgetauscht wird. Außerdem wird in Elko Erdgas vertrieben, und es ist geplant, den Gas-Service nach Wels und Lamoille auszudehnen, sobald genügend Abnehmer geworben sind.

Seit der Verschmelzung hat der Distrikt-Manager Harold Benson den Ausbau der bestehenden Organisation und deren Integrierung in die Nevada Power mit großem Elan betrieben. Indessen wurde vor kurzem bei der Direktion beschlossen, Benson durch einen Mann von außerhalb der Firma zu ersetzen. Unter einer großen Zahl von Bewerbern sind Sie für diese Position ausgewählt worden. Ihre Einstellung als Distrikt-Manager sollte zum 1. Juli wirksam werden. Die Monate Mai und Juni sollten Sie zur Einarbeitung als Bensons Assistent verbringen. Doch erkrankte Benson am 25. April plötzlich schwer und wurde per Hubschrauber ins Krankenhaus nach Las Vegas geschafft, wo er ins Koma fiel. Als Ergebnis dieses unglücklichen Ereignisses wurde Ihre Bestallung zum Distrikt-Manager auf den 1. Mai vorverlegt.

Der General Manager hatte Sie bei der Besprechung anläßlich Ihrer Einstellung darauf hingewiesen, daß das Hauptziel Ihrer Tätigkeit die Erhöhung der Effektivität im Eldo-Bezirk sein müßte; d.h., Sie sollten mit dem vorhandenen Potential an Menschen und Material nicht nur den Umsatz, sondern vor allem den Gewinn kräftig anheben. Er betonte außerdem die Notwendigkeit größerer Dezentralisation, wobei den Gruppen- und Abteilungsleitern mehr Autorität und Verantwortung zugestanden werden sollte, um ihre Probleme allein lösen zu können. Ganz allgemein wurde bei dieser Besprechung Übereinstimmung darüber erzielt, daß Sie volle Handlungsfreiheit haben sollten, um alle notwendigen Entscheidungen nach eigenem Ermessen zu treffen.

Von Ihrer früheren Tätigkeit in dieser Branche kennen Sie bereits einige maßgebende Mitarbeiter im Elko-Distrikt. Als Sie sich auf Ihre neue Aufgabe vorbereiteten, haben Sie sich u.a. kurze Notizen über diese Leute gemacht. Diese biographischen Skizzen sind beigefügt, zusammem mit einem Auszug der Firmen-Organisation, einer Landkarte und einem Kalender.

Sie waren gestern Nachmittag in Elko eingetroffen und verbrachten den Rest des Tages damit, einen Rundgang durch die Büros zu machen und Ihre neuen Mitarbeiter zu begrüßen. Diese Kontakte sollten u.a. dazu dienen, die flüchtigen persönlichen Eindrücke aus früherer Zeit zu vertiefen.

Das Problem:

In einer Stunde müssen Sie Ihr Büro verlassen, um zum Flughafen zu fahren und die Maschine nach Los Angeles zu besteigen. Sie werden in L.A. einen speziellen Fortbildungskurs für leitende Angestellte von Versorgungsbetrieben besuchen. Der Kurs wird bis Samstag Nachmittag dauern, und Sie werden erst am kommenden Montag wieder in Ihrem Büro sein, d.h., sechs Tage später von heute ab. Die beigefügte Korrespondenz lag im Eingangskorb Ihres Büros und vermittelte Ihnen bereits beim ersten flüchtigen Blick den Eindruck, daß da noch etwas veranlaßt werden müßte, bevor Sie abreisen.

Gehen Sie den ganzen Stoß Papiere durch und tun Sie, was Ihnen von Fall zu Fall angemessen erscheint. Vermerken Sie jede Aktion, die Sie durchführen, auf dem unteren Rand jedes einzelnen Schriftstückes, einschließlich der Notizen für Ihre Sekretärin, für Sie selbst oder für andere Mitarbeiter. Entwerfen oder schreiben Sie Briefe, wenn Sie es für nötig erachten. Notieren Sie geplante Aktionen für die Zeit nach Ihrer Rückkehr und vermerken Sie die Termine für anberaumte Besprechungen auf dem Kalender. Notieren Sie auch bereits geführte Telefongespräche auf dem betreffenden Schriftstück.

Denken Sie daran:

Sie sind Sam Conway, der neue Manager für den Elko-Distrikt der Nevada Power Company. In einer Stunde müssen Sie Ihr Büro verlassen und werden dann für sechs Tage abwesend sein. *Es ist nun 8.15 morgens, am Dienstag, dem 1. Mai.* Sie werden am Montag, dem 7. Mai, in Ihrem Büro zurück sein. Schreiben Sie jegliche Aktion, die Sie unternehmen, auf das entsprechende Blatt.

Fallstudie Nr. 4: »Problem Eingangskorb«

ART HAMBLY
Verkaufs-Manager

Fällt Entscheidungen schnell und leicht; liebt es nicht, Probleme Schritt für Schritt durchzudenken und kommt deshalb zuweilen etwas sprunghaft zu seinen Entschlüssen. Das Verkaufsgeschäft kennt er durch und durch – deshalb ist er an anderen Phasen einer Operation nicht interessiert.

BILL ZEN
Supervisor für
Stromerzeugung
und Instandhaltung

Ein barscher Typ, der einen hohen Leistungsstandard für sich und seine Leute aufrechterhält. Hat Ingenieurgrad von berühmter Universität des Mittelwestens und ist schon ewig bei der Firma. Bevorzugt die rein technische Seite seines Aufgabengebietes und hat für die damit verbundenen Verwaltungsaufgaben nicht viel Sinn.

LEN FROST
General Foreman

Anscheinend ein Arbeitspferd, immer geschäftig. Macht oft Überstunden. Die Qualität seiner Arbeit ist stets hoch – aber das Volumen ist mäßig im Hinblick auf die benötigte Zeit. Manchmal ist er recht spät dran mit seinen Berichten an den Distrikt. Kommt zu Besprechungen immer zu spät. Hat es abgelehnt, ein zusätzliches Aufgabengebiet zu übernehmen und unumwunden zugegeben, daß er an weiteren Beförderungen nicht interessiert ist.

ROGER SAMUELS
Office Supervisor

Ein Zögerer, immer unsicher, nimmt sich Kritik sehr zu Herzen, fürchtet zu versagen oder sich zu irren; seine Gesamtleistung ist gekennzeichnet durch Gründlichkeit und gleichbleibend hohe Qualität.

LARRY SMITH
Vormann für die
Errichtung von
Freileitungen

63 Jahre alt, begann vor 39 Jahren bei Elko Power; hat außergewöhnlich reiche Erfahrungen für den Bau von Freileitungen in jedem Gelände; ist seit 10 Jahren Vormann. Schwach im Papierkrieg. Erledigt jeden Auftrag gut und zuverlässig – wobei er sich allerdings kein Bein ausreißt ...

MAI

So	Mo	Di	Mi	Fr	Do	Sa
		1	2	3	4	5
6	7	8	9	10	11	12
13	14	15	16	17	18	19
20	21	22	23	24	25	26
27	28	29	30	31		

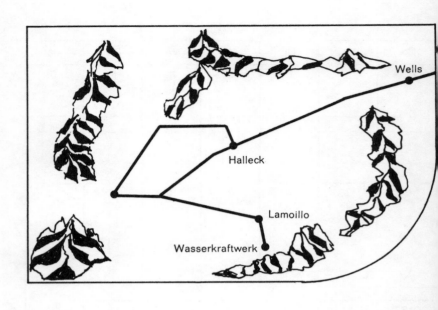

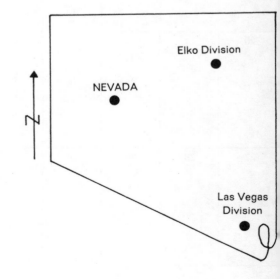

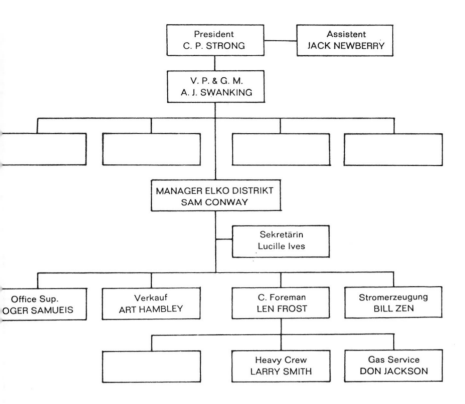

President	Assistent
C. P. STRONG	JACK NEWBERRY

V. P. & G. M.
A. J. SWANKING

MANAGER ELKO DISTRIKT
SAM CONWAY

Sekretärin
Lucille Ives

Office Sup.	Verkauf	C. Foreman	Stromerzeugung
OGER SAMUEIS	ART HAMBLEY	LEN FROST	BILL ZEN

Heavy Crew	Gas Service
LARRY SMITH	DON JACKSON

Auszug aus dem Organisationsplan der ELKO DIVISION

333

NEVADA POWER CO.

Nur für internen Gebrauch
Firmenzweig oder
Abteilung   VP & GM
Akten-Nr.
Antwort auf Schreiben
Betreff   Management Conference Los Angeles

April 30, 19__

MR. SAM CONWAY:

Ich weiß, dies ist eine sehr ungünstige Zeit, Sie zu
einer Management Conference zu schicken; aber ich bin überzeugt, daß dieser Kurs eine unschätzbare Hilfe für Sie sein wird, wenn Sie Ihre neuen
Aufgaben übernehmen. Da dieser Kurs für leitende Manager nur einmal pro
Jahr stattfindet, können Sie es sich m.E. nicht leisten, ihn zu versäumen.

Unsere Personalabteilung ist außerordentlich daran interessiert, wie Sie diesen Kurs beurteilen und wäre Ihnen dankbar, wenn
Sie ihr so bald wie möglich einen schriftlichen Bericht zugehen ließen.
Man berichtete mir auch, daß Sie in L.A. nicht viel Zeit für Stadterkun-
dungen haben würden, da Sie als Kursteilnehmer vom Moment Ihrer Ankunft
bis zur Abreise quasi Tag und Nacht in Anspruch genommen sein würden.

Ich werde an einer Tagung in Chicago teilnehmen, und
zwar in der Woche vom 7. bis 11. Mai. Sobald ich zurück bin, möchte ich
mich mit Ihnen unterhalten, wie die Dinge in Elko laufen und was Sie von
dem Kurs in L.A. halten.

Und nun: Hals- und Beinbruch!

A.J. SWANKING
Vice President & General Mgr.

AJS: ji
PS: - Nebenbei, Sie können sich auf Ihre Sekretärin, Lucille Ives, voll-
     kommen verlassen und sich von ihr eine Menge Arbeit abnehmen las-
     sen. Sie ist intelligent und mit den Gegebenheiten im Elko-Distrikt
     absolut vertraut.

334

Schriftstück Nr. 2
Eingangskorb-Problem

April 30, 19--

Dear Mr. Conway:

Ich nehme den morgigen Tag frei und hoffe, Sie haben nichts dagegen. Ich muß nachmittags in der Innenstadt eine Menge Dinge erledigen, werde aber den ganzen Vormittag bei der Schneiderin verbringen. Falls Sie mich brauchen, können Sie mich dort unter der Nummer DE 7 – 1699 erreichen.

Lucille

Schriftstück Nr. 3
Eingangskorb-Problem

To: Sam Conway
from: Art Hambley

Zu Ihrem ersten Besuch in Ihrer neuen Rolle als Distrikts-Manager in den Elko-Büros schlage ich vor, daß wir uns dort einige Minuten zusammensetzen.
Ich könnte Ihnen dann in Kürze alle wesentlichen Informationen über Ihre neuen Mitarbeiter vermitteln.

Ich freue mich darauf, die Bekanntschaft mit Ihnen zu vertiefen.

April 30, 19___

Manager, Elko-Distrikt
Nevada Power Company
Elko, Nevada

Dear Sir:

      Ich besitze und betreibe in Halleck eine Bar namens
„Silbersattel". Ihre Gas-Mannschaft kommt seit etlichen Wochen in
mein Lokal, um hier Kaffee zu trinken. Ich habe den Eindruck, die
Männer bleiben jeden Tag länger sitzen. Heute belegten sie vier
Hocker für 1 1/2 Stunden und bestellten nur Kaffee.

      Mit solchen Gästen verdiene ich mir nicht einmal
das Salz in die Suppe. Können Sie bitte etwas unternehmen in
dieser Angelegenheit?

                 Hochachtungsvoll

                 SAME VALE

Mr. Conwey -

      es tut mir leid, Sie damit behelligen zu müssen,
aber eine schnelle Maßnahme ist erforderlich.

April 30, 19___

336

Action Memo

To: Harold Benson
From: Vice President, Operationes
Betreff: beiliegendes Memo von Jack Newberry

Wir sollten uns gleich um diese Sache kümmern. Wollen Sie sich
bitte alle notwendigen Informationen besorgen bis zu unserem
Treffen am 14. Mai?

April 24, 19__

Action Memo

To: Vice President, Operationes
From: Jack Newberry
      (Special Assistent to the President)

Während der Tagung bei der Pacific Coast Electrical Association,
traf ich Stu Flood, den Eigentümer der „Warme-Quellen-Ranch" in
Wells Valley. Im Laufe des Gesprächs äußerte er die Hoffnung,
daß die Terminverzögerung beim Bau der Freileitung in nächster
Zukunft wieder aufgeholt werden könne.
Da Mr. Flood eine wichtige Persönlichkeit ist, sollten wir dieser Geschichte einmal nachgehen.

April 23, 19__

337

Manager
Nevada Power Company
Elko, Nevada

Dear Sir:

Ich habe einige Wochen gezögert, Ihnen zu schreiben, doch ich denke, ich habe keine andere Wahl. Ich lebe in diesem Ziegel-Appartementhaus Ecke Cherry Street und Wallace Avenue. Genau an der Ecke gegenüber ist „Joe's Bar" – ein Lokal, welches unser ganzes Viertel herabwürdigt.

Seit etwa drei oder vier Monaten beobachte ich, daß einer Ihrer Werkstattwagen an der Ecke von Joe's Bar parkt und der Fahrer in das Lokal geht. Dies ereignet sich an drei bis vier Nachmittagen pro Woche, und der Mann bleibt jedesmal zwischen 15 und 50 Minuten. Einmal kam er sogar leicht schwankend heraus und fuhr ab.

Nachdem wir dauernd so schwere Verkehrsunfälle hier in Wilcox haben, meine ich, Ihre Leute sollten nicht trinken und dann fahren – sei es im Dienst oder außerhalb. Die Nummer auf dem Schild des Wagens ist entweder 97-1960-84 oder 94-1960-84; es ist schwierig für mich, das Schild vom 4. Stock aus zu lesen.

Ich möchte Ihnen mit diesem Hinweis gerne behilflich sein, bitte jedoch, mich nicht in diese Geschichte hineinzuziehen.

Hochachtungsvoll
Ihre

Mary Jones

NEVADA POWER CO.

Nur für internen Gebrauch
Firmenzweig oder   Stromerzeugung und
Abteilung   Anlagen-Instandhaltung
Akten-Nr.
Antwort auf Schreiben
Betreff   Sam Hinman,Elektro-Monteur

April 30, 19__

MR. SAM CONWAY:

Am letzten Freitag wies ich Sam Hinman, unseren Elektro-Monteur, an, am Samstag wegen einer Notfall-Reparatur hier im Büro zu erscheinen. Er sagte mir, daß er nicht kommen würde; er meinte auch, daß er mir keinerlei Erklärung für seine Weigerung schuldig sei.

Am Samstag erschien er tatsächlich nicht. Heute Morgen sprach ich ihn darauf an. Er weigerte sich wiederum, sein Wegbleiben zu entschuldigen oder wenigstens eine Erklärung für sein Verhalten zu geben.

Was sollte man Ihrer Meinung nach mit diesem Burschen tun?

Bill Zen

BILL ZEN, Supervisor
Maintenance and Generation

M E M O

To: MR. SAM CONWAY
From MR. ROGER SAMUELS

        Ich erlaubte Lucille Ives soeben, den Dienstag nächster Woche freizunehmen. Sie brauchte sofort eine Antwort, und so sagte ich, das ginge in Ordnung. Dieser freie Tag hängt mit ihren Heiratsplänen zusammen. Lucille wird nun endgültig heiraten. Sie ist mit einem älteren Manne verlobt, und der Hochzeitstermin wurde für Ende Mai festgesetzt. Lucille hatte die Trauung bereits zweimal verschoben, weil wir hier so furchtbar viel Arbeit hatten. Ich nehme an, ihr Zukünftiger ist jetzt ungeduldig geworden.
        Ich hoffe, diese Geschichte kommt Ihnen nicht zu ungelegen.

April 27, 19__

Manager
Nevada Power Company
Elko, Nevada

Dear Sir:

        Als Vorsitzender des „Schnellstraßen-Verschönerungs-Kommittees" möchte ich Ihnen meine Dankbarkeit dafür zum Ausdruck bringen, daß Sie es Don Jackson ermöglichten, in unserem Kommittee mitzuarbeiten. Sein unermüdlicher und enthusiastischer Einsatz war ein wesentlicher Faktor für den Erfolg des Unternehmens.
        Das Kommittee war ganz besonders erfreut, als uns Mr. Jackson letzte Woche versicherte, die Nevada Power Company würde $ 1500,– zu unserem förderungswürdigen Projekt beisteuern. Es freut uns zu wissen, daß Ihre Gesellschaft den Wert solch gemeinsamer Bemühungen anerkennt.
        Wir beabsichtigen, in unserer Ausgabe von 13. Mai einen Artikel über das Projekt zu bringen und bei dieser Gelegenheit auch die Zuwendung Ihrer Gesellschaft der Öffentlichkeit mitzuteilen.
        Wir danken Ihnen nochmals für Ihre Anteilnahme am Vorhaben unserer Gemeinde.

Hochachtungsvoll

E.E. Wert

Herausgeber Elko Journal

339

Mr. Conway,

Bitte klären Sie diese Geschichte sofort

C. P. Strong

WELLS   VALLEY   RANCHES,   INC.
Wells, Nevada

Luftpost!   April 26, 19—
Einschreiben!

Mr. C. P. Strong, President
Nevada Power Company
Las Vegas, Nevada

Dear Mr. Strong:

Vor zwei Wochen schrieb mein Sohn wegen des empörenden Verhaltens eines Ihrer Angestellten an Ihren Distrikt-Manager. Bis heute hat
er noch keine Antwort erhalten. Ich schreibe Ihnen nur zögernd aber ich
habe das Gefühl, daß irgendetwas getan werden sollte um dieser unerträg-
lichen Situation abzuhelfen.

Mit vorzüglicher Hochachtung

LARRY SPAULDING
President
Wells Valley Ranches, Inc.

340

April 27, 19—

Dear Mr. Benson:

Ich versuche schon seit mehreren Wochen mit Ihnen in Kontakt zu kommen, aber Ihre Sekretärin teilt mir jedesmal mit, Sie seien zu beschäftigt.

Ich bin seit vier Jahren in Ihrem Lamoille-Büro angestellt. Niemals bin ich befördert worden und bin immer noch eine D-Angestellte; ich weiß auch, warum: weil ich eine Negerin bin. Ich habe eine gute Beurteilung und erfülle die mir zugewiesene Aufgabe.

Es gibt keinen Grund, warum ich nicht befördert werden könnte, und deshalb ist es mir klar, daß es sich hier um Diskriminierung handelt. Ich will nicht ekelhaft werden, aber ich werde zur "Kommission für faire Behandlung von Angestellten" gehen, wenn Sie mich nicht bis zum 3. Mai zu einer Aussprache empfangen haben.

Hochachtungsvoll

Grace Frenzy

April 25, 19—

Nevada Power Company
Elko, Nevada

Gentlemen:

Ich zog erst vor kurzem von Ohio in diese Stadt. Gestern versagte mein Wagen an der Fernstraße und einer Ihrer Angestellten, Don Jackson, stoppte und half mir.

Leider war der Schaden doch ernster als erwartet, und nach zweistündiger Bemühung gab Mr. Jackson den Reparaturversuch auf.

Als ich ihm erzählte, daß ich auf dem Wege zum Einkaufszentrum sei, fuhr er mich dorthin, wartete bis ich meine Einkäufe erledigt hatte und brachte mich anschließend nach Hause.

Dies ist wahrhaft ein hervorragendes Beispiel für nachbarliche Zusammenarbeit und ich werde es bestimmt niemals vergessen. Er war so reizend und echt bestrebt, mir aus der Patsche zu helfen.

Bitte sprechen Sie ihm doch eine Belobigung aus für die viele Zeit, die er mir geopfert hat – ungefähr 4 Stunden!

Mit vorzüglicher Hochachtung

Majone Otis

341

NEVADA POWER COMPANY

<u>Nur für Internen Gebrauch</u>
Firmenzweig oder
Abteilung
Akten-Nr.
Antwort auf Schreiben
Betreff   Dom Spears, Störungsmann

April 24, 19__

MR. HAROLD BENSON:
Wir haben schon wieder ein Problem mit Dom Spears. Er
hat für die Company in verschiedenen Orten gearbeitet und hat überall
Ärgernis erregt, weil er ohne Entschuldigung von der Arbeit fernblieb;
oder weil er in seiner Freizeit so viel trank, daß er am folgenden Tag
praktisch unfähig für seine Arbeit war.
Am 2. April erschien er nicht zur Arbeit; er hatte sich
weder abgemeldet noch entschuldigt. Am 4. April haben wir seiner Frau
mitgeteilt, daß ein derartiges Verhalten nicht länger geduldet werden
könnte und daß wir ihn beim nächsten Vorkommnis mit aller Härte anfassen
müßten.
Am 23. April um 4.40 Uhr morgens mußten wir Mr. Speaers
wegen eines Schalterbrandes in der Verteilerstation alarmieren. Da er das
Telefon nicht abnahm, lief ich zu seiner Wohnung. Mr. Spears war in solch
einem Zustand, daß es mir nicht gelang, ihn zu wecken. Ich nahm deshalb
die Schlüssel zu seinem Störungswagen, der in meiner Garage stand, an
mich und telefonierte zum Elektrobüro nach einem anderen geeigneten Mann,
den man zum Brandplatz schicken konnte.
Um 5.45 rief ich Mr. Spears wieder an. Er gab zu, am
vorhergehenden Abend getrunken zu haben, aber er hielt sich selbst nicht
für betrunken. Ich sagte ihm, daß ich ihn nicht für einsatzfähig gehalten
und deshalb die Schlüssel für seinen Wagen genommen hätte.
Mr. Spears kam auch um 8.00 Uhr nicht zur Arbeit. Um
8.30 Uhr ging ich wieder zu seiner Wohnung; ich fand ihn schlafend und
bemühte mich gar nicht, ihn zu wecken. Um 2.00 nachmittags ging ich wieder in seine Wohnung. Mr. Spears war auf und teilweise angezogen. Ich
sagte ihm, er sei bis zu einer endgültigen Entscheidung beurlaubt.
Was soll ich jetzt tun?

IVAN RAINS
Manager, Wells

Schriftstück Nr. 14
Eingangskorb-Problem

April 23, 19—

MR. BENSON:

Mein Werkstattwagen ist jetzt so herunter, daß er bald seinen Geist aufgeben wird. Ich meine, es wäre Zeit für einen neuen. Die Nummer meines gegenwärtigen Wagens ist 94-1960-84, woraus Sie ersehen können, wie alt er schon ist. Ich wäre Ihnen für einen baldigen Austausch dankbar.

Don Jackson

Schriftstück Nr. 15 A
Eingangskorb-Problem

Mr. Conway,

Harold Benson erledigte das immer persönlich.

Lucille

NEVADA POWER CO.
Supervisor's
Beurteilungs-Report

Teil I:

Name des Angestellten: Frank I. Loes   1. Beurteilung am: 3. Januar
Einstellungsdatum: 3. November   2. Beurteilung am: 3. April

Teil II:

An: Abt.-Leiter oder Gen.-Supervisor: LEN FROST   in: Elko

Bitte machen Sie umgehend das Supervisor-Interview mit dem oben bezeichneten Angestellten,
der nunmehr 5 Monate der Fa. angehört und in Ihrer Abteilung beschäftigt ist als Fahrer

(1) Wie würden Sie ihn als Arbeitskraft einstufen?
    überdurchschnittlich ☐   gut ☐   mittelmäßig ☒   schlecht ☐
    Bemerkungen: Seine Arbeit ist meistens o. k., aber er nimmt
    sich zu oft frei und kommt häufig zu spät.

(2) Wie steht es um seine Zusammenarbeit mit Kollegen?
    sehr gut ☐   guter Teamworker ☒   reagiert oft negativ ☐
    Bemerkungen:

(3) Hat er sich als Mitarbeiter positiv entwickelt?   Ja ☐   Nein ☒
    Bemerkungen: Habe mit Ihm wegen seiner laxen Zeiteinteilung
    gesprochen, aber er kommt trotzdem oft zu spät.

(4) Ist er für die Arbeit, die er ausführt, geeignet?   Ja ☒   Nein ☐
    Bemerkungen:

(5) Mag er seine Arbeit?   Ja ☒   Nein ☐

(6) Würden Sie ihn ein zweites Mal einstellen?   Ja ☐   Nein ☒
    Bemerkungen: Möchte nicht von solchen Leuten abhängen.

(7) Arbeitet der Angestellte sicher hinsichtlich Unfallverhütung?   Ja ☒   Nein ☐

(8) Besprechen Sie diese Beurteilung mit dem Angestellten. Vermerken Sie seine Reaktion:
    Sagt, er sei nicht oft zu spät gekommen; und wenn, hätte es
    triftigen Grund gehabt.

Datum des Interviews: 25. April   Zurück an: Harold Benson

Unmittelbarer Supervisor: Georg Heller

Zurück an Distrikt am: 26. April

Weitergeleitet an Personalbüro am:

344

Abteilungsinternes Memorandum

Mr. Benson
Distrikt-Manager

MR. BENSON:

Einer meiner Leute vom Gas-Service, Don Jackson, fragte mich wegen einer
zeitweiligen Beurlaubung für nächstes Jahr nach dem 15. Februar, damit er
den Wahlkampf für ein öffentliches Amt führen kann. Er bemüht sich um den
freiwerdenden Sitz in der öffentlichen Planungskommission und scheint Ge-
winnchancen zu haben.

Bitte lassen Sie mir Ihren Bescheid so bald als möglich zugehen, da Jackson seine Kampagne mit seinem Wahlmanager zeitlich festlegen muß. Andererseits kann er es sich nicht leisten, seine Position in der Firma schon vorzeitig oder auch nur zeitweise aufzugeben.

April 22, 19—

LEN FROST
General Foreman

NEVADA POWER COMPANY

Nur für internen Gebrauch

Firmenzweig oder
Abteilung   VP & GM
Akten-Nr.
Antwort auf Schreiben   Mr. J. S. Smith
Betreff

April 19, 19—

MR. BENSON:

Mr. Strong erhielt den Anruf eines wütenden Kunden, Mr. S.
Smith. Er behauptet, von der Nevada Power unfair behandelt worden zu sein;
außerdem hätte er einen Futterschaden in Höhe von $ 20.- erlitten, als man
ihm den Strom sperrte.

Bitte senden Sie mir einen ausführlichen Bericht.

A. J. Swanking

Vice President and General Manager   April 19, 19__
Nevada Power Company
Elko, Nevada

Dear Sir:

Ich schreibe Ihnen, um mich über einen Ihrer Lastwagenfahrer zu beschweren,
der die Kurve vor meinem Haus schnitt und dabei schweren Schaden an meinem
Rasen anrichtete. Ich erwarte von Ihnen, daß Sie die Kosten für den Gärtner
übernehmen und dem verantwortlichen Fahrer, der mir diesen Ärger verursacht
hat, einen Verweis erteilen. Ich verlasse die Stadt in zwei Wochen für eine
kurze Reise und wünsche, den Rasen ausgebessert zu haben, bevor ich fahre.

                                        Nancy Smith

Was ist hier los, H. Benson?   Cherry Street and Wallace Avenue

M. D. Franking

---

                                        635 Washington Street
                                        Elko, Nevada
Mr. Harold Benson
Manager, Elko-Distrikt   April 6, 19__
Nevada Power Company
Elko, Nevada

Dear Mr. Benson:
    Ich habe ein sehr schwieriges persönliches Problem, in das Ihre Gesell-
schaft verwickelt ist. Meine Frau arbeitet als Angestellte in Ihrem Elko-
Büro. Wir waren zwei Jahre lang sehr glücklich verheiratet. Gestern mußte
ich nunmehr erfahren, daß ein anderer Angestellter namens Jim Wilson Sie öf-
ters nach Büroschluß mitnimmt. Sie ist bereits mehrere Abende sehr spät
    heimgekommen.

    Bitte veranlassen Sie Ihren Angestellten, meine Frau in Ruhe zu lassen.

                        Hochachtungsvoll

                        Larry Spaulding jr.

346

NEVADA POWER COMPANY
Nur für internen Gebrauch
Firmenzweig oder
Abteilung   Manager-Büro, Lamoille
Akten-Nr.
Antwort auf Schreiben   Mr. J.S. Smith
Betreff

                                        April 12. 19__.

Mr. H. BENSON:
          Am 5. Dezember rief Herr Smith an und bat um elektrischen
Anschluß für das Anwesen Green Street 13. Er teilte uns außerdem mit,
daß der Anschluß im Hause Red Street 27 ebenfalls auf seinen Namen wei-
terlaufen solle.
          Am 8. März rief Frau Smith an und sagte, daß der Anschluß
mit Wirkung vom 4. März auf ihren Namen übergegangen sei. Wir erwiderten, daß soeben eine binnen 5 Tagen zahlbare Rechnung über insgesamt
$ 50,- an sie abgeschickt worden sei, und zwar für die Zeit vom 5. De-
zember bis 5. März, in welcher nicht eine einzige Rechnung bezahlt worden wäre. Sie erwiderte, daß Herr Smith für Rechnungen bis einschließlich 4. März verantwortlich war, dem Tage des gerichtlichen Zwischenbe-
scheids (Scheidung).
          Am selben 8. März sandten wir daraufhin eine andere Rech-
nung mit 5-Tage-Frist an Herrn Smith in die Green Street 13. Am 19. März
wurde ihm letztmalig per Einschreiben eine 24-Stunden-Frist zur Zahlung
eingeräumt. Da Herr Smith keinerlei Anstalten zu zahlen machte, wurde
ihm der Strom am 25. März gesperrt.
          Herr Smith erschien nunmehr am 26. März in unserem Büro,
und zwar ziemlich aufgeregt. Er erklärte sich bereit, die Schuld in Mo-
natsraten von $ 5,- abzuzahlen, welchen Betrag wir ab 1. April auf seine
Rechnungen für die Green Street 13 aufschlagen sollten. Außerdem schrieb
er uns einen Scheck über $ 20,- aus, zahlbar an „Nevada Power Company",
für seine ebenfalls bereits überfälligen Rechnungen in der Green Street
13. Der Scheck wurde uns am 28. März von der Bank gutgeschrieben.
          Wir haben im April noch keinerlei Zahlungen von Mr. Smith
erhalten. Er hatte uns jedoch gedroht, direkt Mr. Strong anzurufen,
falls wir seinen Strom wieder abschalten würden.
          Ich denke, Sie sollten sich dieser Sache nunmehr selbst
annehmen.

                    R. Samuels

                    R. SAMUELS

NEVADA POWER COMPANY
Nur für internen Gebrauch
Firmenzweig oder
Abteilung   VP & GM
Akten-Nr.
Antwort auf Schreiben
Betreff   Konkurrenzlage

April 3, 19__

Mr. HAROLD BENSON:
          Unsere Versuche, mittels einer einstweiligen Verfügung die
Warm Creek Electrical Comp. daran zu hindern, parallel zu unseren Leitungen
im Wells Valley eine zweite Freileitung zu bauen, sind leider gescheitert.
Wir werden uns nunmehr an das oberste Gericht des Staates wenden.
          Ein Gesetzentwurf als Ergänzung zur bisherigen Rechtsprechung
des Staates Nevada hinsichtlich der öffentlichen Versorgungsbetriebe liegt
bereits beim staatl. Justizdepartment. Wenn dieser Entwurf erst Gesetz ist,
wird es in Zukunft unmöglich sein, daß zu einer bereits bestehenden Versor-
gungsleitung durch Konkurrenten eine zweite gebaut wird.
          Wie Sie wissen, waren wir auch nicht in der Lage, etwas dage-
gen zu unternehmen, als die Warm Creek Comp. einen Vier-Millionen-Dollar-
Kredit zu 2% Zins bekam, der durch die Land-Elektrizitäts-Kommission des
Staates abgesichert wurde. Vielleicht sind wir auch mit unseren Argumenten
gegen die Duplizierung der Leitungen im Wells Valley nicht durchgedrungen,
weil wir selbst den Bau der Freileitung durch das gesamte Tal noch nicht
vollendet haben.
          Wir können nicht erwarten, diesen Zweikampf zu gewinnen ohne
die ausdrückliche Unterstützung der Bewohner des Elko-Landkreises. Der einzige Weg, wie wir mit dieser gewissermaßen halbstaatliche unterstützten Warm
Creek Comp. konkurrieren können ist, leistungsfähiger zu sein und einen bedeutend besseren Service zu bieten als die anderen. Im übrigen müssen wir so
schnell wie möglich unsere Welle Valley-Freileitung fertigstellen.
          Wir tun, was wir können, um dieses Ziel zu erreichen, aber
das ist nicht genug. Was sich auf der lokalen Bühne abspielt, kann möglicherweise den Ausgang der ganzen Situation bestimmen. Wir hängen hier weitgehend davon ab, wie Sie die Situation an Ort und Stelle meistern. Ich erwarte von Ihnen den Vorschlag zu einem Aktionsplan, um diese örtliche
Schlacht zu gewinnen, und zwar spätestens bis zum 18. Mai.

A. J. Swanking

AJS: ji   A.J. SWANKING
                                           Vice President & General Mgr.

348

Wenn Sie die einzelnen Schriftstücke bearbeitet haben, dann schreiben Sie
noch auf:

(1) Jede andere Maßnahme, die Sie ergreifen würden, und die Nicht in unmittel-
barem Zusammenhang mit der Korrespondenz steht;

_____

_____

_____

(2) die Hauptprobleme, denen Sie sich als neuer Distrikts—Manager gegenüber
sehen; und wie Sie versuchsweise die Situation handhaben würden.

_____

_____

_____

349

Fallstudie Nr. 5: »Ein Beförderungs-Problem«

Richard Höhn (57) ist ein Regionalleiter vom »alten Schlag«. Er ist seit 30 Jahren im pharmazeutischen Außendienst tätig. Der Pharma AG gehört er seit 15 Jahren an. Bevor er, vor 7 Jahren, zum Regionalleiter avancierte, erbrachte er ausgezeichnete Umsätze in einem Gebiet, das jahrelang nicht bearbeitet worden war.

Höhns Gruppe »spurt«, wie man so sagt. Sein Führungsstil ist autoritär. Tourenpläne müssen zur Genehmigung eingereicht werden. Höhn kontrolliert seine Mitarbeiter streng und verlangt eine umfangreiche und präzise Berichterstattung. Andererseits ist Höhn zu seinen Mitarbeitern wie ein Vater. Sie verehren ihn trotz seiner Strenge. Die Gruppe ist ausgezeichnet motiviert und befindet sich umsatzmäßig seit Jahren in einer Spitzenposition.

Nun macht sich bei Höhn ein Bandscheibenleiden bemerkbar. Er muß aus Gesundheitsgründen den Außendienst quittieren. Aufgrund von Höhns Verdiensten hat die Geschäftsleitung beschlossen, ihn für den Rest seiner Dienstzeit in der Zentrale zu beschäftigen, und zwar als Koordinator für das gesamte Berichtwesen.

Da die Firma prinzipiell frei werdende Führungspositionen zunächst intern ausschreibt, haben sich zwei Ärztebesucher für Höhns Position beworben: Herr Peters (28) und Herr Krug (26). Beide Herren gehören dem Haus 5 bzw. 4 Jahre an und haben sich als Außendienstmitarbeiter, und zwar in jeder Hinsicht, bewährt. Der Außendienstleiter hat nun zu entscheiden, wer von den beiden befördert werden soll. Er beschäftigt sich deshalb näher mit dem persönlichen Hintergrund der Bewerber und erhält folgendes Bild:

Herr Peters arbeitet in der Gruppe von Herrn Mickey (52), der ebenfalls autoritär führt. Peters zeichnet sich durch Fleiß, Korrektheit und einen nie erlahmenden Willen zur Fortbildung aus. Seine Arztgespräche haben Niveau, und er wird von den Ärzten als Gesprächspartner hoch geschätzt. Im übrigen ist er ein besonders loyaler Mitarbeiter. Mickey hat noch nie Schwierigkeiten mit Peters gehabt und würde es sehr bedauern, einen so fähigen Mann abgeben zu müssen – wenn er sich im Firmeninteresse auch nicht dagegen sperrt.

Herr Krug arbeitet in der Gruppe von Herrn Hoffmann (36). Hoffmann pflegt einen kooperativen Führungsstil. Er läßt den Mitarbeitern Freiheit in der Einteilung ihrer Touren. Sonderaktionen werden in einer

Gruppendiskussion vorbereitet. Auch Hoffmanns Gruppe gehört umsatzmäßig seit Jahren zu Spitze. Herr Krug wird von Hoffmann über den Schellenkönig gelobt, weil er fleißig und ehrgeizig ist und voller Ideen steckt. Die Gruppe verdankt ihrem Kollegen Krug viel; weil von ihm in der Vergangenheit Anregungen kamen, die der gesamten Gruppe immer wieder Spitzenumsätze einbrachten. Er ist auch wegen seines ausgeglichenen Wesens bei allen gleichermaßen beliebt.
Bitte beantworten Sie folgende Fragen:
1. Welchen der beiden Bewerber sollte der AL der Geschäftsleitung als Nachfolger Höhns vorschlagen?
2. Womit begründen Sie Ihre Entscheidung?
3. Angenommen, Herr Krug würde befördert: welchen Führungsstil sollte er praktizieren?

Fallstudie Nr. 6: »Konflikt im Betonwerk«

Das Betonwerk einer südd. Baufirma wird seit acht Jahren von Dipl.-Ing. *Hans Markig* geleitet. Markig ist 57 Jahre alt und gehört der Firma seit 22 Jahren an. Ohne Zweifel hat er sich, vor allem in der Nachkriegszeit, Verdienste um die Firma erworben. Sein Pflichtbewußtsein und seine Loyalität sind ihm von seiten der Geschäftsleitung stets hoch angerechnet worden. Mit einem Wort: Markig ist ein »Mann der alten Schule«, auf den man sich verlassen kann. Auch in den Zeiten des sog. Baubooms hat er jeden Fertigungstermin eingehalten.
Mittlerweile haben sich die Verhältnisse geändert. Das Werk ist im Schnitt nur zu 60% ausgelastet, und einige Mitarbeiter mußten entlassen werden. *Direktor Hirmer,* der in der Geschäftsleitung u. a. für das Betonwerk verantwortlich ist, hörte in den letzten Monaten verschiedentlich Berichte (von dritter Seite), daß das Betriebsklima im Betonwerk nicht mehr so gut sei wie früher. Vor allem soll es ständig Reibereien zwischen Markig und dem Meister *Sepp Katzmayr* geben, der für eine Betoniergruppe mit vier Deutschen und acht Gastarbeitern zuständig ist.
Katzmayr ist ein erfahrener Polier, 38 Jahre alt und seit sechs Jahren bei der Firma. Er versteht es in einer ausgesprochen intuitiven Art, Mitarbeiter richtig anzuleiten. Obwohl er Gastarbeiter aus Spanien, Italien und Griechenland in seiner Partie hat, gab es nie Schwierig-

keiten. Er wagte es sogar, vor vier Jahren einen Norditaliener zum Vorarbeiter zu machen – was auch von den vier Deutschen voll akzeptiert wurde. Schon kurz nachdem Katzmayr diese Partie übernommen hatte, verbesserte sich die Qualität der Fertigteile, und auch das Soll wurde immer überschritten. So bürgerte es sich ein, daß unter den vier Meistern im Betonwerk Katzmayr stets mit den diffizilsten Aufträgen betraut wurde.

Markig ist der Meinung, daß in der augenblicklichen Situation innerhalb des Betonwerkes Reparaturarbeiten an Gebäuden und Straßen ausgeführt werden sollten, zu denen man in früheren Jahren einfach keine Zeit hatte. So erteilte er in seinen routinemäßigen Besprechungen am Montagmorgen den vier Meistern Anweisung, welche Gruppe welche Arbeiten auf dem Werksgelände durchzuführen hätte. Bei den übrigen drei Meistern gibt es keine Komplikationen – doch bei Katzmayr stößt Markig auf Widerstand.

Katzmayr ist der Meinung, daß seine »hochkarätigen Spezialisten« zu schade für solche »Dreckarbeiten« wären. Er fordert, daß seine Partie auch weiterhin nur Betonierarbeiten ausführen sollte. Sollen doch andere, vor allem die Partie des Meister Urbanek, die nie Spitzenqualität lieferte, diese Reparaturarbeiten übernehmen!

Dir. Hirmer begibt sich eines Tages ins Betonwerk und spricht mit Markig. Er erwähnt zunächst nichts von den Klagen, die er gehört hat. Erst als Markig sagt, im Werk sei alles in Ordnung, meint Hirmer, er hätte da etwas läuten gehört von Differenzen zwischen Markig und Katzmayr.

Markig braust sofort auf, daß in der Zentrale solche »Parolen« über ihn verbreitet würden. Schließlich räumt er ein, es gäbe da gewisse Schwierigkeiten, weil der »größenwahnsinnige Katzmayr« sich für bestimmte Arbeiten zu gut sei. Aber schließlich könne es sich Katzmayr in der heutigen Zeit nicht lange leisten, gegen die klaren Anweisungen des Werksleiters zu opponieren. Er, Markig, werde diesem »aufsässigen Bruder« schon »Raison beibringen«!

Hirmer geht daraufhin zu Katzmayr. Dieser macht aus seinem Herzen keine Mördergrube. Es sei an der Zeit, meint er, daß Markig seinen »Militärton« endlich ablege, den er sich als Leiter von Großbaustellen bei der »Organisation Todt« angewöhnt hätte. Wenn er, Katzmayr, seinen Leuten gegenüber auch so verfahren würde, dann hätte er ständig Aufstand in seiner Partie. Im übrigen ließ Katzmayr durchblicken, daß er von seiner früheren Firma, einer der größten deutschen Baugesellschaften mit Sitz in Frankfurt, ein Angebot erhalten hätte, auf eine Baustelle nach Saudi-Arabien zu gehen. Da Katzmayr Junggeselle ist, gefällt ihm dieser Gedanke gar nicht so schlecht. Jedenfalls würde er lieber »in die Wüste emigrieren« als sich die Schikanen Markigs ewig gefallen zu lassen. Er, Katzmayr, »sei schließlich auch wer« und lasse sich von einem Werksleiter, der seine Arbeitszeit »im Büro abhocke«, nicht ständig »in die Pfanne hauen«.

Dir. Hirmer geht nach diesem Gespräch beunruhigt zurück zu Markig. Die Firma hat soeben wieder einige größere Aufträge hereinbekommen. Nach Hirmers Ansicht kann man es sich nicht leisten, den besten Meister im Betonwerk gehen zu lassen, nur weil es rein persönliche Reibereien zwischen ihm und dem Werksleier gibt.

Bitte beantworten Sie folgende Fragen:
1. Kann man sagen, daß sich Dipl.-Ing. Markig dem Katzmayr gegenüber *generell* falsch verhalten hat?
2. Was würden Sie an Dir. Hirmers Stelle Herrn Markig in punkto »Motivation von Mitarbeitern« für Ratschläge erteilen?

Fallstudie Nr. 7: »Das Problem Emil«

Emil betrachtet neu auftretende Probleme im Licht der gesammelten Erfahrungen. Da er ja nicht jünger wird, nimmt er die Dinge mit etwas mehr Gelassenheit. Er empfindet es nicht mehr als Schicksalsschlag, wenn er bei der Beförderung innerhalb des Unternehmens einmal übersehen wird. Es wäre für ihn jedoch eine Katastrophe, wenn ihm eine wirklich große Sache mißlänge und er dafür kritisiert würde. Dies würde seinen mühsam erkämpften Status gefährden.

Es hat Emil viele Jahre gekostet, bis er endlich Abt.-Leiter wurde. Die meisten seiner früheren Arbeitskollegen stehen noch immer an den Maschinen. In deren Augen – wie auch in seinen eigenen – ist er ein erfolgreicher Mann.

Emil hat sich mit dem Gedanken abgefunden, daß er nie Unternehmensleiter werden wird. Dies ist ihm besonders deshalb klar, weil jüngere Herren ihn oft schon auf der Stufenleiter des Unternehmens überholt haben. *Das wichtigste für Emil ist, seine Stellung als Produktions-chef nicht zu verlieren.*

Die jungen Abt.-Leiter sind ganz anderer Meinung. Es käme ihnen nicht in den Sinn, ihr ganzes Leben lang Produktionsleiter zu sein. Sie können es sich leisten, Risiken mit neuen Methoden einzugehen. Aber Emil ist schon zu alt und zu lange im Dienst, um noch an Risiken interessiert zu sein. (Er ist 31 Jahre in der Firma, seit 14 Jahren Produktionschef und wird in 6 Jahren pensioniert).

Emil wendet also äußerste Vorsicht an, um seine Flanken zu schützen. Seine Sicherheit ist nicht durch die üblichen, ständig auftretenden Schwierigkeiten bedroht. Er hat seine Arbeit schon so viele Jahre ver-richtet, daß er mit den Problemen des Produktionsalltags gut fertig wird. *Derartige Probleme können nie eine Gefahr für seine Sicherheit bedeuten. Aber etwas Unbekanntes und bisher noch nicht Versuchtes könnte ihn gefährden.*

Problem: Aufgrund der Marktsituation ist die Firma gezwungen, noch rationeller zu produzieren – vor allem, um ihren hohen Export-anteil von 40% der Fertigung nicht zu verlieren. Die GL hat sich deshalb entschlossen, ganz neue Fertigungsmethoden einzuführen, mit einer »neuen Generation« vollprogrammierter Maschinen. Es ist allen klar, daß der altbewährte Produktionschef Emil den Anforderungen der Um-stellung nicht gewachsen sein wird.

Frage: Was könnte getan werden, um Emil »pro forma« als Produktions-chef zu belassen? Wie könnte man ihm die neue Entwicklung psycho-logisch geschickt verkaufen?

Training mit dem Video-Recorder

Wenn einem als Schulungsleiter von der Geschäftsleitung die Anschaffung eines Video-Recorders (oder gar eines Tele-Studios) genehmigt wird, sollte man nicht in Freudensprüngen das nächstbeste Elektrohaus aufsuchen, sonder sich zunächst einmal Gedanken über den optimalen Einsatz dieses Mediums machen. Worauf kommt es beim Schulen mit dem Video-Recorder, dem sog. »Tele–Training«, an?
Vielleicht helfen Ihnen folgende Erfahrungen weiter:

1. Es ist falsch, den Video-Recorder zur Vermittlung neuen Wissens einzusetzen. *Verhalten* sollte mit ihm geübt werden – sonst nichts!
2. Wer sich auf dem Bildschirm gesehen hat, bekommt zum *ersten Male in seinem Leben* einen wahren Eindruck von seiner Wirkung auf andere. Vor allem in der Kombination von Bild und Sprache (»Mein Gott, rede ich ein gschertes Bayrisch! Was – das ist meine Stimme? Wieso zucke ich eigentlich immer mit der linken Schulter?«). Dieses Erlebnis ist unvergeßlich (und zuweilen schockierend).
3. Viele Menschen haben Furcht davor, sich so zu sehen, wie sie sind! Diese Furcht gilt es zunächst einmal abzubauen. Dies geschieht m. E. am besten durch Aufnahme einer Gruppendiskussion. Man gebe den Teilnehmern ein »heißes Thema« zum Diskutieren, z. B.:
»War die Entscheidung des Papstes gegen die Pille politisch klug oder unklug?«
»Haben wir mit den Ostverträgen unabdingbare Rechte aufgegeben?«
»Stimmen Sie der Auffassung zu, daß am Drogenmißbrauch unserer Jugendlichen ausschließlich die Eltern schuld sind?«
Und so weiter.

Bei diesen Themen engagieren sich die Teilnehmer in aller Regel stets so, daß sie nach kurzer Zeit die Kamera vergessen haben. Wesentlich ist bei einer derartigen Übung, daß der (vorher bestimmte) Diskussionsleiter geschickt agiert. Er muß vor allem dafür sorgen, daß jeder Teilnehmer seine Meinung darlegt.

Spielt man in der Gruppe hinterher die Szene am Bildschirm vor, darf man mit Lob nicht sparen! Man hebe die intelligenten Bemerkungen zum Thema, die natürliche Gestik, das nette Lachen etc. ausdrücklich hervor. *Man vermeide tunlichst, in diesem ersten Stadium des Tele-Trainings Schwächen einzelner Teilnehmer anzusprechen.*

4. Die ersten Rollenspiele sollten so kurz wie möglich sein und eine Minute nicht überschreiten. Fehlerhaftes Verhalten eliminiert man schrittweise, indem man die gleiche Situation einige Male hintereinander durchspielen läßt und jeweils die Verbesserungen hervorhebt. Sehr eindrucksvoll ist es auch, wenn man am Ende eines Tele-Seminars die unsicheren Schritte vor der Kamera beim »ersten Auftritt« dem gekonnten Agieren am Schlusse des Seminars gegenüberstellt. Dabei sieht der Teilnehmer seine Fortschritte und geht mit stolzgeschwellter Brust, d.h. aber mit einem gestärkten Selbstvertrauen, nach Hause.

5. Man weise die Teilnehmer am Beginn eines Tele-Trainings stets darauf hin, daß die Aufzeichnungen wieder überspielt werden; *kein Fremder bekommt sie zu sehen* – vor allem die Firmenleitung nicht!

6. Es ist ein Kunstfehler, beim erstmaligen Üben vor dem Video-Recorder Vorgesetzte der Teilnehmer miteinzubeziehen. Das Ergebnis sind verkrampfte Aktionen und allgemeine Frustration.

7. Die Reihenfolge der Übungen vor dem Video-Recorder, falls es sich um Tele-Neulinge dreht, sollte also lauten:
   1. Gewöhnung an das neue Medium durch Gruppenaktion;
   2. Darstellung einfacher Situationen von Minutenlänge;
   3. Schwierige Rollen mit exakter Zielsetzung.

8. Trainingsgruppen vor dem Video-Recorder sollten maximal sechs Personen umfassen; hat man stärkere Lehrgänge, teile man sie in Sechsergruppen auf und lasse sie rotieren; d. h., nur eine Gruppe hält sich im Aufnahmeraum auf; die anderen werden separat beschäftigt.

9. Wesentlich ist, daß Neulinge vor der Kamera *so oft wie möglich* agieren müssen. Je mehr »Auftritte« einer hat, desto mehr verliert die Sen-

sation des Neuen ihre Wirkung. Bei der dritten oder vierten Übung beginnt die eigentliche Arbeit, d. h. die Konzentration auf die Aufgaben der Rolle.

10. Der größte technische Vorteil des Video-Recorders liegt in seiner Einsetzbarkeit in jedem normal ausgeleuchteten Raum. Ideal ist natürlich ein richtiges Studio – das man jedoch niemals ohne fachmännische Beratung einrichten sollte.

11. Der größte Fehler bei der Einrichtung von firmeneigenen Tele-Studios ist die *unklare Zielsetzung*. Wen will man schulen? Wie hoch ist die Schulungsfrequenz? Welche Schulungsziele sollen erreicht werden? Nur die primäre Klärung dieser Fragen verhindert Fehlinvestitionen, Ärger beim Training und allgemeine Frustration – bei der Geschäftsleitung wie beim Teilnehmer! Vom lädierten »Image« des Schulungsleiters gar nicht zu reden . . .

Die Funktion des Ausbilders beim Video-Training

Es gibt Firmen, die großzügig Gelder für die Einrichtung eines modernen Schulungszentrums genehmigen, wobei vor allem an der Ausstattung mit AV-Geräten nicht gespart wird. Oft läßt man sich von cleveren Verkäufern, die besonders ihre »Beraterfunktion« in den Vordergrund rücken, eine Menge Software, d. h. vorgefertigte Video-Bänder, aufschwätzen. Und dann kann die Schulung beginnen. Und der Trainer? Ach ja – den braucht man vor allem zur Begrüßung der Teilnehmer, zum Bedienen der Geräte und zur Überwachung des Zeitplanes . . .

Übertreibung? Natürlich! Schließlich lesen Sie ein pädagogisches Lehrbuch, verehrter Trainer-Kollege! Und in der Pädagogik ist gelegentliche Überspitzung in der Formulierung ein notwendiger Bestandteil. Doch lassen Sie uns die Gelegenheit nutzen, über das schon besprochene »Anforderungsprofil für Ausbilder« (4. Kapitel) hinaus einmal die Frage zu ventilieren: Welche Funktion hat eigentlich ein Trainer heutzutage, der im Rahmen des sog. Medienverbundes arbeitet? In diesem Rahmen ist er ohne Zweifel ein Medium unter anderen; nämlich insofern, als den Seminarteilnehmern der Stoff durch Vortrag des Trainers, durch PU, durch Dia-Projektion bzw. Tonbildschau, durch Lehrfilm oder Video-Software vermittelt wird. Aber: *es ist ein Denkfehler, den Trainer nur als »ein Medium unter anderen« zu sehen!*

Ich darf zu diesem Punkt JÜRGEN WASSERMANN von der Sparkassenakademie in Bonn zitieren: »Die Vorstellung, der Einsatz technischer Medien zur Schulung könnte zu einem weitgehenden Verzicht auf qualifizierte Trainer und damit zu einem »personenlosen«, »objektiven« (was immer auch darunter verstanden wurde) Schulungsverfahren führen, war so etwas wie Folge und Ursache modernen Wunderglaubens, der das Heil der Zukunft (auch in Schulungsfragen) durch die Technisierung (auch der Schulung) gesichert sah. Die Wirklichkeit (auch der Schulung) hat diesen Wunderglauben zerstört. *Audio-visuelle Schulung heißt nicht trainerlose Schulung, sondern setzt vielmehr einen qualifizierten Trainer voraus.* Dies einzusehen, ist die erste Voraussetzung, um den gewünschten AV-Schulungs-Erfolg zu sichern.« (Ende des Zitats. Unterstreichung von mir.).

Schließlich sei in aller Klarheit hervorgehoben, daß ein »Trainer« mit einem herkömmlichen »Lehrer« gar nichts gemein hat! Der Trainer in der Erwachsenen-Schulung sollte sich in erster Linie als »Moderator« verstehen, der drei Voraussetzungen erfüllen muß:

1. *Er sollte sein »Handwerkszeug« beherrschen;* dazu gehört in unserem speziellen Falle, daß er mit den einzelnen Medien eines »Medienverbundes« umgehen kann. Was nutzen beispielsweise fotografisch hochwertige Dias, wenn sie der Trainer so langweilig kommentiert, daß den Seminarteilnehmern »die Füße einschlafen«? Was nützt eine aufwendige AV-Anlage, wenn der Trainer Möglichkeiten und Grenzen dieses Mediums nicht kennt?

2. Er sollte *Einfühlungsvermögen* und Kenntnisse psychologischer Grundtatsachen haben, um die gruppendynamischen Prozesse im Seminar erkennen und *steuern* zu können.

3. Er sollte ein *unbestrittener Fachmann* in jenem Bereich sein, in dem er schult (z. B. Verkauf, Führungstechnik, Betriebswirtschaft, etc.). In jedem Seminar tauchen fachliche Streitfragen auf, und plötzlich schaut die ganze Gruppe erwartungsvoll auf den Trainer: was sagt *er* dazu? Wenn dann der Trainer nicht in der Lage ist, gleichsam von einem übergeordneten Standpunkt aus ganz bestimmte Empfehlungen zu geben, ist seine Autorität erschüttert. Deshalb haben sich – nach meiner persönlichen Meinung – jene Trainer am besten bewährt, die nach erfolgreicher beruflicher Praxis »auf Trainer umsattelten«.

Dieser dritte Punkt kommt um so mehr zum Tragen, je höher Niveau und Qualifikation der Seminarteilnehmer sind. Wählen wir als Beispiel das »Management-Training«, wo Führungskräfte der mittleren und höheren Ebene im Seminar sitzen. Dazu bemerkt MANFRED MICHAEL, ebenfalls an der Sparkassenakademie in Bonn: »Die oben genannten Prinzipien der Schulung von Führungskräften machen deutlich, daß ein sensibler und flexibler Trainer trotz aller Hilfsmittel unerläßlich ist. *Oft genug stehen für die Schulung eine exzellente Hardware und eine brauchbare Software zur Verfügung, aber es fehlt der Trainer, der den gesamten Schulungsinput – einschließlich Wissen und Erfahrung der Teilnehmer – in effizienter Weise verarbeitet.*« (Ende des Zitats. Unterstreichung von mir.). Ich hatte ja an anderer Stelle dieses Buches bereits darauf hingewiesen, daß in unserem Lande *gute* Trainer niemals über mangelnde Beschäftigung zu klagen haben werden.

Ich darf an dieser Stelle (vor allem den jüngeren Trainern) noch das »Handbuch des audio-visuellen Lehrens und Lernens« von Professor GÜNTER ASHAUER empfehlen, dem auch obige Zitate entnommen sind. Es stellt in übersichtlicher Weise, von einem Team von Praktikern geschrieben, jene Gesichtspunkte zusammen, die beim Umgang mit audio-visuellen Medien berücksichtigt werden sollten: von den pädagogischen und technischen Voraussetzungen bis zum praktischen Einsatz im Seminar.

Checklisten zum Tele-Training.

Im folgenden präsentiere ich Ihnen, verehrter Leser, noch eine Auflistung von Gesichtspunkten, deren Beachtung den Einsatz des Video-Recorders erleichtern soll; vor allem: die geistige Vorbereitung auf die Schulung!

Was bezweckt Teletraining?
1. Sicherheit vermitteln
2. Haltung und Verhalten bestärken
3. Zur Selbstkritik anregen
4. Zum Nachdenken und Umdenken anregen
5. Details sichtbar machen
6. Bekanntes bewußt machen
7. Bewährte Methoden sichtbar machen
8. Positives durch Lob verstärken

9. Kritik neutralisieren
10. Neue Verhaltensweisen entdecken lassen
11. Das Richtige sichtbar und bewußt machen
12. Wissen und Verhalten speichern und reproduzierbar machen.

Was will Teletraining nicht?
1. Menschen verändern
2. Eigenheiten bloßstellen
3. Fehler verstärken
4. Unsicher machen
5. Verhalten normieren
6. Die Praxis imitieren
7. »Theater spielen«.

Was erwartet der Seminarteilnehmer, wenn ihm erst einmal die Angst vor der Kamera genommen worden ist, vom Teletraining?
a) Individueller Erlebnisprozess:
   Der Teilnehmer will   sich sehen,
                     sich hören,
                     sich beobachten,
                     sich erleben,
                     sich erkennen,
                     sich verstehen,
                     sich kontrollieren,
                     sich anpassen,
                     sich ändern,
                     sich verbessern.

b. Der Teilnehmer will   sich vergleichen
                     mit anderen,
                     mit dem, was er von sich glaubt,
                     mit dem, was er von sich weiß,
                     mit dem, was er von sich erwartet,
                     mit dem, was er erreichen will.

c. Der Teilnehmer kann aufgrund des Erlebnisses vor dem Monitor
                     sich selbst ändern,
                     sich selbst kritisieren,

sich selbst beurteilen,
sich selbst neu einstellen,
sich selbst weiterbilden,
sich selbst neue Ziele setzen.

Nach welchen Gesichtspunkten sollte die *Analyse vor dem Monitor* durchgeführt werden?

1. Körpersprache (Haltung, Gestik, Mimik)
2. Augenkontakt
3. Artikulation (deutliche oder undeutliche Sprechweise; Dialekt)
4. Wortschatz (Umfang, Bildhaftigkeit, Prägnanz, Fremdwörter)
5. Satzbau (kurz, langatmig, umständlich, geschraubt etc.)
6. Wurde das Ziel des Gesprächs erreicht?
7. Wie war das Gespräch aufgebaut?
8. Wie wurden die einzelnen Gesprächstechniken beherrscht bzw. eingesetzt? (Fragetechnik, aktives Zuhören, Einwandtechnik)
9. Wurden auch Gefühle angesprochen?
10. Wurde die vorgesehene Motivation des Kunden erreicht? (Hat er alles verstanden? Konnte er das Gehörte akzeptieren? Wird er in der gewünschten Form agieren?).

Das Lemniskate-Training

Zur Einführung: Ein neues Paradigma

Sechzehn Jahre nach der Erstauflage meines »Train the Trainer« entwickelte ich das »Lemniskate-Training« – als notwendige Ergänzung. Denn wenn die Informationen des zum Standardwerk gewordenen »Train the Trainer« eine ausgezeichnete Starthilfe für »Beginner« ist, so erweitert das »Lemniskate-Training« das Spektrum für erfahrene Praktiker. Um es ganz schlicht auszudrücken: Ich habe aufgrund meiner Trainingserfahrungen (und einer geänderten Einstellung zum Leben) die Schwerpunkte der Seminararbeit verlagert. Davon, wie und warum ich das getan habe, handelt dieses 8. Kapitel.

Kein Mensch, der das Denken gelernt hat, kann ohne ein Wertsystem existieren, das ihn trägt. So bin ich denn, nach vielen Irrwegen des Suchens, bei »der Esoterik« gelandet. Und weil ich mich in diesem Glaubensbereich wohlfühle, versuche ich, esoterische Forderungen auch zu leben. Das ist genau so, wie wenn ein Christ versucht, sein Leben nach der Bergpredigt einzurichten ...

So versucht ein Esoteriker, wie dies der bedeutende Mystiker Georg Iwanowitsch Gurdjieff immer gefordert hat, *wach* durchs Leben zu gehen, nicht schlafend. Zuweilen habe ich den Eindruck, daß einzelne meiner Zeitgenossen schon lange gestorben sind – sie wissen es nur nicht! Deshalb hat mich nebenstehendes Bild aus einer amerikanischen Anzeige des Jahres 1970, die mir Jahre später beim Aufräumen meines Archives »zufällig« wieder in die Hände gefallen ist, so beeindruckt.

Nun leben wir in einer Zeit der konditionierenden Manipulation, was sich u.a. dadurch zeigt, daß die Menschen dem Denken immer mehr aus dem Wege gehen. Es ist ja auch bequemer, vorgekaute Meinungen aus »BILD« und »BUNTE« zu konsumieren und sich abends, nach des Tages Mühen, vor der Glotze durch von Jahr zu Jahr seichter werdende Programme »unterhalten« zu lassen. Ich bin der Meinung, daß so ein »Leben« eines intelligenten Menschen unwürdig ist. Und da ich »Trainer« immer als einen besonderen Menschenschlag betrachtet habe, nämlich als Multiplikatoren einer positiven Lebensphilosophie, sollte sich diese Einstellung auch in den Seminaren niederschlagen. »Konventionelle Seminare« entsprechen nicht mehr den Erfordernissen des beginnenden Wassermann-Zeitalters.

Die »Lemniskate« ist das esoterische Symbol der ausgewogenen Polarität im gesamten Universum. Insofern ist sie mit dem chinesischen Yin-Yang-Prinzip verwandt. Mein Anliegen ist es, diese philosophische Grundeinstellung auf die Seminarpraxis zu übertragen. Inwieweit mir dies gelungen ist, muß jeder Leser selbst beurteilen. Jedenfalls bin ich aufgrund meiner bisherigen Praxis der Meinung, daß ein Seminar »im Zeichen des Lemniskate« für Trainer *und* Teilnehmer nur Vorteile mit sich bringt.

Dieses 8. Kapitel erschien, als von der Aufmachung her bescheidenes Trainer-Handbuch in meinem eigenen Verlag für Manuskriptdrucke, nicht ohne Grund! Denn: ein Sachbuch muß nicht langweilig sein! So ein Buch sollte den einmaligen Persönlichkeitsstempel seines Autors tragen! Deshalb habe ich eigene Grafiken, nämlich »Arbeitsblätter« aus meinen Seminaren, als Anschauungsmaterial beigefügt. Mir kam es nie auf die »Schönheit« einer Zeichnung an, sondern ausschließlich auf ihre Aussage.

Ein »Paradigma« ist ein »Denkrahmen«, der vor allem aus Programmen und Vorurteilen besteht. Und da jeder von uns jahrzehntelang innerhalb »eingefleischter« Paradigmen gedacht hat, ist es sehr schwierig, ein Paradigma zu ändern...

Ich hoffe indessen, verehrte Kollegen beiderlei Geschlechts, daß Sie die Lektüre des vorliegenden »liberalen Textes« zumindest amüsiert. Sollte es mir gelingen, den einen oder anderen zum Reflektieren seiner bisherigen Seminartechniken zu verführen, und, als Folge davon, eine Änderung überholter Paradigmen in Angriff zu nehmen, wäre ich überglücklich! Und natürlich bin ich für jede Art von Feedback dankbar!

1. Das Tao

Mit Blick auf das vermutlich älteste Buch unseres Planeten, das »Buch der Wandlungen (I GING)«, schrieb Bertrand Russel schon vor vielen Jahren:

Ich glaube, wenn wir uns in dieser Welt heimisch fühlen wollen, müssen wir Asien einen gleichwertigen Platz in unserem Denken einräumen. Ich weiß nicht, welche Veränderungen das mit sich bringen wird, aber ich bin überzeugt, daß sie tiefgehend und von größter Bedeutung sein werden.

R.L. Wing beginnt sein »Arbeitsbuch zum I Ging« mit einem Zitat aus Ovid's »Metamorphosen«:

Es gibt nichts Beständiges im Universum. Alles ist Ebbe und Flut, jede Gestalt, die geboren wird, trägt in ihrem Schoß den Keim des Wandels.

Dieses Ovid-Zitat weist darauf hin, daß einzelne gebildete Römer »asiatisches« Gedankengut kannten, innerlich verarbeitet und akzeptiert hatten. Von den Griechen vor ihnen, z.B. von Heraklit und Pythagoras, ganz zu schweigen ...

Nun sollte jenes »mystische« Gedankengut, das heute in esoterischen Kreisen gepflegt wird, weitverbreitet werden. Weil es, in erster Linie, in die Praxis des täglichen Lebens integriert gehört. Deshalb wollen wir uns jetzt gemeinsam einen Weg (= Tao) in die Alltagspraxis erarbeiten.

Das folgende Symbol für den Kosmos, mit seinen kompensatorischen Polaritäten YIN und YANG, ist heute allen gebildeten »Westeuropäern« bekannt. R.L. Wing schreibt dazu a.a.O.:

Das Symbol zeigt die Teilung des Kosmos, in sein negatives und sein positives Element, **die nur zusammen ein Ganzes bilden.** Als der Kosmos sichtbare Gestalt annehmen wollte, so berichtet das I GING, teilte er sich in zwei gegensätzliche Kräfte: Yin und Yang. Aus der Wechselbeziehung des negativen Yin mit dem positiven Yang entstand alles Existierende. *Die runden Flecken sind die Keime der Veränderung, die permanent stattfindet* – entsprechend dem Gesetz vom Umschlagen ins Gegenteil und dem der periodischen Wiederkehr. Durch diese ständige Veränderung im kosmischen Kräftespiel entsteht das Leben und das Leben wiederum gestaltet mit schöpferischer Energie den Kosmos.

Yin und Yang stehen für den Dualismus, der in allem vorhanden ist: in den gegensätzlichen Ladungen der Atomteilchen wie im Bewußten und Unbewußten der menschlichen Psyche. Diese Dualität ist eine grundlegende Erkenntnis sowohl im alten chinesischen wie auch im modernen wissenschaftlichen Denken. (Ende des Zitats. Hervorhebung von mir.)

Nun ist es nicht schwierig, eine Brücke vom Denken des I Ging zu jenem indischen Denken zu schlagen, das sich unter anderem in der »Lemniskate« manifestiert. Wir können nämlich im Geiste das kosmische Symbol des I Ging »aufdröseln«:

Graphisch vereinfacht
sieht das dann so aus:

1.2 Die Lemniskate und ihre symbolische Aussage

»Lemniskate« kommt vom griechischen »Lemniskos = wollenes Band«. In der Mathematik versteht man darunter eine algebraische Kurve 4. Drehung. Falls Sie das verstehen, verehrter Leser; ich kapiere das nicht... Die Lemniskate hat die Form einer liegenden Acht und steht für »unendlich«.

366

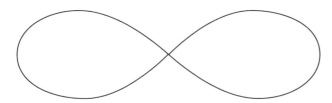

In den alten Geheimlehren der Menschheit hat die Lemniskate eine spezielle symbolische Bedeutung.

Es ist eine Eigenschaft der Lemniskate, daß sie die Augen sofort dazu anregt, ihrer geschlossenen Linienführung zu folgen und in einer scheinbaren Unendlichkeit immer wieder von neuem die gleiche Bewegung zu vollziehen.

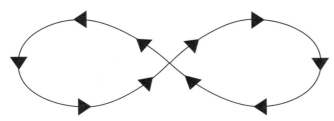

Diese andauernde Bewegung ist es, die sie zum gleichzeitigen *Symbol der Unendlichkeit und des Neubeginns* macht.

Fazit: Die Lemniskate ist Ausdruck einer vollendeten Harmonie, deren Ausgewogenheit sich in den beiden gleichgroßen Schleifen offenbart. Aber die Lemniskate ist kein statisches Symbol. Sie ist kein in sich ruhender Zustand, sondern sie ist ebenso sehr *Ausdruck von Dynamik und Bewegung, die sich rhythmisch und zyklisch äußern.* Im Kreuzpunkt der Lemniskate erfährt ihre schwingende Bewegung immer wieder eine gegenläufige, also polare Begegnung. Deshalb spricht man auch von einer Plus(+)-Schleife und einer Minus(−)-Schleife.

Wenn wir, wie die »Eingeweihten« der alten Geheimlehren, von der These ausgehen, daß die Lemniskate die Symbol-Struktur darstellt, an der die große kosmische Ordnung erkannt und definiert werden kann, dann lassen sich darüber folgende Aussagen machen:

- Die große kosmische Ordnung bildet eine in sich geschlossene Einheit, deren Anfang und Ende nicht erkennbar ist.
- Sie ist in einer immerwährenden Bewegung begriffen, deren Art wir als rhythmisch oder zyklisch erkennen können.

● Diese Bewegung resultiert aus dem Spannungsfeld zwischen zwei entgegengesetzten Polen (Plus- und Minus-Schleife), die sich im Gleichgewicht befinden müssen, da sonst eine rhythmisch-zyklische Bewegung nicht möglich wäre.

> Das bedeutet aber, daß das Prinzip der Balance, die Ausgewogenheit, das alles durchdringende Grundgesetz der großen kosmischen Ordnung ist.

2. Die Bedeutung der Lemniskate für das Geschehen jeder Art

Wenn wir die Lemniskate als Ganzheitssymbol verstehen, das in sich die gesamte kosmische Ordnung verkörpert und enthält, dann gilt auch: *alles, was geschieht, kann in der Form der Lemniskate betrachtet und mit ihrer Dynamik erfaßt werden.* Beispiele:

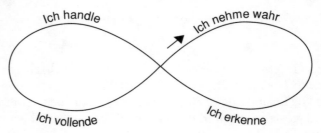

Der Kreuzungspunkt der beiden Schleifen kann als Ausdruck des reinen Seins mit »Ich bin« bezeichnet werden.

Auch die Lebensäußerung des Menschen, die vielleicht von allen die größte Dichte und höchste Intensität aufweist, die sexuelle Begegnung, kann in der Form der Lemniskate ausgedrückt werden:

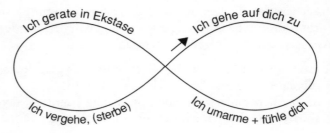

368

Man kann also das Gesetz der Balance, wie es in den gleich großen schwingenden Schleifen zum Ausdruck kommt, überall in der Natur *als ein absolutes Gesetz beobachten, dem nichts und niemand sich entziehen kann* und das sich mit konsequenter Unerbittlichkeit erfüllt. Der Mensch hat im Grunde nur die Möglichkeit, selbst diesem Gesetz entsprechend aktiv zu leben oder es passiv zu erfahren und zu erleben. Daraus ergibt sich eine der wichtigsten Wahrheiten:

Wer nicht lebt, wird gelebt.

So weit, verehrte Leser, etwas »Basiswissen« über die Lemniskate und ihren Ursprung. Ich verdanke diese Informationen, wie auch den größten Teil meines esoterischen Wissens, dem dreibändigen Werk von Hans-Dieter Leuenberger »Schule des Tarot«. Auch die Lemniskate-Abbildungen mit Texten entstammen diesem tiefgründigen und jedem Suchenden zu empfehlenden Werk.

3. Vorstellungsbilder beherrschen unser Leben

Vorbemerkung: Unsere Welt kann heute nur durch »holistisches«, d.h. ganzheitliches Denken begriffen werden. Dies erfordert, daß wir uns bei logischer oder kreativer Bewältigung von Problemen in verschiedenen Disziplinen der Natur- und Geisteswissenschaften umsehen. Wir betrachten also beispielsweise ein pädagogisches Problem als auch von der Psychologie, der Medizin und der Soziologie tangiert. Werfen wir also zunächst einen Blick auf ein Gebiet, verehrter Leser, das jedem »Normalbürger« suspekt ist: auf die »Geistheilung«.

3.1 Erfahrungen aus dem Gebiet der »Geistheilung«

- Gemeinsames Element aller Geistheilungen ist die aktive Teilnahme des Patienten. Das heißt, der zu Heilende wird auch zum Heiler, während dem Schamanen die Rolle des Mentors zukommt.
- Die sog. transpersonale Heilung geht von der Voraussetzung aus, daß das Bewußtsein einer Person auf die Gesundheit einer anderen einwirken kann – auf Informationskanälen, die uns noch ein Rätsel sind.

● Voraussetzung für jede erfolgreiche Geistheilung ist eine Atmosphäre voller Vertrauen und eine positive Erwartung.

Wenn Sie also, lieber Trainerkollege, mal wieder das Wort »Schamane« hören, dann denken Sie nicht nur an einen federgeschmückten Medizinmann, der in stampfendem Tanz den Staub seines dörflichen Heimatbodens aufwirbelt. Überlegen Sie lieber, wie Sie dessen erfolgreiche Heilmethoden möglicherweise auf Ihre Seminarpraxis übertragen können!

3.2 Transformation

dieser Erkenntnisse auf die Erwachsenenbildung: Wenn wir in obigen Aussagen »Heiler« durch »Trainer« und »Patient« durch »Lernender« ersetzen, ergeben sich folgende Empfehlungen für ein Training:

● *Der Lernende ist beim Lernprozeß der eigentlich aktive Partner:* der Trainer gibt nur Hilfen.

● Die positive Motivation des Lernenden durch den Trainer geht von der Voraussetzung aus, daß das Bewußtsein einer Person auf das Bewußtsein einer anderen einwirken kann. (Darauf beruht der »Pygmalion-Effekt«.)

● Voraussetzung für jeden Lernerfolg ist eine Atmosphäre des Vertrauens und eine (beidseitige) positive Erwartung.

3.3 Medizinische Forschungsergebnisse über Vorstellungsbild und Physiologie:

● Vorstellungsbilder (Imaginationen) stehen in direkter Beziehung zu physiologischen Zuständen. Das spürt jeder Mensch am eigenen Leibe, der durch seine »schmutzige« Phantasie sexuell erregt wird: es muß gar kein »leibhaftiger Partner« zugegen sein.

● Vorstellungsbilder können physiologischen Veränderungen entweder vorangehen oder ihnen folgen, was sowohl auf eine ursächliche wie auch auf eine reaktive Bedeutung hinweist.

● Vorstellungsbilder können sowohl durch bewußte, vorsätzliche Denk- und Verhaltensmuster herbeigeführt werden, z.B. wenn man an einen »Todfeind« denkt, oder durch unbewußte Vorgänge, z.B. Träume.

- Vorstellungsbilder können sowohl das motorische als auch das vegetative Nervensystem beeinflussen. Das heißt, ich kann im Schreck erstarren (motorisch) oder vor Angst in die Hose machen (vegetativ).

3.4 Transformation:

Die Macht von Vorstellungsbildern (oder Imaginationen) ist so ungeheuer, daß sie nicht nur das Bewußtsein von Menschen verändern können, sondern direkt auf das Nervensystem bzw. einzelne Organe einwirken. *Wer es als Trainer versteht, die »richtigen« Vorstellungsbilder zu erzeugen und auf die Seminarteilnehmer zu übertragen, hat den Seminarerfolg in der Tasche.*

3.5 Die Arbeitsweise unseres Gehirns

Mittlerweile gehört es bereits zum Allgemeinwissen, daß unser Neuhirn in zwei Hemisphären gegliedert ist, die sich funktionell unterscheiden. Die Zeichnung auf Seite 372 demonstriert die Funktionen der beiden Hemisphären und macht damit auch deutlich, worin der Unterschied zwischen einem »Links-Hirnler« und einem »Rechts-Hirnler« besteht.

3.6 Jüngste Forschungsergebnisse über die Funktionen der Hemisphären:

- Nichtverbale Vorstellungsbilder sind offensichtlich die Spezialität der rechten Hemisphäre. Von besonderem Interesse ist außerdem, daß das *Körperbild* in der rechten Hemisphäre angesiedelt ist. Bei Schädigungen des rechten Scheitellappens ist sich ein Mensch eines Teiles seines Körpers nicht mehr bewußt und kann »vergessen«, ihn zu waschen oder zu bekleiden.
- Die rechte Hemisphäre spielt eine überlegene Rolle bei der Verarbeitung emotionaler Informationen sowie bei der Urteilsbildung und wird in Streßsituationen aktiviert.
- Wegen der *Bedeutung der rechten Hemisphäre für den emotionalen Bereich* vermutet man einen direkten Zusammenhang zwischen ihr und dem vegetativen Nervensystem. Diese Vermutung wird durch die Existenz eines umfangreichen Netzwerks von Nerven-

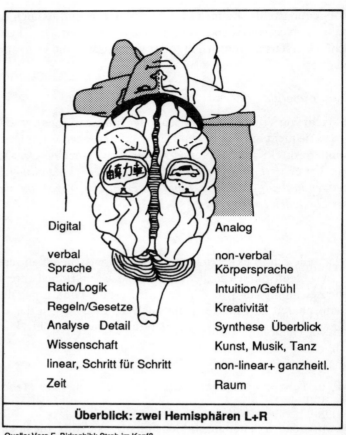

Digital	Analog
verbal	non-verbal
Sprache	Körpersprache
Ratio/Logik	Intuition/Gefühl
Regeln/Gesetze	Kreativität
Analyse Detail	Synthese Überblick
Wissenschaft	Kunst, Musik, Tanz
linear, Schritt für Schritt	non-linear+ ganzheitl.
Zeit	Raum

Überblick: zwei Hemisphären L+R

Quelle: Vera F. Birkenbihl: Stroh im Kopf?

verbindungen zwischen der rechten Hemisphäre und dem limbischen System unterstützt.

● Die sprachlichen Funktionen der linken Hemisphäre verhalten sich
zu den autonomen Funktionen (des Vegetativums und des Limbischen Systems) »verfremdet«. Deshalb müssen Botschaften von
der linken in die rechte Hemisphäre in eine nichtverbale oder bildhafte Terminologie *übersetzt* werden, damit das vegetative NS sie
verstehen kann.

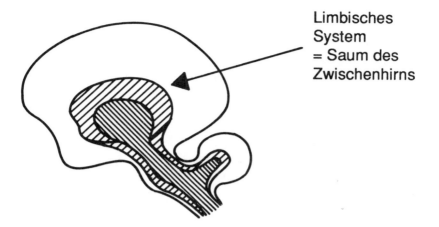

Limbisches
System
= Saum des
Zwischenhirns

- Die *linke* Hemisphäre übt eine bewußte Kontrolle über das die Skelettmuskulatur betreffende System aus (»Arm ausstrecken!«). Das Vorstellungsbildsystem der *rechten* Hemisphäre kann dieselbe Kontrolle ausüben, indem es innere Bilder an die entsprechenden Muskeln weitergibt; z.b. durch die Vorstellung einer Hand, die sich wie eine Blume öffnet.
- Schließlich sei noch erwähnt, daß Gehirn und *Immunsystem* miteinander verknüpft sind. Was bedeutet, daß unsere Vorstellungen und der von uns gewählte Lebensstil sich positiv (oder negativ) auf das Immunsystem auswirken können. (Wichtig für die Krebs- und AIDS-Therapie!)
- Aus der Krebs-Therapie wird berichtet, daß die langfristig Überlebenden *Kämpfernaturen* sind. Sie beherrschten die Kunst des Kämpfens im Leben bereits, bevor man ihnen die Diagnose mitgeteilt hatte. Das heißt: *Menschen, die mit vielerlei Schwierigkeiten konfrontiert wurden und sie überwunden haben, haben gelernt, ihre Verteidigungssysteme zu mobilisieren, sie wissen um ihre inneren Kraftreserven.* Wer nie gelernt hat zu kämpfen, für den ist es schier unmöglich, es nachträglich in Angst, Krankheit und Schmerzzuständen zu erlernen. Jene Patienten, die als »passiv« definiert wurden, schienen verwirrt, weil ihre Tugenden, eben jene Eigenschaften, die ihnen im Leben oft zum Vorteil gereichen – Freundlichkeit, Gutherzigkeit, Nachgiebigkeit, eine fröhliche Natur –, im Kampf gegen die Krankheit versagen.

3.7 Transformation:

● Da die rechte Hemisphäre eine ganz wesentliche Rolle bei der Verarbeitung emotionaler Informationen spielt, sollte der Trainer darauf achten, daß bei der Übermittlung von Vorstellungsbildern *keine negativen Gefühle ins Spiel kommen.*

● Da Vorstellungsbilder eine direkte Einwirkung auf Muskeln und Blutgefäße haben, sollten Trainer ab und zu Entspannungsübungen mit Aktivierung des Gehirns einlegen. Zum Beispiel Atemübungen, *die mit folgender Suggestion unterlegt* werden: »Mein Zwerchfell bewegt sich frei / mein Gehirn ist frisch durchblutet.«

● Der Trainer sollte (gelegentlich) darauf hinweisen, daß Erfolge aller Art, z.B. auch Lernerfolge, das Immunsystem stärken. *Erfolgreiche Menschen werden nicht krank!*

4. Bedeutung der Imagination für das Training

4.1 Im Zeichen der Lemniskate

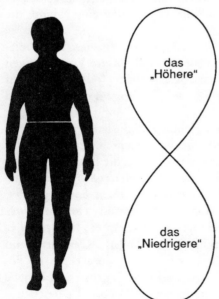

das „Höhere"

das „Niedrigere"

Psychologen und Therapeuten, die sich der Erforschung des Körperbewußtseins verschrieben haben, wie beispielsweise Ken Dychtwald, berichten über die körperliche Oben-unten-Trennung:

»Es scheint, als ob wir alle aus zwei verschiedenen Personen bestehen würden, die übereinandergestapelt sind. Die untere Person ist ruhig, scheu, reserviert und legt großen Wert auf emotionale Sicherheit und festen Halt unter den Füßen, während die obere mitteilsam, strebsam und ausdrucksreich ist und großen Wert auf Handeln und Ausführen legt.«

Für einen Esoteriker hat die Einteilung des Menschen in eine obere und eine untere Hälfte mehr als nur anatomische Bedeutung, sie wird auch benutzt, um im Zeichen der Lemniskate *zwei verschiedene Energiezentren oder Bewußtseinsebenen zu bezeichnen, die in jedem Menschen vorhanden sind.* Als unten und dem »niederen« Bereich verhaftet wird alles betrachtet, was mit Trieb, Instinkt und Emotionen zu tun hat, sofern sie sich in einer ursprünglichen, dem Animalischen verhafteten Art und Weise äußern. Mit oben und »dem Höheren« im Menschen wird all das zum Ausdruck gebracht, was mit Bewußtheit, Seele, Geistigkeit, Religion als »das Gute schlechthin« bezeichnet werden kann.

Ein Mensch, der »das Niedere« in sich unterdrückt, verändert damit seine Lemniskate insofern, als eine aufgeblähte obere Schleife einer reduzierten unteren Schleife gegenübersteht. Ergebnis: Sowohl die innere Harmonie in so einem Menschen wie auch seine Harmonie mit dem Grundgesetz der kosmischen Ordnung ist gestört. Und das spürt jeder, der es mit so einer unharmonischen Persönlichkeit zu tun hat! (Und manche leiden unter so disharmonischen Neurotikern im Staatsdienst, von denen sie verfolgt werden!)

Empfehlung Nr. 1: Ein Trainer, der ja aus psychologischer Sicht immer eine »Vaterfigur« ist, mit der sich der Lernende identifizieren kann, sollte als erstes dafür sorgen, daß *seine* innere Harmonie zwischen »oben« und »unten« wenigstens in etwa hergestellt ist.

Wie wir wissen, arbeiten die beiden Gehirn-Hemisphären ganz verschieden. Unter Berücksichtigung der Lemniskate können wir formulieren als *Empfehlung Nr. 2:* Ein Trainer sollte bemüht sein, seine ihm

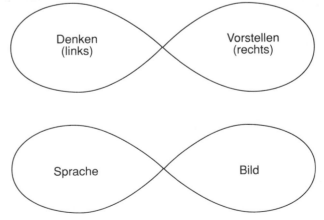

anerzogene Links-Hirnigkeit zu überwinden, so daß in seinem gesamten Denken und Fühlen die Lemniskate-Harmonie vorherrscht:

Nur wenn ein Lehrstoff beiden Hemisphären *synchron* angeboten wird, also einerseits zeitlich, andererseits sprachlich *und* bildlich, wird die Botschaft vom Empfänger sofort verstanden, gefühlsmäßig gewichtet und im Langzeitgedächtnis deponiert.

Anmerkung: Wie wissenschaftlich exakt durchgeführte Versuche mit hypnotisierten bzw. narkotisierten Menschen ergeben haben, wird alles, was ein Mensch wahrnimmt, tief im Unterbewußten auf einem »Zwei-Spur-Band« gespeichert: eine Spur hält das Geschehen fest, die andere die mit dem Geschehen verknüpften »Anmutungen«. Wenn also ein Mensch, in dessen Kindheit am Heiligen Abend vor der Bescherung mit einem Glöckchen geläutet worden war, Jahre später zufällig einen solchen Glöckchenton hört, ist er sofort in Weihnachtsstimmung! Oder wenn ein verhaßt-autoritärer Vater seine große Familie mit einer Trillerpfeife zum Essen gerufen hatte, wird so ein Mensch noch Jahre später beim Klang einer Trillerpfeife in aggressive Stimmung versetzt werden.

Obwohl diese Tatsachen bereits vor 40 Jahren in psychologischen Fachzeitschriften veröffentlicht worden sind, sind sie von unseren Schulmedizinern ignoriert worden. Erst neuerdings konnte man in medizinischen Fachzeitschriften lesen, daß Patienten anscheinend auch in Vollnarkose alles aufnehmen, was gesprochen wird. Den Chirurgen wird deshalb neuerdings empfohlen, alle negativen Bemerkungen (»Na, ob der das übersteht?«) im OP zu unterlassen, weil dadurch die Heilungschancen des Patienten gefährdet werden. *Fazit* für uns Trainer, verehrte Kollegen: Man kann im Seminar nicht vorsichtig genug sein, mit allen Bemerkungen, die man macht! Weil die von uns gesendeten »Gefühlsbotschaften« mit Sicherheit empfangen werden und Reaktionen hervorrufen – obwohl wir doch den Verstand der Teilnehmer ansprechen wollten!

Empfehlung Nr. 3: »Leben« bedeutet auch, sich in ständiger Wechselbeziehung mit anderen auseinanderzusetzen. Das gilt ganz besonders für Trainer (und Verkäufer): Wenn die »Beziehungsebene« (Watzlawick) nicht emotional positiv etabliert ist, kann kein Lern- (oder Verkaufs-)Erfolg eintreten.

Wegen der Wichtigkeit des »2. Pragmatischen Axioms« von Paul Watzlawick für *jede* Art von Kommunikation, also auch für den Unterricht, sei hier zunächst Paul Watzlawick »im Originalton« zitiert:

»Jede Kommunikation hat einen Inhalts- und einen Beziehungsaspekt, derart, daß letzterer den ersteren bestimmt und daher eine Meta-
kommunikation ist.« Im Klartext: *Die Beziehungsebene bestimmt die
Inhaltsebene.*

4.2 Die Macht der Imagination gezielt nutzen

Wie die jüngsten medizinisch-psychologischen Forschungen in den
USA ergeben haben, stehen Vorstellungsbilder in direkter Beziehung
zu physiologischen Zuständen; d.h., sie können sowohl das motorische
als auch das vegetative NS beeinflussen. Darauf beruht der „Pygmalion-
Effekt", der bereits im 3. Kapitel ausführlich beschrieben worden ist.

Empfehlung Nr. 4: Ein guter Trainer erfindet Vorstellungsbilder und
übermittelt sie – nicht autoritär! – seinen Seminarteilnehmern. Wobei er
zwei verschiedene Arten von Imaginationen kreieren sollte: eine für die
Stärkung des Selbstwertgefühles und eine für die Visualisierung des
Lehrstoffes:

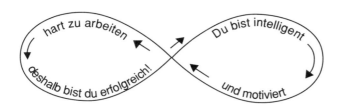

Die rechte Hemisphäre »arbeitet« nicht nur (sprach-los) in Bildern, sondern spielt auch eine überlegene Rolle bei der Verarbeitung emotionaler Informationen. Das bedeutet aber: Negative Gefühle, wie beispielsweise Angst oder Ärger, beeinflussen über das Limbische System die Aufnahme und Verarbeitung des Lernstoffes hemmend (und, vice versa, bei positiven Gefühlen fördernd).

Empfehlung Nr. 5: Ein guter Trainer schafft im Seminar eine entspannte, angstfreie Atmosphäre und vermeidet es, das Selbstwertgefühl der Teilnehmer zu verletzen.

4.3 Die Beziehung zwischen Musik und Imagination

Ich habe zu Beginn dieser Arbeit darauf hingewiesen, daß man den Problemen unserer Welt nur durch eine holistische Sehensweise gerecht werden könne. Und ich habe angemerkt, daß dies auch für den Trainer gelte. Wir wollen deshalb in unsere Seminararbeit einen weiteren Faktor einbeziehen: die Musik. Von der schon Aristoteles sagte: »Wir behaupten, daß die Musik nicht bloß zu einem einzigen nützlichen Zwecke, sondern zu mehreren zu gebrauchen ist, nämlich zur sittlichen Bildung und zur homöopathischen Reinigung von Affekten.«

Während sechs Jahren hatte ich Gelegenheit, als Gründer eines gemeinnützigen Vereins Erfahrungen mit der Musiktherapie zu sammeln. Die Patienten waren hochneurotische, »verhaltensgestörte« Kinder und Jugendliche. Die Erfolge mit der Musiktherapie waren so überzeugend, daß ich, als Konsequenz, seit Jahren Musik in meinen Seminaren einsetze.

Musiktherapeuten, deren Ausbildung hauptsächlich auf Musik und Psychologie abgestellt ist, unterscheiden in ihren Diskussionen unter anderem zwischen Schall und Lärm. *Schall* ist eine Realität, die durch Schwankungen des Luftdrucks entsteht, die von unserem Ohr wahrgenommen werden. Mit anderen Worten: »Schall an sich« ist nicht mit einer Wertung verbunden.

Anders ist es mit dem *Lärm;* er ist ein psychologisches Phänomen und bezieht sich immer auf unangenehme, unerwünschte und unerträgliche Geräusche. Die Lautstärke des Schalls kann mit dem Phonmeßgerät genau festgestellt werden. Für den Lärm ist der Hörer selbst der Maßstab.

Was Forschungen auf dem Gebiet der Musikwirkung so erschwert, ist der subjektive psychologische Faktor der Versuchspersonen. Denn: die Einstellung zu einem oder die Ansicht über ein bestimmtes Geräusch oder seinen Verursacher sind oft von gleicher oder größerer Bedeutung als die physikalisch meßbare Intensität. Daher bieten Beschwerden über Lärm nicht unbedingt einen präzisen Hinweis auf Dezibel-Lautstärke. Hinzu kommt ein anderer Gedanke, der indessen heute – auch von Fachleuten! – verdrängt und daher gar nicht mehr diskutiert wird: Früher, »in der guten alten Zeit«, ging man zu einem Konzert oder zu einem volkstümlichen Musikvergnügen, wenn man zu einer besonderen Art von Musik hingezogen wurde und zu einem Konzertbesuch »aufgelegt« war. Und diese »Live-Musik« war, da nicht elektronisch verstärkt, wohl anzuhören. Die ging einem nicht auf die Nerven und machte einen nicht aggressiv. Und dies galt für alle »alten« Zeiten: Ob man sich, beispielsweise, im 5. Jahrhundert v. Chr. in Griechenland eine Flötenspielerin anhörte oder im 19. Jahrhundert »die Schrammeln« in Wien – nie war so ein Ereignis eine Lärmbelästigung. Und stets hat sie die Gemüter beruhigt...

Wird, um ein Beispiel aus der Gegenwart zu bemühen, die Musik aus der Stereoanlage eines ungeliebten Nachbarn als Lärm empfunden, dann wächst der Ärger im Verhältnis zur Lautstärke. Andererseits wird der Lärm von Baumaschinen beim Neubau einer Zubringerstraße von den Anwohnern als mehr oder weniger starke Belästigung empfunden – je nachdem, ob die neue Straße als wirtschaftlich günstig oder ungünstig gesehen wird. Sheldon Cohen, Professor für Psychologie an der Universität von Oregon, schließt daraus:

Für die Beurteilung eines bestimmten Lärms durch den Betroffenen scheint entscheidend zu sein, welche Einstellung er dazu hat.

Und Joachim E. Berendt zitiert in seinem Weltbestseller »Nada Brahma« den Musikwissenschaftler Thomas Michael Schmidt:

Den menschlichen Körperbau, insofern er vom Goldenen Schnitt, also von musikalischen Verhältnissen gegliedert wird, kann man deshalb als ein klingendes Kunstwerk bezeichnen, sind es doch gerade die vollkommensten mathematischen Verhältnisse, die ihn gestalten. Mit vollem Recht kann man deshalb sagen, daß der Mensch zumindest seinem Körperbau nach auf die Vollkommenheit hin angelegt sei.

Weil der gesunde menschliche Körper – fährt J.E. Berendt fort – nach harmonikalen Gesetzen gebildet ist, kam man schon früh auf den Gedanken, menschliches Leiden und Krankheiten durch Musik zu heilen. Agrippa von Nettesheim schrieb zu Beginn des 16. Jahrhunderts:

Wer krank ist, stimmt nicht mehr mit dem Universum überein. Er kann aber die Harmonie wiederfinden und gesund werden, wenn er seine Bewegungen nach denen der Gestirne richtet.

Und Johann Kepler:

Es pflegen etliche Ärzte ihre Patienten durch eine liebliche Musik zu kurieren. Wie kann die Musik in eines anderen Menschen Leib wirken? Also daß die Seele des Menschen, wie auch etlicher Tiere, die Harmonie versteht, sich darüber erfreuet, erquicket und in ihrem Leib desto kräftiger wird. So dann nun auch die himmlische Wirkung in den Erdboden durch eine Harmonie und stille Musik kommt...

Eine Erkenntnis, die durch die moderne Musiktherapie voll bestätigt wird.

Steven Halpern sagt in seinem Buch »Klang als heilende Kraft« zum Thema »Musik wirkt auf die Psyche des Menschen«:

Es gibt keinen Zweifel, daß Musik zur psychologischen Beeinflussung eingesetzt werden und dazu dienen kann, die Wachsamkeit und Produktivität der Beschäftigten besonders bei langweiligen und monotonen Arbeiten zu fördern. Durch Musikprogramme kann die Arbeitsproduktivität manipuliert werden. Diese Programme können beschleunigend wirken, sie können aber auch, wenn das erwünscht ist, das Tempo verzögern. Das gilt natürlich auch für die Musik, die speziell für Supermärkte, Warenhäuser und Schnellimbiß-Restaurants programmiert wird und unmerklich unsere Kauf- und Eßgewohnheiten beeinflußt.

Ein kleiner Test, den Sie selbst durchführen können: Wenn Sie das nächste Mal in einem Schnellimbiß-Lokal Platz nehmen, achten Sie darauf, ob nicht alle Gäste synchron im Takt der Hintergrundmusik kauen! Wenn Sie aber den einen oder anderen fragen,

ob ihm die Musik gefällt, lautet meist die Antwort: »Welche Musik?«
Eat to the Beat (»Iß nach dem Takt«), ein großer Hit Anfang der acht-
ziger Jahre, ist noch immer das Motto der Schnellimbiß-Gaststätten.
Es ist kein Geheimnis, daß deren Management an Bewegung interessiert ist: Die Gäste sollen in ihr Unternehmen hineinspazieren und
das Lokal nach Sättigung möglichst schnell wieder verlassen.

Wie wir wissen, werden in den USA seit langem Versuche mit »unter-
schwelligen« Suggestionen gemacht, die ja stets direkt das Unterbewußtsein beeinflussen. Eine dieser Techniken besteht darin, daß die
Wort-Suggestion bei so geringer Lautstärke gegeben wird, daß das Bewußtsein sie nicht wahrnehmen kann. Bewußt hört man nur die Musik.
Dennoch nimmt das Unterbewußtsein gleichzeitig die verbale Suggestion auf *und reagiert darauf.* Dazu schreibt Halpern:

> Bei einer Umfrage in einer Einkaufspassage, in der kurz zuvor eine
> Anlage mit Hintergrundmusik installiert worden war, entdeckte Dr.
> Murray Schafer, daß nur 25 Prozent der Kauflustigen der Meinung
> waren, sie hätten infolge der Klangberieselung mehr Geld ausgege-
> ben, von den Ladenbesitzern waren jedoch 60 Prozent vom Gegenteil
> überzeugt! *Wir empfangen die Botschaft, auch wenn wir nichts davon
> ahnen.*

Nun haben die Anwender derartiger Methoden auch Fehler gemacht
– weil sie von der Arbeitsweise des Gehirns noch zu wenig wußten.
Wenn man Worte und Musik in der Weise koppelt, daß man die Worte
gut vernehmlich vor einer dezenten Hintergrundmusik hört, dann verliert die (vielleicht als aufmunternd gedachte) Musik ihre Wirkung total
– weil die analytische linke Gehirnhälfte die Oberhand gewinnt und die
Botschaft an sich reißt. Zur Zeit wird deshalb von einigen Forschern die
Frage untersucht, was geschehen würde, wenn die Musik den Vordergrund bildet und die Worte im Hintergrund bleiben.

Bei der Synopse der neuesten Forschungsergebnisse über »Musik
und Gehirn« haben sich drei Einsichten herausgeschält:

● Musik dringt, als nonverbales Medium, durch die Hörrinde direkt
   in das Limbische System vor und verursacht dort emotionelle Reaktionen.
● Musik ist anscheinend in der Lage, den Strom des gespeicherten
   Erinnerungsmaterials durch den Balken (Corpus callosum) zu ak-

tivieren, so daß rechte und linke Gehirnhälfte besser und konflikt-
loser kommunizieren.

● Beruhigende und besänftigende Musik könnte sehr wohl helfen,
große Moleküle, sogenannte Peptide, zu bilden, die Schmerz lin-
dern, indem sie auf spezielle Rezeptoren im Gehirn wirken. Deshalb werden in einigen amerikanischen Kliniken Patienten *während der Operation(!)* über Kopfhörer mit beruhigender Musik
versorgt, die ja auch in Vollnarkose ins Gehirnzentrum gelangt.
Diese »Musikberieselung« wird auch während der postoperativen
Intensiv-Pflege fortgeführt, weil der Patient dann weniger
Schmerzmittel benötigt.

Dazu bemerkt Steven Halpern:

Für die Therapie bedeutet das, daß richtig ausgewählte Musik bei der
psychotherapeutischen Sitzung fast zu einem zusätzlichen Hilfsthe-
rapeuten wird, denn sie ruft emotionale Reaktionen hervor, macht
das in der Erinnerung gespeicherte Material verfügbar und lindert bestimmte neurologisch bedingte Schmerzen. Die Musik scheint im-
stande, durch ihren nonverbalen Charakter einen so starken Einfluß
auf den Patienten auszuüben, wie es dem auf den verbalen Ausdruck
angewiesenen Therapeuten niemals möglich ist.

Das wußten, wie das Zitat des Aristoteles eindeutig belegt, »die Alten« schon immer. Warum will man in unserer »aufgeklärten Neuzeit«
nicht wahrhaben, daß es nichts Schöneres und Gesünderes gibt als die
Musik?

Die amerikanischen Therapeuten I.A. Taylor und F. Paperte beschreiben im »Journal of Aesthetics« ein Phänomen, das sie »Depth
provocation« nennen:

Musik kann infolge ihrer abstrakten Natur das Ego und die intellektuellen Kontrollen umgehen, direkten Kontakt zu den tieferen Ge-
hirnzentren aufnehmen und latent vorhandene Konflikte und Emotionen wecken, die dann durch die Musik ausgedrückt und verarbeitet werden.

Schließlich haben Versuche mit Studenten auf der Florida State University ergeben, *daß bei Musik bildhafte Vorstellungen* in größerer
Zahl, mit größerer Intensität und von längerer Dauer zu erzeugen sind
als ohne Musik.

383

Transformation
der musikwissenschaftlichen und musiktherapeutischen Erkenntnisse
auf den Unterricht:

● Der größte Teil der vorklassischen und klassischen Musik wirkt
beruhigend und harmonisierend. Sie schafft eine angstfreie, unge-
streßte Atmosphäre und sollte deshalb, vor Seminarbeginn, als
»Hintergrund« angeboten werden. Vor allem am ersten Tage,
wenn etliche Teilnehmer mit Angst hereinmarschieren.

● »Angenehme« Musik, worunter ich beispielsweise Kompositionen
von Telemann oder Vivaldi verstehe, sollte in jeder Pause »mit dem
Kaffee gereicht« werden.

- Wenn die Seminargruppe in mehrere Untergruppen aufgeteilt wird, die im gleichen Raum ein Problem diskutieren, empfiehlt sich ebenfalls eine musikalische Geräuschkulisse; sie verhindert, daß man versteht, was die Nachbargruppe diskutiert.

- Wie die Gehirnforschung ergeben hat, ist die linke Hemisphäre für den Rhythmus, die rechte für die Melodie eines Musikstückes zuständig. Will man also Seminarteilnehmer zum Lernen motivieren oder ganz allgemein aufmuntern, dann spiele man eine rhythmisch stark akzentuierte Musik, wie etwa Beat oder einen Marsch. Will man indessen speziell die Kreativität der rechten Hemisphäre potenzieren, dann spiele man eine »getragene«, melodiöse Musik, bei der der Rhythmus kaum in Erscheinung tritt.

- Zur »kräftigenden Erholung« der Gruppe lasse man sie Atemübungen zu Musik im 4/4-Takt machen, wobei Ein- und Ausatmen jeweils einen Takt dauern sollten – ohne Pause dazwischen!

Fazit: Sprache, Imagination und Musik bilden die *ideale Kombination,* um im Seminar eine angstfreie, harmonische Atmosphäre zu schaffen, die Arbeitslust zu steigern und die Kreativität zu erhöhen.

5. Von der Beeinflußbarkeit des Menschen

Die Versuche des Mr. Gergen

Gehören Sie, verehrter Leser, vielleicht auch zu jenen Menschen, die da sagen: »Ein Direktor-Titel imponiert mir gar nicht!« Oder: »Fernsehwerbung? Läßt mich ganz kalt!« Falls Sie sich also etwas auf Ihren starken, nicht ohne weiteres manipulierbaren Charakter einbilden – dann lesen Sie bitte die folgenden Ausführungen ganz besonders aufmerksam!

Amerikanische Psychologen, die sich mit der Erforschung von Verhaltensänderungen in Gruppen beschäftigen, machten eine Feststellung, die sie verwunderte: manche Menschen ändern während eines Kommunikationsprozesses unglaublich rasch und radikal ihr Verhalten! Dies machte die Beobachter stutzig; denn wenn man davon ausgeht, daß das Verhalten eines Menschen letztlich eine Projektion seiner Persönlichkeitsstruktur nach außen ist, dann würde doch eine plötzliche, radikale Verhaltensänderung eine Veränderung der Persönlichkeitsstruktur implizieren! Wo bleibt dann die in sich gefestigte, reife Persönlichkeit?

Der amerikanische Psychologe Kenneth J. Gergen hat Ende der sechziger Jahre eine Versuchsreihe zur Klärung der Frage nach Änderung der Identitäts-Maske eines Menschen durchgeführt, aus der im folgenden in aller Kürze einige Experimente und ihre Ergebnisse geschildert werden sollen.

Um festzustellen, ob das Selbstbild eines Menschen, das ja den subjektiven Eindruck einer Person über sich selbst darstellt, wirklich so schnell zu verändern ist, baute Gergen seine Experimente auf folgendem Schema auf: Alle Versuchspersonen (VP) wurden, vier Wochen vor Beginn der Experimente, aufgefordert, sich selbst so genau wie möglich – und vollkommen ehrlich! – zu beschreiben. Sie sollten also ein Selbstbild liefern. Als die eigentlichen Experimente vier Wochen später anliefen, hatte keine dieser Versuchspersonen eine Ahnung, daß sie Teilnehmer eines Experimentes sei. Durch diese Versuchsordnung sollte – wenigstens weitgehend – der Versuch einzelner VP ausgeschaltet werden, sich im Experiment so zu verhalten, »wie das von ihnen erwartet wurde«. Außerdem wurden alle Versuchsergebnisse den Ergebnissen von unbeeinflußten Kontrollgruppen gegenübergestellt.

Versuch Nr. 1:

18 College-Studentinnen wurden von einer als »Lernschwester« getarnten Psychologin aufgefordert, einzeln Fragen über ihren persönlichen Hintergrund zu beantworten. Nun lief das Experiment in zwei Parallelgruppen. Bei der einen Gruppe zeigte die Interviewerin Zeichen der Zustimmung, wenn die Erzählerin eine Selbsteinschätzung gab, die positiver als die Norm war. Bei der anderen Gruppe zeigte die Interviewerin Zeichen der Mißbilligung, wenn sich ein Mädchen negativ beschrieb. Beiden VP-Gruppen wurde allmählich klar, daß die Interviewerin die Mädchen außerordentlich positiv einschätzte. Ergebnis: die Schilderung der Mädchen über sich selbst wurde immer positiver. Ihre Identitätsmaske hatte sich positiv verändert. Einige erklärten nach dem Interview, sie hätten sich dabei ausgesprochen glücklich gefühlt, und dieses Glücksgefühl hätte den ganzen Tag über angehalten!

Versuch Nr. 2:

54 Paare junger Studentinnen wurden aufgefordert, eine Selbstdarstellung zu schreiben. Man sagte ihnen, der andere Partner des Zweier-Teams würde dieses Selbstbild dann zu lesen bekommen. Beim Austausch der Niederschriften wurde geschwindelt: die Mädchen erhielten *nicht* das Manuskript der Partnerin, sondern statt dessen eines, das vorher vom Versuchsleiter geschrieben worden war.

Die Hälfte der Gruppe bekam dadurch das Selbstbild einer »Angeberin«: einer Kollegin von untadeligem Charakter, welche sich selbst beschrieb als heiter, intelligent und hübsch; sie ging gern zur Schule, hatte eine herrliche Kindheit und war ausgesprochen optimistisch hinsichtlich ihrer Zukunft. Der anderen Gruppenhälfte wurde ein Selbstbild untergeschoben, das offensichtlich von einer Kollegin kam, die als »psychologischer Kehricht« erschien; sie war eine typische »Lamentiererin«: unglücklich, häßlich und weit unter Durchschnitt intelligent; ihre Kindheit war miserabel; sie haßte die Schule und hatte eine furchtbare Angst vor der Zukunft.

Nun wurden die Versuchspersonen aufgefordert, nachdem sie ja den Bericht der Kollegin gelesen hatten, sich selbst nochmals zu beschreiben – so ehrlich wie möglich! Ergebnis: Die Mädchen, die das Protokoll der »Angeberin« gelesen hatten, verbesserten ihr Selbstbild erheblich! Die Begegnung mit einem Angeber – selbst wenn diese Begegnung nicht persönlich erfolgt – ruft ein Un-Gleichgewicht hervor, das der Betroffene durch eine Erhöhung seines Selbstbildes ausgleicht!

Die »Lamentiererin« produzierte bei den Kolleginnen negative Resultate. Die Mädchen sahen sich plötzlich viel negativer und pessimistischer. So, als ob sie sagen wollten: »Ich verstehe, was du meinst; aber ich habe auch meine Probleme!«

Versuch Nr. 3:

Die Universität von Michigan schrieb einen gut bezahlten Ferien-Job aus. Jeder Bewerber bekam die üblichen Einstellungsfragebogen; er wurde zusätzlich aufgefordert, sich selbst zu beschreiben; dieses Selbstbild hätte keinen Einfluß auf die Chance, eingestellt zu werden; aber man bäte um die Beantwortung der Fragen zum Selbstbild für einen wirklich guten Test.

Die Bewerber wurden nun einzeln in einem Raum an die Stirnseite eines langen Tisches gesetzt und begannen, ihre Formulare auszufüllen. Nach etwa zehn Minuten wurde ein zweiter Mann in den Raum gebracht, der sich wortlos an die andere Stirnseite des Tisches setzte – offensichtlich auch ein Bewerber.

Diese »Strohmänner«, die vom Versuchsleiter »präpariert« waren, verkörperten zwei ganz verschiedene Typen; der eine war »Herr Reinlich«, eine bestechende Erscheinung im Maßanzug, mit hochglänzenden Schuhen und einem Diplomatenkoffer bewaffnet. Der zweite Strohmann, mit dem ein Teil der Bewerber konfrontiert wurde, war »Herr Schmutzig«: in einem zerknautschten, verschwitzten Hemd, mit durchgescheuerten Hosen und einem zwei Tage alten Bart. Ergebnis: »Herr Reinlich« bewirkte eine signifikante Herabsetzung des Selbstwertgefühls: die Bewerber fühlten sich in seiner Gegenwart schmutzig, dämlich und »ekelhaft klein«. Anders bei »Herrn Schmutzig«: er bewirkte eine bemerkenswerte Erhöhung des Selbstwertgefühls! Nach seinem Erscheinen fühlten sich die Bewerber stattlicher, optimistischer und hatten plötzlich mehr Selbstvertrauen.

Gergen faßte die ersten Ergebnisse seiner Versuche wie folgt zusammen: »William James glaubte, daß die engen Freunde eines Menschen seine ›öffentliche Identität‹ formen: Ein Mensch hat so viele ›soziale Selbst‹, als es bestimmte Gruppen gibt, auf deren Meinung er Wert legt. Unsere Untersuchungen untermauern dieses Ergebnis, gehen indessen noch darüber hinaus: *unsere Identität wird sich immer dann signifikant verändern, wenn Fremde zugegen sind.*«

Nun dehnte Gergen seine Versuche auf einen weiteren Punkt aus: Inwieweit ändert ein Mensch sein Selbstbild, wenn bestimmte Erwartungen auf ihn gerichtet sind? Oder, anders formuliert: Verändern die Aufgaben eines Menschen sein Selbstbild? Antwort auf die Frage gab der

Versuch Nr. 4:

Wenn man ein Zwei-Mann-Offiziers-Team an eine gemeinsame Flottenmanöver-Aufgabe setzt, die Partner aber vorher getrennt instruiert; dergestalt, daß

● der eine sich ganz auf die Aufgabe konzentrieren sollte, sein gefährdetes U-Boot aus einem feindlichen Flottenverband unbeschädigt hinauszumanövrieren;

● der andere indessen, der den Flottenverband führt, angewiesen wird, sich weniger auf seine Führungsaufgaben zu konzentrieren, sondern hauptsächlich bedacht zu sein, dem Team-Gegner zu gefallen –

dann verändert sich das Selbstbild sofort in charakteristischer Weise:

● der U-Boot-Offizier sieht sich viel logischer, disziplinierter und effektiver als vier Wochen zuvor, als er sein Selbstbild unter Ruhebedingungen niederschrieb;
● der Flotten-Offizier hingegen beschrieb sich viel freier, toleranter und gefühlsbetonter als vier Wochen zuvor.

Fazit: Jeder von beiden wechselte seine Identitäts-Maske und änderte sich im Verhalten so, *daß er der gestellten Aufgabe am besten gerecht wurde.* Und jeder von beiden erklärte auf eindringliches Befragen ehrenwörtlich, daß er sich genau so beschrieben hätte, wie er sich erlebte.

Es gibt ja so etwas wie eine Duplizität der Ereignisse. So schrieb einer der bekanntesten amerikanischen Psychotherapeuten, Robert S. de Ropp, in seinem 1968 erschienenen Buch »The Master Game« unter der Zwischenüberschrift »Wir sind viele«:

Es gibt kein einzelnes Selbst. Ein Mensch ist ein Selbst zu Hause und ein anderes im Büro, ein Selbst bei der Arbeit und ein anderes im Urlaub; ein Selbst bei seiner Frau, ein anderes mit seiner Sekretärin. Dann und wann, nach irgendeinem Fehlverhalten, drückt er vielleicht Erstaunen oder Bedauern aus: »Ich weiß nicht, was mich besessen hat. Das war nicht mein wahres Ich, ich hatte mich vergessen.« Worauf der sorgfältige Forscher fragen wird: »Welches Ich vergessen?« Denn aus dem oben Erwähnten sollte ziemlich klar hervorgehen, *daß eine Vielzahl von Ichs der Normalzustand ist.* Die Existenz eines einzelnen »Ich«, entsprechend einem einzelnen Ziel und einem einzelnen Willen, ist eher die Ausnahme als die Regel.

Und Alan Watts, einer der scharfsinnigsten Psychologen der USA, formulierte diesen Sachverhalt kategorisch so:

> Das Ich ist eine soziale Fiktion!

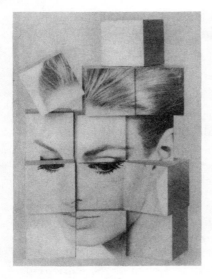

Ehe wir aus den interessanten Ergebnissen Gergens oder den Erkenntnissen von de Ropp oder Watts Schlüsse für unsere Unterrichtspraxis ziehen, sollten wir vielleicht eines klarstellen, um nicht das Kind mit dem Bade auszuschütten: Selbstverständlich gibt es Menschen, die ein gut entwickeltes und wohl ausbalanciertes Selbstwertgefühl ihr eigen nennen. Das sind jene integren Menschen, die man niemals bestechen könnte; die niemals Gesetze brechen würden; und die sich ethische und moralische Maßstäbe erarbeitet haben, die für sie *tatsächlich* zur Richtschnur des Handelns geworden sind! Diese Menschen wechseln ihre Identitätsmaske nicht von einem Augenblick zum anderen. Die ändern nicht einmal unter der Folter ihre Einstellung! Und in diesem Sinne an seiner Selbstverwirklichung zu arbeiten, bleibt sicherlich nach wie vor das erstrebenswerteste Ziel eines selbstbestimmten Menschen überhaupt! Aber – wie viele derartige Menschen gibt es? A. Maslow, der sich jahrzehntelang dem Studium menschlicher Motive gewidmet hat, schätzt den Anteil derartiger Persönlichkeiten an der Gesamtbevölkerung auf ein Promille. Und dieses eine Promille, würden Esoteriker sagen, hat viele Wiedergeburten mehr hinter sich und deshalb ein besseres Karma, so daß es eben die breite Masse »elitär« überragt...

Wenden wir uns also wieder dem »Durchschnittsmenschen« zu, dem »Menschen wie du und ich«! Für ihn können wir für unsere Arbeit als Trainer aus Gergens Studien – mit einiger Vorsicht, das heißt nicht mit dem Anspruch einer totalen Verallgemeinerung – folgende Konsequenzen ableiten:

- Bereits ein *Schriftstück* kann eine signifikante Änderung des Selbstbildes – und damit des Verhaltens – bewirken.
- Auch die zustimmende oder ablehnende *Resonanz eines Gesprächspartners* auf Worte kann Verhalten auffallend verändern.

- Und schließlich kann die *Erwartung seitens unserer Umgebung,* wie wir eine uns übertragene Aufgabe lösen werden, unser Selbstbild verändern.

6. Die emotionale Darstellung des Unterrichtsstoffes

6.1 Die Rolle der Gefühle

Wir wollen uns, verehrter Leser, einmal mehr die »ideale« Lemniskate-Konfiguration vor Augen halten:

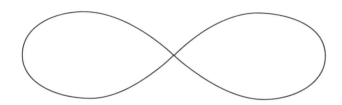

»Ideal« bedeutet, daß *beide Lemniskate-Schleifen gleich groß* (bzw. »gewichtig«) sind. Wie jeder einsichtige Leser zugestehen wird, ist dies in der Lebenspraxis ganz allgemein *nicht* der Fall. Das kommt daher, weil wir seit den Zeiten der »Scholastik«, also seit etwa 600 Jahren, zu »Links-Hirnlern« (und nebenbei zu perfekten Untertanen) erzogen worden sind. Das bedeutet: Jede Art von Unterricht »in diesem unseren Lande«, in Grund- wie Hochschulen, ist rein intellektuell ausgerichtet. Der Gefühlssektor wird ausgespart; mit der scheinheiligen Begründung, gefühlsbetontes Denken sei »unwissenschaftlich«.

Interessanterweise lehnen es all jene »Intellektuellen«, die irgendwie mit dem Lehren befaßt sind, ab, sich mit neuen wissenschaftlich-pädagogischen Erkenntnissen zu beschäftigen, wie etwa mit den Forschungsergebnissen von Gergen oder Rosenthal. Nach dem bewährten Motto, daß nicht sein kann, was nicht sein darf... Als Anfang der 70er Jahre Rosenthals Pygmalion-Theorie bei uns veröffentlicht wurde, gab es einen Sturm der Entrüstung: Ein deutscher Lehrer hat keine Vorlieben! Er behandelt grundsätzlich alle Schüler gleich fair! Und, natürlich: In deutschen Schulen hätte man die Herren und Damen Lehrer nicht mit so primitiven Tricks hereinlegen können! So etwas ist nur in Amerika möglich...

Mittlerweile hat sich die Aufregung gelegt. Und zwar deshalb, weil man Rosenthals Ergebnisse einfach ignoriert. Fragen Sie einmal, verehrter Leser, einen deutschen Lehrer, ob aus Grund- oder Mittelschule, nach dem Pygmalion-Effekt. Da werden Sie eine eindrucksvolle Fehlanzeige erleben. Oder fragen Sie einmal den Schulungsleiter eines Konzerns, der für eine Ausbildergruppe zuständig ist, danach, ob seine Trainer den Pygmalion-Effekt in ihrer Seminararbeit berücksichtigen...

Was nun die »Gefühle« angeht, deren Entstehung und Bedeutung in jedem Psychologiebuch ausführlich beschrieben wird, so nützt dies natürlich nichts, weil Psychologiebücher in Deutschland nicht gelesen werden. Psychologie gehört auch auf den Hochschulen nicht zu den Prüfungsfächern, weder bei den Medizinern noch bei den Juristen, um nur zwei besonders beschämende Beispiele zu nennen. Von den Lehrern ganz zu schweigen...

Ich halte es deshalb für unabdingbar, im Rahmen dieses vom Umfang her a priori begrenzten Trainer-Handbuches, wenigstens ein paar ganz wesentliche Gesichtspunkte hinsichtlich der »Gefühle« herauszuarbeiten. Übrigens: wenn Sie einmal einen Menschen, der sich viel auf seine Intelligenz und Bildung zugutehält, in Verlegenheit bringen wollen, so fragen Sie ihn nur: »Was sind das eigentlich, »Gefühle«? Und welche Rolle spielen sie in unserem Leben?« Ich garantiere Ihnen, verehrte Leser: aus diesen harmlosen Fragen ergibt sich eine abendfüllende Diskussion! Wobei vornehmlich die »Eierköpfe« versuchen werden zu beweisen, daß Gefühle völlig unnötig und nur dazu angetan seien, die präzise Verstandesarbeit zu behindern...

Versuchen wir also, mittels des folgenden Schemas, in Anlehnung an Philipp Lersch, die Rolle der Gefühle zu durchleuchten: (nächste Seite)

»Genial vereinfacht« (und manchen »Fachpsychologen« sicherlich ein Greuel) läßt sich menschliches Verhalten etwa so beschreiben:

Der Mensch versucht, mit seinem vom Verstand dominierten Oberbewußtsein die Welt so wahrzunehmen, »wie sie ist«. Dabei unterliegt der Durchschnittsmensch zwei fatalen Irrtümern:

● er glaubt, die Welt so zu erfassen, wie sie »wirklich« ist – dies ist nicht möglich;

● er glaubt, er hätte eine konstante Persönlichkeitsmitte, die er »Ich« nennt, und die sein Leben steuert; auch dies ist falsch.

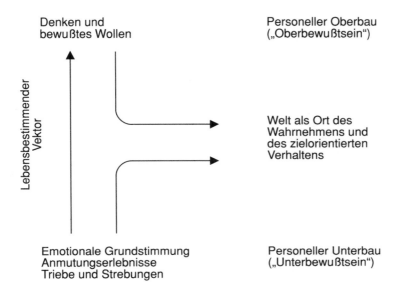

Denken und
bewußtes Wollen

Personeller Oberbau
(„Oberbewußtsein")

Lebensbestimmender
Vektor

Welt als Ort des
Wahrnehmens und
des zielorientierten
Verhaltens

Emotionale Grundstimmung
Anmutungserlebnisse
Triebe und Strebungen

Personeller Unterbau
(„Unterbewußtsein")

Tatsache ist, daß der Mensch in erster Linie von seinen Trieben und Strebungen, d.h. aus seinem Unterbewußtsein, gesteuert wird. Und daß er außerdem in seinem Denken und Verhalten von jenen »Programmierungen« abhängt, die er in Elternhaus und Schule mit auf den Lebensweg bekommen hat. Das bedeutet im Klartext: *Der Verstand, auf den sich unsere Intellektuellen so viel einbilden, spielt bei allen wesentlichen Lebensentscheidungen so gut wie keine Rolle.* Er wird in der Regel erst dann aktiviert, wenn eine »unsinnige«, weil vorwiegend gefühlsbetonte, Wahl getroffen worden ist. Darauf angesprochen, liefert der von Gefühlen und elterlichen Programmen übertölpelte Verstand im Nachhinein eine plausibel klingende Erklärung. Diesen Vorgang nennt man »Rationalisierung«.

Was nun unsere gefühlsmäßige »Ausstattung« des Unterbewußtseins betrifft, müssen wir noch ein wenig differenzieren: Es gibt eine emotionale »Grundstimmung« – so ähnlich, wie es einen Muskeltonus gibt, der quasi immer gleich ist. Diese emotionale Grundstimmung ist das Ergebnis der gefühlsmäßigen Erfahrungen, der »Anmutungen«, die ein Mensch im Laufe seines bisherigen Lebens, vor allem in der Kindheit, gemacht hat. Das heißt: Wenn ein Mensch liebevolle Zuwendungen erhalten hat und im übrigen schulische oder berufliche Erfolgserlebnisse buchen konnte, wird seine Grundstimmung heiter und optimistisch sein. Wer ohne Liebe, vielleicht in einer zerrütteten Familie oder in einem sozialen Ghetto aufgewachsen ist und bildungsmäßig »no future« hat – dessen Grundstimmung wird vorwiegend depressiv, mürrisch und verbittert sein. (Er ist potentieller »Nachschub« für die »Neue Rechte«.)

Nun gibt es aber noch die »aktuellen« Gefühle, die als »Anmutungen« bei *jedem* Denk- oder Wahrnehmungsprozeß und bei *jeder* Handlung entstehen. Ich bekomme eine schlechte Nachricht – und werde deprimiert. Ich erkämpfe einen sportlichen Sieg – und »bin der Größte«. Ich werde von einem angebeteten Mädchen erhört – und »der Himmel hängt voller Geigen«. Das bedeutet de facto: *In jedem Augenblick meines Lebens werde ich von zwei Gefühlsarten beeinflußt und gesteuert: von meiner emotionalen Grundstimmung und von meinen aktuellen Anmutungen. Im übrigen muß klar und kategorisch festgestellt werden: das Entstehen von Gefühlen kann nicht verhindert werden.* (Eine andere Frage ist es, ob ich die entstandenen Gefühle auslebe oder unterdrücke.)

Deshalb ist auf obiger Zeichnung der Pfeil, der vom Unter- zum Oberbewußtsein führt und von mir mit »Lebensbestimmender Vektor« bezeichnet wurde, die wichtigste Konstante dieser Analogie.

Fazit: Da in erster Linie unsere Gefühle – und nicht unser Verstand! – für unser Handeln und damit für unsere gesamte Lebensführung zuständig und verantwortlich sind, müssen wir, um wenigstens bescheidene Verhaltensänderungen bei Seminarteilnehmern herbeiführen zu können, unseren Lehrstoff unbedingt »emotional eingefärbt« präsentieren. Und uns selbst als den »Menschen«, der wir sind – nicht nur als Fachmann!

A propos: »Gemüt bildet den wesentlichen Kern dessen, was in Bezeichnungen wie Rücksichtnahme auf andere, Mitgefühl, Altruismus, Anhänglichkeit, Menschenliebe, Gemeinschaftsgefühl ganz oder zum Teil steckt.«

(P. Schröder).

Gemütsmenschen

»Deine Kleine hat sich erschossen?« –
»Nee, vorbeigeknallt – schwer verwundet.« – »Fatal, was wirst du tun?« –
»Werde ihr Schießunterricht geben lassen.«

"Nichts Besonderes, Agnes.
Was gibt's bei dir Neues?"

Im übrigen erlaube ich mir, meine Leser einmal daran zu erinnern, *daß Sie als Trainer vom gesprochenen Wort leben!* Und ich wage hinzuzufügen, daß die meisten Deutschen, Trainer eingeschlossen, ihre Muttersprache nur mäßig beherrschen. »Die Schuld der Oberlehrer!«, wie mein Vater lakonisch anzumerken pflegte...

Jedenfalls kann es nicht schaden, aber möglicherweise einigen Kollegen nützen, wenn ich jetzt, im Telegrammstil, zwei Basisregeln hinsichtlich der Wortstellung im deutschen Satz anfüge. Denn: *die Freiheit der Wortstellung ist das wahre Geheimnis unserer Sprache.*

In jedem Satz gibt es ein Wort, das dem Sprecher (oder Schreiber) als das wichtigste Wort erscheint. Weil es den *Sinn* des Satzes ausmacht, nennt man es das *Sinnwort.* Deshalb heißt die erste Regel der Wortstellung:

- Stelle das *Sinnwort* an eine Stelle, die den Redeton hat. Den Redeton hat in erster Linie der Anfang. Im Anfang finden wir das Sinnwort vor allem in Sätzen, *die einen starken Gefühlston tragen:*
»Haben die Leute Kinder? Einen Sohn haben sie. Andreas heißt er.«
»Ins Theater bin ich nicht gegangen, sondern ins Konzert.«
»Arbeitslos muß man sein: dann begreift man erst, was Demütigung bedeutet.«
»Endlich kam die ersehnte Nachricht.«
»Bestraft muß er werden.«

- Zweite Regel: Es gibt, im Gegensatz zu den gefühlsbetonten Sätzen auch solche, die *denkbedingt* sind: es sind gedankliche oder belehrende Sätze. *In ihnen stehen das Sinnwort am Schluß:*
»All dies lehrt uns Christen die Bibel.«
»Nach hitzigen Diskussionen stimmte die Gruppe mehrheitlich dagegen.«
»Nach dem feierlichen ›Trockengelöbnis‹ griff er heimlich zur Flasche.«

Etwas genereller kann man die Grundregel der Wortstellung so ausdrücken:

- Das Sinnwort gehört an eine Stelle, die den Redeton hat, also an den Anfang *oder* den Schluß des Satzes.

6.2 Der erfolgreichste Schriftsteller aller Zeiten

Ich beurteile einen Menschen immer nach der *Wirkung*, die er ausgeübt hat. Mit diesem Maßstab gemessen, und nicht etwa nach der Ziffer
seiner Auflagen, gibt es zweifellos nur einen Mann, der – ohne zugleich
Feldherr oder Staatsmann zu sein –, lediglich mit der Spitze seiner Fe-
der, eine Weltmacht aus den Angeln gehoben, die Völker Europas auf-
gewühlt und die Pforten eines neuen Zeitalters geöffnet hat; nur einen,
der von sich sagen konnte, daß die Weltgeschichte ohne ihn einen anderen Verlauf genommen hätte: Martin Luther. In Wilhelm Scherers Lite-
raturgeschichte kann man über Luthers Art zu schreiben lesen:

Durch Flugschriften hat Luther
zu Millionen geredet und seine
Stimme über ganz Deutschland er-
schallen lassen. Luther besitzt im
höchsten Maße, was man volkstümlich nennen muß: natürliche
Bildlichkeit; derbes Wort; sprich-
wörtlichen Ausdruck; Übertreibung, worin sich die Erregung des
Zornes und der Verachtung spiegelt; vergegenwärtigende Phantasie, welche zu dramatischen Wirkungen führt. *Er versetzt sich mit-
ten in eine gedachte Situation:* so in der Schrift an den christlichen Adel
deutscher Nation, wo er gleichsam persönlich vor den Kaiser und die
Fürsten hintritt und sein Wagnis entschuldigt; oder in den Streitschrif-
ten, in denen er den Gegner stets unmittelbar vornimmt, anredet, her-
untermacht, verhöhnt, mit Schimpfworten belegt und dergestalt un-
willkürlich eine groteske Karikatur von ihm entwirft. *Er hält nie Mono-
loge; sondern stets bekommen wir ein Stück aus einem Dialog zu hören...* Er selbst vergleicht seine Sprache (nicht rühmend, sondern ta-
delnd) mit einem unruhigen und stürmischen Fechter, der allezeit gegen
unendliche Ungeheuer streite, mit Donner und Blitz, mit Wind, Erdbe-
ben und Feuer, wodurch Berge umgestürzt und Felsen zerbrochen werden. Er bedauert, daß ihm der liebliche, friedsame und ruhige Geist
mangle, den er in anderen bewundert. Aber er tröstet sich damit, daß
der himmlische Vater in seinem großen Haushalt wohl auch ein und den

anderen Knecht brauche, der hart gegen Harte, rauh gegen Rauhe, ein grober Keil für grobe Klötze sei...
Nie hat ein Professor die gelehrte Vornehmheit so gründlich verleugnet wie Luther. Daß er trotz Schule, Universität, Kloster und Katheder innerlich ein Mann aus dem Volk geblieben war, das machte ihn zum Helden des Volkes. So weit Wilhelm Scherer. Und dem fügt Ludwig Reiners in seiner »Stilkunst« hinzu:

Lebendigkeit und Leidenschaft sind die Vorzüge, die Scherer der Prosa Luthers nachrühmt. Oder – um es nicht abstrakt, sondern gegenständlich zu sagen – Luther hat geschrieben, wie kraftvolle Menschen sprechen: in der bewegten, leidenschaftlichen Sprache des Alltags, *die sachlichen Probleme immer wieder in Probleme der Menschen umwandelnd.* Er hat selbst von seiner Bibelübersetzung gesagt: »Man muß die Mutter im Hause, die Kinder auf der Gassen, den gemeinen Mann auf dem Markte drumb fragen und denselbigen auf das Maul sehen, wie sie reden, und darnach dolmetschen, so verstehn sie es denn und merken, daß man Deutsch mit ihnen redet!"

Dies, verehrte Leser, war die notwendige Erläuterung zu meiner Aussage, daß der Trainer vom gesprochenen Wort *lebt.* Wir sind hiermit auf der Grenze zwischen Vortrag und Rede angelangt. Und deshalb seien, ergänzend, die vier »gußeisernen Regeln« für die freie Rede angeführt, wie ich sie zu Beginn meiner Rhetorik-Seminare darlege:

● Der Redner muß etwas zu sagen haben.
● Der Redner muß von dem überzeugt sein, was er sagt.
● Der Redner muß eine positive Einstellung zu seinem Publikum haben.
● Der Redner darf sein Publikum auf keinen Fall langweilen.

Ich würde Ihnen gerne in einer Sprache, wie Sie Nietzsche seinem »Zarathustra« in den Mund gelegt hat, das »einhämmernd« zurufen, was ich im Trainerberuf für besonders wesentlich halte:
Ein *Dienstleistungsberuf* ist unser Geschäft! Das heißt, daß wir dienen sollen! Nämlich jenen Menschen, die in unsere Seminare kommen – freiwillig oder befohlen. Denn sie alle brauchen, neben etwaigem zusätzlichen Fachwissen, menschliches Verständnis! Sie wollen – wenigstens einmal im Jahr! – vollgenommen und ein bißchen gelobt werden! Darin sehe ich unsere vornehmste Aufgabe, unsere Motivator-Funk-

tion, liebe Kollegen! *Und genieren Sie sich nicht, im Seminar eine drastische, emotional angereicherte Sprache zu sprechen! Orientieren Sie sich stets am größten und wirkungsvollsten Meister deutscher Sprache überhaupt: an Martin Luther!*

7. Zusammenfassung

1. Die Lemniskate, das »wollene Band« in Achterschleife, hat für Esoteriker eine mehrfache Bedeutung:
   - Sie ist Symbol der Unendlichkeit und des Neubeginns;
   - sie ist Ausdruck einer vollendeten Harmonie, deren ausgewogene Polarität sich in den beiden gleichgroßen Schleifen offenbart;
   - sie ist Ausdruck von Dynamik und Bewegung, die sich rhythmisch und zyklisch äußern.
2. Man kann die Lemniskate auch als Symbol-Struktur auffassen, an der die kosmische Ordnung erkannt und definiert werden kann. Dann sind folgende Ableitungen möglich:
   - Die große kosmische Ordnung bildet eine in sich geschlossene Einheit, deren Anfang und Ende nicht erkennbar ist;
   - sie ist in einer immerwährenden Bewegung begriffen.
   - Diese Bewegung resultiert aus dem Spannungsfeld zwischen zwei entgegengesetzten Polen (Plus- und Minus-Schleife), die sich im Gleichgewicht befinden müssen, da sonst eine rhythmisch-zyklische Bewegung nicht möglich wäre.

> Das bedeutet, daß das Prinzip der Balance, die Ausgewogenheit, das alles durchdringende Grundgesetz der großen kosmischen Ordnung ist.

3. Alles, was geschieht, kann in der Form der Lemniskate betrachtet und mit ihrer Dynamik erfaßt werden. Das bedeutet: das Gesetz der Balance kann als absolutes Naturgesetz beobachtet und erfahren werden, dem sich nichts und niemand entziehen kann. Oder, »praxisnäher« formuliert:

> Die Lemniskate ist als Denk- und Verhaltensmodell ein ideales Orientierungs- und Disziplinierungsmittel, um das Leben bewußt zu gestalten – und »Ausrutscher« zu vermeiden.

4. Wenn wir akzeptieren, daß Vorstellungsbilder unser Leben beherrschen und damit eine Basis jeder Motivation sind, ergeben sich für den Unterricht folgende Konsequenzen:

- Der Lerndende ist beim Lernprozeß der eigentlich aktive Partner; *der Trainer gibt »nur« Hilfen.*

- Die positive Motivation des Lernenden durch den Trainer geht von der Voraussetzung aus, daß das Bewußtsein einer Person auf das Bewußtsein einer anderen einwirken kann. Darauf beruht der »Pygmalion-Effekt«.

- Die Macht von Vorstellungsbildern (Imaginationen) ist so ungeheuer, daß sie nicht nur das Bewußtsein von Menschen verändern können, sondern direkt auf das Nervensystem bzw. einzelne Organe einwirken.

5. Aus den Erkenntnissen der Gehirnforschung lassen sich für das Training folgende Forderungen ableiten:

- Lassen Sie als Trainer, mit Rücksicht auf die rechte Hemisphäre, keine negativen Gefühle ins Spiel kommen!

- Legen Sie ab und zu entspannende Atemübungen ein, die mit aktivierenden Gehirn-Suggestionen unterlegt werden.

- Weisen Sie als Trainer darauf hin, daß jede Art von Erfolg, also auch Lernerfolge, das Immunsystem stärken. Erfolgreiche Menschen werden nicht krank!

6. Das Sinnbild der Lemniskate-Harmonie sollte Ansporn sein,
- auch die innere Balance zwischen »oben« und »unten« wenigstens in etwa herzustellen;
- die Links-Hirnigkeit zu überwinden, um holistisch und synchron zu »denkfühlen«; d.h., während des Denkens auch Gefühle zuzulassen.

7. Versuche mit hypnotisierten oder narkotisierten Menschen haben ergeben, daß alle Wahrnehmungen auf einem »zweispurigen Bild-Gefühl-Band« fixiert werden. Die Bilder verblassen zuweilen – die Gefühle nie!

8. Der Mensch lebt durch die Kommunikation. Jede Kommunikation findet auf einer Inhalts- und einer Beziehungsebene statt – wobei letztere die erstere bestimmt.

9. Die Macht der Imagination sollte im Seminar zunächst zur Motivation der Teilnehmer genutzt werden. Und zwar in einer Atmosphäre, die durch das Fehlen von Angst gekennzeichnet ist.

10. Jeder Mensch ist stark beeinflußbar, weil er keine konstante »psychische Mitte« aufweist, sondern »viele Ichs«. Diese Ichs manifestieren sich zunächst stets als Re-Aktionen auf die Erwartungen und Anforderungen der Umwelt. So ändert sich unsere Identität bereits dann signifikant, wenn ein Fremder in unseren (Gesichts-) Kreis eintritt.

11. Aus den Feldversuchen amerikanischer Psychologen ergeben sich für die Seminararbeit folgende Konsequenzen:
  - Bereits ein Schriftstück kann eine signifikante Änderung des Selbstbildes – und damit des Verhaltens – bewirken.
  - Auch die Resonanz eines Gesprächspartners kann Verhalten auffallend verändern.
  - Schließlich kann die Erwartung unserer Umgebung, wie wir eine Aufgabe lösen werden, unser Selbstbild verändern.

12. Die Erwartung, die Menschen in andere setzen, ist einer der wenigen wesentlichen Anlässe für Verhaltensänderungen. Rosenthal formuliert dies in seiner Pygmalion-Theorie so: *Die Macht der Erwartungen, die wir an einen anderen Menschen stellen, ist so groß, daß durch sie alleine schon dessen Verhalten beeinflußt werden kann.* Wir nennen dies eine sich selbst erfüllende Prophezeihung: *Was wir einem Menschen zutrauen, entscheidet manchmal auch über seinen Werdegang.*

13. Der Mensch versucht, mit seinem vom Verstand dominierten Oberbewußtsein, die Welt wahrzunehmen. Dabei unterliegt der »Normalmensch« zwei fatalen Irrtürmern:
  - er glaubt, die Welt so zu erfassen, wie sie »wirklich« ist – dies ist nicht möglich;
  - er glaubt, er hätte eine konstante Persönlichkeitsmitte, die er »Ich« nennt, und die sein Leben steuert; auch dies ist falsch.

14. Der Verstand, auf den sich manche Menschen so viel einbilden, spielt bei allen wesentlichen Lebensentscheidungen so gut wie keine Rolle.

15. Die menschliche Gefühlswelt besteht gewissermaßen aus zwei Sektionen:
  - die »emotionale Grundstimmung« beherrscht uns als Summierung aller bisherigen gefühlsmäßigen Erfahrungen;
  - die »aktuellen« Gefühle entstehen spontan bei jedem Denk- und Wahrnehmungsprozeß und begleiten jede Handlung.

Die Entstehung von Gefühlen kann man nicht verhindern. Man kann höchstens versuchen, aufgetauchte Gefühle zu ignorieren oder zu verdrängen.

16. Da in erster Linie unsere Gefühle – und nicht unser Verstand! – für unsere gesamte Lebensführung zuständig und verantwortlich sind, müssen wir Trainer, um wenigstens bescheidene Verhaltensänderungen herbeiführen zu können, unseren Lehrstoff unbedingt »emotional eingefärbt« präsentieren. Und uns selbst *als den Menschen, der wir sind* – nicht nur als den Fachmann!

17. Ein Trainer lebt vom gesprochenen Wort. Deshalb sollte er bestrebt sein, seine Muttersprache immer besser zu beherrschen.

18. Da die Freiheit der Wortstellung das wahre Geheimnis der deutschen Sprache ist, sollte jeder Trainer wenigstens die wichtigste Regel der Wortstellung kennen und beherzigen:
- Das Sinnwort gehört an die Stelle, die den Redeton hat, also an den Anfang *oder* an den Schluß des Satzes. In die Mitte gepackt, geht es bedeutungslos unter.

19. Ein Trainer, der sein Handwerk beherrscht, redet im Seminar frei und klebt nicht an seinen Unterlagen. Für die freie Rede gelten vier »gußeiserne« Regeln:
- Der Redner muß etwas zu sagen haben;
- er muß von dem überzeugt sein, was er sagt;
- er muß eine positive Einstellung zu seinem Publikum haben;
- er darf sein Publikum auf keinen Fall langweilen.

20. Aus dem bisher Gesagten ergeben sich für das »Training im Zeichen des Lemniskate« drei Grundregeln:
- Die Schleifen der Lemniskate sollten dem Gesetz der Polarität genügen, d.h., echte Gegensätze aufweisen: Schwarz/Weiß, Mann/Frau.
- Die Schleifen sollten gleich »gewichtig« sein.
- Die »Gefühls-Schleife« sollte niemals weniger Gewicht haben als die »Verstandes-Schleife«.

Kleines Vorwort zu den Bildern

Die folgenden, in Bilder umgesetzten oder durch Bilder ergänzten Texte sind durch die Bank von mir erstellte Seminarunterlagen. Zum Teil weisen sie bereits ein »ehrwürdiges« Alter auf. So habe ich beispielsweise die Unterlage Nr. 13 (»Gruppendynamische Prozesse«) für mein erstes Seminar als freier Trainer im Jahre 1970 entworfen. Dieses »Arbeitsblatt« zeigt eine weitere Eigenart des Birkenbihl-Trainings: die Teilnehmer bekommen »halbfertige« Unterlagen, die sie während des Seminars komplettieren müssen. Dieses Procedere hat drei Vorteile:

● Für Teilnehmer ist ein Blatt, an dem sie selbst mitgearbeitet haben, »wertvoller« als eines, das sie fix und fertig vorgesetzt bekommen. Das lesen sie »diagonal« – und bekommen dessen Inhalt oft gar nicht richtig mit!

● »Einmal geschrieben ist zehnmal gelernt!« sagten die alten Römer. Das heißt, Seminarteilnehmer prägen sich den Stoff durch das Schreiben leichter ein.

● Das Ausfüllen der Blätter (nach Diktat) ist ein vorzügliches Disziplinierungsmittel: die Teilnehmer haben keine Möglichkeit, mit ihren Gedanken abzuschweifen oder mit dem Nachbarn zu reden. Ich wende diese Methode vor allem bei Massenveranstaltungen mit Erfolg an: einmal saßen 398 Teilnehmer im großen Saal eines Frankfurter Hotels und komplettierten im Verlaufe von zwei Stunden fünf Arbeitsblätter!

Ich bin im übrigen der Meinung, *daß es bei bildlichen Darstellungen nicht auf die Schönheit der Zeichnung ankommt!* Die Zeichnung muß nur durch ihre Aussage den Inhalt einer verbalen Botschaft (symbolisieren und) verstärken. Überhaupt halte ich zu »schöne« Seminarunterlagen für ein (psychologisches) Übel! Sie machen, wenn sie z.B. in Offset gedruckt sind, so einen »fertigen« Eindruck. Intelligente Teilnehmer schließen zuweilen daraus, daß diese Unterlagen schon seit Jahren benutzt werden. Mit anderen Worten: Der Herr Seminarleiter »spult« vermutlich ein und dasselbe Seminar immer wieder »ab«. Ich selbst gehe den umgekehrten Weg: ich kopiere die Unterlagen für die meist 12 Teilnehmer kurz vor dem Seminar. Und falls ich eine neue Idee oder neue Informationen zur Verfügung habe, erstelle ich mit dem Computer schnell ein neues Arbeitsblatt. Da sind manchmal, wegen der Eilanfertigung, Tipp- oder Schönheitsfehler drin... Dafür entschuldige ich mich bei den Teilnehmern. Jedenfalls weiß dann jeder, daß er eine »brandneue« Unterlage erhalten hat!

Ein gutes Plakat enthält wenig Text – es überzeugt durch das Bild! Deshalb bin ich bemüht, auf meinen Arbeitsblättern möglichst wenig Text zu haben. Das heißt, diese Blätter sollen *einen* wesentlichen Gesichtspunkt unterstreichen und im Gedächtnis fixieren. (Eine Ausnahme bilden die Blätter für die Computerseminare, wo ein bestimmter Ablauf »marginal« bebildert wird.)

Anmerkungen zu den einzelnen Bildern
(Müssen nicht gelesen werden)

1. Aus einem Einführungs-Seminar in das Lemniskate-Training: Die Lemniskate symbolisiert hier, daß unser Planet in die große kosmische Ordnung »eingebunden« ist. Esoterisch ausgedrückt: »Wie oben, so unten«.
2. Aus dem gleichen Seminar: Die Lemniskate als Symbol der innigsten menschlichen Verbindung. (»Gesetz der Polarität«)
3. Aus dem gleichen Seminar: Die Lemniskate als Symbol des (hier etwas gestörten) Verhältnisses Körper-Geist.
4. Seminarvorlage für die Übung: »Der Weg einer Nachricht«. Dieses Bild bekommt nur der erste Teilnehmer (von fünfen) zu sehen. Das Ergebnis der mündlich weitergegebenen Information ist meistens: »Urlaubsstrand in der Südsee mit Palme und Segelboot im Hintergrund«.
   Alles übrige ist auf dem Wege durch die Kette »vergessen« worden.
5. Arbeitsblatt für Trainer-Seminar: Es weist darauf hin, wie wichtig Erfolgserlebnisse für Seminarteilnehmer sind.
6. Bildliche Darstellung der menschlichen Bedürfnisse (nach A. Maslow).
7. Seelische Entwicklung des Menschen. Aus »Fundus vitae«: Spezial-Seminar zur Selbstverwirklichung.
8. Wirkungen des Limbischen Systems. Wird in allen Seminaren besprochen, um die Wichtigkeit der emotionalen Komponente im

menschlichen Verhalten herauszuarbeiten. Dieser Punkt ist besonders wichtig, wenn man viele »Eierköpfe« im Seminar hat!

9. Objektive und subjektive Wirklichkeit (»Fundus vitae«).
10. Wie die Sprache das Denken beeinflußt. (Rhetorik- und Verkaufs-
    Training).
11. Entstehung eines Lebensscripts. (»Fundus vitae«).
12. Grundlagen der Gruppendynamik. (Management-Training).
13. Gruppendynamische Prozesse. (Management-Training).
14. Hinweis-Matrix zur Menschenbeurteilung. (Spezial-Seminar:
    »Praktische Menschenkenntnis«).
15. Paarbeziehungen. (»Fundus vitae«).
16. Der »Grundform-Typ«. (»Praktische Menschenkenntnis«).
17. Der »Hochform-Typ«. (»Praktische Menschenkenntnis«).
18. Haltung von Schultergürtel und Becken. (dito wie 16).
19. Theorie der Konflikte. (Management-Training).
20. Konfliktprozeß. (Management-Training).
21. Inhalts-/Beziehungsebene (nach P. Watzlawick). Wird in *allen Se-
    minaren* besprochen.
22. Verhandlungstaktik, mit Herausarbeitung der Einwand-Technik.
    (Verkaufs-Training).
23. Stufen eines guten Verkaufs-Gespräches. (Bäcker-Kongreß).
24. Finanzierungsbeispiel. (Seminar für Trainer von Landesbauspar-
    kassen).
25. Rede-Disposition »Umwelt-Schutz« mit vier »Aufhängern«. (Rhe-
    torik-Seminar).
26. »Gehirn-gerechtes Lernen«, aus einer »Vor-Stufe« zum Computer-
    Training.
27. Was ist die »Dickte«? (Computer-Training).
28. Zusammenfassung (Computer-Training).
29. Zwischenbilanz zur Arbeit des Gehirns (Computer-Training).
30. Wie man sein Aufstehen »managed«. (Computer-Training).
31. »Aufstehen-Management« – computergerecht!
32. Formatbestimmung einer Druckseite. (Computer-Training).
33. Satzspiegelveränderungen. (Computer-Training).
34. Festlegen eines Textformats. (Computer-Training).
35. »Zwischenablage« und »Album«. (Computer-Training).

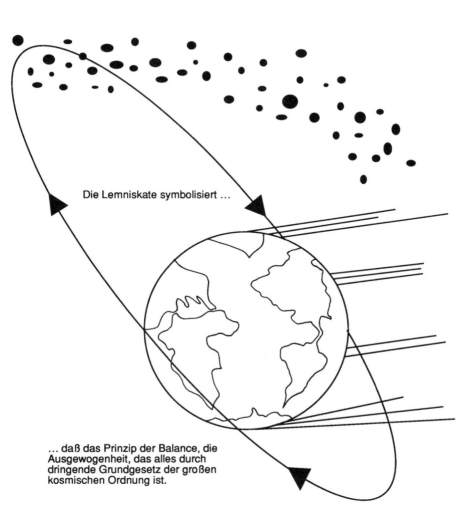

Die Lemniskate symbolisiert ...

... daß das Prinzip der Balance, die Ausgewogenheit, das alles durch dringende Grundgesetz der großen kosmischen Ordnung ist.

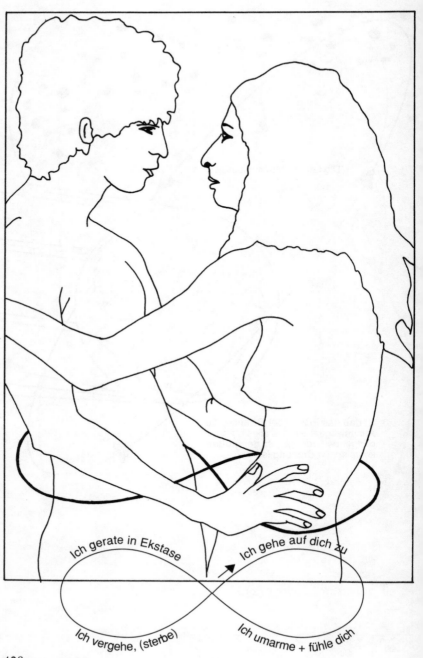

Ich gerate in Ekstase

Ich gehe auf dich zu

Ich vergehe, (sterbe)

Ich umarme + fühle dich

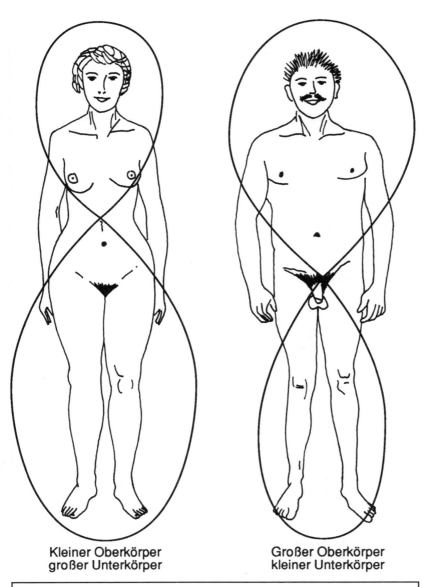

Kleiner Oberkörper
großer Unterkörper

Großer Oberkörper
kleiner Unterkörper

Lemniskateschleifen mit ungleicher Gewichtigkeit stören die
Balance zwischen Körper und Geist, Gefühl und Verstand,
Beharren und Dynamik . . .

Erfolgserlebnisse

im Seminar

stärken
Selbstwertgefühl
+
Immun-System

Die Bedürfnisse des Menschen (nach A. Maslow)

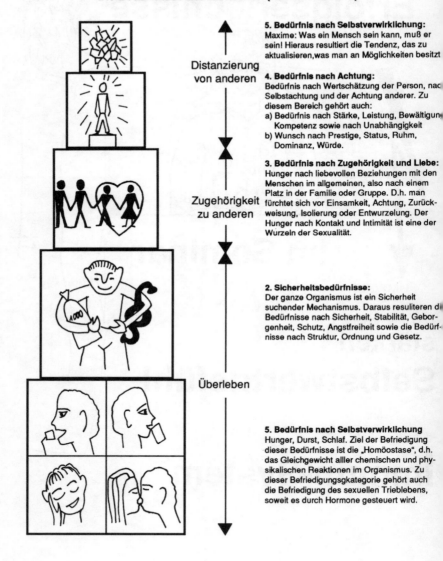

5. Bedürfnis nach Selbstverwirklichung:
Maxime: Was ein Mensch sein kann, muß er sein! Hieraus resultiert die Tendenz, das zu aktualisieren,was man an Möglichkeiten besitzt

Distanzierung
von anderen

4. Bedürfnis nach Achtung:
Bedürfnis nach Wertschätzung der Person, nac Selbstachtung und der Achtung anderer. Zu diesem Bereich gehört auch:
a) Bedürfnis nach Stärke, Leistung, Bewältigun Kompetenz sowie nach Unabhängigkeit
b) Wunsch nach Prestige, Status, Ruhm, Dominanz, Würde.

3. Bedürfnis nach Zugehörigkeit und Liebe:
Hunger nach liebevollen Beziehungen mit den Menschen im allgemeinen, also nach einem Platz in der Familie oder Gruppe. D.h. man fürchtet sich vor Einsamkeit, Achtung, Zurück-weisung, Isolierung oder Entwurzelung. Der Hunger nach Kontakt und Intimität ist eine der Wurzeln der Sexualität.

Zugehörigkeit
zu anderen

2. Sicherheitsbedürfnisse:
Der ganze Organismus ist ein Sicherheit suchender Mechanismus. Daraus resultieren di Bedürfnisse nach Sicherheit, Stabilität, Gebor-genheit, Schutz, Angstfreiheit sowie die Bedürf-nisse nach Struktur, Ordnung und Gesetz.

Überleben

5. Bedürfnis nach Selbstverwirklichung
Hunger, Durst, Schlaf. Ziel der Befriedigung dieser Bedürfnisse ist die „Homöostase", d.h. das Gleichgewicht alller chemischen und phy-sikalischen Reaktionen im Organismus. Zu dieser Befriedigungskategorie gehört auch die Befriedigung des sexuellen Trieblebens, soweit es durch Hormone gesteuert wird.

Die seelische Entwicklung des Menschen

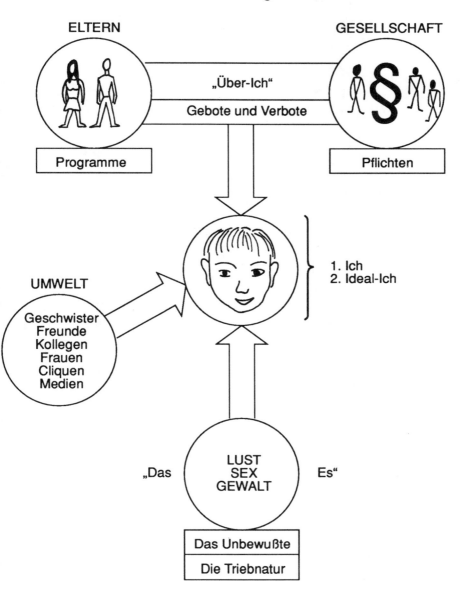

ELTERN

GESELLSCHAFT

„Über-Ich"

Gebote und Verbote

Programme

Pflichten

UMWELT

Geschwister
Freunde
Kollegen
Frauen
Cliquen
Medien

1. Ich
2. Ideal-Ich

„Das

LUST
SEX
GEWALT

Es"

Das Unbewußte

Die Triebnatur

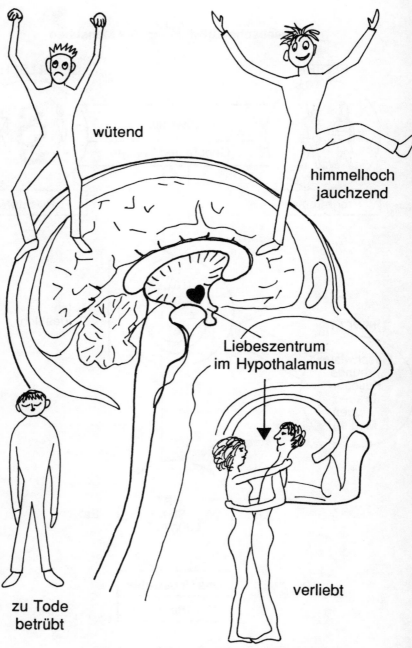

wütend

himmelhoch
jauchzend

Liebeszentrum
im Hypothalamus

zu Tode
betrübt

verliebt

Wirkungen des Limbischen Systems

414

Objektive und subjektive Wirklichkeit

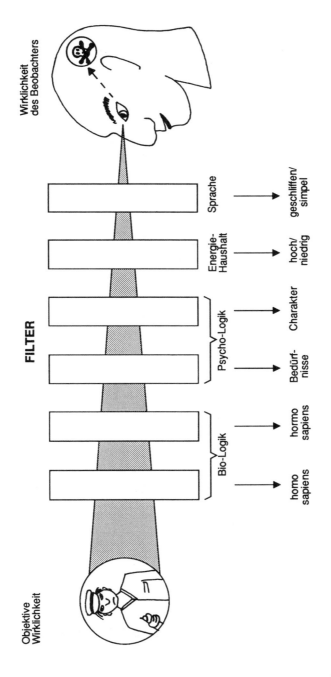

415

Wie die Grammatik der Sprache das Denken beeinflußt

»Objektive Wirklichkeit« | »Bild ohne Worte«

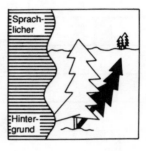

»Deutsche Wirklichkeit« | »Der Baum wirft einen Schatten«

»Japanische Wirklichkeit« | »Des Baumes Schatten«

»Hopi-Wirklichkeit« | »Schatten-seiendes beim Baum«

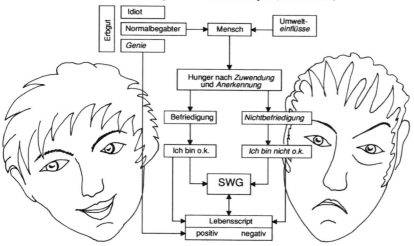

Die Entstehung eines Lebensscripts (nach Eric Berne)

Die Art und Weise, wie die Grundbedürfnisse nach *Zuwendung* und *Anerkennung* in der frühen Kindheit, d.h. bis zum *5. Lebensjahr*, befriedigt werden, legt die innere *Grundeinstellung* fest, die ein Mensch zum *Leben* gewinnt.

Gruppendynamik:

1. Beziehungen des Säuglings zu den Eltern:

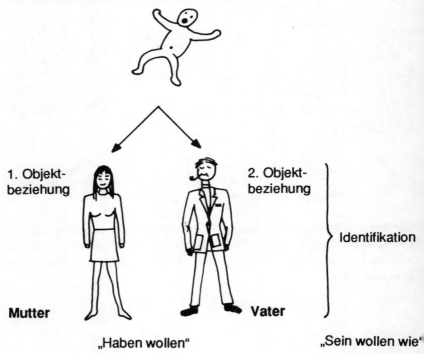

1. Objekt-
beziehung

Mutter

„Haben wollen"

2. Objekt-
beziehung

Identifikation

Vater

„Sein wollen wie"

2. Die ersten Verhaltensmuster des Menschen:

1. Er paßt sich an.
2. Er erwartet Belohnung für Anpassung.
3. Er fürchtet Ausschluß aus der
   Primärgruppe;
   _____
   er fürchtet (später), von neuer Gruppe
   nicht angenommen zu werden.

behält er
Zeit seines
Lebens bei!

Aus diesen ursprünglichen menschlichen
Verhaltensmustern ergeben sich die

3. Grundgesetze der Gruppenpsychologie.

Gruppendynamische Prozesse

Man spricht von Gruppen<u>dynamik</u>, weil in einer *Gruppe* dauernd etwas »passiert« – es herrscht niemals absolute *Ruhe*! Das *Verhalten* jeder Person beeinflußt <u>immer</u> das Verhalten <u>aller</u> *anderen*, die zu dieser *Gruppe* gehören.

Nun gibt es bestimmte *Prozesse*, die in <u>jeder</u> menschlichen Gruppe, in der *Familie* wie in einer Arbeitsgruppe, *ablaufen*. Bildlich könnten diese *Prozesse* so dargestellt werden:

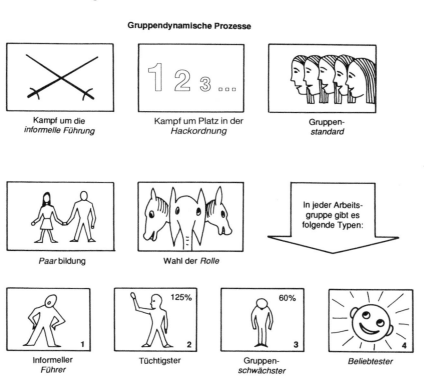

Gruppendynamische Prozesse

| Kampf um die *informelle Führung* | Kampf um Platz in der *Hackordnung* | Gruppen-*standard* |

*Paar*bildung — Wahl der *Rolle* — In jeder Arbeitsgruppe gibt es folgende Typen:

Informeller Führer (1) — Tüchtigster 125% (2) — Gruppen-schwächster 60% (3) — Beliebtester (4)

Bitte beantworten Sie für sich selbst folgende Fragen:

1. Welche Ihrer Mitarbeiter/innen verkörpern die Typen 1, 2, 3, 4,?
2. Haben Sie weitere Typen in Ihrer Belegschaft, z.B. einen Oppositionellen, einen Angepaßten, einen Außenseiter?

419

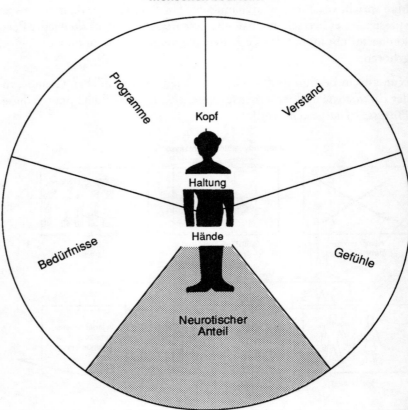

Worauf sollte man achten, wenn man Menschen beurteilt?

Kopf

Programme

Verstand

Haltung

Hände

Bedürfnisse

Gefühle

Neurotischer Anteil

Die Funktionsprinzipien von Paarbeziehungen

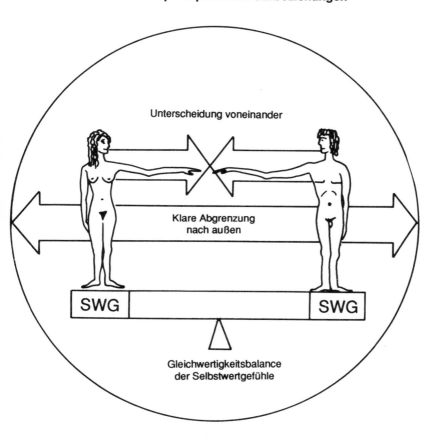

Nach Jürg Willi gibt es drei Funktionsbeziehungen, die sich für das Gelingen einer Paarbeziehung als wichtig erwiesen haben:

- Das Abgrenzungsprinzip
- Die Gleichwertigkeitsbalance der Selbstwertgefühle
- Progressives und regressives Abwehrverhalten.

421

**Der
Grundform-Typ
und seine
Hand**

Der Grundform-Typ ist ein vitaler
Nur-Praktiker, ein Instinktmensch,
dessen Denken unkompliziert, auf
nahe Sicht eingestellt, fast nur auf
die Erfüllung handfester Leibesfor-
derungen ausgerichtet ist.

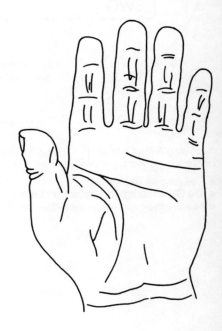

**Der
Hochform-Typ
und seine
Hand**

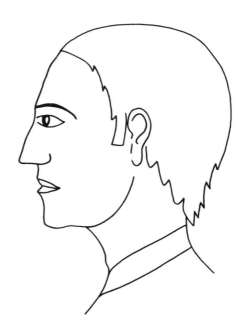

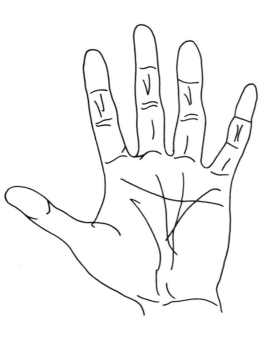

Hochform-Menschen sind vielseitig angelegte, geistig sehr bewegliche, häufig schöpferische Naturen, bei denen das Gemüt keine Nebenrolle hat, sonder überall lenkend, begütigend eingreift, bei aufsteigendem Zorn auffordert Nachsicht zu üben, Größe zu zeigen. Im Urteil wie im Handeln sind diese Menschen selbständig, treu in ihren Prinzipien, energisch im Vorgehen, fähig, anderen Halt und Führung zu geben.

423

Verschiedene Haltungen von Schultergürtel und Becken

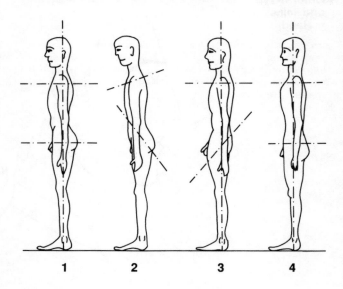

1	**2**	**3**	**4**

1. Normalhaltung eines psychisch ausgeglichenen Mannes

2. Haltung eines Neurotikers mit Minderwertigkeitskomplex: Schultergürtel nach vorne gefallen, Becken nach hinten fixiert = a-Sexualität

3. Sexuell aktiver Mann: Becken schräg nach vorne fixiert

4. Soldatische Haltung: Infolge Muskelpanzerung von Brust, Bauch und Becken keine Gefühlsbewegung

Zur Theorie der Konflikte

1. Unter einem Konflikt versteht man in der Management-Theorie jede Spannung, die sich durch verborgene oder offene Gegensätzlichkeit kennzeichnen läßt.
2. Das Austragen von Konflikten ist schon vom Prinzip her im Charakter unserer Unternehmen vorgesehen. Ohne Konflikte sind weder Reformen noch Karrieren denkbar. Mit anderen Worten: Konflikte bilden eine »soziale Konstante«; deshalb können sie auch nicht – im Sinne der Beseitigung ihrer Ursachen – »gelöst«, sondern nur »bewältigt« werden.

Welche Konfliktarten gibt es?

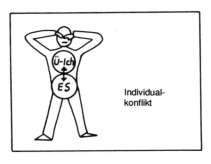

Individual-
konflikt

Intra-Gruppenkonflikt

Inter-Gruppenkonflikt

A   B

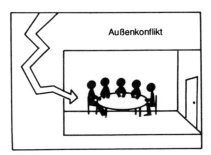

Außenkonflikt

425

Wie verläuft ein Konfliktprozeß?

Zu Phase 1: Ein Konflikt entsteht zuweilen aus nichtigen Ursachen, aus persönlichen Animositäten, aus Machtansprüchen oder aus Interessenverteidigung.

Zu Phase 2: Ihr kommt wesentliche Bedeutung zu: Ob man einen Konflikt bagatellisiert (oder gar totschweigt), ob man ihn realistisch sieht oder ob man ihn aufbauscht. Die Ursache für eine verzerrte Konfliktwahrnehmung liegt stets in der Persönlichkeitsstruktur des vom Konflikt Betroffenen begründet.

Zu Phase 3: Wenn ein Konflikt (bzw. dessen Ursache) falsch analysiert wird, kann auch keine optimale Entscheidung zu dessen Bewältigung getroffen werden.

Zu Phase 4: Wie ein betroffener Vorgesetzter auf einen Konflikt in seinem Funktionsbereich reagiert, hängt von zwei Faktoren ab:
1. vom Verlauf der Phasen 1–3;
2. von der menschlichen Reife aller Beteiligten – vor allem aber von der des Vorgesetzten!

426

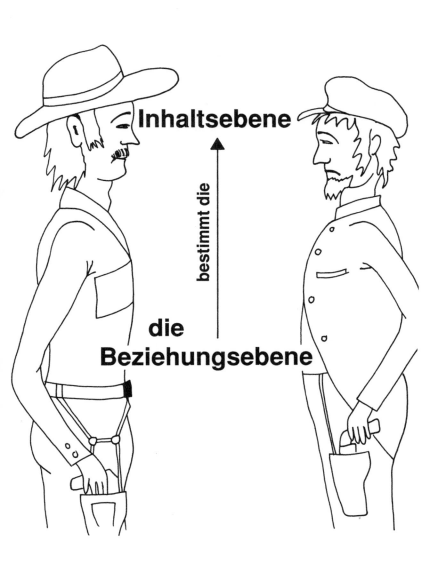

Inhaltsebene

bestimmt die

die
Beziehungsebene

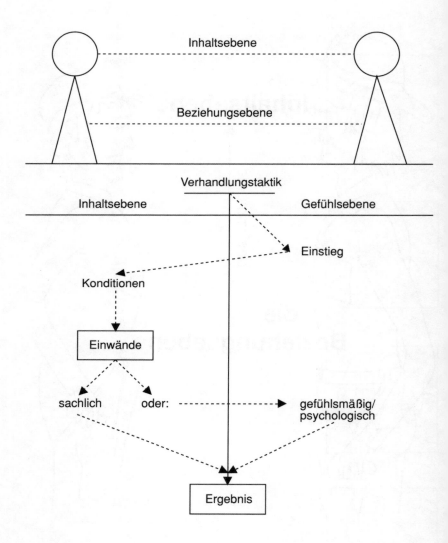

Regel 7: Ein Verhandlungserfolg, z.B. der Verkauf eines Produktes oder einer Dienstleistung, besteht immer aus zwei Komponenten:
einer gekonnten sachlich-fachlichen Argumentation in einem guten psychologischen Klima.

Die vier Stufen eines guten Verkaufsgespräches

1. Eine *freundliche* Atmosphäre herstellen.

2. *Bedürfnisse* des Kunden erfragen.

3. Aus der *Situation* des Kunden argumentieren.

4. Produkt *anbieten*.

Fazit: Beim einem guten *Verkaufsgespräch* wird das Produkt am *Schluß* angeboten – nicht am *Anfang!*

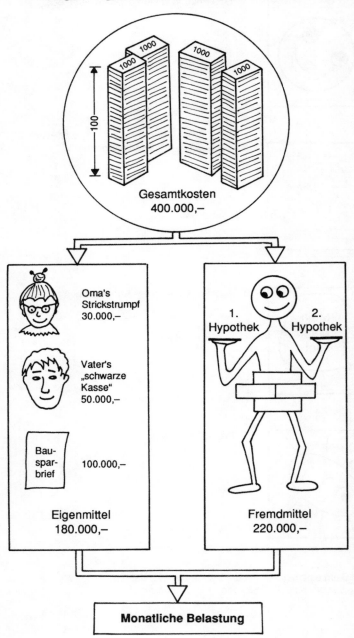

**Beispiel
für die gehirn-gerechte Darstellung einer Finanzierung**

Gesamtkosten
400.000,–

Oma's
Strickstrumpf
30.000,–

Vater's
„schwarze
Kasse"
50.000,–

Bau-
spar-
brief

100.000,–

Eigenmittel
180.000,–

1.
Hypothek

2.
Hypothek

Fremdmittel
220.000,–

Monatliche Belastung

Thema: Zur Bedeutung des Umweltschutzgedankens

Einleitung
Die Erde als Geschenk Gottes
an den Menschen

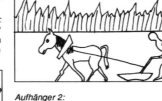

Aufhänger 1:
Was war?
(Einheit von Natur und Mensch
bis zum Industriezeitalter)

Aufhänger 2:
Was ist?
(Raubbau, Erosion, Luft- und Wasserver-
schmutzung, Vergiftung durch Chemie,
Klimaänderung)

Balance

Aufhänger 3:
Was müßte sein?

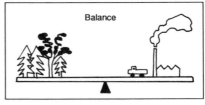

Aufklärung   Strafe

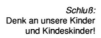

Verursacher-
Prinzip

Aufhänger 4:
Wie kann man diese Änderung
herbeiführen?

Schluß:
Denk an unsere Kinder
und Kindeskinder!

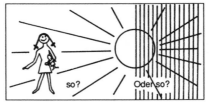

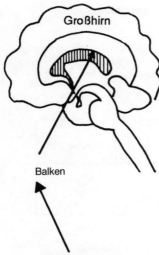

Großhirn

Balken

Beide Hemisphären
sind durch Millionen von
Nervenfasern mit einander
verbunden, die an der
Übergangsstelle den
sog. *Balken* bilden.

Vom »gehirn-gerechten« Lernen

Die Gehirnforscher, besonders in den USA, haben über die Funktionen des Gehirns neue Erkenntnisse gewonnen, die u.a. neue Einsichten in den Lernprozeß zur Folge hatten. Wenn wir also unsere Lehr-/Lernmethoden dem Bau unseres Gehirns anpassen, lernen wir »gehirn-gerecht«; das heißt aber: viel leichter, mit weniger Anstrengung und ohne Frust! Deshalb haben wir diese VOR-STUFE »gehirn-gerecht« gestaltet, indem wir möglichst viele Erklärungen zugleich bildlich dargestellt haben.

Ohne uns ins Detail zu verlieren, sei hier ganz kurz die Arbeitsweise des zweigeteilten menschlichen Großhirns erläutert:
In der Umgangssprache sagt ein Mensch, wenn er etwas nicht versteht: »Ich kann mir davon kein Bild machen!« Dies trifft wörtlich zu: die linke Gehirnhälfte (= Hemisphäre) denkt in Wörtern, d.h. innerhalb der Sprache; die rechte Gehirnhälfte hat keine Sprache und kann nur in Bildern denken!

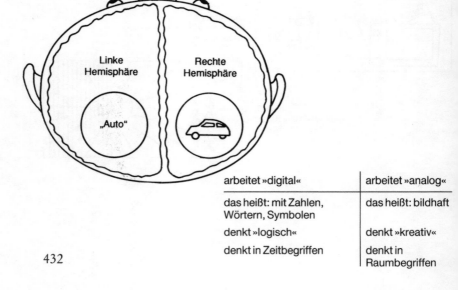

Linke Hemisphäre	Rechte Hemisphäre
„Auto"	
arbeitet »digital«	arbeitet »analog«
das heißt: mit Zahlen, Wörtern, Symbolen	das heißt: bildhaft
denkt »logisch«	denkt »kreativ«
denkt in Zeitbegriffen	denkt in Raumbegriffen

432

Nun sind ja die beiden Hirnhälften durch Millionen von hauchdünnen Nervensträngen miteinander verbunden. Aber: Wenn man einem Menschen etwas nur mit Worten, also »linkshirnig«, erklärt, wird kein »Bild« in die rechte Hälfte geschickt. Umgekehrt gilt: Wenn ein Mensch, rechtshirnig kreativ wird (z.B. ein Erfinder) und eine Idee geboren hat, dann hat er eine »Bild« vor Augen – kann es aber mit Worten nicht beschreiben, weil das rechte Hirn keine Sprache hat! Jetzt muß das rechte Hirn sein »Bild« hinüberschicken in die linke Hälfte, wo dieses Bild »artikuliert«, d.h. durch Worte dargestellt wird! Fazit: Ein Mensch gebraucht sein Hirn dann optimal, wenn er beide Gehirnhälften gleichzeitig für sich arbeiten läßt!

Beispiel:

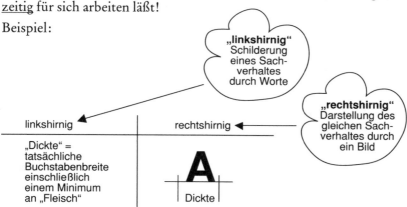

Sie werden also, verehrter Leser, künftig stets das Bild, d.h. das

vor Ihrem geistigen Auge haben, wenn Sie das Wort »Dickte« hören, und »für alle Zeiten« wissen: die »Dickte« ist etwas mehr als die tatsächliche Buchstabenbreite. (Wie viel mehr – das braucht Sie nicht zu interessieren, weil das System die Dickten nach bestimmten Vorgaben reguliert. Darauf kommen wir später noch zurück.)

Sie verstehen also jetzt, wie diese VORSTUFE, vom pädagogischen Gesichtspunkt her, aufgebaut ist: Es wird versucht, den Text so oft wie möglich durch ein Bild zu ergänzen.

Das hat für Sie als Leser zwei Vorteile: Sie verstehen augenblicklich, worum es geht – merken sich eine für Sie neue gewesene Tatsache <u>sofort</u>. Ein »Lernen« im altmodischen Sinne entfällt!

> Zusammenfassung: »Gehirn-gerecht« lernen heißt, einem Lernenden einen neuen Stoff so anzubieten, daß <u>beide Gehirnhälften gleichzeitig</u> angesprochen werden: die linke durch Worte/Zahlen/ Symbole, die rechte durch ein Bild.

Auch wenn Sie kein Wort Englisch verstehen ...
... sagt Ihnen diese kleine Bildfolge, worum es in der Schulung geht!

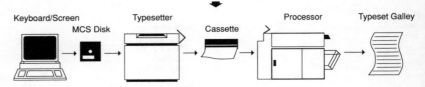

Keyboard/Screen   Typesetter   Processor   Typeset Galley
MCS Disk   Cassette

Facts about Typesetting Files

There are several rules and conditions that must be learned before type-setting files:

1. Only complete files, stored on MCS disk, can be typeset. Portions of a file (such as individual pages) cannot be typeset.

2. When a file is sent to the typesetter, the entire file may not be sent by the MCS at once (the memory of the typesetter cannot hold much data at one time). Instead, the MCS sends portions of the file, as the typesetter can accept them.

3. The disk containing the file to be typeset must remain in the disk drive until the entire file has been completely sent to the typesetter.

4. A fole must be closed before it can be typeset. Attempting to send an open file will result in a »File Busy« error message on the MCS screen.

5. Up to 8 files can be sent to the typesetter at once. The files will be typeset in the order in which they are sent.

6. All pages of a file sent to the typesetter are typeset, in order, with no extra space between them. Extra linespace (lead) should be added by including.

Zwischenbilanz

Zur Wiederholung und Ergänzung des bisher Gesagten:

- Unser Gehirn ist in zwei Hälften (= Hemisphären) unterteilt. Wobei mit »Gehirn« hier ausschließlich unser »Großhirn« gemeint ist.

- Jede Gehirnhälfte hat ganz andere Aufgaben zu erfüllen als ihre »Gegenseite«.

- Das »linke Hirn« beinhaltet die beiden Sprachzentren und ist deshalb zuständig für das gesamte Denken, das innerhalb der Sprache abläuft. Es arbeitet also mit Worten, Symbolen, Zahlen und Formeln.

- »Digitus« heißt im Lateinischen der »Finger«. Da man in alten Zeiten mit Hilfe der Finger gezählt hat, bekam »Digitus« die zweite Bedeutung von »Zahl«. Das von Digitus abgeleitete Wort »digital« bedeutet also zunächst »zahlenmäßig, mit Zahlen«. Im erweiterten Sinne bedeutet »digital«, vor allem in der »Computersprache«: »mit einzelnen Elementen arbeiten«, also z.b. mit Buchstaben, Wörtern, Ziffern, Symbolen. Da (bei 95 % aller Menschen) das linke Gehirn in dieser Art arbeitet, sagen die Gehirnforscher, das linke Hirn arbeite »digital«.

- Im Gegensatz dazu arbeitet das rechte Gehirn »analog«, d.h. »bildhaft, in Bildern«. Im rechten Gehirn laufen alle Denkprozesse in Bildern ab; auch die Ergebnisse dieses Denkens befinden sich als Bilder im rechten Gehirn – weil das rechte Gehirn keine Sprache hat. Deshalb muß das rechte Gehirn seine bildhaften Vorstellungen (über den »Balken«) in das linke Gehirn schicken; dort werden diese Bilder in Worte umgesetzt, d.h. »artikuliert«.

- Immer, wenn das Gehirn (bzw. das Gedächtnis) etwas Neues aufnehmen soll, muß es beiden Hirnhälften gleichzeitig angeboten werden, d.h. in Wort und Bild! So ist auch diese VOR-STUFE aufgebaut. (Übrigens: Falls Sie ein Kind haben, das in einem Schulfach viel schlechter ist als in den übrigen, dann interessieren Sie sich doch zunächst einmal dafür, wie der Lehrer unterrichtet! Oft liegt die Schuld für schlechte schulische Leistungen beim Lehrer, nicht beim Schüler.)

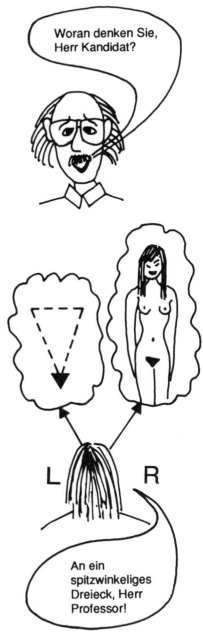

435

Wie man sein Aufstehen »managed«

Verehrter Leser – bevor wir uns dem ersten Management-Problem im Rahmen des MCS zuwenden, wollen wir uns doch zunächst einmal mit dem Begriff »Management« auseinandersetzen. Was heißt überhaupt »managen«! Am Beispiel eines Arbeitstag-Beginnes könnte das Managen dieser Situation so vor sich gehen:

Schritt A: Der Wecker (den Sie abends auf jene Zeit eingestellt haben, zu der Sie aufstehen müssen – ganz gleich, wie spät Sie ins Bett gekommen sind!) weckt Sie.

Schritt B: Sie wanken (falls Sie ein männlicher Junggeselle sind) schlaftrunken in die Küche und setzen die Kaffeemaschine in Gang.

Schritt C: Sie springen unter die (kalte) Dusche (wenn Sie ein Held sind) und rasieren sich anschließend.

Schritt D: Sie frühstücken in der Küche und werfen einen Blick in die Morgenzeitung.

Schritt E: Sie ziehen sich (recht fesch) an, da Sie ja noch Junggeselle sind, noch Karriere machen wollen, etc.

Schritt F: Sie gehen eilig, weil Sie schon wieder etwas spät dran sind, zu Ihrem Wagen und fahren in die Firma.

Gehirn- und computergerecht könnte man das Aufsteh-Management so darstellen:

436

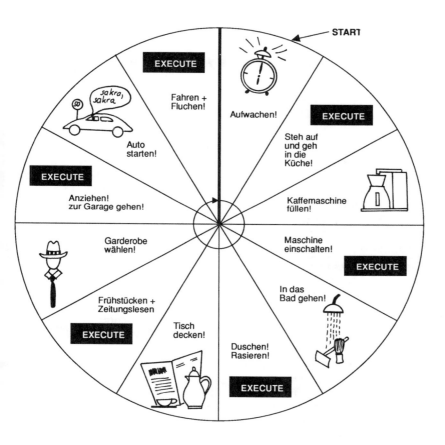

Wir können nunmehr »managen« endlich korrekt »eindeutschen«. »To manage« bedeutet:

(1) Führen, anleiten, unterstützen;

(2) eine Tätigkeit nach bestimmten Ordnungsprinzipien verrichten.

Uns interessiert im Zusammenhang mit dieser VOR-STUFE nur die 2. Bedeutung. So sagt man im Englischen: »Ein Geschäft (Firma, Hotel, etc.) managen«. Oder: »Eine Aufgabe, z.B. die Kontenführung innerhalb einer Buchhaltung managen«.

TITELABSATZ = HEADER

Zur Formatbestimmung einer Seite:
Die oberen und unteren Ränder einer Seite heißen bei MacWrite
"Titelabsätze" ("Header") bzw. "Schlußabsätze" ("Footer"). Durch Sie
wird das Format einer Seite in der Höhe endgültig festgelegt. Und
zwar in Verbindung mit "Papierformat" im Menü "Ablage":

🍎 Ablage Bearbeiten Inhalt Spezial

ImageWriter   v2.1   `OK`

Papier: ⦿ A4 Brief   ○ A4 quer
         ○ 210 mm × 12"   ○ B5 Brief   `Abbrechen`
         ○ 360 mm × 12"   ○ 210 mm × 11"

Format: Einstellungen: ☐ Hochformat/Justiert
                               ☐ 50 % Verkleinerung
                               ☐ Kein Seitenvorschub

Nun kann man, bei nur <u>einseitigen</u> Dokumenten, Header und Footer
durch den Befehl "Titelseite" im "Format-Menü" ausschalten. Dadurch ist deren Raum für den Text mitzuverwenden und ergibt, bei
12 Punkt, etwa 46 Zeilen pro Seite (anstelle von etwa 34 Zeilen).
Wenn Header bzw. Footer in irgendeiner Weise betextet
oder bebildert werden, erscheinen diese beiden Ränder bei
längeren Dokumenten <u>auf jeder Seite</u>!
Man kann also, wenn man möglichst viel Text pro Seite unterbringen
muß und typographische Gesichtspunkte keine Rolle spielen, jede
Seite einzeln drucken und Header + Footer durch "<u>Titelseite</u>" ausschalten.

im Menue „Format" ◀

SCHLUSSABSATZ = (FOOTER)

SATZSPIEGELVERÄNDERUNGEN
mit Hilfe der Lineale

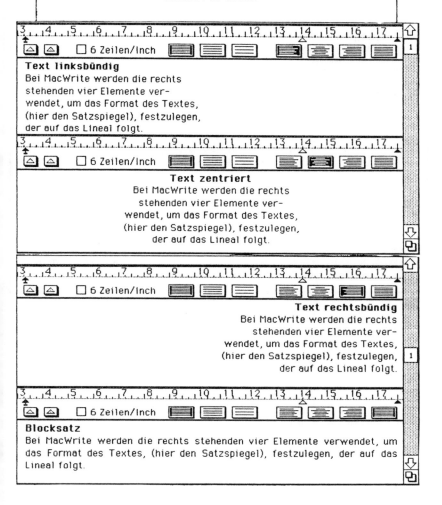

Text linksbündig
Bei MacWrite werden die rechts
stehenden vier Elemente verwendet, um das Format des Textes,
(hier den Satzspiegel), festzulegen,
der auf das Lineal folgt.

Text zentriert
Bei MacWrite werden die rechts
stehenden vier Elemente verwendet, um das Format des Textes,
(hier den Satzspiegel), festzulegen,
der auf das Lineal folgt.

Text rechtsbündig
Bei MacWrite werden die rechts
stehenden vier Elemente verwendet, um das Format des Textes,
(hier den Satzspiegel), festzulegen,
der auf das Lineal folgt.

Blocksatz
Bei MacWrite werden die rechts stehenden vier Elemente verwendet, um
das Format des Textes, (hier den Satzspiegel), festzulegen, der auf das
Lineal folgt.

Wenn man im Menü "Format" die Option "Lineale ausblenden" aktiviert und dann den Text ausdruckt, sieht er so aus:

Text linksbündig
Bei MacWrite werden die rechts
stehenden vier Elemente verwendet, um das Format des Textes,
(hier den Satzspiegel), festzulegen,
der auf das Lineal folgt.

Text zentriert
Bei MacWrite werden die rechts
stehenden vier Elemente verwendet, um das Format des Textes,
(hier den Satzspiegel), festzulegen,
der auf das Lineal folgt.

Text rechtsbündig
Bei MacWrite werden die rechts
stehenden vier Elemente verwendet, um das Format des Textes,
(hier den Satzspiegel), festzulegen,
der auf das Lineal folgt.

Blocksatz
Bei MacWrite werden die rechts stehenden vier Elemente verwendet, um das Format des Textes,
(hier den Satzspiegel), festzulegen, der auf das Lineal folgt.

Das Format festlegen

Unter dem Festlegen eines Textformats versteht man das Bestimmen der Rand- und Tabulatorwerte, des Zeilenabstands und der Textausrichtung.

Bei MacWrite werden folgende Elemente eines Lineals verwendet, um das Format des Textes festzulegen, der auf das Lineal folgt.

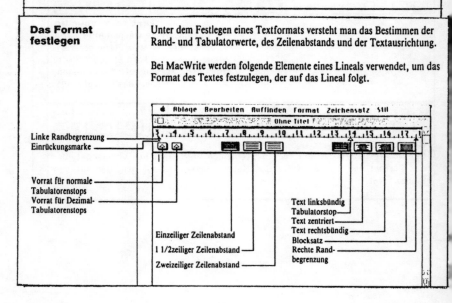

Linke Randbegrenzung
Einrückungsmarke

Vorrat für normale Tabulatorenstops
Vorrat für Dezimal-Tabulatorenstops

Einzeiliger Zeilenabstand
1 1/2zeiliger Zeilenabstand
Zweizeiliger Zeilenabstand

Text linksbündig
Tabulatorstop
Text zentriert
Text rechtsbündig
Blocksatz
Rechte Rand-begrenzung

„Zwischenablage" und „Album"

Originaldokument	Zwischenablage	Neues Dokument

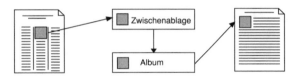

Der aktivierte Textteil gelangt mit „Kopieren" in die Zwischenablage. Der kopierte Teil bleibt im Original erhalten! Wenn der aktivierte Textteil mit „Ausschneiden" in die Zwischenablage kommt, ist er im Dokument gelöscht.	Kopie in Zwischenablage. Hat vorhandenen Text überschrieben. Merke: In der Zwischenablage kann immer nur eine Text- oder Bildsequenz angelegt werden!	Kopie kann aus der Zwischenablage in anderes Dokument (oder in das Album) transferiert werden. Mittels „Einfügen" an jene Stelle, an der die Einfügungsmarke steht.

Originaldokument	Zwischenablage/Album	Neues Dokument

Text oder Zeichnung werden in einem Dokument aktiviert und mit „Ausschneiden" oder „Kopieren" in die Zwischenablage geschafft.	(1) „Album" wählen (aus Menü „Apple") (2) „Einsetzen" wählen (aus Menü „Bearbeiten") Unter der Roll-Leiste wird unten links angezeigt, in welcher Position der Neuzugang abgelegt worden ist. Rechts unten steht der Hinweis, ob es sich um eine Text- oder Bildablage handelt. Fazit: Ablagen im Album bleiben, bis sie gelöscht werden. Da sie, besonders wenn es sich um Grafiken handelt, relativ viel Speicherkapazität beanspruchen, sollte das Album an und zu auf „Ladenhüter" überprüft werden.	Im Album nach gewünschter Zeichnung blättern. Angezeigte Zeichnung wird automatisch aktiviert. „Kopieren" wählen. Im Dokument mittels Einfügungsmarke Aufnahmestelle markieren. Mit „Einsetzen" Bild ins Dokument einfügen.

Achtung! Die Ablage eines Textes oder Bildes in das Album kann immer nur über die Zwischenablage geschehen. Will man ein Deponat aus dem Album in ein Dokument transferieren, muß ebenfalls der Weg über die Zwischenablage gewählt werden.

Teil III: Umsetzung in die Praxis

1. Mehrteilige Übungsaufgabe für Teilnehmer an einem Management-Seminar

Die Mehrheit der Manager ist erfahrungsgemäß nicht in der Lage, einen guten Bericht abzufassen. Deshalb werden ihre Berichte in der Regel von der angesprochenen Zielgruppe nur überflogen – wenn überhaupt!

Ziel der folgenden Übung ist es, Führungskräfte im Seminar zu veranlassen, aus ihnen vorgelegten »Facts« einen Bericht zu machen. Der Bericht sollte, (angenommener Weise) von einem Mitglied der Geschäftsleitung verfaßt, am Jahresende als eine Art »Tagesbefehl« an *alle* Führungskräfte der Firma verteilt werden – als eine spezielle Art der Motivierung für das kommende Geschäftsjahr (Teil 1 der Aufgabe).

Der Bericht (Teil 2 der Aufgabe) muß in seiner Form den beiliegenden »Leitlinien« entsprechen.

Schließlich soll der von jedem Teilnehmer gefertigte verbale Bericht visualisiert werden (Teil 3 der Aufgabe). Das heißt, die Teilnehmer sollen zu jedem Textabsatz ein »Icon« erfinden, ein kleines, symbolisches »Pictogramm«. Siehe Beispiel auf dem Blatt »Information für die Teilnehmer«!

Für diese Übung wird (mindestens) ein halber Seminartag benötigt. Ich lasse diese Berichte am Nachmittag schreiben. Die Teilnehmer haben dann Gelegenheit, »über Nacht« den Text nochmals zu verbessern. Alle Berichte, ohne Namen abgeliefert, werden morgens an eine Pin-Wand geheftet und von den Teilnehmern mit roten Punkten »benotet«. Wenn diese Beurteilung der Gruppe abgeschlossen ist, nehme ich zu den Arbeiten »positiv-kritisch« Stellung. Schließlich wird der »Punktsieger« gebeten, sich zu melden. Es gibt also nur einen »ersten Sieger«. Es wird nicht ermittelt, von wem die »schlechteren« Arbeiten stammen. (Bei einer gut integrierten Seminargruppe haben allerdings die restlichen »zweiten Sieger« keine Bedenken, ihre Blätter öffentlich wieder an sich zu nehmen. Einige wünschen sogar, daß ihre »mißlungene Arbeit« nochmals speziell kritisiert wird.)

Im Sinne des Lemniskate-Trainings sollte der Seminarleiter auf folgende »Ausgewogenheiten« achten (und seine Kritik darauf aufbauen):

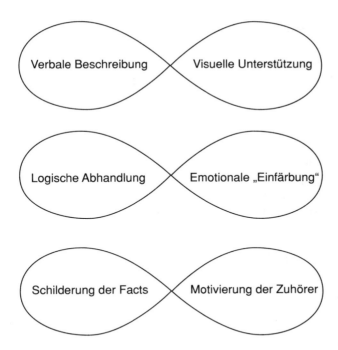

Verbale Beschreibung — Visuelle Unterstützung

Logische Abhandlung — Emotionale „Einfärbung"

Schilderung der Facts — Motivierung der Zuhörer

1. Aufgabe mit Lösung

Information für die Teilnehmer

Angenommen, Sie seien Mitglied der Geschäftsleitung und sollten aus den nachstehend aufgezählten »Facts« einen Bericht erstellen. Dieser Bericht soll in seinem Aufbau den beiliegenden »Leitlinien« entsprechen.

Wenn Sie Ihren Bericht im Entwurf verbal fertig haben, überlegen Sie sich bitte zusätzlich, wie Sie den Inhalt eines jeden Textabsatzes durch ein kleines Bild, ein »Pictogramm«, für den Leser noch eingängiger und verständlicher machen können. (Siehe Beispiel unten.)

Die Zielgruppe für Ihren Bericht ist das gesamte Management Ihrer Firma, vom Gruppenleiter an aufwärts. Die Behandlung der Fakten in Ihrem Bericht muß unbedingt so geschehen, *daß der Bericht eine stark motivierende Wirkung* ausübt. Er ist als eine Art »Tagesbefehl« am Ende des Jahres gedacht, um das Management geistig auf die Aufgaben des neuen Jahres vorzubereiten.

Facts:

Der Manager der Zukunft gönnt sich vor allem Zeit und ist Experte im Umgang mit Menschen. Er hat sich vom dominierenden betriebswirtschaftlichen Denken gelöst – genauso wie vom Autoritätsfetisch alter Art. Dazu ist es notwendig, daß ein Manager als Persönlichkeit wächst. Eine der Wurzeln für erfolgreiche Machtausübung ist die »gewachsene Autorität« Manager, die bis in den Top aufsteigen wollen, können dies nur mit Hilfe ihrer Mitarbeiter. Der Mittel-Manager als »Pyramidenkletterer« fördert Talente in seiner Gruppe. Er zieht sich rechtzeitig einen Nachfolger heran, damit er jederzeit für den Sprung auf die nächste Ebene bereit ist. Wer Erfolg haben will, muß andere erfolgreich machen. Belohnungen von Einzelleistungen fördern Mißgunst und Neid und initiieren Intrigen.

Leitlinien

für das Abfassen eines guten Berichtes.

Das Abfassen eines Berichtes muß zwei wesentlichen Zielen genügen:
Einfachheit und Organisation. Das heißt: Berichte sollten einfach
formuliert und gut durchorganisiert sein.
Die folgenden Leitlinien können Ihnen helfen,
diese Ziele zu erreichen.

● **Teilen Sie den Bericht in logische Abschnitte.** Teilen Sie diese wiederum in Unterabschnitte. So kann beispielsweise ein Buch in fünf Abschnitte gegliedert sein, diese wieder in Kapitel. Und die Kapitel in »Kapitelchen« mit Zwischenüberschriften.
Diese Technik wird Ihnen und Ihrem Leser helfen. Als Autor sind Sie gezwungen, organisiert zu denken, damit die Unterteilungen logisch, d.h. sinnvoll, erscheinen. Denn es wird dem Leser sofort offenbar werden, wenn Sie ziellos dahinschreiben.

● **Geben Sie jeder Abteilung und Unterabteilung Ihres Berichtes eine beschreibende Überschrift.** Überschriften helfen dem Leser, die Organisation des gesamten Textes besser zu verstehen. Eine knappe, aber »illustrierende« Überschrift sagt dem Leser mit einem Blick, worum es im folgenden Absatz geht. Dem Leser steht es dann frei, diesen Abschnitt zu lesen oder ihn zu überspringen.

● **Schreiben Sie einfache, kurze Sätze und formieren Sie kurze Absätze. Es ist leichter, Ideen in vielen kleinen Happen zu absorbieren als in wenigen großen.**

● **Versäumen Sie nicht, auch »sachlich-trockene« Texte mit emotionalen Zwischenbemerkungen »anzureichern«.** Kein Mensch reagiert nur intellektuell – auch wenn dies viele Akademiker glauben!

● **Versehen Sie Ihren Text mit Illustrationen, wann immer dies möglich ist und angezeigt erscheint.** Illustrationen brechen einen Text nicht nur visuell auf, sondern geben Ihnen als dem Autor auch die Möglichkeit, die Botschaft Ihres Berichtes zusätzlich zu verstärken. Denn:

**DAS EINZIGE ZIEL IHRES BERICHTES IST ES LETZTLICH,
EINE IDEE ODER BOTSCHAFT ZUM LESER HINÜBERZUBRINGEN.**

Beispiel für die Visualisierung durch ein »Pictogramm«:

»Die Bedeutung des Dollarkurses für unseren Betrieb

In der Wirtschaft kann man sich, genau wie in der Politik, Wunschdenken auf Dauer nicht leisten. Man kann einige Jahre, wie es der amerikanische Präsident drastisch demonstriert hat, mit Versprechungen und gezinkten Statistiken die internationalen Handelspartner hinters Licht führen. Aber irgendwann kommt die »Stunde der Wahrheit« – das heißt, die globale Rezession, die immer durch einen Sturz des Dollars ins Bodenlose indiziert wird. Jedoch: Wirtschaftsfachleute, die diese Bezeichnung wirklich verdienen, haben ja den Dollarsturz als konsequente Folge amerikanischer Mißwirtschaft lange prognostiziert. Deshalb gilt für Betriebe, wie den unseren, die zu 60 % vom Export abhängen: Jeder Pfennig, um den der Dollar an den internationalen Börsen sinkt, erschwert den Export und bedeutet de facto den Verlust von Arbeitsplätzen.«

LÖSUNGS-MUSTER für die mehrteilige Übungsaufgabe:

Gibt es in unserem Unternehmen »synthetische Manager«?

Fakten kontra Schlagwörter

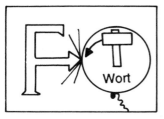

Unsere Gesellschaft, von Experten gerne als »Informationsgesellschaft« bezeichnet, leidet vor allem am Informationsüberfluß. Irgendwann taucht dann beim skeptischen Beobachter die Frage auf: Was ist eigentlich eine »Information«? Was ist eine »Botschaft«? Und was ist, schlicht und einfach, ein »Schlagwort«? Ein in der Regel aus dem Amerikanischen stammendes, oft irreführend übersetztes »Schlagwort«? Ein Wort, das einen auf das Gehirn schlägt und dadurch das Denken einschränkt oder gar verhindert? Eines dieser Schlagwörter, das Verwirrung stiftet und nichts zu einer etwaigen Problemlösung beiträgt, ist der »Manager der Zukunft«.

Die Organisation als Quelle der Macht

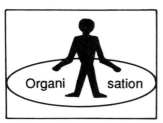

Wann immer über Machtausübung durch Manager diskutiert wird, was ein prinzipiell erforderliches Unterfangen ist, sollte der wesentlichste Gesichtspunkt nicht übersehen werden: Das Umfeld eines Managers ist die Organisation, der er angehört und der er dient. Sie alleine schafft die Voraussetzungen dafür, daß ein Manager Macht ausüben kann, um konkrete Ziele, nämlich die »seines« Unternehmens, zu realisieren. Dies kann er allerdings nur, wenn die Geschäftsleitung seines Unternehmens zwei Dinge ganz klar herausgearbeitet hat: die »Firmenphilosophie« und die »Firmenpolitik«. Was dies anbetrifft, gehört unser Haus ohne Zweifel zu den »exzellenten Unternehmen«, die sich um die Zukunft nicht übermäßig sorgen müssen.

Der Experte für Menschenbehandlung

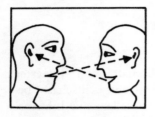

Auch der »Experte für Menschenbehandlung« ist ein unnötiges Schlagwort. In unserem Hause war es seit den Tagen der Gründerfamilie üblich, Führungskräfte einzustellen oder heranzuziehen, die »kommunikationsfähig« sind. Miteinander reden können – das war stets das A und O unserer praktizierten Firmenphilosophie. Und um natürlich vorkommende Mißverständnisse seltener werden zu lassen, geben wir unseren Führungskräften Gelegenheit, psychologisch fundierte Seminare über Menschenkenntnis, Menschenführung und Persönlichkeitsentwicklung zu besuchen. Denn was heutzutage von manchen PR-intensiven Unternehmen als der Weisheit letzter Schuß plakatiert wird, daß nämlich nur psychisch ausgeglichene Manager ihren Aufgaben gerecht werden können, ist bei uns seit eh und je Wirklichkeit. Der »Chef der Inneren« an jener Universitätsklinik, wohin unsere Manager regelmäßig zum Gesundheits-Check gehen, hat mir kürzlich erzählt, daß wir im Vergleich zu anderen Unternehmen großartig dastünden: nur ein paar vereinzelte Neurotiker und in den vergangenen zehn Jahren nicht einen Fall von Herzinfarkt! Das heißt, die Führungskräfte unseres Unternehmens nutzen die gebotenen Möglichkeiten der Gesundheitsvorsorge und nützen dadurch nicht nur der Firma, sondern gleichermaßen sich selbst und ihren Familien.

Der »synthetische Manager«

Um abschließend auf das Schlagwort vom »synthetischen Manager« zu kommen, so spiegelt es einen ganz klaren Sachverhalt wider, der von John K. Galbraith so definiert worden ist: Das ist ein Manager, der immer nur bestrebt war, im Rahmen einer Organisation Karriere zu machen. Über diesem Macht- und Statushunger hat er völlig übersehen, daß das »Leben« noch andere Werte beinhaltet, z.B. die Liebe, die Freundschaft, die Beschäftigung mit der Kunst und, quasi als Krönung, die Beschäftigung mit Religion und Philosophie. Diese Art von Managern, die allein für ihre Karriere leben, leben am wirklichen Leben vorbei und versäumen, etwas für sich selbst im Sinne von »Selbstverwirklichung« zu tun. Und wenn sie aus der Firma ausscheiden und damit die sie tragende und schützende Organisation verlassen, schrumpfen sie schlagartig zu jenem kleinen, psychisch unterentwickelten Menschlein zusammen, das sie, im Kern ihres Wesens, immer gewesen und geblieben waren ...

Wer das Führungskader unseres Unternehmens kennt, wird sicherlich mit Stolz feststellen: »Synthetische Manager? Absolute Fehlanzeige!« Und mit jenem menschlich und fachlich gleichermaßen hochqualifizierten Management, um das uns andere Firmen beneiden und immer wieder Abwerbungsversuche machen – mit diesem Management können wir uns unbesorgt den ohne Zweifel schwieriger werdenden Führungsaufgaben der Zukunft stellen!

2. *Der praktische Fall:* Wie man eine Dienstleistung verkauft und den AD entsprechend schult.

Es gibt wohl keinen Zweifel darüber, daß nichts schwieriger zu verkaufen ist als eine Dienstleistung. Man hat ja nichts zum Demonstrieren und arbeitet immer mit Versprechungen auf die Zukunft. Die verkäuferische Aufgabe wird noch schwieriger, wenn ein junges Unternehmen eine Leistung anbietet, die es bis dato überhaupt noch nicht gegeben hat.

Vor einigen Jahren wurde ich zu einer Firma gerufen, die eine Dienstleistung neuen Stils anbot: eine »Verrechnungsstelle für Fahrschulen (VSF)«. So, wie Ärzte ihre Honorarforderungen an eine kassenärztliche Verrechnungsstelle schicken, so sollten die Mitglieder der VSF mit der Abrechnung gegenüber den Fahrschülern gar nichts mehr zu tun haben. Die VSF fakturiert und kassiert im Namen der Fahrschule. Die Fahrschule erhält einmal monatlich das ihr laut Rechnungsstellung zustehende Geld – auch wenn Fahrschüler nicht bezahlt haben! Im übrigen wird die gesamte Verwaltungsarbeit einer Fahrschule, durch Einsatz des Computers in der VSF, um etwa 80 % reduziert.

Als ich fragte, wieviele Herren akquirierten und wieviel sie brächten, bekam ich die erstaunliche Antwort: Sechs Fulltime-Vertreter, alles gelernte Fahrlehrer, brachten im Schnitt pro Monat und Kopf 2 *Verträge!* Ich dachte zunächst, ich hätte mich verhört. Nein, erwiderten die beiden Herren aus der Geschäftsleitung, das sei so; im übrigen sei diese

Dienstleistung nicht leicht zu verkaufen und komme ein Mitglied doch ziemlich teuer ...

Bei diesem Stand der Dinge platzte mir der Kragen: »Wenn Sie Ihre Leistung schon als teuer bezeichnen – wie soll sie dann von ihren Vertretern verkauft werden? Das ist doch unmöglich, daß bei etwa 10.000 Fahrschulen im Bundesgebiet nur so ein paar lächerliche Abschlüsse pro Monat gebracht werden! Bei so einem Riesenmarkt! Geben Sie mir einen freien Bezirk – ich werde dort eine Woche lang für Sie verkaufen! Das will ich jetzt genau wissen, was da geht, und was nicht ...«

Ich bekam Berlin, wo bis dato noch nicht akquiriert worden war. An Hand der Adressenliste aller Berliner Fahrschulen vereinbarte ich, sechs Wochen vor meinem Start, telefonisch Termine und bekam, mit 122 Gesprächen, 16 Besuchstermine. Ein Teil der Fahrschulinhaber (oder deren Frauen) wollten sich so lange vorher nicht festlegen und sagten, ich solle, wenn ich in Berlin sei, nochmals anrufen. Dies tat ich vom Hotel aus und bekam 16 weitere Termine. Ich machte also in dieser Woche 32 Besuche, von denen vier zum Abschluß führten. Nun war vereinbart, daß einer der Geschäftsführer der VSF 15 Tage später in Berlin nachfassen würde. Dies kündigte ich unentschlossenen Fahrschulinhabern an. Erfolg: der Herr tätigte, aufgrund meiner Vorarbeit, nochmals vier Abschlüsse. Die Geschäftsleitung der VSF war vom Ergebnis sehr befriedigt. Es wurde beschlossen, daß ich die sechs Außendienst-Mitarbeiter schulen sollte – in jener von mir entwickelten »Karten-Minus-Methode«, die ich in Berlin angewandt hatte. (Siehe Abschnitt 4.)

Man lernt natürlich, wenn man selbst verkauft, eine Menge aus den Reaktionen der Kunden – und kann sein Verkaufsgespräch sofort umstellen. So hatte ich gleich beim ersten Gespräch mit der Frau eines Fahrschulinhabers ein »Schlüsselerlebnis«. Als ich dieser Frau sagte, die VSF würde ihr 80 % ihrer Büroarbeit abnehmen, erwiderte sie empört: »Wollen Sie mich arbeitslos machen? Ich habe die Fahrschule vor 15 Jahren mit meinem Mann aufgebaut und mache seither die gesamte Büroarbeit! Was soll ich denn tun, wenn Sie mir die wegnehmen?«

Damit war das Gespräch zu Ende. Beim nächsten Besuch ging ich, im Gespräch mit der »Fahrschulfrau«, anders vor:

»Wer macht denn hier die Büroarbeit?«

»Ich, natürlich!«

»Wären Sie möglicherweise daran interessiert, den größten Teil davon loszuwerden?«

»Nein – warum denn?«
»Erlauben Sie eine Frage, Frau X: Haben Sie schulpflichtige Kinder?«
»Ja, zwei«.
»Haben Sie genügend Zeit für Ihre Kinder? Um beispielsweise nachmittags die Schulaufgaben zu kontrollieren?«
»Nein. Die Zeit habe ich nicht. Und deshalb habe ich zuweilen ein schlechtes Gewissen.«
»Wäre es also nicht eine Überlegung wert, wenn Sie die Büroarbeit an den Computer der VSF delegieren würden? Dann hätten Sie tagsüber Zeit für Ihre Kinder und die Hausarbeit! Und müßten erst ab 17 Uhr wieder voll präsent sein, wenn neue Fahrschüler zur Anmeldung kommen?«
»Ja – da haben Sie eigentlich recht...«
Damit war das Geschäft perfekt.
Unter dem Gesichtspunkt des Lemniskate-Trainings sollte man also den AD-Mitarbeitern folgende Denk- und Handlungsweise nahelegen:

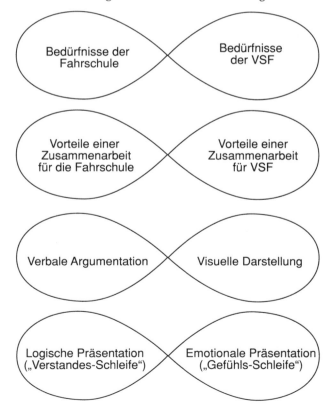

Vergessen Sie bitte nicht, verehrte Leser:
- *Alle vier Gesichtspunkte* sind für ein erfolgreiches Verhandeln gleich wesentlich!
- In jedem dieser Fälle sollte ein etwa gleichwertiges Verhältnis der Lemniskate-Schleifen angestrebt werden.
- In den meisten Verhandlungen können sich die präsumptiven Kunden mangels Phantasie *kein Bild machen!* Deshalb ist es so wichtig, daß die Schleife »Visuelle Darstellung« die gleiche Gewichtigkeit hat wie die Schleife »Verbale Argumentation«.
- Es wurde bereits im Teil I herausgearbeitet, daß die »Gefühls-Schleife« niemals weniger Gewicht haben sollte als die »Verstandes-Schleife«.

Ohne Zweifel hat im vorliegenden »Fall aus der Praxis« die *Kombination* obiger vier Lemniskaten und das Bestreben, alle Schleifen in etwa gleich gewichtig zu halten, mehr Erfolg gezeitigt als die zuvor praktizierten »konventionellen Verkaufsgespräche«.

3. Die »Karten-Plus-Methode«

Als ich 1960 das Verkaufen lernte, und zwar als Provisionsvertreter bei einer Versicherung, stellte ich schon bald fest, daß sich die von mir umworbenen Personen gar nicht merken konnten, was ihnen so eine Versicherung alles an Vorteilen bietet. Das heißt, wenn ich mit meinem Vortrag zu Ende war, hatten die Zuhörer, in der Regel ein Ehepaar, bereits vergessen, was ich ihnen zu Beginn erzählt hatte! Heute weiß ich, daß das Kurzzeitgedächtnis eines Menschen zwischen 20 und 40 Sekunden behält, was ihm gemeldet worden ist. Dazu kommt ein weiteres Hemmnis: Amerikanische Pädagogikforschungen haben nach dem Kriege ergeben, daß sich ein Mensch innerhalb eines Zeitraumes von etwa 20 Minuten von präsentierten Fakten höchstens vier merken kann! Das bedeutet, auf die Verkaufspraxis übertragen: *Wenn ein Verkäufer bei einer Präsentation dem Kunden die zehn (oder mehr) Vorzüge eines Produktes aufzählt, kann der arme, überforderte Kunde maximal vier Vorzüge behalten!* Deshalb bringt ein gut geschulter Verkäufer, nachdem er die Bedürfnisse eines Kunden eruiert hat, zunächst zwei bis drei Vorteile zur Sprache. Nämlich die, die den Bedürfnissen des Kunden am besten gerecht werden. Und wenn der Kunde dann fragt: »Ja, aber

...« – dann zieht der Verkäufer den nächsten Pfeil aus seinem Köcher! Aber nur einen! Und hat immer noch eine Reihe weiterer als Reserve...

Ohne dies alles vor einem Vierteljahrhundert gewußt zu haben, dachte ich mir eine Methode aus, die dem schwachen Gedächtnis der Menschen entgegenwirkte, indem sie dem Zuhörer zugleich ein *Bild* vor sein geistiges Auge stellte. Ich zeichnete also auf Kartons in der Größe von Spielkarten die Vorzüge der Versicherung und legte diese Karten während meines Vortrages auf den Tisch des Hauses. Und da blieben sie liegen! Das heißt, der Kunde hatte stets die vielen Vorteile vor Augen, die ihm offeriert wurden – und ganz unten, als letzte Karte, lag der Preis: »Dies alles kostet Sie nur fünf Mark zwanzig im Monat!«

Angenommen, ich würde heute die Aufgabe übernehmen, neue Mitglieder für den *Diners Club* zu werben, so würde ich die neun wesentlichsten Vorzüge einer Mitgliedschaft bildlich etwa so darstellen, wie dies die folgende Seite 454 zeigt.

Nun hat die Präsentation dieser »Karten-Plus-Methode« eine gewisse Ähnlichkeit mit der Vorführung eines Zauberers im Variete. Sie müssen nämlich dabei reden! Aber nur so viel, um den Zuhörer vom skeptischen Denken abzuhalten! Wenn Sie zu viel schwätzen, langweilt sich der Zuhörer und fängt an, eigenständige Überlegungen anzustellen! Es gibt eine Menge Verkäufer, die sich ihr Geschäft buchstäblich zerreden! Also könnte man das »Diners-Gespräch« etwa so beginnen: »Man hat ja nicht nur geschäftliche, sondern auch private Ausgaben, Herr Müller. Und um den privaten Sektor kümmert sich in der Regel die Ehefrau. Deshalb gibt es bei Diners die *Partnerkarte*. (Bild wird auf den Tisch gelegt). Denn Sie selbst, der Sie oft verreist sind, haben ja Ihre *Business-Karte* immer bei sich (Bild »Business-Karte» wird neben die »Partnerkarte« auf den Tisch gelegt). Und wenn Sie, Herr Müller, viel unterwegs sind, kann es Ihnen passieren, daß Sie Bargeld benötigen und keine Schecks mehr in der Tasche haben. Kein Grund zur Panik! Denn für diesen Notfall gibt es den »Club Bargeld-Service«. (Bild wird neben die anderen beiden auf den Tisch gelegt). Und so weiter...

Zuunters kommt die Kosten-Karte zu liegen: »Sehen Sie, Herr Müller: Dieses Dienstleistungspaket, selbstverständlich weltweit gültig, kostet Sie 150 Mark im Jahr – das sind zwölf Mark fünfzig pro Monat! Also: Ab wann soll Ihre Mitgliedschaft laufen: 1. November? Oder 1. Dezember?«

Club 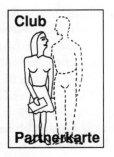	Club 	Club 
Partnerkarte	**Business-Karte**	**Bargeld-Service**

Reise-Unfall-Haftpflicht-Versiche-rung 	Club 	Geld- 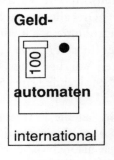
inklusive!	**Katalog**	**automaten** international

Club  **USA**	**Bargeld-los**  weltweit	**Airport**  **Lounges**
Service	**telefonieren**	international

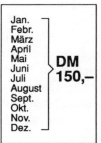

Jan.
Febr.
März
April
Mai
Juni
Juli
August
Sept.
Okt.
Nov.
Dez.

DM 150,–

454

Fazit: Die »Karten-Plus-Methode« besteht darin, die Vorteile eines Produktes oder einer Dienstleistung in Bilder umzusetzen und diese Bilder vor dem Kunden liegen zu lassen. So daß er die Vorteile ständig vor Augen hat und sie sich zugleich »spielend« einprägt: denn was Ohr *und* Auge, d.h. linker und rechter Hemisphäre *gleichzeitig* angeboten wird, »lernt« der Mensche »automatisch«.

Nun kann es allerdings passieren, wie im Beispiel der Fahrschul-Verrechnungs-Stelle geschildert, daß der Vorzug dieser Dienstleistung in dem besteht, *was wegfällt!* In so einem Falle muß man als Verkäufer flexibel sein: Also habe ich die Methode »gewendet«. Sie heißt bei mir

4. Die »Karten-Minus-Methode«

Schauen wir sie uns zunächst wieder im Bild an; (siehe Seite 456).

Für dieses »Überzeugungs-Spiel« braucht man 17 Karten:

Je eine für den »Ausbildungsvertrag« und für den »Tagesbericht«. 12 Karten für diverse langweilige Büroaktivitäten, wie »Grundgebühr abrechnen und kassieren«, »Erhalt quittieren«, »Betrag auf Karteikarte übertragen«, etc.

Schließlich benötigen wir noch drei Karten: für die »betriebswirtschaftliche Abrechnung«, für die gesetzlich vorgeschriebene »Statistik« und für die »Übersicht des Fahrzeugeinsatzes«.

Bei der Präsentation geht der Verkäufer zum Beispiel so vor: »Herr Müller – lassen Sie uns doch kurz gemeinsam feststellen, welche Büroarbeiten mit jedem neuen Fahrschüler anfallen! Einverstanden?«

»Ja«.

»Da wäre also zunächst der Ausbildungsvertrag auszufüllen. Das ist zwar ein einmaliger Vorgang, aber er muß sorgfältig ausgeführt werden« (Karte »Ausbildungsvertrag« wird auf den Tisch gelegt).

»Im übrigen muß täglich der »Tagesbericht« ausgefüllt werden – auch diese Arbeit kann Ihnen niemand abnehmen.« (Karte »Tagesbericht« wird neben »Ausbildungsvertrag« gelegt).

»Aber jetzt, Herr Müller, kommen jene bürokraktischen Beschäftigungen, die jeden kreativen Menschen nerven: »Grundgebühr abrechnen, kassieren, Erhalt quittieren, Betrag auf Karteikarte übertragen, usw. und so fort ...« (Während dieser Aufzählung werden die vorbereiteten 12 Karten ausgelegt, wie das Bild auf der folgenden Seite zeigt).

»So – damit hätten wir den »Normalfall« demonstriert ... Dieses Bild

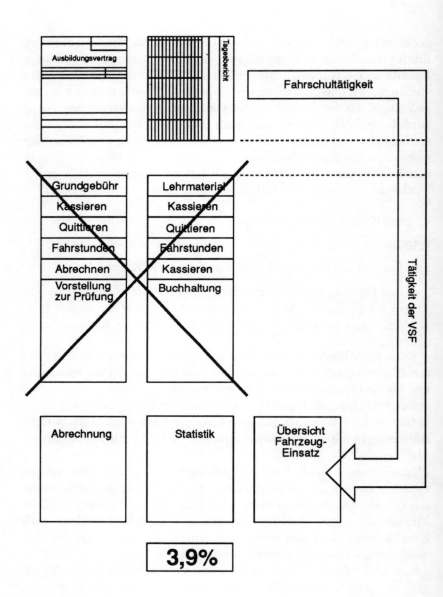

3,9%

ändert sich indessen schlagartig, wenn Sie VSF-Mitglied geworden sind!« (Der Verkäufer schiebt die 12 »Bürokarten« zusammen und legt sie, Bild nach unten, irgendwo seitlich auf den Tisch).

»Sehen Sie, Herr Müller – jetzt hat Ihnen die VSF die 80 % Büroarbeiten abgenommen. Sie haben sich künftig nur noch um die einmalige Ausfüllung des Ausbildungsvertrages zu kümmern. Und sie füllen, weil es der Gesetzgeber so verlangt, täglich den Tagesbericht aus. Alles andere macht die VSF. Sie macht allerdings noch mehr: Einmal pro Monat erhalten Sie

- eine betriebswirtschaftliche Abrechnung, die vom Finanzamt anerkannt wird; (Karte »Abrechnung« wird auf den Tisch gelegt);

- eine gesetzlich vorgeschriebene Statistik über Fahrstunden, theoretische Lehrstunden, Prüfungsergebnisse, etc. (Karte »Statistik« wird auf den Tisch gelegt);

- eine Übersicht über den Einsatz Ihrer Fahrzeuge, die Ihnen präzise festzustellen erlaubt, welcher Fahrzeugtyp in Ihrem Betrieb der wirtschaftlichste ist. (Karte »Übersicht« wird dazugelegt).

»So, Herr Müller – das wär's schon … Sie füllen nur noch zwei Formulare aus, statt bisher 14, bekommen von uns jeden Monat drei wichtige Computer-Auswertungen und einmal pro Monat, zu dem von Ihnen gewünschten Termin, Ihr Geld – auch wenn einzelne Fahrschüler nicht bezahlt haben sollten! Und was kostet Sie diese umfangreiche VSF-Leistung? Nur 3,9 % des mit uns getätigten Umsatzes!« (Kärtchen »3,9 %« wird dazugelegt).

Das, verehrte Leser, ist die Birkenbihl'sche »Karten-Minus-Methode«. Der Gag dieser Story kommt aber noch: Die Herren Fahrlehrer, die als Vertreter fungierten, weigerten sich in toto, diese Karten-Methode anzuwenden! Wo gibt's denn sowas? Mit Spielkarten zum Kunden gehen! Da macht man sich ja lächerlich!

Borniertheit ist auch mit größtem Enthusiasmus nicht zu überwinden. Und man kann keinen Vertreter ins Gebiet schicken und ihn zwingen, eine Verkaufsmethode anzuwenden, die ihm nicht liegt oder von der er nicht überzeugt ist! Das mußten schon viele Marketing-Leiter erkennen, die in Zusammenarbeit mit einer Agentur oder einem Trainer eine »bombensichere« Verkaufsmethode entwickelt hatten. Mit viel Einsatz an aufwendig gestalteten »Verkaufshilfen« …

Ein guter Trainer muß flexibel sein. Wenn so eine Seminar-Situation nun einmal aufgetreten ist, – und dies passiert nur kreativen Trainern, die das Risiko des Scheiterns beim Erproben einer neuen Variante in Kauf nehmen –, dann muß einem blitzschnell etwas anderes einfallen. Also schlug ich folgendes Procedere mittels einer zweispaltigen »Liste« vor:

Tätigkeiten der Fahrschule:	Tätigkeiten VSF:
Ausbildungsvertrag Tagesbericht Grundgebühr kassieren Und so weiter ...	

Mit dieser Liste geht der Vertreter, der ja den Fahrschulbetrieb genau kennt, zum Kunden. Das Gespräch läuft dann beispielsweise so:
»Ich habe Ihnen da, um das Gespräch abzukürzen, eine Liste mit jenen »bürokratischen« Tätigkeiten mitgebracht, die in jeder Fahrschule pro Schüler anfallen. Wollen Sie mal einen Blick darauf werden, Herr Müller?«
»Ja – lassen Sie mal sehen!«
»So Herr Müller – jetzt kommt »der Tragödie zweiter Teil!« Jetzt streiche ich alle Tätigkeiten durch, die Ihnen die VSF abnimmt!« (Streicht die 12 Tätigkeiten heraus). Was bleibt Ihnen – bzw. Ihrer Frau – künftig nur noch zu tun? ... Und was bekommen Sie von der VSF jeden Monat zusätzlich geliefert?« (Schreibt in die rechte Spalte:

● 12 verschiedenartige Büroarbeiten
● 3 Computer-Auswertungen).

✳✳✳

Auf diese, im Seminar geübte Weise, haben vier der sechs Herren dann zwei Verträge pro Woche gebracht! Zwei brachten auch nach diesem Seminar nicht mehr als vorher und wurden, auf meinen Rat hin, gefeuert ...
Man kann natürlich diese Karten-Methode im Einsatz beim Kunden variieren. So mache ich es – heute noch, wenn ich für Kunden probe-

weise zum Verkaufen gehe! – gelegentlich so, daß ich bei der Karten-Plus-Methode zu einem Kunden sage:

»Das also sind die Vorteile, Herr Müller, die sich bei anderen Kunden durch die Zusammenarbeit mit uns ergeben haben. Möglicherweise sind indessen einzelne dieser Vorteile für *Ihre* betriebliche Situation *keine* Vorteile! Nehmen Sie doch mal jene Karten weg, die Ihnen nicht vorteilhaft erscheinen! Und dann können wir eine ganz objektive Kosten-Nutzen-Relation anstellen!«

Übersichtsmatrix (Integrierung des Seminarablaufes in die Lemniskate)

Schleifenverhältnis / Anwendungssektor	Minus-Schleife (Yin)	Plus-Schleife (Yang)
Symbolische Aussage über das Universum und den Menschen	Ohne Anfang und Ende Gesetz der Polarität	zyklisch-rhythmischer Verlauf wie oben, so unten
Alles Geschehen kann in der Form der Lemniskate betrachtet werden	Ich nehme wahr, ich erkenne (Analyse)	Ich handle, ich vollende (Synthese)
Vorstellungsbilder beherrschen unser Leben	Negativ: autoritär, machtbewußt, strafend, risikoscheu, vergangenheits-orientiert = Mißerfolg, Depression, Krankheit	Positiv: ideell ausgerichtet, kommunikationsfähig, hilfsbereit, tolerant, gegenwartsorientiert = Erfolg, Zufriedenheit, Glück
Der Pygmalion-Effekt	Negative, distanzierte Vorstellung vom anderen: der andere ist nicht erfolgreich	Positive „Du-Vorstellung" vom anderen: der andere ist erfolgreich
	Sich selbst erfüllende Prophezeiung: Ein Mensch vollbringt, was man ihm zutraut	
Bedeutung der Imagination für das Training	Sprachliche, „digitale" Darstellung des Unterrichtsstoffes	Visuelle, „analoge" Darstellung des Unterrichtsstoffes
	Die Kombination beider ergibt den „gehirn-gerechten" Unterricht	
Bedeutung der Emotionalisierung	Stoff wird „kühl intellektuell" dargestellt	Stoff wird „emotional eingefärbt" dargestellt
	Die Balance beider Darstellungen ist Voraussetzung für den Seminarerfolg!	

Konventionelles Unterrichtsmodell

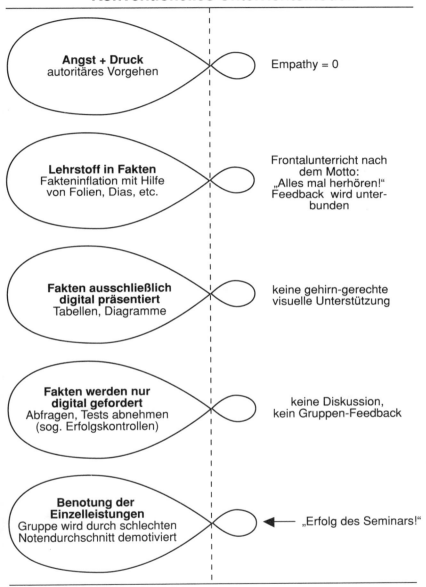

Angst + Druck
autoritäres Vorgehen

Empathy = 0

Lehrstoff in Fakten
Fakteninflation mit Hilfe
von Folien, Dias, etc.

Frontalunterricht nach
dem Motto:
„Alles mal herhören!"
Feedback wird unter-
bunden

**Fakten ausschließlich
digital präsentiert**
Tabellen, Diagramme

keine gehirn-gerechte
visuelle Unterstützung

**Fakten werden nur
digital gefordert**
Abfragen, Tests abnehmen
(sog. Erfolgskontrollen)

keine Diskussion,
kein Gruppen-Feedback

**Benotung der
Einzelleistungen**
Gruppe wird durch schlechten
Notendurchschnitt demotiviert

„Erfolg des Seminars!"

Fazit:
Ein „konventioneller" Frontal-Unterricht, der weder meßbare Ergebnisse noch
Verhaltensänderungen nach sich zieht, ist (aus esoterischer Sicht) stets die
Folge einer einseitig dominierenden Lemniskate-Schleife!

461

Lemniskate – Unterrichtsmodell

Empathy
Was sind die Bedürfnisse, Ängste, Hoffnungen der Seminarteilnehmer?

Motivation
Wie schaffe ich eine angstfreie Atmosphäre und motiviere die Teilnehmer?

Lehrstoff
Was muß ich an Stoff unbedingt bringen?

Didaktik
Wie gehe ich didaktisch vor? Welche Medien setze ich ein?

Fakten digital präsentieren
Inwieweit muß ich Zahlen, Tabellen etc. bringen?

Fakten als Imaginationen, emotional gefärbt, anbieten
Wie kann ich einen „trockenen" Stoff als „Gefühlsbild" präsentieren?

Feedback digital fordern
z.B. Testbogen ankreuzen

Visualisiertes Feedback durch die Gruppe
Frage an die Gruppe: Was haben wir gelernt? Antwort der Gruppe durch visualisierten Vortrag

Konstruktive Analyse der Gruppenleistung
Mit welchem Wissensstand und in welcher psychologischen Verfassung ist die Gruppe in das Seminar gekommen? Wie verläßt sie es?

Positive Motivierung der Gruppe anhand des Seminarergebnisses
Wir sind ja wer! Wir können etwas! Wir schaffen, was wir wollen!

Fazit:
Bei einem guten Unterricht, der Wirkung im Sinne einer Verhaltensänderung zeitigt, ist das Maß an Energie und Information etwa gleichmäßig auf beide Lemniskate-Schleifen verteilt!

Empfehlung:
Verwenden Sie diese Matrix als Denk-Grundlage für die Konzeption Ihrer Seminare!

462

8. Seminarprogramm + Vektoren-Matrix

Ich will Ihnen nunmehr, verehrte Leser, an einem praktischen Beispiel demonstrieren, wie ich das Problem der *Ausgewogenheit im Sinne
des Lemniskate-Trainings* löse. Zunächst zeige ich Ihnen einen Pro-
grammvorschlag für ein 1-Tages-Seminar für eine Gruppe aus 12 Vor-
ständen von genossenschaftlichen Großhandels- und Dienstleistungs-
unternehmen:

Der synthetische Manager

Building up für High-Level-Manager
(mit einigen Selbst-Analysen)

Es werden, in Kurzreferaten, folgende Themen angeschnitten
und im Plenum diskutiert:

1. Das sogenannte Dominanzstreben
2. Herrscher und Beherrschte
3. Die Frage nach dem Charisma
4. Der Charakter erfolgreicher Manager in Konzernen
5. Der synthetische Manager

***

6. Ein Akt der Wahrheit
7. Die Haben-/Sein-Konzeption von E. Fromm
8. Spiele und Ziele
9. Beziehungen zwischen Intelligenz und Charakter
10. Der Manager als »psychologischer Gewinner«.

Nachdem dieses Programm, das ich neben zwei anderen zur Wahl gestellt hatte, akzeptiert worden war, machte ich mir – wie immer – eine
formlose *Vektoren-Matrix.* Sie enthält folgende Teilbereiche (= Vekto-
ren): Unter-Thema/emotional/digital/analog/Gruppe.
Erklärungen dazu:
Die Unter-Themen entsprechen in etwa der Gliederung auf dem Seminar-Programm.

463

»emotional« legt fest, wie das Seminar auf der emotionalen Ebene eröffnet wird. Das muß vom Trainer genau überlegt und geplant werden. Denn der Anfang des Seminars entscheidet über dessen Erfolg!

»digital« legt fest, welche Fakten durch Vortrag des Trainers gebracht bzw. erläutert werden.

»analog« legt fest, in welcher Weise der vorgetragene Stoff vom Trainer visuell unterstützt wird.

»Gruppe« legt fest, inwieweit die Gruppe aktiviert wird, z.B. durch Aufforderung zur Diskussion in Teilgruppen oder im Plenum. »Graphisch« sieht das bei mir so aus:

Vektoren-Matrix (für Seminar: „Der synthetische Manager")

Unter-Thema	emotional	digital	analog	Gruppe
Dominanzstreben Herrscher und Beherrschte	Krückengeher	Freud/McClelland Theodor Adorno	4-Stufen-Diagramm	Arbeitsbogen + Diskussion
Charisma	Vergleich zweier bekannter Politiker	Zusammenfassung durch Trainer		Diskussion in Teilgruppen. Vortrag der Gruppensprecher. Plenumsdiskussion
	P A U S E			
Charakter erfolgreicher Manager	„Klima" in Multis	Charakter-Liste von V. Packard	Schaubild: Aufbau der Person	Diskussion von Fällen aus der Praxis

9. Der emotionale »Aufreißer«

Wenn man als Redner oder Vortragender vor ein Publikum tritt, das man nicht kennt, so hat man immer zwei Schwierigkeiten zu überwinden:

1. Man muß einen beträchtlichen Teil der Zuhörer, die mit ihren Gedanken weiß ich wo sind, mit einem »Einleitungsgag« mitten in die Thematik führen.
2. Man muß sein Publikum emotional so einstimmen, daß sich diese Menschen mit einem Gefühl der Sympathie und neugierigen Anteilnahme auf den Redner konzentrieren.

Beispiel zu 1:

In einer Konsum-Lebensmittelkette war der Frischfleisch-Umsatz signifikant zurückgegangen. Über die Ursache konnte nur gerätselt werden. Jedenfalls wurden eines Tages alle Leiter und Leiterinnen der Fleisch-Abteilungen aus dem Bundesgebiet zu einem »Meeting« zusammengeholt. Offizieller Programmpunkt: »Besprechung über Maßnahmen zur Erhöhung des Fleischumsatzes«. Der Mann, der diese Tagung leitete, verstand sowohl etwas von Psychologie als auch von der Kunst der Rede. Deshalb eröffnete er das Meeting mit den Worten: »Meine Damen und Herren! Das Fleisch hängt an den Haken – und muß von dort verschwinden, ehe es zum Himmel stinkt!«

Beispiel zu 2:

Vor einigen Jahren wurde ich für eine Tagung in Bad Kissingen engagiert. Hier waren die erfolgreichsten Bäckermeister Deutschlands zur Jahrestagung des sehr angesehenen »Back-Journals« angereist, die meisten mit Gattin. Der Veranstalter kannte mich von irgendwoher und engagierte mich als ersten Redner, um das Publikum, nach den wie üblich kärglichen Eröffnungsworten, »anzuwärmen«. Mein Thema hieß übrigens: »Psychologisch richtiges Verhalten der Angestellten gegenüber den Kunden.«

Als ich dran war, stieg ich im bayerischen Trachtenanzug mit Umhängemikrofon auf die erhöhte Bühne, sammelte schweigend die Aufmerksamkeit der Teilnehmer auf mich und sagte dann:

»Meine Damen und Herren! Stellen Sie sich bitte einen Bäckerladen vor... (Kunstpause) ... in dem ein Kunde zu der Verkäuferin sagt:

Sie Fräulein – der Gugelhupf da im Fenster: is des a Rührteig oder a Hefeteig?

ja mei – a Gugelhupfteig halt ... «

Ich brachte insgesamt fünf derartige Beispiele – und damit hatte ich die Bäckermeister samt Ehefrauen gewonnen! Das waren Beispiele aus ihrem Milieu, in einer Sprache, die sie verstanden!

Wenn Sie sich, verehrte Kollegen, an die Empfehlung halten wollen, die Ausgewogenheit zwischen den Lemniskaten zu etablieren und aufrecht zu erhalten, dann können Sie natürlich nicht dauernd während des Seminars daran denken, wie Sie jetzt »etwas Gefühl« in Ihre Darstellung bringen! Nein – Sie müssen das Seminar mit einer »emotional zünden-

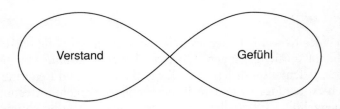

den Story« beginnen, auf die Sie dann immer wieder zurückgreifen können!

Ich habe im Laufe der Jahre eine Sammlung von wirkungsvollen Geschichten angelegt, zumeist Geschichten aus dem Ausland, z.B. aus Indien oder dem mittleren Osten: erstens sind diese Legenden, Fabeln und Märchen durchwegs reizvoller und spannender als unser »germanisches« Sagengut. Grundsätzlich aber hören Seminarteilnehmer lieber ausländische »Geschichten mit Moral« – da fällt es ihnen leichter, sich nicht betroffen zu fühlen...

Für das Seminar »Der synthetische Manager«, an dem ja in der Tat nur »Großkopferte« teilnahmen, allerdings keine »Flaschen«, sondern erfolgreiche »Macher«, wählte ich zur emotionalen Einstimmung meine Lieblingsgeschichte »Die blinden Krückengeher«, wie sie uns von Idries Shah überliefert worden ist:

466

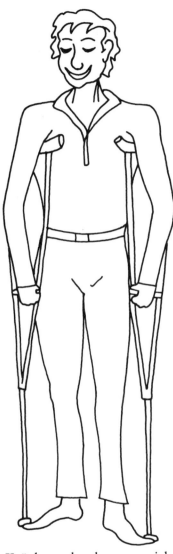

Eines Tages, mein Freund, verletzte sich ein Mann an seinem Bein. Er mußte nun mit einer Krücke gehen. Die Krücke war ihm sehr von Nutzen, sowohl beim Gehen als auch für andere Zwecke. Er brachte seiner ganzen Familie bei, Krücken zu benutzen, und sie wurden ein Bestandteil des täglichen Lebens. Jedermann wollte eine Krücke haben. Manche waren aus Elfenbein geschnitzt, andere mit Gold verziert. Man eröffnete Schulen, um die Menschen im Gebrauch der Krücken zu unterweisen, an den Universitäten wurden Lehrstühle eingerichtet, die sich mit den höheren Aspekten dieser Wissenschaft zu befassen hatten.

Wenige, sehr wenige begannen schließlich, ohne Krücken zu gehen. Man hielt dies allgemein für skandalös und absurd. Und außerdem gab es ja auch viele Verwendungsmöglichkeiten für Krücken. Aber manche Menschen beharrten auf ihrer Ansicht; sie wurden bestraft. Sie versuchten, den anderen zu zeigen, daß man eine Krücke nur dann benutzt, wenn sie nötig ist. Und daß man sich in vielen Fällen, wo man jetzt eine Krücke benutzte, auf andere Weise besser helfen könnte. Nur wenige hörten ihnen zu. Um den Vorurteilen zu begegnen, begannen einige von denen, die ohne Krücken gehen konnten, sich völlig anders zu verhalten als die etablierte Gesellschaft. Sie blieben in der Minderheit.

Als man herausfand, daß – nachdem so viele Generationen die Krücken benutzt hatten – tatsächlich nur noch ein paar Menschen ohne Krücken gehen konnten, hielt die Menschheit ihre Notwendigkeit für

»bewiesen«. »Hier«, sagten sie, »hier ist ein Mann. Laß ihn ohne Krükken gehen. Siehst du? er kann es nicht.« »Aber wir gehen ohne Krükken«, wendeten die ein, die normal gingen. »Das ist nicht wahr; ihr bildet euch das nur ein«, sagten die Krüppel, denn zu dieser Zeit wurden sie auch blind; weil sie nicht sehen wollten.

Nun kann man in der folgenden Diskussion ganz verschiedene Punkte herausarbeiten – das ist eine Sache der geschickten Steuerung. Ich verweise z.B. gerne auf die vielen »blinden« Politiker, die ständig in »heiler Welt« machen und die Realitäten unserer Zeit nicht sehen wollen. Solche Typen – pflege ich zu sagen – findet man in der Wirtschaft nicht: denn wenn Unternehmer und Top-Manager sich nicht nach den realen Gegebenheiten des Marktes richten, dann geht der Betrieb den Bach hinunter... Mit einem Wort: Ich begeistere »meine« Manager im Seminar erst einmal durch diese Sufi-Geschichte für die Tatsache, daß es genügend blinde Krückengeher gibt – allerdings nicht in ihren Reihen! Doch ganz allmählich, wenn die Charaktereigenschaften von Top-Managern psychologisch fundiert eruiert werden – da dämmert's dann doch dem einen oder anderen, daß auch er seine »blinden Flecke« hat... Das ist natürlich die Zielsetzung des Seminars – aber darüber darf man am Beginn nicht reden. Deshalb sind solche Geschichten unbezahlbar...

Angenommen, das Seminar hätte den Titel »Zusammenarbeit zwischen Geschäftsleitung und den übrigen Führungsebenen«; und weiterhin angenommen, das gesamte mittlere und untere Management könnte den obersten Boß nicht ausstehen (wie ich das beispielsweise bei der US Army erlebt habe) – dann erzähle ich den Seminarteilnehmern zu Beginn folgende Äsop-Fabel:

Am Fuße des Olymp befand sich ein schöner, großer Teich, an welchem Frösche hausten. Das Wetter war durchwegs wunderschön, zu fressen war auch genug zu finden, und alsbald trat jene Stimmung auf, die immer dann im Hintergrund lauert, wenn es den (Menschen oder) Tieren zu gut geht: sie langweilten sich unsterblich. Und da kam irgend jemand die Idee und er verkündete, nach der Morgentoilette im Teich, seinen Gruppengenossen mit lauter Stimme: »Wir brauchen einen König! Wir wollen einen König haben!«
Der Ruf wurde freudig aufgenommen. Und man beschloß, einen Frosch als Boten zum Götterkönig Zeus auf den Olymp zu schicken. Als der Bote vor Zeus den Wunsch nach einem König in geziemender

Ehrfurcht vorgetragen hatte, lächelte der Göttervater amüsiert, schaute sich suchend um und ergriff schließlich einen Holzklotz, der neben seinem Throne lag. Zeus schleuderte den Klotz aus den Höhen des Olymp direkt in den Teich. Der Aufprall des Klotzes im Wasser erzeugte eine Art Flutwelle, und die Frösche stoben in Panik nach al-

len Seiten auseinander. Als sich die Teichoberfläche wieder spiegel-
glatt darstellte, näherten sich die Frösche vorsichtig dem von oben ge-
kommenen Gegenstand und stellten kurz darauf enttäuscht fest:
»Das ist ja ein ganz gewöhnlicher Holzklotz! Wir wollen einen richtigen König haben!« Also wurde erneut ein Bote auf den Olymp geschickt.

Als Zeus den neuerlichen Wunsch der Frösche vernommen hatte, war
er gelinde verärgert, überlegte eine Weile und schickte schließlich einen Storch als König nach unten. Der hielt sich auch nicht lange mit
Dankesreden auf, flog hinab und begann genüßlich, Frösche zu ver-
zehren.

Nun herrschte Panik am Teich. Und die Frösche beschlossen, sofort
einen Eilboten nach oben zu schicken: Er möge doch, um Zeus willen, diesen verdammten Storch wieder wegnehmen! Und wie fiel die
Antwort des Göttervaters aus? »Ihr wolltet einen König haben – jetzt
habt ihr ihn! Und nun seht zu, wie ihr mit ihm zurechtkommt!«

Durch diese genial erfundene Fabel wird auch dem letzten Hinter-
bänkler im Seminar klar, daß das Gemeckere über den Chef völlig sinn-
und nutzlos sei. Und als Trost verspreche ich den Teilnehmern, daß sie
von mir einige psychologische Hilfen vermittelt bekämen, wie man
auch unter einem ungeliebten Chef durchaus befriedigend arbeiten
könne...

Lassen Sie mich ein letztes Beispiel bringen, weil ich das Thema
»emotionale Motivation« für so wesentlich halte. Angenommen, in einer Firma seien die Reibungsverluste in der Kommunikation der Mitarbeiter, vor allem zwischen einzelnen verfeindeten Abteilungen, so
hoch, daß sich die Geschäftsleitung entschlossen hat, »einen Externen«
zu Hilfe zu rufen. Solchen Seminarteilnehmern trage ich eine Fabel vor,
die der große La Fontaine aufgezeichnet hat:

Die Glieder und der Magen

*Dies Märchen sollte zum Beginn
etwas vom Königtume sagen,
denn wohl ist in gewissem Sinn
sein Ebenbild »Durchlaucht von Magen«:
fehlt dem etwas, dann fühlt's sogleich der ganze Leib.*

Den Gliedern macht' es einst nicht länger Zeitvertreib,
für ihn zu schaffen; als Baron wollt' jedes leben.
Sein eigen Beispiel ist's, auf das man sich beruft:
»Ohn' uns«, so sprachen sie, »lebt er wohl nur von Luft!
Wir sollen Schweiß und Müh', Packeseln gleich, hingeben.
Für wen? Für ihn allein! Wir werden immer satt,
wir sorgen nur dafür, daß er zu essen hat.
Drum laßt uns streiken, Er treibt dies Geschäft ohn' Ende
ja selbst!« Gesagt getan: nichts fassen mehr die Hände,
schlaff hängt der Arm, der Fuß will nicht mehr gehn;
jedes sagt ihm, er möcht' nach andern sich umsehen.
Das war ein Irrtum, den sie reuevoll empfanden:
bald fiel das arme Volk in Ohnmacht und ward schwach,
im Herzen bildete kein frisches Blut sich nach;
es litt ein jedes Glied, und alle Kräfte schwanden.
Nicht lang, und die Rebellen fanden,
daß der, den sie für faul und müßig hielten, grad
fürs allgemeine Wohl mehr als sie alle tat.

Diese Fabel läßt sich, wie Ihnen wohl klar ist, nach zwei Seiten aus-schlachten: Zum einen dahingehend, daß in einem Unternehmen *alle* Abteilungen zusammenarbeiten müssen. Deshalb sagte beispielsweise Lee Iacocca, Präsident von CHRYSLER:

Wer für mich in einer übergeordneten Position arbeitet, hat der Moti-vierung seiner Untergebenen höchste Priorität einzuräumen. In einer Branche, die so komplex ist wie die Autoindustrie, kann keine Abtei-lung als Ein-Mann-Unternehmen funktionieren.

Zum anderen kann man die Magen-Fabel auch in der Richtung inter-pretieren, die La Fontaine ansprach: Über den Wert des Königtums, hier: einer (oft personell zu aufgeblähten) Geschäftsleitung. Falls in die-ser Richtung Kritik vom mittleren und unteren Management geübt wird, ist dies u.a. ein Zeichen dafür, daß »die PR nach innen« nicht funktioniert. Deshalb sagt Akio Morita, Gründer und Präsident von SONY:

Die wichtigste Aufgabe eines japanischen Managers ist es, ein gutes Verhältnis zu seinen Mitarbeitern herzustellen. Er muß allen bewußt machen, daß Manager und Mitarbeiter in einem Boot sitzen.

10. Start-Motivation einer Seminargruppe

Um ein Seminar mit Teilnehmern, die man bislang nicht kannte, erfolgreich zu starten, sollten – nach meiner persönlichen Meinung – drei Forderungen erfüllt werden:

● Es muß vom Seminarleiter eine angstfreie Atmosphäre geschaffen werden;
● die Teilnehmer sollten, wie beschrieben, »emotionalisiert« werden;
● die Teilnehmer müssen positiv motiviert werden.

Alle drei Forderungen fallen, für meine Begriffe, unter den »emotionalen Vektor« in obigem Diagramm.

Bei mir handelt es sich praktisch um die *Anwendung des Pygmalion-Effektes gegenüber einer Gruppe.* Dazu führe ich, ganz gleich ob das Teilnehmer mit oder ohne Führungsfunktion sind, sinngemäß folgendes aus: »Sie alle, wie Sie hier sitzen, sind keine heurigen Hasen und haben in dieser Firma und für diese Firma Ihre Meriten verdient. Da keine Geschäftsleitung Versager in kostspielige Seminare schickt, gehe ich davon aus, daß ich eine gute Truppe vor mir habe. Was ich für Sie tun kann, ist, Ihnen ein paar psychologisch fundierte Hilfen anzubieten, um Ihren Aufgaben künftig mit weniger Streß gerecht zu werden. Dazu müssen Sie beispielsweise wissen, daß laut Aussage internationaler Gehirnforscher jeder von uns etwa 14 Milliarden Zellen in seiner Großhirnrinde hat. Und daß der sogenannte Durchschnittsmensch davon zu etwa zehn Prozent Gebrauch macht – den Rest läßt er brach liegen... Dazu kommt ein weiterer Gesichtspunkt, der mit unserem miserablen Bildungssystem zusammenhängt. Wir alle werden, seit etwa 600 Jahren, »linkshirnig« ausgebildet. Das heißt: die rechte Gehirnhälfte, die für die Kreativität zuständig ist, wird so gut wie nie benutzt. Ich stelle deshalb fest, daß hier in diesem Raum eine Seminargruppe versammelt ist, von der jeder einzelne bereits bewiesen hat, daß er intelligent und leistungsfähig ist. Darüber hinaus erlaube ich mir festzustellen, daß die meisten von Ihnen auch nicht im entferntesten ihre Gehirnkapazität ausnützen und im Hinblick auf das Entwickeln neuer Ideen noch sehr weit von einem Thomas Alva Edison entfernt sind. Mit anderen Worten: *Hier ist eine Gruppe von Menschen mit einer ungeheuren Kapazität an Intelli-*

genz und Kreativität versammelt, die nur darauf wartet, effektiv einge-
setzt zu werden!«

Ich unterstelle also, daß die Seminargruppe intelligent, leistungsfähig
und leistungsbereit ist – und das sage ich ihr auch zu Beginn des Seminars! In diesem Punkt unterscheide ich mich von vielen Trainern, die
den Teilnehmern zuweilen mit einer unglaublichen Arroganz gegenübertreten und diese armen Menschen zunächst einmal mit einer das
Selbstwertgefühl verletzenden Kritik »auseinandernehmen« – um sie
angeblich hinterher wieder »aufzubauen«! Wer so vorgeht, beweist, daß
er nicht einmal einen Schimmer von psychologischen Grundtatsachen
hat. Denn wenn ein Mensch, der schon mit einem angeschlagenen
Selbstwertgefühl ins Seminar kommt, da angesichts der Gruppe vom
Leiter »klein gemacht« wird – den kann man hinterher nicht mehr aufbauen! So ein Mensch geht noch kaputter aus dem Seminar, als er her-
eingekommen ist! Dabei hat er sich doch im Stillen Hilfe vom »Herrn
Seminarleiter« erwartet...

Fazit dieser »Start-Überlegungen«:

Das Wichtigste für die Vorbereitung eines guten Seminarergebnisses
ist der geglückte Anfang. Wenn die Teilnehmer erst einmal positiv motiviert und gefühlsmäßig angenehm eingestimmt sind – dann wird die
»Didaktik« sekundär! Wenn man dann noch darauf achtet, daß sich di-
gitaler und analoger Unterrichtssektor in etwa die Waage halten; und
daß die Gruppe nicht nur zuhören muß, sondern zwischendurch immer
wieder etwas tun darf – dann ist der Seminarerfolg garantiert!

1. Gedanken zur Persönlichkeitsstruktur eines Trainers

Als Trainer, der von der Psychologie herkommt, gestehe ich der Persönlichkeitsstruktur des Trainers die größte Wirkung zu. Welche Art von Persönlichkeit ein Mensch geworden ist, drückt sich in seinem Selbstbild aus. Wer ein geschwächtes Selbstwertgefühl hat, weil er in der Kindheit ein Liebesdefizit aufwies, falsch programmiert worden ist und aufgrund dieser Erfahrungen ein »Ich-bin-nicht-o.k.-Gefühl« entwickelt hat, der sieht sich, vom Unterbewußtsein her, als Versager. Und diese negative Einstellung sich selbst gegenüber signalisiert er seiner Umwelt – durch Körpersprache, Stimmführung und ein typisches neurotisches Verhalten, das zumeist in einer von zwei Arten zum Ausdruck kommt: durch eine mimosenhafte Empfindlichkeit, weil so ein Mensch stets Angriffe erwartet, obwohl ihm niemand etwas will; oder durch Kompensationsversuche, um sein Minderwertigkeitsgefühl durch Angeberei zu kaschieren. So gibt es, um nur ein einziges Beispiel zu nennen, einen (kommerziell sehr erfolgreichen) Trainer, der sich vor eine Gruppe von Regionalleitern eines Lebensmittelvertriebes hinstellte und das Seminar mit folgenden Worten eröffnete: »Ich bin der erfolgreichste Verkaufstrainer Deutschlands und arbeite nicht unter 10 000 Mark pro Tag!« Und dies sagte er zu (unter unerhörtem Soll-Druck arbeitenden) Vertriebsleitern, die ein Monatsgehalt von DM 7 000,– brutto hatten...

So ist es nun mal auf dieser Welt: Der eine Trainer versucht seine »Schützlinge« durch Angabe zu beeindrucken, der andere nimmt sie mit Hilfe der Video-Kamera auseinander... Allerdings bilden diese Extremtypen die unrühmliche Ausnahme, die das Image des ganzen Berufsstandes nach Kräften ramponieren.

Ich möchte deshalb einleitend feststellen: Ein Trainer hat, infolge seiner Rolle als »psychologischer Vater«, in erster Linie dafür zu sorgen, *daß seine Persönlichkeit in sich harmonisch ist.* Sonst kommt er nicht mit seiner Umwelt zurecht. Er muß, neben seiner ständigen fachlichen Fortbildung, sein Leben lang bestrebt sein, sich als Persönlichkeit höher zu entwickeln. Oder, wie die New-Age-Leute sagen: sich zu transformieren.

2. Das mögliche Szenario-Denken eines Trainers

Gutgeführte Unternehmen planen im Rahmen eines sogenannten *Szenarios*. Das heißt, man stellt sich die »Szenerie« des Unternehmens in den kommenden fünf bis zehn Jahren vor, und zwar unter zwei divergierenden Aspekten:

- falls es mit der Wirtschaft steil aufwärts geht;
- falls es mit der Wirtschaft steil abwärts geht.

Zwischen diesen »Extrem-Szenarios« entwirft man ein drittes für das jeweils kommende Geschäftsjahr, das sich naturgemäß an den gegenwärtigen realen Wirtschaftsfakten orientiert. Doch aufgrund des Vor-Denkens im Rahmen der Extrem-Szenarios ist jene geistige Flexibilität vorbereitet worden, die bei unerwarteten Ereignissen die Handlungsfähigkeit sicherstellen soll.

Fazit des Szenario-Denkens: Wir leben in einer Zeit des Umbruchs. Beinahe nichts ist mehr so, wie es einmal gewesen ist – und wird auch nie mehr so werden! Die »guten alten Zeiten« sind unwiederbringlich dahin! Das einzig Beständige ist der Wandel: Geschäftsleitungen erfolgreicher Unternehmen haben sich längst darauf eingestellt.

Aber nicht nur Geschäftsleitungen, auch clevere Einzelpersonen haben die Tendenz unserer Zeit, des beginnenden Wassermann-Zeitalters, erfaßt – und sich darauf eingestellt! Sie haben sich zum Beispiel rechtzeitig ein »zweites Bein« geschaffen oder sich »nebenbei« in einer anderen Richtung fortgebildet. So daß sie niemals ganz auf dem Trockenen sitzen, wenn die Flut wirtschaftlichen Wachstums einer Ebbe ungewollten Verzichts Platz gemacht hat. Und hier, genau hier, muß auch die Frage erlaubt sein: *Wie bereitet sich eigentlich ein Trainer auf jenes jederzeit mögliche Ebbe-Szenario vor? Bereitet er sich überhaupt vor?*

Wenn ja – durch welche Überlegungen? Zum Beispiel durch diese:

- *Ein guter Trainer* kümmert sich ständig, d.h. lebenslänglich, um seine psychische Balance; weil die innere Harmonie die Voraussetzung für eine natürliche Autorität ist, die motivieren kann und mit der sich Seminarteilnehmer identifizieren.
- Er arbeitet ständig an seiner Fortbildung; nur dieses Up-to-date-sein gibt ihm jene Sicherheit, die er braucht, wenn er von intelligenten und aggressiven Teilnehmern im Seminar angegangen wird.

● Er informiert sich laufend über die politischen und wirtschaftlichen Entwicklungen auf der Welt, z.B. durch ein Informationsblatt à la »trendletter«.

Nun werden an einen Trainer, sofern er »gute« Kunden hat, die wirkliche »Intelligenzbestien« unter ihren Führungskräften und Mitarbeitern aufweisen, auch Fragen gestellt, die nichts mit dem fachlichen Bereich zu tun haben. Deren Beantwortung indessen für den einen oder anderen Seminarteilnehmer wichtig sein kann. Man hört da so allerhand von »Paradigmenwechsel«, von »New Age« und vom wachsenden Anti-Amerikanismus. Auch bei derartigen Fragen darf ein progressiver Trainer nicht wie der berühmte Ochse vor der neuen Stalltüre stehen...

Auf allen Militärakademien der Welt wird heute noch gelehrt, daß ein falscher Befehl besser sei als keiner. Ähnliches gilt für einen Trainer im Hinblick auf von ihm geforderte Antworten, wenn er eine neue Truppe im Seminar hat. Weil sich so ein Trainer immer in einer »Frontsituation« befindet – wenigstens bis zum Mittagessen des ersten Tages. Wenn nun auch der pädagogische Grundsatz unbestritten bleibt, daß ein Lehrer/Trainer den »Schülern« helfen soll, auf von ihnen aufgeworfene Fragen selbst eine Antwort zu finden – *so gibt es andererseits Fragen, die einen ethischen bzw. moralischen Hintergrund haben;* in diesen Fällen kann ein Trainer nicht immer wieder sagen: »Damit habe ich mich noch nicht beschäftigt!«, oder: »Diese Frage gehört nicht zur Thematik des Seminars!« *Durch ein derartiges Verhalten stellt sich ein Trainer ein Armutszeugnis aus* – und welcher ehrgeizige Trainer will das schon? Deshalb empfehle ich Ihnen, verehrte Leser, sich mit den folgenden Informationen vorurteilsfrei, aber mit Hingabe, auseinanderzusetzen. Es kommt überhaupt nicht darauf an, ob Sie deren Inhalte akzeptieren oder ablehnen. Wesentlich ist nur, daß Sie sich eine Meinung über diese (beispielhaft herausgegriffenen) Themen bilden – und sie im Bedarfsfall kurz und bündig erläutern können.

(Im übrigen darf ich in diesem Zusammenhange an die alte ZEN-Losung erinnern: »Der Weg ist das Ziel.« Indem Sie sich mit einer Thematik wie dem »Wassermann-Zeitalter« auseinandersetzen, verändert sich etwas in Ihnen. Diese Veränderung ist auf jeden Fall ein Gewinn für Sie, ganz gleich, zu welchem Denkergebnis Sie gelangen! Denn eines ist wohl unbestritten: Ein Trainer, der sich in seiner Freizeit mit einem Buch über Psychologie, New Age, Esoterik, Astrologie (oder was immer) auseinandersetzt, tut mehr für seine Persönlichkeitsentwicklung als einer, der vor der Glotze sitzt oder sich mit der Lektüre der »Regenbogenpresse« begnügt).

3. Das Paradigma des Wassermann-Zeitalters

Ein Paradigma ist ein Denkrahmen, um gewisse Aspekte der Wirklichkeit zu verstehen und zu erklären.

Wenn also derzeit so viel vom Paradigmenwechsel die Rede ist, so bedeutet dies, daß in einer ganzen Reihe von Fakultäten oder Disziplinen neue Denkrahmen erforderlich sind, um die gewandelte Realität wenigstens denkerisch in den Griff zu bekommen. Voran ging, wie immer, die Physik, deren jüngste Forschungsergebnisse ein neues Paradigma zwin-

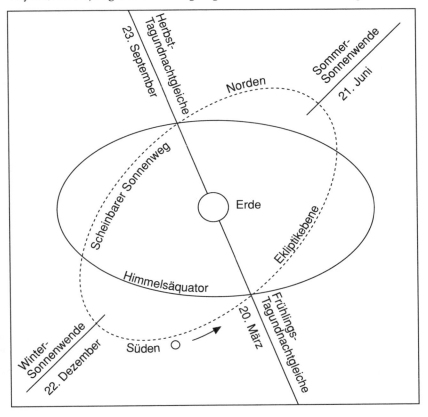

gend erforderten. Ähnliches gilt für die (Ganzheits-)Medizin, die Psychologie und die Psychotherapie; und natürlich auch für jene Disziplin, in der wir Trainer »drinhängen«, ob wir wollen oder nicht: die Wirtschaftswissenschaft. Als Muster für einen neuen Denkrahmen wollen wir uns nunmehr der *Theorie des Wassermann-Zeitalters* zuwenden.

Wie auch astronomische Laien noch aus ihrer Schulzeit wissen, weist die Verlängerung der Erdachse auf einen Teil des Himmels, der seit alters her von den Astronomen als einem bestimmten Sternbild zugeordnet bezeichnet wird. Nun macht aber die Erdachse kreiselnde Bewegungen, die zur Folge haben, daß nach einem »kleinen Weltjahr« von etwa 2 100 Jahren die Erdachse in das Gebiet eines anderen Tierkreiszeichens weist. Während also die verlängerte Erdachse bis etwa 1950 langsam durch die 30 Bogengrade des Sternbildes »Fische« wanderte, begann sie 1950 in das Sternbild »Wassermann« einzutreten, das sie in wiederum 2 100 Jahren durchwandern wird. So viel zu den astronomischen Fakten, die unbestritten sind.

Nun kommt jedoch die astrologische Interpretation dieser Himmelsereignisse hinzu. Aus Astrologenmund klingt das dann so: Jede Weltperiode, versinnbildlicht durch ein »kleines Weltjahr« mit 2 100 Jahren, steht zugleich für ein geistiges Prinzip, alles durchdringend und färbend...

Seriösen Astrologen zufolge leben wir in der Übergangszeit vom Zeitalter der Fische zu dem des Wassermanns. Diese Übergangszeit – die sogenannte Endtriade – besteht immer aus drei unter den Zeichen Zwillinge, Widder und Stier stehenden Weltmonaten (von je 175 Jahren). Die Endtriade des Fischezeitalters dauerte von 1425 bis 1950 n. Chr. Alfred Rosenberg beschreibt diese Periode bzw. deren Auswirkungen so:

Die unter den drei erwähnten Frühlingszeichen wirksamen Lebensimpulse zielen auf Festsetzung in der Sinnenwelt, auf deren Genuß und rationale Bewältigung. In der ersten Phase der Endtriade oder der »Neuzeit«, der Renaissance, unter dem Vorzeichen der Zwillinge (1425–1600), ergriff der Mensch mit seinem forschenden und rechnenden Verstand die Welt und ihre Erscheinungen. Im mittleren Teil der Endperiode, unter dem Vorzeichen des Stieres (1600–1775), der Barockzeit, wird die Welt als Objekt des Genusses betrachtet. In der Periode unter dem Vorzeichen des Widders (1775–1959), wird der

Einfluß der Tradition zurückgedrängt, nur die Gegenwart, die Pioniertat, gilt. *In rücksichtslosem Egoismus wird die Welt ausgenutzt und der Fortschritt in Permanenz erklärt. Das Schöpferische tritt vor allem glanzvoll hervor im Bereich von Wissenschaft und Technik – Mobilisierung aller Möglichkeiten ist die Tendenz dieses letzten Weltmonats des Fischezeitalters.*

Das Ende einer solchen Übergangszeit ist durch eine Säkularisierung nicht nur der Religion, sondern aller Kulturwerte charakterisiert. Was mit einer Folge hochgestimmter Reformationen und Renaissancen als Erneuerungsbewegung begonnen hat, endet nach dem Ausfluten der entbundenen schöpferischen Kräfte in Skeptizismus, Nihilismus, Materialismus, in Menschenverachtung und -vergewaltigung.

Da sich der Mensch der Zukunft nicht mehr an irgendeine Art von Transzendenz gebunden fühlen und sich für autonom halten wird, wird er als »souveränes« Geisteswesen seinen Leib und alles Organische nur noch funktional betrachten – als Instrument zur beliebigen Hervorbringung von Lust oder auch Leistung.

Diese Abwendung vom Organischen und die damit verbundene Maßstablosigkeit werden zu einem ungeheuerlichen Verlust der Schönheit führen. Wenn aber die Verehrung und Beschwörung der Schönheit enden wird, wird ein Kult des Häßlichen, wie er sich bereits in der Kunst anbahnt, an ihre Stelle treten. Das seelenlos Funktionale, das Drastische und Übersteigerte werden Triumphe feiern und ein steriles Amüsement vermitteln.

Die mangelnde Achtung des künftigen Menschen vor dem organisch Gewachsenen und vor der Einmaligkeit jeden Lebens wird zu »Natur«-Katastrophen heute noch unbekannten Ausmaßes führen. Und da der Mensch die Geister, die er rief, immer wieder einmal nicht wird bändigen können, wird dies auch Auswirkungen auf die Psyche haben: Es wird zu kollektiven geistigen Störungen kommen, wie sie in diesem Ausmaß bisher auf Erden noch nicht bekannt gewesen sind.

Zusammenfassend läßt sich prognostizieren:

Die Welt wird im Wassermann-Zeitalter, also während der kommenden zweitausend Jahre, eine Explosion des menschlichen Geistes erleben. Der Mensch wird nach den Sternen greifen und in seiner durch kein verbindliches Wertsystem gebremsten Maßlosigkeit Katastrophen hervorrufen, wie sie bisher auf unserem Planeten unbekannt und unvorstellbar gewesen sind. Diese Maßlosigkeit im Physischen wird naturgemäß Auswirkungen im psychischen Bereich haben: »Spinnereien« aller Art, bis hin zur kollektiven Schizophrenie, werden unseren Alltag beherrschen. Und die jeweiligen Machthaber werden versuchen, die »übergeschnappte« Menschheit mittels Ideologien aller Art unter Kontrolle zu halten.

Verehrte Leser – wie immer Sie zur Astrologie stehen mögen: Sie werden einräumen müssen, daß diese Voraussagen seriöser Astrologen bereits in ihrer Verwirklichung in allen Lebensbereichen zu beobachten sind: Von der Verschmutzung unseres Planeten, seiner unaufhaltsamen Vergiftung, vom Ozonloch und der Klimaänderung bis zur Gen-Manipulation – wer vor diesen neuen Problemkreisen die Augen verschließt, bzw. diese Katastrophen konstant herunterspielt und verniedlicht, ist entweder ein Idiot oder ein Verbrecher. Und zu einer derartig kriminellen Helfer-Rolle sollte sich ein Trainer nicht mißbrauchen lassen, der noch einen Rest Selbstachtung hat und sich als Motivator versteht, der anderen helfen will, ihre Probleme besser als bisher und *moralisch einwandfrei zu bewältigen ...*

4. Der Trainer als »Selbsterneuerer«

Lassen Sie mich, verehrte Leser, die folgenden Gedanken über die Wirkungsmöglichkeiten des einzelnen mit einem Statement beginnen. Mit einem Statement, das möglicherweise von Ihnen zunächst nicht akzeptiert werden wird. Ich behaupte nämlich: »*Kein Mensch kann einen anderen davon überzeugen, daß er sich ändern soll!*«

Dazu bemerkt Marilyn Ferguson:

> Jeder von uns bewacht ein Tor zur Veränderung, das *nur von innen her* geöffnet werden kann. Wir können das Tor eines anderen nicht öffnen, weder mittels Argumenten noch durch ein Appelieren an Gefühle.

Aus diesen Feststellungen ergibt sich logischerweise, bezogen auf unseren Beruf, sofort die Frage: Bedeutet dies, daß ein Trainer niemals das Verhalten von Seminarteilnehmern verändern kann?

In dieser Form gestellt, kann diese Frage weder bejaht noch verneint werden. Um zu einer zufriedenstellenden Antwort zu gelangen, muß zunächst einmal geklärt werden: Was ist ein »Selbsterneuerer«?

Ein Selbsterneuerer ist ein Mensch, der die Struktur seines Selbst aufbricht und sie auf eine höhere Ebene transformiert. Es geht also, wie Marilyn Ferguson überzeugend dargestellt hat, bei der Transformation des Selbst um eine Erweiterung der Bewußtheit. Dadurch werden beim Selbsterneuerer all jene Merkmale gefördert, die bei einem schöpferischen Menschen reichlich vorhanden sind, wie zum Beispiel:

- Ganzheitliches Sehen
- kindliches Empfindungsvermögen
- ein spielerisches Element
- ein Gefühl des Fließens
- Risikobereitschaft allem Neuen gegenüber
- Hingabe an den Gegenstand einer Kontemplation
- Bereitschaft, von der allgemein geltenden Sichtweise abzuweichen
- Wahrnehmung ohne »konditionierende Brillen«.

Nun gibt es noch einen zweiten wesentlichen Gesichtspunkt, unter dem dieser Typ Mensch gesehen werden muß: Ein Selbsterneuerer ist ein Mensch, der sich als ein Individuum im Zeichen der Endlichkeit begreift und weiß, daß das Leben stets mit einer Niederlage endet, nämlich mit dem Tod.

Aber: Die Erkenntnis der Endlichkeit bedeutet für den Selbsterneuerer nicht, daß er darüber in Verzweiflung gerät. Ganz im Gegenteil: Er betrachtet die ihm zwischen Geburt und Tod zugemessene Zeit als eine *einmalige Chance* und »entwirft sich«, wie Jean-Paul Sartre sagte, »auf ein Ziel hin«. Der westliche Sufimeister Sir Richard Burton hat dieses Bestreben so formuliert:

Selbstentfaltung, unter Rücksichtnahme auf andere, ist der alleinige und ausreichende Zweck menschlichen Lebens.

Nun – die meisten Menschen, auch jene, die sich gerne zu den »Intellektuellen« zählen, lassen dies Streben nach »Selbstentfaltung« oder, wie Maslow sagte, nach »Selbstverwirklichung«, vermissen. Die meisten Menschen laufen wie Schlafwandler durch die Welt und machen von der ungeheuren Kapazität ihres wundervollen Gehirns kaum Gebrauch. Sie lassen sich lieber durch Massenmedien manipulieren, als selbständig zu denken. Denn das selbständige und konsequente Denken impliziert stets das Risiko, daß man Einsichten über sich selbst gewinnt, die man gar nicht haben wollte... Wer möchte schon *wirklich* über sich Bescheid wissen?

Wenn heute von renommierten Gehirnforschern, wie z.B. von John Eccles, behauptet wird, die meisten Menschen nutzten nur 10 Prozent ihrer Gehirnkapazität – wie sollte man da annehmen können, ausgerechnet Trainer würden ihr Gehirn effizienter einsetzen?

Es ist nicht meine Absicht, in eine allgemeine Trainerschelte auszubrechen. Dazu wäre ich auch nicht berechtigt, denn jeder kann schließlich sein Leben so gestalten, wie er es für richtig hält. Es ist allerdings meine Absicht, Sie, verehrte Kollegen, ein wenig zum Nachdenken über sich selbst anzuregen. Denn gerade erfolgreiche Trainer erliegen zuweilen der Gefahr, in Routine zu verfallen und ihre Seminare wie sakrosankte Rituale zu zelebrieren...

Kehren wir nunmehr zu der von mir anfangs aufgeworfenen Frage zurück: Kann ein Trainer das Verhalten von Seminarteilnehmern verändern? Ja, er kann – aber nur unter zwei Voraussetzungen!

Um Ihnen diese Prämissen ganz deutlich vor Augen zu führen, möchte ich mich zunächst auf Mahatma Gandhi berufen. Der Kernsatz seiner Methode, die er »satyagraha« nannte, lautete:

Ich werde dir nicht mit Gewalt, sondern mit der Kraft der Wahrheit, mit der Integrität meiner Überzeugungen, entgegentreten... Wenn du meine Absichten erkennst und mein Gefühl und meine Aufgeschlossenheit gegenüber deinen Bedürfnissen fühlst, wirst du so reagieren, wie ich das durch Drohen, Verhandeln, Bitten oder Anwendung körperlicher Gewalt niemals erreichen könnte.

Die zweite Prämisse heißt: Das wichtigste Mittel zur Erlangung einer Veränderung anderer ist das *persönliche Beispiel*. Vor mehr als einem Jahrzehnt warnte Erich Fromm, daß keine großartige umwälzende Idee überleben könne, so lange sie nicht in Individuen verkörpert wird, *deren Leben selbst die Botschaft darstellt.* Auch dafür ist Gandhi der überzeugendste Kronzeuge.

Nunmehr, verehrte Leser, können wir die eingangs gestellte Frage ganz klar beantworten:
Ein Trainer kann das Verhalten seiner Seminarteilnehmer verändern,
1. wenn er im Sinne einer Selbstverwirklichung an sich arbeitet, d.h., wenn er zum Typ »Selbsterneuerer« gehört;

2. wenn er, aufgrund dieser ständigen Arbeit am eigenen Selbst, zu einer »gewachsenen Autorität« geworden ist, mit der man sich identifizieren kann;
3. wenn er durch sein persönliches Vorbild wirkt und eine positive menschliche Einstellung zu seinen Seminarteilnehmern hat;
4. wenn er wissensmäßig immer up to date ist.

Deshalb stellt der geistig offene Trainer – wie ein guter Therapeut – eine durch Harmonie, Zuneigung und Rückkoppelung gekennzeichnete Beziehung zu den (erwachsenen!) Teilnehmern her; er spürt unausgesprochene Bedürfnisse auf, Konflikte, Hoffnungen und Ängste. Mit vollstem Respekt gegenüber der Autonomie des Seminarteilnehmers verbringt der Trainer mehr Zeit damit, bei der Artikulation von dringlichen Fragen behilflich zu sein, als damit, die richtigen Antworten zu fordern – weil man das Lernen niemandem aufzwingen kann! *Deshalb sagte der große Galilei, man kann dem einzelnen nur helfen, das Lernen in sich selbst zu entdecken.* Der gute Trainer hilft den Seminarteilnehmern, ihre Augen zu öffnen und ihr Selbst zu befreien. Er macht sie auf die Wahlmöglichkeiten aufmerksam, die sie haben. Denn: Wir lernen nur das, was wir immer schon unbewußt lernen wollten!

5. Ich lehre euch den Über-Trainer!

Verehrte Kolleginnen und Kollegen: Ich halte »den Trainer« aufgrund seiner Multiplikator-Funktion für einen ganz wesentlichen Teil unserer postindustriellen Gesellschaft. Die Änderungen auf allen Lebensgebieten können nur von Menschen wahrgenommen, geistig verarbeitet und schließlich akzeptiert werden, die dazu innerlich bereit sind. Sie müssen, alle, in irgendeiner Form »motiviert« werden. Und da es nur sehr wenige Führungskräfte gibt, die wirklich motivieren können, wächst hier den Trainern eine ganz wesentliche Aufgabe zu!

Der »Trainer des Wassermann-Zeitalters« wird sich nicht mehr damit begnügen können, den Seminarteilnehmern etwas über Gesprächs- und Einwandtechnik, über Führungsstile und Entscheidungsmatrizen zu erzählen. Da die Mitarbeiter der Unternehmen, speziell deren Führungskräfte, vor immer schwierigere Aufgaben gestellt werden, brauchen Sie in erster Linie psychologische Unterstützung. Sie müssen lernen, mit dem Streß fertig zu werden, der sich aus oft unrealistischen Soll-Zahlen, dem ständigen Termindruck und der immer größer werdenden Verantwortung ergibt. Heute zeichnet es sich bereits ab, daß im

Rahmen unserer chaotischen Weltwirtschaft »Elite«-Manager keinen Vorteil mehr davon haben, daß sie einst die Harvard Business School oder Fontainebleau besucht haben. Da alle, aber auch ausnahmslos alle Wirtschaftskonzepte, die auf jenen Super-Management-Hochschulen gelehrt worden sind, in der Praxis versagt haben, erweisen sie sich zur Zeit eher als eine denkerische Flexibilitätsbarriere für jene Manager, die einst stolz das Abgangs-Diplom jener Elite-Schulen in Empfang genommen haben.

Zu dieser Problematik brachte »trendletter« die Besprechung eines Artikels in der FINANCIAL TIMES vom 9.4.86:

Management-Ausbildung für die Zukunft

Das Internationale Management Institut (IMI) in Genf führte eine Untersuchung durch, wie man zukünftig Management-Ausbildung betreiben soll. Befragt wurden u.a. die Firmen, die den neunmonatigen MBA-Kurs von IMI beschicken, welche Anforderungen absehbar sind.

Der IMI-Bericht stellt fest, daß die meisten der heutigen Ausbildungsmethoden veraltet oder ungenügend sind. Sie bereiten viel zu wenig auf die schnellen Veränderungen vor: Konvergenz der Technologien, Übergreifen in neue Gebiete, Verkürzung der Produktlebenskurven, Globalisierung der Wirtschaft, etc. Gesagt wurde aber auch, daß viele dieser Veränderungen gar nicht prognostizierbar sind. Manager müssen deshalb zukünftig noch flexibler reagieren. Vor allem sollten sie offen sein für neue Ideen, diese aber gleichzeitig auch in Frage stellen können. Wesentliches Ziel der Management-Ausbildung muß es sein, ein breites Verständnis für das Umfeld der Unternehmen mit den Zwängen des operativen Handelns zu verbinden. Erreicht werden soll das *durch die Gewichtsverschiebung weg von der reinen Zahlenanalyse, der Anhäufung von Wissen und der Kommunikation von Informationsfragmenten.* In diesem Zusammenhang erfährt die von IMI selbst so gerühmte konventionelle Fall-Methode herbe Kritik. Die Kreativität komme hier zu kurz. Über neue Methoden wird aus Konkurrenzgründen wenig gesagt. Erwähnt werden für zukünftige Fälle »Diagnostic Packages«, die Informationen auf drei Ebenen geben: das Umfeld des Unternehmens, die Branche mit ihren Märkten und die operative Realität der Firma. Die neuen Lehrerkenntnisse sollen »Manager mit eingebautem Frühwarnsystem« hervorbringen.

Fazit: Die Hilflosigkeit sogenannter »Management-Päpste« in ihren diversen Instituten oder auf wohldotierten Lehrstühlen ist schon beinahe grotesk. Das einzige, was diese Herrschaften »auf internationaler Ebene« zu bieten haben, sind frisch geprägte Termini technici, unter denen sich niemand etwas vorstellen kann – die aber zunächst einmal als gängige Münzen über die westliche Hälfte unseres Globus wandern.

Jedenfalls steht wohl fest, daß auch das altvertraute, seit den 50er Jahren bewährte Trainings-Paradigma im Umbruch begriffen ist. Es ist eben wirklich nichts mehr so, wie es früher gewesen ist. *Dies gibt Trainern die Chance, neue Trainingsmethoden zu entwickeln – denn im Augenblick kann kein Trainingsinstitut der Welt behaupten, seine Trainingsmethode sei die allein richtige.* Insofern haben wir jetzt auf diesem Sektor eine Situation, wie sie in der Psychotherapie schon seit 30 Jahren offensichtlich ist: es gibt keine Therapieart, die von sich behaupten kann, sie sei die einzig richtige. Vielmehr muß der Therapeut, je nach Krankheitsbild des Patienten, mal diese oder jene Methode oder auch eine Kombination mehrerer Methoden einsetzen. Ähnlich wird der progressive Trainer künftig vorgehen müssen: Er wird je nach Bedürfnissituation des Unternehmens mal die eine oder die andere oder eine ganz neue, selbst erfundene Trainingsmethode einsetzen. Allein der Erfolg wird – im Nachhinein wie immer! – dem Trainer recht geben (oder nicht). Ich empfehle Ihnen deshalb, meine Kollegen, sich mit Ihren Auftraggebern in den Firmen, die oft vom Schulen völlig unbedarfte Kaufleute sind, nicht auf Diskussionen über Wert oder Unwert der von Ihnen eingesetzten Methoden einzulassen. Gehen Sie vielmehr mit einem gewissen Impetus vor und lassen Sie bei Verhandlungen keinen Zweifel darüber, daß Sie genau der richtige Trainer für diese Aufgabe sind; und daß Sie dieses Trainingsproblem auch meistern werden – wenn man Ihnen von seiten des Kunden nicht dazwischen redet...

Ich will nunmehr, am Ende dieses Essays über den »Trainer des Wassermann-Zeitalters«, versuchen, so etwas wie ein Anforderungsprofil für den von mir erdachten »Übertrainer« zu entwerfen.

6. Anforderungsprofil für einen Übertrainer

Entsprechend der weltweiten Wirtschaftssituation und der daraus resultierenden Aufgaben sollte ein Übertrainer in folgenden Sektoren so fit wie möglich sein:

- *Analyse einer Situation* und der darin agierenden Menschen;
- *Bewertung der Situation* hinsichtlich des Zusammenwirkens aller beteiligten Variablen;
- Psychologisch fundiertes *Einfühlungsvermögen* mit quasi »therapeutischer Begleitung« gestreßter, d.h. neurotischer Führungskräfte;
- *Pädagogische Qualifikation,* um notwendige neue Verhaltensmodelle begreiflich und akzeptierbar darzustellen.

Das Problem Nr. 1 in der gesamten Wirtschaft ist das der Motivierung: zuerst der Manager, dann, durch diese, die Motivation der Mitarbeiter. Die »Initial-Motivation«, wenn beispielsweise neue Marketing-Strategien realisiert werden sollen, wird sicherlich in Zukunft mehr als bisher (fähigen) externen Trainern übertragen werden. Um dieser Motivierungsaufgabe gerecht zu werden, sollte der Übertrainer

- eine psychisch gesunde, in sich ruhende und daher überzeugende Persönlichkeit sein;
- eine moralisch einwandfreie Haltung vorleben;
- allen Mitarbeitern seiner Kundenfirmen, vom Top bis zur operativen Ebene, durch sein Wirken demonstrieren, daß er sich als einen ehrlichen Makler versteht, der allen hilft, die gesteckten Ziele mit möglichst wenig zwischenmenschlichen Reibungsverlusten zu erreichen.

Die fachliche Qualifikation des Übertrainers hinsichtlich seines »Handwerkzeuges«, wie etwa Wissen über Führungsstile, Rhetorik, Gesprächstechnik usw. ist eine so selbstverständliche Grundlage, daß hier nicht auf sie eingegangen wird.

Schlußwort auf einer Meta-Ebene:

Jener »geistig offene Trainer«, den ich auch »Übertrainer« oder »Progressiver Trainer« genannt habe, muß, im Sinne der Selbstverwirklichung, Zeit seines Lebens an sich arbeiten; er muß seinen Beruf lieben

und, last not least, eine positive Einstellung zu seinen Seminarteilneh-
mern haben. Oder, nochmal anders formuliert:

> Er muß ständig an sich arbeiten, d.h. sich auf ein Ziel hin ent-
> werfen, die Verantwortung für sein Schicksal übernehmen
> und seine Mitmenschen in ihrer Art tolerieren – dann kann er
> auch in seinem Beruf nicht scheitern!

Und, um noch einmal auf den Anfang zurückzukommen: Gehen Sie
wach durch dieses Leben – nicht als Halbtoter! Schreien Sie nicht mit
der tumben Masse: »Und sie ist doch die beste aller Welten!« Erlauben
Sie sich, den Mist wahrzunehmen, der von unseren Politikern und Wirt-
schaftsbossen am laufenden Band gebaut wird! Und versuchen Sie, *auf
Ihrem Platz,* zu retten, was zu retten ist! Vor allem, um Ihren Seminarteilnehmern etwas Mut und Zuversicht einzuflößen. Und denken Sie jeden Morgen nach dem Aufstehen an Kants Forderung:

»Habe Mut, dich deines Verstandes zu bedienen«.

Lösung der Test-Aufgabe Nr. 1:

Wenn wir etwas über Friedrichs Persönlichkeitsstruktur sagen wollen, müssen wir uns die in der Fallstudie gegebenen Informationen ins Gedächtnis zurückrufen:

Friedrich ist ein fanatischer Arbeiter, der sogar einen beträchtlichen Teil seiner Freizeit im Konstruktionsbüro verbringt. Er ist nicht verheiratet und hat nicht einmal eine Freundin; sicherlich hat er auch keinen Freundeskreis, sonst würde er seine Freizeit dort verbringen. Von seinen Mitarbeitern wird er nur als Fachmann geschätzt – im übrigen ist er für sie der »Dandy«.

Psychologisch gesehen ergibt sich das Bild eines Menschen mit einem ausgeprägten Minderwertigkeitskomplex, d.h., mit einem sehr geschwächten Selbstwertgefühl. Diesen Zustand kompensiert er durch ein überhöhtes Geltungsbedürfnis. Sein ganzes Bestreben geht nur dahin, seiner Mitwelt zu beweisen, wie tüchtig bzw. genial er ist.

Ohne Zweifel hat Friedrich in seiner Kindheit und Jugend zu wenig »Streicheleinheiten« erhalten. D. h., er wurde nie gelobt; vielleicht ließen ihn seine Eltern »links liegen« oder unterdrückten seine Persönlichkeitsentwicklung durch eine autoritäre und repressive Erziehung. Wie die Dinge liegen, ist Friedrich reif für eine psychotherapeutische Behandlung.

Wie wir gehört haben, ist zur Entwicklung eines »gesunden« Selbstwertgefühls die Wertschätzung anderer unabdinglich. Man könnte deshalb dem fragenden Seminarteilnehmer folgenden Rat geben:

1. Versuchen Sie, eine engere menschliche Beziehung zu Friedrich herzustellen.
2. Lassen Sie ihn immer wieder merken, daß Sie ihn nicht nur als begabten Konstrukteur, sondern auch als Mensch schätzen.
3. Lassen Sie sich ab und zu von ihm »beraten« auf Gebieten, die nicht zu seiner Arbeit gehören, wo er sich aber als Fachmann fühlt: z. B. in der Herrenmode oder beim Autokauf.
4. Veranlassen Sie seine Mitarbeiter, ihn zu privaten Gruppenaktivitäten einzuladen, z. B. zum Kegelabend.
5. Schicken Sie ihn in ein paar gute Seminare, die das Sensitivity-Training zur Grundlage haben.

6. Stellen Sie ihm eine glänzende Karriere innerhalb der Firma in Aussicht und lassen Sie gleichzeitig durchblicken, daß er dazu noch etwas in Richtung »Menschenführung« dazulernen müßte.

Lösung der Test-Aufgabe Nr. 2:

Vergegenwärtigen wir uns zunächst wieder einige wesentliche Informationen, die im Bericht des EDV-Leiters in die Augen fallen:
Da ist zunächst seine typische Bemerkung: »Natürlich habe ich keine Zeit, mich um die Wehwehchen der Mitarbeiter zu kümmern!« Dann wurden zwei falsche Programme geschrieben, die beträchtlichen Schaden verursachten. Schließlich ist da jene Ungarin, die anscheinend etwas vom Programmieren versteht aber nicht zum Zuge kommt, bis sie sich hinter den Chef steckt. Zwei Programmierer sind innerhalb kurzer Zeit wieder ausgeschieden – »auch so renitente Burschen, die alles besser wußten ... «. Jeder von beiden hat sich aber verbessert und arbeitet in einer leitenden Funktion. Und der ständige Ärger mit den Bürodamen ... Auch das Verhältnis des EDV-Leiters zu seinem Chef scheint nicht ungetrübt zu sein: »Der Alte hockt im Vorderhaus in einem pikfeinen Büro und macht in Politik ... Wenn ich von ihm eine Entscheidung will, sagt er ganz kühl: das ist doch Ihr Bier!« Ich würde diesem Seminarleiter folgende Antwort geben:
»Herr Sowieso, Ihr Fall ist interessant, aber keineswegs außergewöhnlich. Und deshalb gibt es für ihn auch ein Rezept. Die Frage ist nur, ob Sie es akzeptieren wollen ... Wie ich die Situation sehe, hat Ihr ständiger Ärger mit den Kollegen eine zweifache Wurzel: zum einen weist Ihre Abteilung organisatorische Schwächen auf, sonst hätte es nicht passieren dürfen, daß zwei falsche Programme durch den Computer laufen. Noch schwerwiegender scheint Ihre Kommunikationsschwäche zu sein. Denn zum einen interessieren Sie sich nicht für die Wehwehchen Ihrer Mitarbeiter; zum anderen sprechen Sie offensichtlich zu wenig mit ihnen.
Im übrigen sehe ich Ihre Situation absolut nicht so verfahren, wie Sie sie geschildert haben. Wenn Sie fachlich nichts könnten, hätte Sie Ihr Chef nicht unter vier Programmierern ausgewählt und zu seinem Vertreter gemacht. Offensichtlich hat er wesentliche Aufgaben echt an

Sie delegiert. Er gibt Ihnen also Handlungsfreiheit, was beweist, daß er Vertrauen in Ihre Fähigkeiten setzt.

Andererseits scheinen Sie aus alten Zeiten eine Verhaltensnorm mit sich herumzuschleppen, die heute überholt ist. Vielleicht haben Sie bisher unter Chefs gearbeitet, die sich über ihre Mitarbeiter keine Gedanken machten und das Gespräch mit ihnen nicht suchten. Sie haben dieses Verhaltensmuster einfach übernommen, ohne weiter darüber nachzudenken. Sie hatten vielleicht auch bisher keine Vergleichsmöglichkeit ... Wenn Sie sich also nunmehr die gruppendynamischen Erkenntnisse, die wir hier besprochen haben, nochmals durch den Kopf gehen lassen, müssen Sie – bei Ihrer zweifellos vorhandenen starken Intelligenz – eigentlich einsehen, daß es sich hier nicht nur um theoretische Erwägungen handelt, sondern um echte Hilfen für die Praxis. Wenn Sie davon Gebrauch machen, wird sich Ihr Problem in Rauch auflösen!«

P. S. Es gibt übrigens noch einen eleganteren Weg, diesen Teilnehmer zu befriedigen: geben Sie seine Frage an die Lehrgangsgruppe weiter! Ohne Zweifel werden die übrigen Teilnehmer mehr oder weniger massive Kritik an diesem EDV-Leiter üben. Die müssen Sie dann nur noch zusammenfassen, abmildern und in Zucker verpacken. Doch sein Zorn – falls er die Kritik übelnimmt – richtet sich dann nicht gegen Sie als Seminarleiter!

Auflösung des »Einführungstests« Verkaufspsychologie und Verkaufstechnik von Seite 207

1 R, 2 R, 3 F, 4 F, 5 F, 6 F, 7 R, 8 R, 9 R, 10 F, 11 F, 12 F, 13 F, 14 R,
15 R, 16 F, 17 F, 18 F, 19 R, 20 F, 21 R, 22 F, 23 F, 24 R, 25 R, 26 F,
27 R, 28 F, 29 R, 30 R, 31 F, 32 R, 33 R, 34 F, 35 F.

Auflösung des Schlußtests »Verkaufstraining« von Seite 223.
Richtig sind folgende Aussagen:

1b, 2c, 3a, 4b, 5c, 6a, 7b, 8a, 9c, 10a, 11b, 12c, 13b, 14a, 15 c, 16 c,
17 a, 18 a, 19 c, 20 c, 21 b.

Literaturverzeichnis

Achterberg, Jeanne: Die heilende Kraft der Imagination. Bern/München/Wien 1987

Adler, Alfred: Individualpsychologie in der Schule. Frankfurt/M., 6. Aufl., 1991

Adorno, Theodor W.: Studien zum autoritären Charakter. Frankfurt/M. 1973

Adorno, Theodor W.: Erziehung zur Mündigkeit. Frankfurt/M. 1972

Antes, Klaus (Hrsg.): Erziehung zur Anpassung. München 1973

Antons, Klaus: Praxis der Gruppendynamik. Göttingen, 5. Aufl., 1992

Argyle, M.: Soziale Interaktion. Köln 1972

Ashauer, Günter (Hrsg.): Handbuch des audio-visullen Lehrens und Lernens. Stuttgart 1974

Augstein, Rudolf: Jesus Menschensohn. Gütersloh 1972

Battegay, Raymond: Der Mensch in der Gruppe. Bern 1970

Baumann, Werner: Psychologie für eine künftige Gesellschaft. München 1972

Beadle, Muriel: Begreif doch, was dein Kind begreift. München 1971

Berendt, Joachim Ernst: Nada Brahma. Frankfurt/M. 1983

Berlyne, D.E.: Konflikt, Erregung, Neugier. Stuttgart 1974

Berne, Eric: The structure and dynamics of organisations and groups. New York 1966

Berne, Eric: Was sagen Sie, nachdem Sie Guten Tag gesagt haben? München, 9. Aufl., 1994

Bettelheim, Bruno: Liebe allein genügt nicht. Stuttgart 1971

Birkenbihl, Michael: Karriere und innere Harmonie. München 1991

Birkenbihl, Michael: Chefbrevier. München, 2. Aufl. 1992

Birkenbihl, Michael: Tu gern, was ich möchte! Motivation, Werbung, PR. Birkenbihl Manuskript Drucke, Odelzhausen 1988

Birkenbihl, Michael: Hinwendung zur Esoterik. Birkenbihl Manuskript Drucke, Odelzhausen 1987

Birkenbihl, Vera F.: Stroh im Kopf? – Gebrauchsanleitung fürs Gehirn. 22. Aufl., 1995 (GABAL, Speyer)

Birkenbihl, Vera F.: Gehirn und Gedächnis, in: Enzyklopädie Naturwissenschaft und Technik, 1983 (mi, Landsberg)

Birkenbihl, Vera F.: Kommunikationstraining, 16. Aufl., 1995 (mvg, München)

Birkenbihl, Vera F.: Die Birkenbihl-Methode, Fremdsprachen zu lernen (gehirngerecht, ohne Vokabel-Pauken!) 5. Aufl., 1992 (GABAL, Speyer)

Birkenbihl, Vera F.: Kommunikation für Könner, 2. Aufl., 1991, (mvg. Landsberg)

Blakeslee, Thomas R.: Das rechte Gehirn. Braunschweig, 4. Aufl., 1992

Bloom Benjamin u.a.: Taxonomie von Lernzielen im kognitiven Bereich. Weinheim, 5. Aufl., 1976

Brezinka, Wolfgang: Von der Pädagogik zur Erziehungswissenschaft. Weinheim 1971

Brocher, Tobias: Gruppendynamik und Erwachsenenbildung. Braunschweig 1969

Brody, Sylvia: Angst und Ich-Bildung in der Kindheit. Stuttgart 1974

Capra, Fritjof: Wendezeit. Bern/München/Wien 1983

Charon, Jean E.: Der Geist der Materie. Wien/Hamburg 1982

Colegrave, Sukie: Yin und Yang. Frankfurt/M., 12. Aufl., 1994

Correll, Werner: Lernpsychologie. Donauwörth 1976

Cronbach, Lee: Educational Psychology. New York 1963

Däumling/Fengler/Nellesen/Svenson: Angewandte Gruppendynamik. Stuttgart 1974
de Bono, Edward: Das spielerische Denken. Reinbek 1974
Delgado, Jose: Gehirnschrittmacher. Frankfurt/M. 1971
Dinkeyer/Dreikurs: Ermutigung als Lernhilfe. Stuttgart 1970
Dreikurs, Rudolf: Psychologie im Klassenzimmer. Stuttgart 1975
Dunkel/Vogl: Psychologie und Pädagogik für Ausbilder. München 1977
Dychtwald, Ken: Körperbewußtsein. Essen 1981
Edwards, Betty: Garantiert Zeichnen lernen. Reinbek 1982
Edwards, Harry: Praxis der Geistheilung. Freiburg/Br. 1987
Eibl-Eibesfeld: Der vorprogrammierte Mensch. Wien, erw. Neuaufl., 1985
Erikson, Erik H.: Kindheit und Gesellschaft. Stuttgart, 11. Aufl., 1992
Fassbender, Siegfried: Wie lehrt und lernt man Management? Frankfurt/M. 1973
Feldmann, Paul: Erfahrungen von morgen. Düsseldorf 1971
Fiedler/Chemers/Mahar: Der Weg zum Führungserfolg. Stuttgart 1979
Freibichler, Hans: Praxis der Teamarbeit. Stuttgart 1976
Fröhlich, Arnold: Die auditiven, visuellen und audiovisuellen Unterrichtsmittel, Basel 1974
Fromm, Erich: Haben oder Sein. Stuttgart, Neuaufl., 1992
Geyer, Horst: Über die Dummheit. Wiesbaden 1984
Golowin, Sergius: Die Welt des Tarot. Basel, 9. Aufl., 1992
Gordon, Thomas: Familienkonferenz. Hamburg 1993
Groothoff, Hans-Hermann (Hrsg.): Pädagogik. Franfkurt/M. 1969
Hage, Walter: Gewinne mit dem Wort. Oldenburg/Hamburg 1971
Halacy, D.S.: Geheimnis Intelligenz. München 1972
Halpern, Steven: Klang als heilende Kraft. Freiburg/Br. 1985
Heintel, Peter: Das ist Gruppendynamik. München 1974
Herber, Hans-Jörg: Motivationspsychologie. Stuttgart 1976
Höchstetter, W.K.: Die psychoanalytischen Grundlagen der Erziehung. Starnberg 1972
Höger, Diether: Einführung in die pädagogische Psychologie. Stuttgart 1972
Inhoffen, Hubertus von: Yoga. München 1983
Jantsch, Erich: Die Selbstorganisation des Universums. München/Wien, Neuaufl., 1992
Jaspers, Karl: Denkwege. München/Zürich 1988
Kelber, Magda : Was verstehen wir unter Gruppenpädagogik? Weinheim 1972
Kirst/Dieckmeyer: Creativitäts-Training. Stuttgart 1971
Klauer/Fricke/Rupprecht/Schott: Lehrorientierte Tests. Düsseldorf 1975
Krathwohl/Bloom/Masia: Taxonomie von Lernzielen im affektiven Bereich. Weinheim, 2. Aufl., 1978
Kugemann, Walter: Lerntechniken für Erwachsene. Stuttgart 1976
Leon, Antonie: Psychologie der Erwachsenenbildung. Stuttgart 1977
Leonard, George B.: Erziehung durch Fascination. München 1971
Leonard, George: Der Rhythmus des Kosmos. Bern/Wien/München 1983
Lersch, Philipp: Aufbau der Person. München 1970
Leuenberger, Hans-Dietrich: Das ist Esoterik. Freiburg/Br., 6. Aufl., 1993
Lilly, John: Das Zentrum des Zyklons. Frankfurt/M. 1983
Mackensen, Lutz: Deutsche Etymologie. Birsfelden/Basel 1977
Mager, Robert F.: Motivation und Lernerfolg. Weinheim 1972

Martens, Jens Uwe: Pädagogisch farbenblind? Essen 1984

Maslow, Abraham: Motivation und Persönlichkeit. Olten und Freiburg 1981

Maslow, Abraham: Psychologie des Seins. München, 4. Aufl., 1992

Milz, Helmut: Ganzheitliche Medizin. Königstein/Ts. 1985

Moreno, J.L.: Gruppenpsychotherapie und Psychodrama. Stuttgart, 4. Aufl., 1993

Morlock, Martin: Hohe Schule der Verführung. Wien/Düsseldorf 1977

Mucchielli, Roger: Gruppendynamik. Salzburg 1972

Ostrander/Schroeder: Leichter lernen ohne Streß. Bern/München, Neuaufl., 1990

Pages, Max: Das affektive Leben der Gruppen. Stuttgart 1974

Papert, Seymour: Mindstorms. Kinder, Computer und Neues Lernen. Basel/Boston/ Stuttgart 1982

Perls, Fritz: Grundlagen der Gestalt-Therapie. München, 8. Aufl., 1992

Piaget/Inhelder: Die Psychologie des Kindes. Frankfurt/M., Neuaufl., 1993

Popper/Eccles: Das Ich und sein Gehirn. München, 3. Aufl., 1991

Prigogine/Stengers: Dialog mit der Natur. München, 2. Aufl., 1993

Rapaport, David: Gefühl und Erinnerung. Stuttgart 1977

Rattner, Josef: Psychologie der zwischenmenschlichen Beziehungen. Olten 1969

Rattner, Josef: Psychologie des Vorurteils. Zürich/Stuttgart 1971

Reiners, Ludwig: Stilkunst. München, überarb. Ausgabe, 1991

Rohracher, Hubert: Charakterkunde. München 1975

Ropp, S. de: Das Meisterspiel. München 1978

Rosenberg, Alfred: Durchbruch zur Zukunft. Bietigheim 1971

Rütter, Theodor: Formen der Testaufgabe, München 1973

Sader, Manfred: Psychologie der Gruppe. München, 4. Aufl., 1994

Sbandi, Pio: Gruppenpsychologie. München 1973

Scheitlin, Victor: Ausbildungstechnik in der modernen Unternehmung. Stuttgart 1970

Schiff, Michael: Sprachschulung und Redetechnik. München 1976

Schmidbauer, Wolfgang: Emanzipation in der Gruppe. München 1974

Schützenberger, Anne: Einführung in das Rollenspiel. Stuttgart 1976

Schumann, Otto (Hrsg.): Grundlagen und Technik der Schreibkunst. Herrsching 1983

Schuré, Edouard: Die großen Eingeweihten. Bern/Wien/München, 15. Aufl., 1983

Shah, Idries: Die Sufis. Köln, 9. Aufl., 1994

Sherwood, Keith: Die Kunst spirituellen Heilens. Freiburg/Br., 5. Aufl., 1994

Simonton/Matthew-Simonton, Creighton: Wieder gesund werden. Reinbek 1984

Sopp, Helmut: Wie der Mensch wirklich ist. München 1976

Steinmüller, Ulrich: Kommunikationstheorie. Stuttgart 1977

Stelly, Gisela: Die Dummen und die Klugen. München 1972

Stenzel, Gerhard (Hrsg.): Friedrich Nietzsche. Werke in vier Bänden. Salzburg 1983

Stern, I.P.: Die Moralität der äußersten Anstrengung. Köln/Lövenich 1982

Störig, Hans Joachim: Kleine Weltgeschichte der Philosophie. München, 16. Aufl., 1993

Szondi, Leopold: Freiheit und Zwang im Schicksal des Einzelnen. Bern, 2. Aufl., 1977

Taniguchi, Masaharu: Die geistige Heilkraft in uns. Freiburg/Br., 3. Aufl., 1994

Teilhard de Chardin, Pierre: Der Mensch im Kosmos. München 1981

Trevelyan, George: Eine Vision des Wassermann-Zeitalters. 4. Aufl., München 1987

Vernon, M.D.: Wahrnehmung und Erfahrung. Stuttgart 1977

Verres-Muckel, Marita: Lernprobleme Erwachsener. Stuttgart 1974

Vester, Frederic: Denken, Lernen, Vergessen. Stuttgart, Neuaufl., 1992
Vester, Frederic: Neuland des Denkens. Stuttgart, Neuaufl., 1993
Wahrig, Gerhard: Deutsches Wörterbuch. Gütersloh 1983
Watts, Alan: Die Illusion des Ich. München 1980
Watzlawick/Beavin/Jackson: Menschliche Kommunikation. Bern/Stuttgart, 8. Aufl., 1990
Weiner, Bernard: Theorien der Motivation. Stuttgart 1976
Wilson, Colin: Das Okkulte. Berlin/Schlechtenwegen 1982

Sach- und Personenregister

Birkenbihl – Videos

Michael Birkenbihl
Train the Trainer
VHS, 72 min. Laufzeit, 287,70 DM

Gönnen Sie sich 72 Minuten um sich und/oder Ihre Trainer inspirieren zu lassen. **„Train the Trainer"** bietet Trainern wertvolle Anregungen. Zum Beispiel: Lampenfieber überwinden, gruppen-dynamische Tips für Trainer, ein Konflikt im Seminar.

Vera F. Birkenbihl
Das erfolgreiche Meeting
VHS, 60 min. Laufzeit, 287,70 DM

Dieses Video vermittelt Ihnen grundlegende Einsichten in die vier wichtigsten Gesetze der Gruppendynamik und gibt Ihnen praktische Tips für die Arbeit mit Gruppen. Setzen Sie diese um, und Ihre Meetings werden erfolgreich sein: garantiert!